PHILOSOPHIE DES SCIENCES
II

TEXTES CLÉS

PHILOSOPHIE DES SCIENCES

Naturalismes et réalismes

Textes réunis par
Sandra Laugier et Pierre Wagner

LIBRAIRIE PHILOSOPHIQUE J. VRIN
6, place de la Sorbonne
PARIS Vᵉ

J. BOUVERESSE, « Essentialisme et réduction ultime »
in *Revue Internationale de Philosophie,* n° 117-118, 1976
© Jacques Bouveresse

N. CARTWRIGHT, « Do the laws of physics state the facts ? »
in *Pacific Philosophical Quarterly* 61, 1980 © Blackwell Publishing

A. FINE, « The Natural Ontological Attitude » *in* J. Leplin (éd.),
Scientific realism, University of California Press, 1984 © Arthur Fine

I. HACKING, « Do we see through a microscope ? » in *Pacific
Philosophical Quarterly* 62, 1981 © Blackwell Publishing

T. S. KUHN, « Commensurability, communicability, comparability »
in *The Philosophy of science association,* vol. 2, 1982
© The University of Chicago Press

H. PUTNAM, « Language and Reality » in *Mind, Language and
Reality, Philosophical Papers* 2, 1975 © Cambridge University Press

W. V. QUINE, « Épistemology naturalized », « L'Épistémologie
devenue naturelle », *in* W. V. Quine, *Relativité de l'ontologie et
autres essais,* trad. française par J. Largeault © Aubier, 1977

W. V. QUINE, « On empirically equivalent systems of the world »
in *Erkenntnis* 9, 1975 © Kluwer Academic Press

B. VAN FRAASSEN, « To Save the Phenomena » in *The Journal of
Philosophy,* 73, 1976 © The Journal of Philosophy

E. ZAHAR, « Atomisme et réalisme structural »
© Elie Zahar

© *Librairie Philosophique J. VRIN,* 2004
Imprimé en France

ISSN 1639-4216
ISBN 978-2-7116-1682-4
www.vrin.fr

PRÉFACE

La philosophie des sciences n'est pas une discipline qu'on pourrait caractériser de manière simple. Ses objets, ses méthodes, les problèmes qu'elle soulève, tout comme les approches ou les styles des différents auteurs qui la pratiquent sont multiples. Le présent ouvrage a pour ambition d'illustrer cette diversité bien qu'il ne puisse évidemment prétendre, à cet égard, à une quelconque exhaustivité. Du point de vue chronologique également, la période couverte a des limites puisque la sélection de textes-clés offerte ici ne remonte pas au-delà du début du XXe siècle. Voici quelques exemples de questions dont traitent les textes que nous avons choisis : que peut-on espérer apprendre d'une théorie physique ? Nous fait-elle connaître les régularités de la nature ou recherche-t-elle également leurs causes ? Les lois scientifiques sont-elles immuables ou évoluent-elles au cours du temps ? Quel rôle les mathématiques jouent-elles dans la connaissance de la nature ? Comment les connaissances se rapportent-elles à ce qui nous est donné, ou à ce que nous éprouvons dans une expérience vécue ? Comment concevoir la possibilité d'une vérification des connaissances scientifiques ? Qu'est-ce que l'interprétation d'une théorie ? Les entités théoriques sont-elles réelles ou ne sont-elle que des fictions commodes ? Comment les théories peuvent-elles être comparées les unes aux autres ? La philosophie des sciences produit-elle elle-même des connaissances ou a-t-elle pour but d'analyser le sens des énoncés de la science ?

Aussi différents les uns des autres que puissent être ces quelques exemples de problèmes, ils sont encore loin de représenter l'ensemble des questions dont traite la philosophie des sciences ; en sorte qu'il n'existe probablement pas, entre toutes ces questions, de rapport plus étroit que ce que Wittgenstein appelle « un air de famille ».

Pourtant, malgré cette grande diversité des approches possibles, tout discours philosophique sur la science ne relève pas *ipso facto* de ce qu'on nomme aujourd'hui « philosophie des sciences ». Car bien que les philosophes aient abondamment traité de la science depuis l'Antiquité, la philosophie des sciences proprement dite ne s'est pas constituée avant le XIXᵉ siècle, c'est-à-dire avant une époque où la distinction entre science et philosophie devint beaucoup plus affirmée qu'elle ne l'avait été auparavant. Jusqu'au XVIIIᵉ siècle, ces deux mots étaient en effet souvent considérés comme ayant des sens voisins, parfois même comme étant synonymes, et des expressions telles que « philosophie des sciences », « théorie de la connaissance » ou « épistémologie » n'étaient tout simplement pas en usage[1]. C'est au cours du XIXᵉ siècle que commença à se constituer un ensemble de réflexions d'un caractère suffisamment différent de celles que les philosophes des siècles précédents avaient menées sur la science pour qu'il méritât une appellation spécifique, celle, précisément, de « philosophie des sciences ». Ces réflexions furent favorisées par la

---

1. Pour d'autres précisions sur ces questions et celles qui suivent, qui ne peuvent être que rapidement évoquées dans ce paragraphe, on pourra se reporter à l'introduction générale de l'ouvrage suivant : P. Wagner (dir.), *Les philosophes et la science*, « Folio-essais », Paris, Gallimard, 2002, ainsi qu'aux références qui y sont indiquées.

réunion de plusieurs conditions, au nombre desquelles figure le développement rapide des sciences particulières, ainsi que les révolutions techniques et industrielles qu'elles rendaient possibles; ces facteurs contribuèrent à mettre sérieusement en question les conceptions générales de la science qui s'étaient forgées au cours des siècles précédents. Les développements des sciences et des techniques contrastaient parfois vivement avec le sentiment – largement partagé – que sur la plupart des grandes questions philosophiques on ne parvenait pas à de réels progrès, alors même que certaines écoles affirmaient haut et fort que la philosophie permettait d'atteindre une forme de connaissance inaccessible aux sciences particulières. Devant ce genre d'écart ou de tension perceptible entre science et philosophie, bien des penseurs – qu'ils soient philosophes ou savants – comprirent qu'il était nécessaire de consacrer une partie de leur réflexion à la science, à ses méthodes, ses objets, ses énoncés, son unité, son avenir et ses effets. L'une des autres conditions qui furent propices au développement de la philosophie des sciences se trouve dans la conscience de plus en plus aiguë qu'une compréhension de la connaissance en général et de ses conditions de possibilité ne pouvait faire l'économie d'une étude précise des disciplines scientifiques proprement dites.

Dans la seconde moitié du XIXe siècle, plusieurs philosophes appelèrent de leurs vœux une forme de retour à Kant; car l'auteur de la *Critique de la raison pure* avait reconnu la nécessité de s'appuyer sur une analyse des sciences particulières – les mathématiques et la physique notamment – afin de répondre à la question générale: «que puis-je connaître?»[1].

Ces quelques remarques d'ordre historique permettent d'apporter une précision au plan conceptuel. D'un côté, en

---

1. Sur ce point, *cf.* Ch. Bonnet, «Kant et les limites de la science», *in* P. Wagner (dir.), *op. cit.*

effet, les questions que soulève la philosophie des sciences concernent souvent de manière spécifique certaines disciplines scientifiques particulières (qu'est-ce qu'une théorie physique ? quelle est la valeur cognitive des énoncés du calcul des probabilités ? quelles sont les méthodes de la psychologie ? etc.) et elles se distinguent à cet égard des problèmes généraux qui font l'objet des traités classiques de philosophie de la connaissance (ceux de Locke, Leibniz, Hume, Kant, etc.); d'un autre côté, ce n'est certainement pas en rupture avec les problèmes généraux de philosophie de la connaissance que la philosophie des sciences s'est elle-même constituée comme un domaine particulier au cours des deux derniers siècles. Car l'attention portée aux contenus scientifiques spécifiques n'a que rarement pour corrélat le renoncement à l'objectif d'une philosophie générale de la connaissance. Du reste, on estime à juste titre aujourd'hui qu'un tel objectif exige des analyses plus fines et plus minutieuses des disciplines scientifiques particulières, et une enquête menée sur un terrain beaucoup plus large qu'on ne le pensait généralement auparavant.

Le choix de textes que nous présentons ici atteste que la plupart des travaux de philosophie des sciences au XXe siècle, y compris ceux de Duhem et de Meyerson, se comprennent comme des réponses à la question de Kant. À cet égard, l'épistémologie naturalisée de Quine et de ses successeurs est moins une rupture qu'une systématisation de la tendance qui consiste à s'appuyer sur une étude précise de la science elle-même afin de répondre aux questions d'épistémologie. Il s'agit là de l'un des fils conducteurs que nous avons suivis dans notre choix de textes.

On peut remarquer que l'usage ambigu qui est fait du mot « épistémologie » est un reflet direct du point qui vient d'être souligné. Car en français, ce mot est usité tantôt comme synonyme de « philosophie des sciences », tantôt comme traduction de l'anglais « *epistemology* », vocable qui sert à désigner l'étude philosophique de la connaissance, de sa portée et de sa justification.

Il serait donc illusoire et vain de chercher à établir une ligne de démarcation stricte entre la philosophie des sciences et la philosophie de la connaissance. Certes, la majorité des vingt textes qui composent les deux volumes de cet ouvrage relèvent sans aucune ambiguïté de ce qu'on a coutume d'appeler la « philosophie des sciences »; certains, cependant, trouveraient aussi bien leur place dans une anthologie de philosophie de la connaissance. Si nous n'avons pas cherché à tracer une frontière précise entre ces deux domaines, c'est parce que celle-ci eût été nécessairement arbitraire et qu'elle nous aurait contraints à éliminer plusieurs des approches de la science que nous souhaitions pouvoir présenter.

La lecture des textes que nous avons retenus montre qu'il est également souvent difficile, et pas nécessairement souhaitable, d'établir d'autres séparations du même genre, par exemple entre la philosophie des sciences d'un côté et la philosophie du langage de l'autre (nous allons y revenir) ou entre la philosophie des sciences et la philosophie de l'esprit. Certes aucun des textes présentés ici ne pose directement la question de savoir quelles sont les structures de l'esprit qui nous permettent de connaître. Ils se situent en amont, en quelque sorte, des *Textes-clés de la philosophie de l'esprit* publiés dans la même collection. Mais certains textes se situent à l'intersection de plusieurs champs de la philosophie et auraient eu leur place dans les deux ensembles : c'est notamment le cas du texte de Wilfrid Sellars, « La philosophie et l'image scientifique de l'homme » (qu'on trouvera dans les *Textes-clés de la philosophie de l'esprit*) et des textes de Hilary Putnam publiés dans l'une ou l'autre des deux séries.

S'il est possible de donner quelques repères chronologiques permettant de situer la philosophie des sciences dans le cours de l'histoire, il est donc beaucoup plus difficile d'en donner une définition précise, et probablement vain de chercher à en fixer les limites au plan conceptuel. La philosophie des sciences est plutôt marquée par la multiplicité des approches effectives et par celle des types de questionnement possibles. Vise-t-elle à examiner l'intelligibilité que la science en général nous donne du monde? À étudier la façon dont la science se constitue à partir de notre expérience, à partir de ce qu'on appelle « le donné » (*evidence*, en anglais)? À faire un examen critique des sciences particulières, de leurs méthodes et de leurs énoncés? À déterminer la place de la science au sein des activités humaines? Le choix de textes que nous proposons permet d'illustrer ces différentes possibilités, ainsi que d'autres, même si elles le sont inévitablement de manière inégale. Que de multiples approches de la science soient à la fois possibles et éclairantes constitue certainement l'une des grandes leçons de la philosophie des sciences et de son histoire au XXe siècle. Une autre grande leçon qui se dégage de cette histoire est la fécondité des études philosophiques qui prennent *la* ou *les* sciences pour objet, études qui ont parfois un caractère technique mais qui ne s'enferment jamais dans cette technicité: encore une fois, leur portée épistémologique touche incontestablement à notre compréhension générale de ce qu'est la connaissance. Ce point est parfaitement illustré par les travaux de philosophie des sciences effectués au début du siècle par Duhem, Poincaré, Meyerson (ou encore par ceux de Hélène Metzger, Abel Rey, Gaston Bachelard, qui auraient également pu être représentés dans le premier volume de l'ouvrage). C'est aussi le cas des recherches menées dans le cadre de ce qu'on a pu appeler la « conception scientifique du monde », dont le Cercle de Vienne des années vingt et trente a produit les formulations les plus philosophiquement stimulantes, et fourni les plus grands représentants. Les textes de Moritz Schlick, Rudolf Carnap, Hans Reichenbach et Philipp Frank illustrent ici de diverses façons le « tournant de la philosophie » (pour reprendre la belle expression de Schlick) qui a mené à un âge d'or épistémologique, et à la constitution du paradigme de la « philosophie analytique », notamment aux États-Unis, où ont émigré à la fin des années trente et durant les années quarante tous ces auteurs, à l'exception de Schlick qui fut assassiné en 1936. Une fois la philosophie analytique passée de l'autre côté de l'Atlantique, un fort courant de philosophie des sciences se développa aux États-Unis et les années soixante virent la publication de plusieurs classiques, dont *The Structure of science* d'Ernest Nagel et les remarquables ouvrages de Carl Hempel[1].

C'est dans la philosophie analytique qu'apparaît l'une des ambiguïtés de la philosophie des sciences, bien visible dans les textes de Russell, Carnap, Waismann, Putnam et Bouveresse présentés ici et qui aurait aussi bien pu être illustrée par le fameux texte de Quine de 1951, « Deux dogmes de l'empirisme »[2]. Cette ambiguïté réside dans la réunion de deux problématiques, celle de la philosophie du langage (et de la logique) et celle de la philosophie des sciences, sans qu'on puisse décider ce qui est premier : la science, modèle de rationalité, ou le langage, dont la signification (par exemple la signification empirique) détermine les critères d'acceptation de la connaissance. Les débats sur le vérificationnisme (voir les textes de Carnap, Popper, Waismann) sont particulièrement révélateurs de cette difficulté, qui ressemble à un dilemme : soit on risque de faire de la philosophie du langage une philosophie première (contre l'esprit même de ses promoteurs, Frege et Wittgenstein) soit on risque de réduire l'épistémologie à la méthodologie ou à un examen ancillaire des

---

1. *Fundamentals of concept formation in empirical science*, 1952; *Philosophy of natural science*, 1966 (trad. fr. B. Saint-Sernin, *Éléments d'épistémologie*, 1972); *Aspects of scientific explanation*, 1968.

2. Quine, *From a logical point of view*, Cambridge, Mass., Harvard University Press, 1953; trad. fr. S. Laugier (dir.), *Du point de vue logique*, Paris, Vrin, 2003.

sciences, et de la fondre dans (au lieu de lui faire fonder) la science.

C'est précisément le débat sur les méthodes qui, un temps, a contribué à la constitution de la philosophie des sciences en domaine propre : on y trouve non seulement la controverse classique entre vérification et falsification (*cf.* les textes de Duhem et Popper), mais aussi la question du rôle de l'expérience dans la connaissance, et celle de la différence entre contexte de la découverte et contexte de la justification (*cf.* le texte de Reichenbach qui introduit cette différence). Une date tout à fait importante dans l'histoire de la philosophie des sciences est celle de la publication en 1962, dans la collection de l'*Encyclopédie internationale de la science unifiée*, du livre de Thomas S. Kuhn, *La Structure des révolutions scientifiques*. Kuhn attirait l'attention, de façon nouvelle, sur la pratique effective de la science : en se focalisant sur les méthodes et la rationalité de la science, la philosophie des sciences avait certes acquis une autonomie à l'égard de la philosophie du langage, mais elle avait, comme dit Ian Hacking, fait de la science une « momie », figée non dans ses contenus (l'idéologie du progrès scientifique est une constante de la philosophie des sciences jusqu'aux années soixante) mais dans ses procédures et critères [1]. Avec le recul, on peut constater que la rupture entre Kuhn et ses prédécesseurs, notamment Carnap et Quine, était moins radicale qu'elle n'apparut à l'époque : Kuhn (ainsi que les post-poppériens qu'on lui associe souvent, Paul Feyerabend et Imre Lakatos) reprenait le débat sur le rôle de l'expérience, l'imprégnation théorique (la « *theoryladenness* »). Simplement, en choisissant une approche wittgensteinienne (centrée sur le voir-comme et l'exemplarité) contre l'approche rationaliste ou conceptuelle, il ouvrait à nouveau deux champs d'investigation épistémologique : celui de la

---

1. Sur ce point, *cf.* S. Laugier, « De la logique de la science aux révolutions scientifiques », *in* P. Wagner (dir.), *op. cit.*

théorie de la signification (et de la philosophie du langage), et celui de la réalité du monde (ou de la pluralité des mondes) que décrit la science (ou *les* sciences). Les textes publiés entre les années soixante et la fin du siècle illustrent de différentes façons cette réouverture voire cette explosion du champ de la philosophie des sciences, qui a recours à de multiples outils théoriques (ontologie, philosophie du langage, de la perception, de l'esprit) et pratiques (informatique, sciences de l'ingénieur, révolutions scientifiques apportées par le nouveau paradigme de la biologie) : outre la naturalisation épistémologique proposée par Quine [1], elle connaît des débats nouveaux sur le réalisme scientifique et ses variétés (réalisme robuste avec Quine, réalisme interne avec Putnam, réalisme structural avec Elie Zahar, réalisme naturel avec Arthur Fine), sur la portée et la dimension ontologique des théories et des lois (Nancy Cartwright, Bas Van Fraassen).

C'est cette évolution qui met en évidence deux périodes centrales bien distinctes (le Cercle de Vienne des années trente, et les conséquences de la rupture des années soixante), que nous avons voulu retracer dans notre choix de textes, pour la plupart classiques et repris dans de nombreuses anthologies de langue anglaise [2]. Nous avons cependant dû, comme pour toute sélection de ce type, opérer des choix.

Les dimensions de l'ouvrage ne permettaient d'illustrer ni les travaux consacrés à des champs scientifiques particuliers (mathématiques, biologie, sciences sociales, etc.) ni l'histoire des sciences, qu'elle soit étudiée pour elle-même ou dans son articulation à la philosophie des sciences [3]. Nous avons

---

1. Sur le naturalisme de Quine, *cf.* S. Laugier, « Quine, la science et le naturalisme », *in* P. Wagner (dir.), *op. cit.*

2. Cf. par exemple le très classique Broadbeck et Feigl, *Readings in the philosophy of science*, 1953; ou, plus récemment, Boyd (éd.), *The Philosophy of Science*, 1992; Papineau (éd.), *The philosophy of science*, 1996; Balashov, Rosenberg (eds.), *Philosophy of science. Contemporary readings*, 2002.

3. Voir J.-F. Braunstein, *L'histoire des sciences. Méthodes, styles et controverses*, Paris, Vrin, 2008.

privilégié les approches dites « analytiques » de la philosophie des sciences afin de mettre en évidence leur diversité (qui reste mal connue en France au point de vue historique), ce qui nous a conduit à n'offrir qu'une illustration limitée du « style français[1] » en épistémologie ; ce dernier aspect de la philosophie des sciences sera mieux représenté dans le volume de *Textes-clés d'histoire des sciences*. Un autre but que nous nous sommes donné dans ces deux volumes, et peut-être le principal, est de commencer à mettre à la disposition du public français un certain nombre de textes d'une tradition que ses héritiers eux-mêmes ont tendance à oublier, et à vouloir surmonter. La grande majorité des textes publiés ici sont inédits ou peu facilement accessibles en français. Nous avons évité de répéter inutilement des textes bien connus et déjà traduits : par exemple les écrits récents de Popper qui sont aisément accessibles au public ou les œuvres des membres du Cercle de Vienne déjà disponibles dans le volume intitulé *Manifeste du Cercle de Vienne et autres essais*[2].

Nous avons pu bénéficier par ailleurs d'un texte inédit d'Elie Zahar, qui a également contribué à l'ouvrage en rédigeant la présentation de son auteur de prédilection, Poincaré. Christian Bonnet a également apporté un soutien décisif et constant, par ses contributions, ses relectures et ses conseils, à l'ensemble de notre entreprise. Qu'ils trouvent ici l'expression de notre reconnaissance.

Nous ne saurions conclure cette présentation sans remercier tous ceux qui ont très généreusement travaillé à cette entreprise collective qui a été menée dans le cadre de l'Institut d'Histoire et de Philosophie des Sciences et des Techniques (IHPST), et notamment les jeunes chercheurs qui ont non seulement traduit des textes difficiles, mais se sont

---

1. Sur ce point, *cf.* J.-F. Braunstein, « Bachelard, Canguilhem, Foucault. Le "style français" en épistémologie », *in* P. Wagner (dir.), *op. cit.*
2. Édité par A. Soulez, Paris, PUF, 1985, rééd. 2004.

aussi suffisamment impliqués scientifiquement dans cette tâche pour en rédiger des présentations, indispensables à la lecture et à la compréhension de ces textes-clés de la philosophie des sciences.

Sandra Laugier
Pierre Wagner

Indications bibliographiques

ANDLER Daniel, FAGOT-LARGEAULT Anne, SAINT-SERNIN Bertrand, *Philosophie des sciences*, t. 1 et 2, Paris, Gallimard, 2002.

BALASHOV Yuri, ROSENBERG Alexander (eds.), *Philosophy of science. Contemporary readings*, New York, Routledge, 2002.

BARBEROUSSE Anouk, KISTLER Max, LUDWIG Pascal, *La philosophie des sciences au XXe siècle*, « Champs », Paris, Flammarion, 2000.

BARBEROUSSE Anouk, BONNAY Denis, COZIC Mikaël, *Précis de philosophie des sciences*, Paris, Vuibert, 2014.

BRAUNSTEIN Jean-François, *L'histoire des sciences. Méthodes, styles et controverses*, Paris, Vrin, 2008.

BRODBECK May, FEIGL Herbert, *Readings in the philosophy of science*, New York, Appleton-Century-Crofts, 1953.

CARNAP Rudolf, *An introduction to the philosophy of science*, M. Gardner (éd.), Londres, New York, Basic Books, 1972; trad. fr. J.-M. Luccioni et Antonia Soulez, *Les fondements philosophiques de la physique*, Paris, Armand Colin, 1973.

CHANGEUX Jean-Pierre (dir.), *La vérité dans les sciences*, Paris, Éditions Odile Jacob, 2002.

CHATELET François (dir.), *Histoire de la philosophie*, t. VIII, *Épistémologie*, Paris, Hachette, 1973.

CURD Martin, COVER Jan A. (eds.), *Philosophy of science. The central issues*, New York, Norton, 1998.

GODFREY-SMITH Peter, *Theory and Reality : an introduction to the philosophy of science*, Chicago, University of Chicago Press, 2003.

HACKING Ian (éd.), *Scientific revolutions*, Oxford, Oxford University Press, 1981.

HAMBURGER Jean (dir.), *La philosophie des sciences aujourd'hui*, Paris, Gauthier-Vilars, 1986.

HEIDELBERGER Michael, STADLER Friedrich (eds.), *History of Philosophy of Science. New Trends and Perspectives*, Dordrecht-Boston-Londres, Kluwer, Vienna Circle Institute Yearbook, 2002.

HEMPEL Carl, *Philosophy of natural science*, Englewoof Cliffs, Prentice-Hall, 1966; trad. fr. B. Saint-Sernin, *Éléments d'épistémologie*, Paris, Armand Colin, 1972.

KOCKELMANS Joseph, *Philosophy of science: the historical background*, New York, Free Press, 1968; New Brunswick, N.J., Transaction Publishers, 1999.

LADYMAN James, *Understanding philosophy of science*, Londres, New York, Routledge, 2001.

LECOURT Dominique (dir.), *Dictionnaire d'histoire et philosophie des sciences*, Paris, PUF, 1999.

– *La Philosophie des sciences*, Paris, PUF, 2001.

LOSEE John, *A historical introduction to the philosophy of science*, Londres, New York, Oxford University Press, 1972, 4e éd. 2001.

NADEAU Robert, *Vocabulaire technique et analytique de l'épisté-mologie*, Paris, PUF, 1999.

PAPINEAU David (éd.), *The philosophy of science*, Oxford, Oxford University Press, 1996.

SALMON Merrilee et al., *Introduction to the philosophy of science*, Englewood Cliffs, N. J., Prentice Hall, 1992.

SARKAR Sahotra (éd.), *Science and philosophy in the twentieth century: basic works of logical empiricism*, New York, Londres, Garland, 1996, 6 vol.

– *The philosophy of science. An encyclopedia*, New York, Londres, Garland, 2002.

WAGNER Pierre (dir.), *Les Philosophes et la science*, Paris, Gallimard, 2002.

SOMMAIRE DES VOLUMES I ET II

VOLUME II
NATURALISMES ET RÉALISMES

Ce second volume présente dix textes de philosophie des sciences qui appartiennent à la seconde moitié du XXᵉ siècle. Cette période voit le déclin du paradigme de l'empirisme logique ainsi que du rationalisme poppérien, et l'ouverture de nouveaux champs et problématiques épistémologiques, notamment par la naturalisation de l'épistémologie et l'intensification des débats sur le réalisme scientifique.

Les réflexions épistémologiques présentées dans le premier volume – notamment par les essais de Schlick, Carnap et Popper – forment une période qui est devenue classique en philosophie des sciences. Or elles sont ébranlées, à partir de la seconde moitié du XXᵉ siècle, par un certain nombre de critiques émanant d'auteurs qui en sont pourtant les héritiers. Il est assez ironique que certaines de ces critiques (notamment celles, célèbres, de Quine, Feyerabend et Kuhn) se soient fondées sur des arguments issus de *La Théorie Physique* de Duhem, et particulièrement des textes qui ouvrent notre premier volume. Ce sont en effet principalement les notions de contenu empirique et de vérification qui sont progressivement fragilisées dans les débats autour de l'empirisme logique. Rappelons que ces problèmes avaient pourtant déjà fait l'objet d'argumentations critiques au sein même du Cercle de Vienne, notamment dans des discussions avec Neurath, et, à la marge du cercle, avec Wittgenstein. C'est donc, en réalité, de ces débats internes que proviennent certains éléments qui ont permis de remettre en cause la philosophie des sciences élaborée dans la première moitié du siècle. À cet égard, la position de Quine est caractéristique : Quine est d'abord, dans les années trente, le disciple et fervent admirateur de Carnap, dont il présente l'œuvre (la *Syntaxe logique du langage* notamment) lors de conférences fameuses à l'université Harvard. Quine favorise également l'émigration de bon nombre de membres du Cercle de Vienne, dont Carnap, aux États-Unis, et leur installation au sein du système universitaire américain, permettant ainsi l'instauration d'un paradigme épistémologique, largement illustré dans le premier volume du présent ouvrage. Mais c'est Quine qui, par la suite, émet les premières critiques sérieuses de ce paradigme, reprenant notamment certains arguments de Neurath, ainsi qu'une image, devenue célèbre, qui illustre les thèses anti-fondationnalistes du même auteur : pour la constitution du système de nos connaissances, nous sommes dans une position semblable à celle de marins qui, embarqués sur un bateau, doivent le réparer en pleine mer et n'ont jamais la possibilité de le mettre en cale sèche. Jusque dans sa célèbre critique de «Deux dogmes de l'empirisme», qui, en 1950, fut le signal de la rupture (théorique) avec l'empirisme logique, Quine fait référence non seulement à Duhem mais à des arguments tirés de Carnap lui-même, puisque c'est de *La Construction logique du monde* (l'*Aufbau*, de 1928) qu'il tire certains arguments contre la conception carnapienne de l'analyticité, mais en faveur du holisme épistémologique (voir, dans le présent volume, les deux textes de Quine).

> Ma contre-suggestion, tirée essentiellement de la doctrine carnapienne du monde physique dans l'*Aufbau*, est que nos énoncés sur le monde extérieur affrontent le tribunal de l'expérience sensible, non pas individuellement, mais seulement collectivement.

Tout le débat sur l'analyticité lancé par «Deux dogmes de l'empirisme» semble prolonger l'approche langagière, ou du moins en termes de signification, des questions de philosophie de la connaissance telles que les abordaient Wittgenstein et les Viennois. Parallèlement, en dénonçant le «dogme» de l'analyticité, de l'existence d'une catégorie d'énoncés qui seraient vrais uniquement en vertu de leur signification, et donc du langage, Quine affirmait l'impossibilité de distinguer, dans un énoncé individuel, ce qui relève des faits et ce qui relève du langage. La philosophie des sciences doit-elle devenir autonome, doit-elle se rendre indépendante de la philosophie du langage ? Certes, la question du contenu des « énoncés » de la science est affaire de langage, mais après tout, la science parle du réel, et pas du langage. Comme le montre bien le texte de J. Bouveresse que nous présentons ici, il s'agit d'un problème très central en épistémologie, problème qui n'est peut-être pas encore résolu, comme le montre la divergence d'approche entre un Popper, qui récuse toute dimension linguistique des problèmes épistémologiques, et un Wittgenstein, dont l'influence pour l'examen de la grammaire des énoncés de la science, notamment sur Putnam et Kuhn, ne se démentira jamais au cours du XXᵉ siècle. Même Quine, dans tous ses derniers ouvrages, réaffirme la place des questions de langage, notamment celle, paradigmatique, de son apprentissage, dans la constitution de notre système de connaissance et de ce qu'il appelle le « schème conceptuel ». Enfin, les thèses cruciales de l'indétermination de la traduction (Quine) et de l'incommensurabilité (Kuhn et Feyerabend) sont en un sens des thèses linguistiques, et joueront un rôle important dans les nouveaux débats épistémologiques sur le réalisme, qui émergent à partir des années soixante, en fait dès la parution des ouvrages principaux de Quine et Kuhn. Comme le montrent plusieurs des approches présentées ici (Bouveresse, Hacking, Putnam) il n'y aurait guère de sens, de toute façon, à vouloir établir une stricte séparation entre ce qui relève du langage et ce qui relève des faits ou de l'expérience, la science elle-même, jusqu'à nouvel ordre, se présentant comme un ensemble de propositions sur le réel.

La mise en cause la plus forte de la théorie de la connaissance viennoise vient peut-être, plus que des débats sur l'analyticité, de l'instauration progressive du naturalisme. Le naturalisme n'est pas apparu avec Quine : il s'agit d'un courant théorique hérité au moins de la fin du XIXᵉ siècle et du débat sur le psychologisme, et certainement du pragmatisme américain. Mais c'est Quine qui lui a donné sa formulation la plus puissante en proposant de naturaliser l'épistémologie elle-même. Le naturalisme suggère de renoncer à tout fondement philosophique ou logique pour la science, et de s'appuyer sur la science de notre temps, sur son ontologie propre, pour déterminer nos modalités de connaissance. C'est une révolution philosophique et une rupture définitive avec le kantisme. Le Cercle de Vienne, tout en critiquant Kant sur le synthétique *a priori*, demeurait dans une problématique postkantienne du rapport entre expérience et théorie, et des *limites* de la connaissance. Le *Tractatus logico-philosophicus* est également un exemple fameux de cet héritage critique. La naturalisation de l'épistémologie, comme la seconde philosophie de Wittgenstein, instaure un nouveau principe d'immanence, qui conduit l'homme, allant jusqu'au bout du mot d'ordre de Neurath, à se fonder sur la science dont nous disposons pour penser notre capacité de connaissance. C'est l'ontologie de la science elle-même qui peut devenir sinon première, du moins autonome, sans qu'il n'y ait aucun questionnement ontologique pré-scientifique ou transcendant.

La seconde moitié du XIXᵉ siècle se caractérise également par la découverte de l'incommensurabilité : associée à l'indétermination ou aux énigmes de la référence (Quine, Putnam), elle ouvre des discussions sur le relativisme, et sur le réalisme. La question du réalisme, et des *variétés* du réalisme, est certainement celle qui domine cette période de la philosophie des sciences, comme en témoignent quelques textes jalons repris ici pour la première fois en français : ceux de Van Fraassen, Cartwright, Kuhn et Fine. La question du réalisme scientifique interroge le rapport entre science et réalité : y a-t-il une réalité indépendante que notre connaissance doit découvrir ou approcher ou la science est-elle au contraire une construction théorico-linguistique, un schème conceptuel qui détermine l'ontologie de la science de la façon la plus commode ? Entre ces deux positions extrêmes, un grand nombre de versions du réalisme (ou de réalismes tout court) ont été formulés : réalisme structural de Zahar, inspiré de Popper, réalisme robuste de Quine, réalisme interne de Putnam, attitude ontologique naturelle de Fine, théorie des paradigmes de Kuhn, des styles de Hacking, antiréalisme de Van Fraassen. Chez ce dernier, comme chez Cartwright et Hacking, et chez le récent Putnam, la question du réalisme n'est plus seulement celle, classique et peut-être dénuée de sens, du rapport entre science et réalité, mais celle de notre rapport concret, perceptif, au réel et au phénomène.

Tous ces nouveaux débats, que ce volume ne prétend certainement pas présenter de façon exhaustive, mettent en évidence un acquis du naturalisme, mais aussi bien de l'empirisme : la philosophie des sciences peut et doit faire usage (sans scrupules, disait Feyerabend) des matériaux et données de la science, mais aussi bien ceux des sciences cognitives, de l'histoire des sciences, et des sciences humaines. Les philosophes des sciences en viennent ainsi à soulever des problèmes qui paraissent plus modestes que ceux que les empiristes logiques espéraient pouvoir résoudre ; mais les débats des cinquante dernières années montrent aussi que la résolution de ces problèmes requièrent des ressources plus vastes et une réflexion plus ambitieuse qu'on ne le pensait auparavant.

Textes de W. V. Quine, H. Putnam, B. Van Fraassen, J. Bouveresse, N. Cartwright, I. Hacking, T. S. Kuhn, A. Fine, E. Zahar.

W. V. QUINE

L'ÉPISTÉMOLOGIE NATURALISÉE

PRÉSENTATION
Sandra Laugier

Willard Van Orman Quine (1908-2000), philosophe américain dont le sort est inséparable de l'université Harvard – où il fut d'abord étudiant, puis professeur jusqu'à la fin de sa carrière – est peut-être mieux connu comme philosophe de la logique et du langage que comme philosophe des sciences. Son œuvre a pourtant eu une influence cruciale dans le domaine épistémologique, tant au plan historique que théorique : sa critique de la distinction analytique/synthétique dans « Deux dogmes de l'empirisme » (1951), et son projet d'une « épistémologie naturalisée », explicité en 1969 dans le texte qui porte ce titre[1], ont constitué, chacun à leur manière, un véritable tournant.

Au plan historique, c'est Quine qui a constitué le lien entre la philosophie de la connaissance du Cercle de Vienne, le pragmatisme américain, et l'épistémologie contemporaine telle

1. Nous employons dans cette présentation, comme dans la traduction, le terme « épistémologie » comme équivalent du terme anglais *epistemology*, même si une traduction plus précise serait « philosophie de la connaissance ».

qu'elle s'est développée à partir des années 1950 dans le champ anglo-saxon. Quine, à la faveur de circonstances historiques dramatiques, notamment des persécutions politiques exercées dans les années 1930 sur le Cercle de Vienne, a permis l'installation d'un certain nombre de ses membres aux États-Unis (notamment Carnap, Reichenbach, Feigl) et ainsi la constitution d'un milieu philosophique nouveau, et d'un paradigme épistémologique. L'héritage du pragmatisme américain, et notamment le vérificationnisme et la théorie de la signification de Peirce, ont joué un rôle dans l'absorption des thèses du Cercle de Vienne – notamment de l'œuvre de Carnap, qui fut le maître admiré de Quine – dans un nouveau cadre philosophique.

Quine a toujours reconnu sa dette à l'égard de Carnap, et lui a dédié en 1960 *Le Mot et la chose*, son œuvre majeure. On mesure alors l'importance de la rupture, opérée dans « Deux dogmes de l'empirisme », avec l'empirisme logique : Quine y critique systématiquement la distinction entre énoncés analytiques et synthétiques, qui est un fondement de la théorie de la connaissance de l'empirisme logique, et le réductionnisme, l'idée que les énoncés doués de signification ont un contenu empirique déterminé.

> L'empirisme contemporain a été largement conditionné par deux dogmes. L'un consiste à croire en un clivage fondamental entre les vérités *analytiques*, ou fondées sur les significations indépendamment des questions de fait, et les vérités *synthétiques*, fondées sur les faits. L'autre est le *réductionnisme* : il consiste à croire que chaque énoncé doué de signification équivaut à une construction logique à partir de termes qui renvoient à l'expérience immédiate. Ces deux dogmes sont, je vais le montrer, sans fondement[1].

_____

1. « Deux dogmes de l'empirisme », *in Du point de vue logique*, trad. fr. S. Laugier (éd.), Paris, Vrin, 2004, p. 55.

Quine rejette non seulement l'analyticité (au sens défini par Frege puis Carnap, de caractère d'une vérité fondée sur les vérités logiques, et sur des conventions linguistiques), mais aussi, et plus radicalement, la distinction entre les énoncés empiriques et *a priori*, indépendants de l'expérience. C'est cette radicalité qui va constituer les thèses linguistiques de « Deux dogmes » en thèses épistémologiques. L'analyticité est critiquée par Quine en tant que dogme *de l'empirisme* : l'idée, héritée de Kant et Hume, et systématisée par les philosophes viennois et notamment dans le débat sur les *Protokollsätze* mentionné p. 44, d'une différenciation et d'une classification des énoncés par leur lien à l'expérience. Quine vise un présupposé central de « l'empirisme moderne » : qu'il existe une classe d'énoncés dont la vérité ne dépend d'aucune donnée empirique, et se décide par les significations de leurs termes. Il pose ainsi la question du statut des vérités logiques. La réponse sera dans le renoncement à une hiérarchisation des énoncés par leur proximité respective à l'expérience, et le « brouillage de la frontière entre métaphysique spéculative et science de la nature », et entre la logique et les autres connaissances.

L'enjeu est en effet le statut des vérités logiques. Il s'agit pour Quine, dans « Deux dogmes », de débarrasser la logique de son statut de vérité conventionnelle ou tautologique, que lui ont attaché les pères fondateurs de la philosophie analytique, et de la réintégrer à la science naturelle. Le statut des vérités logiques et mathématiques s'avère un enjeu épistémologique, comme le montre à son tour « L'épistémologie naturalisée », dont l'analyse prend son point de départ dans la question des fondements des mathématiques. Il s'agit moins pour Quine de rejeter l'empirisme logique que d'avoir une conception réellement empiriste de la science, qui intègre les vérités logiques et mathématiques dans le « champ de forces » que constitue la science prise comme un tout. Quine reste empiriste, et son naturalisme sera un moyen de préserver l'empirisme contre l'échec du programme viennois :

> Néanmoins deux principes fondamentaux de l'empirisme restaient hors de contestation, et ils le sont encore aujourd'hui. L'un est que toute preuve qu'il *peut y avoir* pour la science *est* d'ordre sensoriel. L'autre est que toute injection de signification dans les mots doit en fin de compte reposer sur des preuves sensorielles. D'où la séduction opiniâtre qu'exerce l'idée d'un *logischer Aufbau*, qui mettrait en avant explicitement le contenu sensoriel du discours. (*Infra*, p. 42-43)

À la thèse du holisme, selon laquelle c'est la science prise comme un tout qui affronte le tribunal de l'expérience, se superpose une thèse « révisionniste » et pragmatique, selon laquelle tout énoncé peut être révisé pour des raisons de commodité du schème conceptuel :

> Réciproquement, et du même coup, aucun énoncé n'est à tout jamais à l'abri de la révision. On a été jusqu'à proposer de réviser la loi logique du tiers exclu, pour simplifier la mécanique quantique ; quelle différence de principe entre un changement de ce genre et ceux par lesquels Kepler a remplacé Ptolémée, Einstein a remplacé Newton, ou Darwin a remplacé Aristote ?[1].

Le pragmatisme revendiqué ici par Quine est déjà un naturalisme : nos objets physiques sont des *posits*, inventés par nous pour « faciliter nos interactions avec les expériences sensorielles ». Le lien entre ontologie et expérience est relâché. La science, « qu'elle soit mathématique, naturelle et humaine » est sous-déterminée par l'expérience, et « les questions ontologiques sont, de ce point de vue, sur le même plan que les questions de science naturelle »[2]. Nous utilisons nos croyances du moment pour l'épistémologie elle-même. Cette idée est le début pour Quine de la naturalisation de l'épistémologie. La question du fondement empirique ou logique de la connaissance, centrale pour l'épistémologie des années 1930

---

1. *Ibid.*, p. 77-78.
2. *Ibid.*, p. 80.

(voir par exemple textes 5-6) devient la question naturaliste de savoir *comment* nous parvenons à la connaissance.

> Car nous pouvons entièrement garantir la vérité de la science naturelle et pourtant soulever la question, de l'intérieur de la science naturelle, de savoir comment l'homme élabore la maîtrise de cette science [1].

Quine affirme ainsi dans « L'épistémologie naturalisée » que l'épistémologie devient « un chapitre de psychologie », puisqu'elle étudie « un phénomène naturel, à savoir un sujet humain physique » et sa production de théorie (*output*) à partir de données sensorielles ténues (*input*). L'épistémologie est à présent incluse dans la science naturelle ; mais l'inverse vaut aussi : la science naturelle, par un effet de « mise en abyme », est contenue dans l'épistémologie. L'épistémologie étudie la manière dont « le sujet humain pose l'existence de corps et projette sa physique à partir de ses données », et produit les divers chapitres de la science.

Le naturalisme de Quine est clairement évolutionniste : notre science, comme notre langage, est un instrument d'adaptation, et à ce titre elle doit évoluer et se transformer. Nos conceptualisations actuelles ne sont qu'un moment d'une évolution sur laquelle nous ne pouvons agir que de manière limitée, et dont nous ne percevons les causes que rétrospectivement.

La métaphore favorite de Quine, qu'il emprunte à Neurath – des marins qui, embarqués sur un bateau, doivent le reconstruire en pleine mer – explicite son naturalisme. L'épistémologie n'a plus pour mission de reconstruire notre connaissance, mais la tâche modeste d'examiner, avec l'aide de la science – les moyens du bord – comment l'homme a pu accomplir cette évolution. Nous ne pouvons pas faire autrement : pour chercher ce qu'est la connaissance, il faut utiliser la

---

1. *Ibid.*

connaissance. C'est donc un principe d'immanence qui est revendiqué par Quine, contre le fondationnalisme. Le naturalisme permet ainsi à Quine de déplacer la question du réalisme. Cela est explicite dès *Du point de vue logique* :

> Nous pouvons le modifier morceau par morceau, planche par planche, quoiqu'en même temps rien d'autre que le schème conceptuel en évolution ne puisse nous porter. Neurath a eu raison de comparer la tâche du philosophe à celle d'un marin qui doit réparer son bateau en pleine mer.
>
> Nous pouvons améliorer morceau par morceau notre schème conceptuel, notre philosophie, tout en continuant d'en dépendre de manière vitale ; mais nous ne pouvons pas nous en détacher et le comparer objectivement avec une réalité non conceptualisée [1].

La naturalisation épistémologique pose les limites de « la souveraineté conceptuelle de l'homme ». Elle s'avère un principe d'immanence de la philosophie elle-même au schème conceptuel.

C'est une thèse d'abord philosophique, qui a eu une influence considérable, dans plusieurs domaines. La première conséquence de la thèse, évidente, est la « libération » de la philosophie de toute tâche de fondation : elle peut avoir recours aux matériaux de la science. On peut dire que ce texte de Quine est un soubassement philosophique essentiel des sciences cognitives : le but de l'épistémologie n'est plus de fonder la connaissance dans l'expérience ou les structures du langage, ou de l'esprit, mais d'examiner concrètement nos modes d'acquisition des connaissances et croyances. Mais le naturalisme connaît, chez Quine lui-même, d'autres versions, non plus articulées sur le modèle des sciences de la nature mais sur l'idée de la nature humaine, qui est pour Quine, on le sait depuis *Le mot et la chose*, une nature *sociale*. L'insistance de Quine, dans cet ouvrage et dans ses travaux ultérieurs,

---

1. *Du point de vue logique*, p. 121-122.

(notamment son tout dernier *opus*, dont le titre est un écho de l'épistémologie naturalisée, *From Stimulus to Science*) sur la question de l'apprentissage, est motivée doublement par son intérêt pour les processus cognitifs liés à l'apprentissage du langage, et par sa certitude que le langage est « un art social ».

L'épistémologie naturalisée, et le recours à la psychologie, souvent interprétés comme une réhabilitation de la psychologie par Quine après l'antipsychologisme de la première philosophie analytique, sont en réalité inséparables d'une socialisation de la nature. Il y aurait alors deux versions du naturalisme, un premier (scientiste et évolutionniste, revendiqué dans les sciences cognitives et suggéré dans la conclusion du texte) et un second (anthropologique, qui renverrait à une nature humaine et à l'apprentissage de la signification).

L'épistémologie naturalisée a ainsi lancé, par delà la justification première des approches cognitivistes, le débat sur les variétés du naturalisme. Strawson, Putnam, et surtout McDowell (1995) veulent définir, après Quine, un naturalisme de la seconde nature, au sens aristotélicien : une nature de la *Bildung*. Cette version du naturalisme permettrait de corriger le premier, que McDowell appelle « bald naturalism », et d'annuler la référence scientiste. Le naturalisme devient alors simplement une position immanente, refusant toute argumentation transcendante (ou transcendantale) et toute position d'arrogance de la philosophie. La réflexion sur le naturalisme, et la *nature* du naturalisme, est un élément essentiel de l'héritage quinien aujourd'hui.

Quine revient par ailleurs, à la fin de « L'épistémologie naturalisée », sur sa critique de l'analyticité et de la signification. Il propose de substituer à la notion d'analyticité « l'acceptation par tous les locuteurs d'une communauté linguistique », et de la redéfinir par l'accord intersubjectif sur des phrases d'observation. Par là, Quine articule clairement sa thèse d'indétermination de la traduction au naturalisme, et évite le relativisme en redéfinissant le rapport entre observation et vérité.

On voit encore la profonde ambivalence de la relation de Quine au positivisme logique. Près de vingt ans après les critiques de « Deux dogmes », et dix ans après le rejet de la signification dans *Le Mot et la chose*, le philosophe de Harvard semble revenir à des versions naturalisées de l'analyticité et de la signification, et ainsi réhabiliter, par la voie du naturalisme, certains principes de l'empirisme logique :

> Ce n'est pas une offense aux opinions des anciens Viennois que de dire que l'épistémologie est maintenant devenue de la sémantique. Car l'épistémologie reste, comme elle l'a toujours été, centrée sur la preuve, et la signification reste, comme elle l'a toujours été, centrée sur la vérification. (*Infra*, p. 59).

En « délogeant l'épistémologie de son vieux statut de philosophie première », et en la purgeant de ses derniers résidus du kantisme, Quine achève, contre l'empirisme même, le programme de l'empirisme.

Indications bibliographiques

W. V. QUINE

Methods of Logic, Cambridge, Mass., Harvard, 1950, 1959, 1972, 1982 ; trad. fr. M. Clavelin, *Méthodes de logique*, Paris, Armand Colin, 1972, 1984.

From a logical point of view, Cambridge, Mass., Harvard University Press, 1953, trad. fr. S. Laugier (dir.), *Du point de vue logique*, Paris, Vrin, 2003.

Word and Object, Cambridge, Mass., MIT Press, 1960, trad. fr. J. Dopp et P. Gochet, *Le Mot et la chose*, Paris, Flammarion, 1977 ; 2000.

Ontological Relativity, New York, Columbia University Press, 1969, trad. fr. J. Largeault, *Relativité de l'ontologie*, Paris, Aubier, 1975 ; nouvelle édtion avec une présentation de S. Laugier, 2008.

The Roots of Reference, La Salle, Ill., Open Court, 1973.

From Stimulus to Science, Cambridge, Mass., Harvard University Press, 1995.

« The nature of natural knowledge », *in* Guttenplan S. (éd.), *Mind and Language*, Oxford, Oxford University Press, 1975, p. 67-81.

Autres références

DECOCK Lieven (éd.), *Quine, Naturalized epistemology, Perceptual Knowledge, and Ontology*, Amsterdam, Rodopi, 2000.

GOCHET Paul, *Quine en perspective*, Paris, Flammarion, 1978.

HOOKWAY Christopher, *Quine*, Stanford, Cal., Stanford University Press, 1988, trad. fr. J. Colson, *Quine*, Bruxelles, De Boeck, 1992.

LAUGIER Sandra, *L'anthropologie logique de Quine*, Paris, Vrin, 1992.

– « Quine et le naturalisme », *in* P. Wagner (dir.), *Les philosophes et la science*, Paris, Gallimard, 2002.

MCDOWELL John, *Mind and World*, Cambridge, Mass., Harvard University Press, 1995 ; trad. fr. par Ch. Al-Saleh, *L'esprit et le monde*, Paris, Vrin, 2007.

L'ÉPISTÉMOLOGIE NATURALISÉE [*]

L'épistémologie traite des fondements de la science. Prise avec cette extension, elle inclut parmi ses départements l'étude des fondements des mathématiques. Au tournant du siècle les spécialistes pensaient que leurs efforts dans ce département particulier débouchaient sur un succès grandiose : apparemment les mathématiques tout entières allaient se réduire à la logique. À regarder les choses d'un point de vue plus proche du présent, on estime préférable de décrire cette réduction comme une réduction à la logique et à la théorie des ensembles. Cette nuance équivaut, sur le plan épistémologique, à une déception, car on n'a pas le droit de se prévaloir, pour la théorie des ensembles, des caractères de sûreté et d'évidence que nous associons à la logique. Néanmoins les succès obtenus dans les fondements des mathématiques demeurent exemplaires, pris pour normes de comparaison, et nous sommes à même d'éclairer le reste de l'épistémologie en faisant des parallèles avec ce département.

[*] Willard Van Orman Quine, « Epistemology naturalized », 1969. Trad. fr. J. Largeault, « L'Épistémologie devenue naturelle », in Quine, *Relativité de l'ontologie et autres essais*, Paris, Aubier-Montaigne, 1977. La présente traduction est publiée avec l'aimable autorisation des éditions Flammarion et de Mme le Pr. Anne Fagot-Largeault.

Les recherches sur les fondements des mathématiques se divisent avec symétrie en deux espèces, conceptuelle et doctrinale. Les recherches conceptuelles portent sur la signification, les doctrinales sur la vérité. Les recherches conceptuelles s'occupent d'éclaircir les concepts en en définissant certains en termes d'autres. Les recherches doctrinales s'occupent d'établir des lois en en démontrant certaines à partir d'autres. Idéalement les concepts obscurs seront définis en termes des concepts clairs de façon à maximiser la clarté, et les lois les moins obvies seront démontrées à partir des plus obvies de façon à maximiser la certitude. Idéalement les définitions engendreront tous les concepts à partir d'idées claires et distinctes, et les preuves engendreront tous les théorèmes à partir de vérités évidentes par elles-mêmes.

Ces deux idéaux sont solidaires. Car en définissant tous les concepts au moyen de l'un privilégié de leurs sous-ensembles, on montre comment traduire tous les théorèmes en ces termes privilégiés. Plus clairs ils sont, et plus il est vraisemblable que les vérités que l'on y a couchées seront obvies ou dérivables de vérités obvies. En particulier, si les concepts des mathématiques étaient tous réductibles aux termes clairs de la logique, alors toutes les vérités de mathématiques se transformeraient en des vérités de logique, et il est certain que toutes les vérités de logique sont obvies, ou du moins potentiellement obvies, *i. e.* dérivables de vérités obvies moyennant des pas dont chacun individuellement est obvie.

Ce résultat précis nous est refusé, attendu que les mathématiques ne se réduisent qu'à la théorie des ensembles et non point à la logique proprement dite. Une pareille réduction augmente tout de même la clarté, mais c'est seulement à cause des interrelations qu'elle fait apparaître, non pas parce que les produits extrémaux de l'analyse sont plus clairs que d'autres. En ce qui concerne les vérités extrémales, à savoir les axiomes de la théorie des ensembles, ils ont moins de caractère obvie et certain à invoquer que la majorité des théorèmes mathématiques que nous en dérivons. Bien plus, nous savons, depuis le travail de Gödel, qu'aucun système d'axiomes non contradictoire ne peut recouvrir les mathématiques, même si nous renonçons à avoir des axiomes évidents par soi. En fondements des mathématiques la réduction reste mathématiquement et philosophiquement fascinante, quoiqu'elle ne fasse pas le travail que l'épistémologue en attendrait : elle ne révèle pas le fond de la connaissance mathématique, ni ne montre comment la certitude mathématique est possible.

Cependant, pour l'épistémologie en général, nous pouvons encore appeler une idée à la rescousse. C'est cette dualité de structure, qui était spécialement frappante dans les fondements des mathématiques. Je pense ici à l'embranchement en une théorie des concepts, ou de la signification, d'une part, et en une théorie, ou en une doctrine, de la vérité, d'autre part, car cela ne vaut pas moins pour l'épistémologie de notre connaissance de la nature que pour les fondements des mathématiques. Le parallélisme est le suivant. Exactement comme les mathématiques sont réductibles à la logique, ou à la logique et à la théorie des ensembles, le savoir de la nature doit reposer de quelque manière sur l'expérience des sens. Cela signifie qu'on expliquera la notion de corps en termes sensoriels (ceci pour le côté conceptuel de l'embranchement), et qu'on justifiera notre connaissance des vérités de la nature en termes sensoriels (ceci pour le côté doctrinal de l'embranchement).

Hume répartissait l'épistémologie du savoir de la nature des deux côtés, conceptuel et doctrinal, de l'embranchement. Son traitement du côté conceptuel du problème, son explication de corps en termes sensoriels, était radicale et simple : il identifiait les corps directement aux impressions des sens. Si le sens commun distingue entre la pomme matérielle et les impressions que nos sens en reçoivent, pour la raison que la pomme est une et durable tandis que les impressions que nous en recevons sont multiples et fluctuantes, alors, suivant Hume, c'est tant pis pour le sens commun; la notion qu'il a, qu'il s'agit de la même pomme en telle occasion et en telle autre, constitue une vulgaire confusion.

Presque un siècle après le *Traité* de Hume, un des premiers philosophes américains, A. Bryan Johnson [1], adoptait la même conception des corps. Il écrivait : « Le mot métal désigne une vision et une sensation associées ».

Qu'en est-il ensuite du côté doctrinal, à savoir de la justification de notre connaissance des vérités sur la nature ? Là, Hume abandonnait la partie. Sans doute, en identifiant les corps à des impressions, réussissait-il à construire certains énoncés singuliers portant sur des corps, comme étant indubitablement vrais : ils deviennent des vérités sur des impressions, lesquelles sont directement connues. Mais des énoncés généraux, et aussi des énoncés singuliers relatifs à l'avenir, ne gagnaient aucune certitude supplémentaire à être analysés comme portant sur des impressions.

Du côté doctrinal, je ne vois pas que nous soyons aujourd'hui plus avancés qu'au temps de Hume. L'impasse humienne est l'impasse humaine. En revanche, du côté conceptuel il y a eu progrès. Là, le pas décisif en avant avait été fait déjà antérieurement à Alexander Bryan Johnson, quoiqu'il n'ait pas voulu suivre. C'est Bentham qui l'a effectué, avec sa théorie des fictions. Ce que Bentham a apporté, c'est la découverte de la définition contextuelle, ou de ce qu'il appelle la paraphrase. Il découvrit que pour expliquer un terme, nous ne sommes pas obligés de spécifier un objet auquel ce terme référerait, ni même de spécifier un mot ou une locution synonymes de ce terme ; nous n'avons qu'à montrer, par tous les moyens, comment traduire, en les prenant globalement, toutes les phrases où ce terme sera employé. Le parti désespéré de Hume et de Johnson d'identifier les corps aux impressions n'est plus la seule façon concevable de donner un sens au

---

1. A. B. Johnson, *A Treatise on Language,* New York, 1836 ; Berkeley, 1947.

parler de corps, même quand on admet que les impressions sont la seule réalité. On pourrait essayer d'expliquer le parler de corps en termes de parler d'impressions, en traduisant les phrases sur les corps, prises dans leur entier, par des phrases sur les impressions, prises dans leur entier, sans avoir à égaler les corps eux-mêmes à quoi que ce soit.

Cette idée de la définition contextuelle, ou cette découverte que la phrase est le véhicule primaire de la signification, fut indispensable aux développements qui devaient s'ensuivre en théorie des fondements des mathématiques. Explicite chez Frege, elle s'épanouit pleinement dans la doctrine russellienne des descriptions singulières comme symboles incomplets.

La définition contextuelle constituait l'un des deux recours dont on avait lieu d'escompter un effet libérateur pour le côté conceptuel de l'épistémologie du savoir de la nature. L'autre était le recours aux ressources de la théorie des ensembles, qui fournit des accessoires conceptuels. L'épistémologue qui consent à rallonger la sauce de son austère ontologie d'impressions sensibles, au moyen de ces accessoires ensemblistes, se voit riche tout d'un coup : il ne dispose plus seulement de ses impressions, il dispose d'ensembles d'impressions, d'ensembles d'ensembles d'impressions, et ainsi de suite, par itération. Dans les fondements des mathématiques, les constructions ont montré que ces auxiliaires ensemblistes sont une puissante adjonction ; après tout, le glossaire entier des concepts des mathématiques classiques en sort. Avec pareil équipement, notre épistémologue n'aura pas besoin d'identifier les corps à des impressions, ni de fignoler des définitions contextuelles. Il peut espérer de rencontrer, dans quelque subtile construction ensembliste à partir d'ensembles d'impressions sensibles, une catégorie d'objets satisfaisant exactement la formule des propriétés qu'il désire pour les corps.

Du point de vue épistémologique, il n'est pas indifférent lequel de ces deux moyens on prend. La définition contextuelle ne peut pas être mise en contestation. Les phrases auxquelles on a donné une signification en tant que touts, sont indéniablement correctes, et l'usage qui y est fait des termes qui les composent est par conséquent correct, que l'on ait ou non proposé une traduction de ces termes considérés isolément. Il est certain que Hume et A. B. Johnson eussent été ravis d'employer des définitions contextuelles, si l'idée s'en était présentée à eux. Recourir aux ensembles est au contraire un coup ontologique très résolu, une entorse à l'ontologie austère des impressions. Il y a des philosophes qui préféreraient opter carrément pour des corps, plutôt que d'admettre tous ces ensembles, qui équivalent finalement à l'intégralité de l'ontologie abstraite des mathématiques.

Ce point n'a cependant pas été toujours évident, à cause des indices trompeurs de continuité entre logique élémentaire et théorie des ensembles. C'est ce qui explique qu'on ait naguère cru que les mathématiques se réduisent à la logique, entendons à une logique innocente et indiscutable, et qu'elles en héritent ces qualités. C'est probablement ce qui explique pourquoi Russell consentait aussi bien à recourir à des ensembles qu'à recourir à la définition contextuelle, lorsque, dans *Our Knowledge of the External World* et ailleurs, il abordait le côté conceptuel de l'épistémologie de la connaissance de la nature.

Représenter le monde extérieur comme une construction logique des données des sens, tel était le programme, dans les termes de Russell. Dans son *Der logische Aufbau der Welt* de 1928, Carnap fut le plus près de venir à bout de cette entreprise.

Voilà pour le côté conceptuel de l'épistémologie. Qu'en était-il du côté doctrinal? Là on demeurait dans l'impasse humienne. Si l'on avait réussi à effectuer entièrement les constructions de Carnap, elles nous eussent permis de traduire en termes de données des sens, ou d'observation, avec adjonction de la logique et de la théorie des ensembles, toutes les phrases sur le monde. Mais le simple fait qu'une phrase est *couchée* en termes d'observation, de logique, et de théorie des ensembles, ne signifie pas qu'elle puisse être *prouvée* à partir de phrases d'observation, moyennant la logique et la théorie des ensembles. La plus modeste des généralisations sur des traits observables renferme plus de cas que celui qui l'énonce ne peut avoir eu l'occasion d'en observer réellement. On dut reconnaître qu'il était sans espoir de prétendre établir, par une voie résolument logique, la science de la nature sur l'expérience immédiate. La recherche cartésienne de la certitude avait été le motif vague qui avait inspiré l'épistémologie, à la fois dans son côté conceptuel et dans son côté doctrinal; or on s'aperçut que cette recherche était vaine. Vouloir doter de la pleine autorité de l'expérience immédiate les vérités de la nature, n'était pas moins vain que d'espérer doter les vérités des mathématiques du caractère potentiellement obvie propre à la logique élémentaire.

Qu'est-ce qui pouvait avoir motivé les efforts héroïques de Carnap du côté conceptuel de l'épistémologie, une fois que l'espoir de certitude du côté doctrinal eut été abandonné? Ils avaient encore deux raisons valables. L'une était que l'on avait lieu d'attendre de pareilles constructions qu'elles mettent au jour et éclaircissent la preuve sensorielle de la science, même si les étapes inférentielles qui vont de la preuve sensorielle au système scientifique étaient vouées à manquer de certitude. L'autre raison était que de pareilles constructions approfondissaient notre compréhension du discours sur le monde, même en dehors des questions de preuve; elles devraient rendre tout discours cognitif aussi clair que les termes d'observation et que la logique, et, il me faut l'ajouter à regret, que la théorie des ensembles.

Il était désolant pour les épistémologues, pour Hume et les autres, d'avoir à admettre l'impossibilité de dériver rigoureusement la science du monde extérieur à partir des preuves sensorielles. Néanmoins deux principes fondamentaux de l'empirisme restaient hors de contestation, et ils le sont encore aujourd'hui. L'un est que toute preuve qu'il *peut* y avoir pour la science *est* d'ordre sensoriel. L'autre, sur lequel je reviendrai, est que toute injection de signification dans les mots doit en fin de compte reposer sur des preuves sensorielles. D'où la séduction opiniâtre qu'exerce l'idée d'un *logischer Aufbau,* qui mettrait en avant explicitement le contenu sensoriel du discours.

Si Carnap était venu complètement à bout d'effectuer une pareille construction, comment aurions-nous su qu'elle était la bonne? La question eût été oiseuse. Carnap cherchait ce qu'il appelait une *reconstruction rationnelle.* Toute construction du discours physicaliste en termes d'expérience sensible, de logique et de théorie des ensembles, aurait été considérée comme satisfaisante, qui eût accouché du discours physicaliste correct. S'il y a une manière d'arriver à celui-ci, il y en a plusieurs, mais en donner une, n'importe laquelle, eût été un coup de maître.

Pourquoi donc toute cette reconstruction créative, tout ce faux-semblant? La stimulation de ses récepteurs sensoriels est toute la preuve sur quoi quiconque peut, en fin de compte, s'appuyer pour élaborer sa représentation du monde. Pourquoi ne pas simplement se borner à voir comment procède réellement cette construction? Pourquoi ne pas se tourner vers la psychologie? Se décharger ainsi du fardeau épistémologique sur la psychologie est une opération qu'au temps jadis on ne tolérait pas, pour cause de raisonnement circulaire. Car si le but de l'épistémologue est la validation des fondements de la science empirique, l'épistémologue rend nulle son entreprise dès lors qu'il emploie la psychologie ou telle autre science empirique dans cette validation. Cependant ce genre de scrupules à l'encontre de la circularité n'est plus de mise, une fois que nous ne méditons plus de déduire la science à partir d'observations. Si nous quêtons tout bonnement un lien entre observations et science, nous serons bien avisés de faire flèche de toute information disponible, y compris celle que fournit la science même dont nous cherchons à comprendre le lien avec l'observation.

Il reste une raison différente, qui n'a pas de rapport avec la peur de la circularité, pour regarder encore d'un œil favorable une reconstruction créative. C'est que nous aimerions pouvoir *traduire* la science dans la logique, les termes d'observation, et la théorie des ensembles. Ce serait un coup de maître en épistémologie, car on aurait ainsi montré que tout le reste des concepts de la science est théoriquement superflu. On les aurait légitimés – à proportion du degré de légitimité, quel qu'il soit, des concepts ensemblistes, logiques, et observationnels – en montrant que tout ce qu'on fait avec l'un des appareils pourrait en principe se faire avec l'autre. Si la psychologie elle-même était capable de fournir une telle réduction véritablement traductive, celle-ci aurait un bon accueil. Or il est certain qu'elle n'en est pas capable, car il n'est certainement pas vrai qu'au cours de notre développement nous apprenions les définitions du langage physicaliste en termes d'un langage antérieur, constitué de théorie des ensembles, de logique, et d'observation. Il y a donc là une bonne raison de nous entêter à vouloir une reconstruction rationnelle : nous désirons établir l'innocence essentielle des concepts physiques en montrant que, du point de vue théorique, ils ne sont pas indispensables.

Cependant le fait est que la construction ébauchée par Carnap dans *Der logische Aufbau der Welt* ne donne pas non plus de réduction traductive. Et elle n'en donnerait pas, même si l'esquisse était complétée. Le point crucial est l'endroit où Carnap explique comment assigner des qualités sensibles à des positions de l'espace-temps physique. Ces assignations doivent être pratiquées de manière à remplir, aussi bien que possible, certaines exigences qu'il pose, et, avec l'accroissement de l'expérience, elles seront révisées de façon à s'y adapter. Ce plan, tout éclairant qu'il est, n'offre aucune clé de *traduction* des énoncés de la science en termes d'observation, de logique, et de théorie des ensembles.

Il nous faut abandonner l'espoir d'une pareille réduction. Carnap l'abandonna vers 1936, lorsque, dans «Testabilité et signification»[1], il introduisit ce qu'il appelait des *formes de réduction*, d'un type plus faible que les définitions. Car les définitions montrent toujours comment traduire des phrases en des phrases équivalentes. La définition contextuelle d'un terme montrait comment traduire des phrases qui contiennent ce terme, en des phrases équivalentes qui ne le contiennent plus. Les formes de réduction de l'espèce libéralisée de Carnap ne donnent pas généralement d'équivalences, mais des implications. Elles expliquent un nouveau terme, d'une façon partielle seulement, en spécifiant certaines phrases qui sont impliquées par des phrases qui contiennent ce terme, et certaines autres phrases qui impliquent des phrases qui contiennent ce terme.

On est tenté de supposer qu'admettre des formes de réduction en cette acception libérale n'est qu'une nouvelle vague de libéralisation comparable à l'ancienne, celle instaurée par Bentham, et par laquelle il admettait des définitions contextuelles. La reconstruction rationnelle de la première espèce et la plus stricte pourrait se représenter comme un récit fictif, où nous imaginerions nos ancêtres en train d'introduire les termes du discours physicaliste sur une base phénoménaliste et ensembliste, moyennant une série de définitions contextuelles. La reconstruction rationnelle de la nouvelle espèce libéralisée de Carnap est un récit fictif, où nous imaginons nos ancêtres en train d'introduire ces termes moyennant une série de formes de réduction de type faible.

Cela n'est qu'une comparaison erronée. Le fait est plutôt que la reconstruction rationnelle stricte, celle de la première espèce, où régnait la définition, ne renfermait point de récit fictif. Elle n'était (ou, si elle avait réussi, elle n'aurait été) ni

1. *Philosophy of Science*, 3 (1936), p. 419-471; 4 (1937), p. 1-40; trad. fr. *Testabilité et signification*, Paris, Vrin, 2015.

plus ni moins qu'un ensemble de directives pour effectuer, en termes de phénomènes et de théorie des ensembles, tout ce que nous effectuons, dans la pratique, en termes de corps. Elle aurait été une authentique réduction par la traduction, une légitimation par l'élimination. *Definire est eliminare.* La reconstruction rationnelle au moyen des formes de réduction subséquentes et relâchées de Carnap n'accomplit rien de tout cela.

Desserrer les contraintes sur la définition et se décider pour un style de réduction qui n'élimine pas, c'est renoncer au dernier avantage que l'on supposait qu'une reconstruction rationnelle possède sur la psychologie pure et simple, à savoir l'avantage de la réduction traductive. Si tout ce que nous avons en vue est une reconstruction qui rattache la science à l'expérience sous des rapports explicites, sans indiquer de traduction, alors il paraît plus sensé d'opter pour la psychologie. Mieux vaut découvrir comment la science se développe et s'apprend en réalité, que d'inventer une structure fictive dans la même intention.

En abandonnant l'espoir de déduire les vérités de la nature à partir de preuves sensorielles, l'empiriste a fait une concession majeure. En abandonnant ensuite l'espoir de traduire ces vérités en termes d'observation et d'accessoires logico-mathématiques, il fait une seconde concession majeure. Supposé que nous pensions, avec l'ancien empiriste Peirce, que la véritable signification d'un énoncé consiste en la différence résultant de sa vérité, pour l'expérience possible. Ne pourrions-nous pas, dans une phrase écrite en langage d'observation et qui aurait un chapitre de long, formuler toute la différence qui résulterait, pour l'expérience, de la vérité d'un énoncé donné, puis prendre tout cela comme traduction de cet énoncé ? Même si la différence résultant, pour l'expérience, de la vérité de cet énoncé, se ramifiait indéfiniment, nous aurions encore lieu d'espérer l'embrasser entièrement dans les implications logiques de notre formulation longue d'un chapitre, exactement comme nous savons axiomatiser une infinité de théorèmes. En quittant l'espoir d'une pareille traduction, l'empiriste concède donc que les significations empiriques d'énoncés typiques portant sur le monde extérieur, sont inaccessibles et ineffables.

Comment expliquer cette inaccessibilité ? Simplement par la raison qu'au niveau de l'expérience, les implications d'un énoncé typique portant sur des corps seraient trop complexes pour recevoir une axiomatisation finie, si démesurée soit sa longueur ? Non pas; j'ai une autre explication : l'énoncé typique portant sur des corps n'a, au niveau de l'expérience, aucun fonds d'implications capable de passer pour lui être propre. Au contraire une masse substantielle de théorie, prise globalement, aura communément des implications au niveau de l'expérience. Et c'est comme cela que nous rendons vérifiables les prédictions. Nous pouvons ne pas être en mesure d'expliquer pourquoi nous aboutissons à des théories qui sont confirmées, toujours est-il que nous aboutissons à des théories qui ont cette propriété.

Parfois donc une expérience impliquée par une théorie tombe à l'eau; et alors, idéalement, nous déclarons fausse cette théorie. L'échec ne falsifie qu'un tronçon de théorie pris comme un tout, une conjonction de plusieurs énoncés. L'échec indique qu'un de ces énoncés ou plusieurs d'entre eux est faux, sans indiquer lequel. Les expériences prédites, les vraies et les fausses, ne sont pas impliquées par un des énoncés qui composent la théorie plutôt que par un autre. Suivant les normes de Peirce, ces énoncés composants n'ont simplement pas de significations empiriques; une portion suffisamment inclusive de la théorie en a. Si nous pouvons ambitionner une espèce de *logischer Aufbau der Welt*, ce doit en être un, où les textes inscrits au programme de traduction en termes observationnels et logico-mathématiques, seront principalement d'amples théories, prises comme des touts, plutôt que des termes ou des phrases courtes. La traduction d'une théorie serait une axiomatisation massive de toute la différence résultant, au niveau de l'expérience, de la vérité de cette théorie. Ce serait une drôle de traduction, puisqu'elle traduirait le tout sans traduire aucune de ses parties. Dans un pareil cas il vaudrait mieux parler, non pas de traduction, mais simplement de preuve observationnelle pour des théories; et nous sommes libres, à la suite de Peirce, d'appeler cela la signification empirique des théories.

Ces réflexions soulèvent une question philosophique qui va jusqu'à mettre en cause la traduction courante et non philosophique, par exemple celle du français en dialecte Arunta ou en chinois. Car si les phrases françaises d'une théorie n'ont de signification que prises ensemble comme un organisme, alors nous ne pouvons justifier leurs traductions en dialecte Arunta que prises ensemble comme un organisme. Il n'y aura pas de justification de l'appariement des phrases françaises composantes de la théorie, avec les phrases composantes en dialecte Arunta, sauf pour autant que ces corrélations produisent une traduction correcte de la théorie considérée comme un tout. Une traduction quelconque des phrases françaises en des phrases de dialecte Arunta sera aussi juste qu'une autre quelconque, tant que les implications empiriques nettes de la théorie, en tant que tout, sont préservées dans la traduction. On doit toutefois s'attendre que plusieurs manières différentes de traduire les phrases composantes, manières qui sont différentes essentiellement quand on prend ces phrases à part, fourniront les mêmes implications empiriques pour la théorie prise en tant que tout; les écarts dans la traduction d'une phrase composante se compenseront dans la traduction d'une autre phrase composante. Dans cette mesure, il n'y a pas de raison sur quoi se fonder pour dire laquelle de deux traductions de phrases isolées est la bonne, alors que la disparité de ces traductions saute aux yeux [1].

Un mentaliste naïf n'a à craindre aucune indétermination de cette sorte. Chaque terme et chaque phrase est une étiquette

---

1. Quine, *Relativité de l'ontologie et autres essais*, chap. 1.

attachée à une idée, simple ou complexe, qui est engrangée dans l'esprit. Si par ailleurs nous choisissons une théorie vérificationiste de la signification, l'indétermination semble inévitable. Le Cercle de Vienne s'était rallié à une théorie vérificationiste de la signification, sans cependant la prendre assez au sérieux. Si, avec Peirce, nous reconnaissons que la signification d'une phrase dépend simplement de ce qui serait susceptible de compter pour une preuve de sa vérité, et si nous admettons avec Duhem que les phrases théoriques ont des preuves uniquement en qualité de fragments de théorie suffisamment grands, et non point en tant que phrases isolées, alors l'indétermination de la traduction des phrases théoriques est la conclusion naturelle. Or la plupart des phrases, celles d'observation à part, sont théoriques. Réciproquement, cette conclusion une fois attrapée scelle le destin de toute notion générale de signification propositionnelle, ou par là même, d'état de choses.

Le caractère fâcheux de cette conclusion nous convaincra-t-il d'abandonner la théorie vérificationiste de la signification? Certes non. L'espèce de signification, qui est fondamentale pour la traduction et pour l'apprentissage de notre propre langue, est nécessairement la signification empirique et rien de plus. Un enfant apprend ses premiers mots et ses premières phrases en les entendant et en les employant en présence de stimuli appropriés. Ceux-ci doivent être des stimuli externes, car ils doivent agir à la fois sur l'enfant et sur le locuteur dont l'enfant est en train d'apprendre. Le langage s'inculque et se contrôle socialement; inculcation et contrôle dépendent rigoureusement de l'accordement des phrases à une stimulation partagée. Les facteurs internes sont libres de varier *ad libitum* sans causer de dommage à la communication, tant que l'accordement de la langue aux stimuli externes n'est pas perturbé. Il est certain que nous n'avons pas d'autre choix que d'être empiriste lorsque notre théorie de la signification linguistique est en jeu.

Ce que j'ai dit de l'apprentissage de l'enfant s'applique également au linguiste qui apprend sur le terrain une nouvelle langue. Un linguiste qui ne s'appuie pas sur des langues apparentées, pour lesquelles il existe des règles de traduction admises d'avance, ne dispose point d'autres données que des concomitances entre des énonciations indigènes et des situations- stimulus observables. Il ne faut donc pas s'étonner qu'il y ait indétermination de la traduction – attendu que, comme il va de soi, seul un petit nombre de nos énonciations rapporte des stimulations externes accompagnatrices. Assurément, au bout du compte le linguiste propose des traductions univoques de n'importe quoi, mais ce n'est qu'en procédant, le long du chemin, à des choix arbitraires – arbitraires même tout en étant inconscients. Qu'est-ce que j'entends par « arbitraires » ? J'entends par là que des choix différents pourraient encore coller avec tout ce qui est principiellement susceptible de quelque genre de contrôle que ce soit.

Enchaînons, dans un ordre différent, quelques-unes des idées que je viens de dégager. L'argument essentiel qui soustend ma thèse de l'indétermination de la traduction était qu'un énoncé sur le monde n'a pas toujours, ou bien n'a pas ordinairement, un fonds séparable de conséquences empiriques dont on puisse dire qu'il lui est propre. Cet argument a servi aussi à rendre compte de l'impossibilité du type de réduction épistémologique où chaque phrase serait égalée à une phrase libellée en termes observationnels et logico-mathématiques. Or l'impossibilité de ce type de réduction épistémologique a dissipé en fumée le dernier avantage qu'une reconstruction rationnelle faisait mine d'avoir sur la psychologie.

Les philosophes ont à bon droit abandonné l'idée de tout traduire en termes observationnels et logico-mathématiques. Ils en ont abandonné l'idée, même lorsqu'ils n'ont pas reconnu que la raison de cette irréductibilité consiste en ce que les énoncés n'ont pas généralement de paquets de conséquences empiriques qui seraient leurs propriétés privées. Et certains philosophes ont vu dans cette irréductibilité le crépuscule de l'épistémologie. Carnap et les autres positivistes logiques du Cercle de Vienne avaient déjà imprimé au mot « métaphysique » un usage péjoratif, en le rendant connotatif de vacuité de sens. Ce fut le tour du mot « épistémologie ». Wittgenstein et ses épigones, principalement à Oxford, se trouvèrent, dans la thérapeutique, une spécialité philosophique de secours : ils se consacrèrent à guérir les philosophes de l'illusion qu'il existerait des problèmes épistémologiques.

À cet égard je pense plutôt qu'il vaudrait mieux dire que l'épistémologie continue, quoique dans une présentation nouvelle et avec un statut clarifié. L'épistémologie, ou quelque chose de ressemblant, s'est simplement conquis droit de cité à titre de chapitre de psychologie et donc de science naturelle. Elle étudie un phénomène naturel, à savoir un sujet humain physique. Ce sujet humain est accordé à une certaine entrée que l'on contrôle expérimentalement – à certains schémas d'irradiations qui ont des fréquences convenables par exemple – et, en la consommation des temps, ce sujet fournit comme sortie une description du monde extérieur tridimensionnel ainsi que l'histoire de celle-ci. La relation entre l'entrée, mince, et la sortie, torrentielle, est une relation que nous sommes poussés à étudier, par à peu près les mêmes raisons qui nous ont toujours poussés à étudier l'épistémologie : mettre ordre de voir le rapport entre preuve et théorie, et comment notre théorie de la nature dépasse toute preuve disponible.

Une pareille étude pourrait même continuer d'inclure une chose comme l'ancienne reconstruction rationnelle, quelle que soit la praticabilité d'une telle reconstruction ; car des constructions imaginaires sont susceptibles de renseigner sur des processus psychologiques réels, tout à fait comme des simulations mécaniques le peuvent. Il y a néanmoins une différence palpable entre l'ancienne épistémologie et le programme épistémologique nouvelle manière, c'est que nous avons maintenant le droit de recourir librement à la psychologie empirique.

L'ancienne épistémologie aspirait à contenir, en un sens, la science de la nature, qu'elle aurait voulu construire à partir des données sensorielles. Inversement, dans sa nouvelle présentation, la science de la nature contient l'épistémologie, à titre de chapitre de la psychologie. L'ancienne relation de contenant à contenu subsiste tout de même, à sa façon. Nous cherchons comment le sujet humain, que nous étudions, postule des corps et projette sa physique à partir de ses données, et nous tenons compte que notre situation dans l'univers est juste la même que la sienne. Notre entreprise épistémologique proprement dite, la psychologie dont cette entreprise est un chapitre, l'ensemble de la science de la nature dont la psychologie est un tome, – tout cela est notre propre construction ou notre propre projection à partir de stimulations analogues à celles dont nous faisions les honneurs à notre sujet épistémologique. Il y a donc relation de contenant à contenu, et réciproquement, bien qu'en des acceptions différentes, de l'épistémologie dans la science de la nature, et de la science de la nature dans l'épistémologie.

Ce jeu de rapports nous remet en mémoire le vieux danger de circularité : il n'y a plus de raison de s'en inquiéter, désormais que nous ne méditons plus de déduire la science à partir de données sensorielles. Nous cherchons à comprendre la science en tant qu'institution ou que processus dans le monde, sans prétendre que cette compréhension passe en valeur la science qui en est l'objet. Cette attitude est du reste celle que Neurath préconisait déjà du temps du Cercle de Vienne, par sa comparaison du marin obligé de refaire son bateau alors qu'il est dedans, en train de voguer sur la mer.

Concevoir l'épistémologie dans un cadre psychologique résout une ancienne énigme, longtemps rebelle, de priorité épistémologique. Notre rétine est irradiée en deux dimensions, et pourtant nous voyons les choses en trois dimensions, sans qu'il y ait inférence consciente. Que doit-on considérer comme étant une observation, la réception bi-dimensionnelle inconsciente ou bien la perception tri-dimensionnelle consciente? Dans le cadre de l'ancienne épistémologie, c'était la forme consciente qui avait la priorité, car nous devions justifier notre connaissance du monde extérieur, au moyen d'une reconstruction rationnelle, ce qui exige une aperception. Celle-ci cesse d'être requise, dès lors que nous avons renoncé à justifier par une reconstruction rationnelle notre connaissance du monde extérieur. On peut maintenant déterminer en termes de stimulation des récepteurs sensoriels ce qui sera admis comme observation, et la conscience interviendra où elle voudra.

La contestation de l'atomisme sensoriel par les psychologues gestaltistes, qui paraissait avoir tellement de pertinence épistémologique voici une quarantaine d'années, est pareillement tombée en sommeil. On ne regardera pas si ce sont des atomes ou des *Gestalten* sensoriels qui occupent préférentiellement le premier plan de notre conscience; ce seront simplement les stimulations de nos récepteurs sensoriels qui passeront le mieux pour être l'input de notre mécanique cognitive. Les vieux paradoxes des données inconscientes et de l'inférence, les vieux problèmes relatifs aux chaînes d'inférence qu'il faudrait compléter trop vite, tout cela est devenu de nulle importance.

Dans les beaux jours de l'antipsychologisme, la question de la priorité épistémologique était matière à controverse. Qu'est-ce qui est épistémologiquement antérieur à quoi? Les *Gestalten* sont-elles antérieures aux atomes sensoriels parce qu'elles sont aperçues, ou bien aurions-nous quelque raison moins grossière de préférer les atomes sensoriels? Maintenant que nous avons le droit d'invoquer des stimulations physiques, le problème se dissout; A est épistémologiquement antérieur à B si A est plus proche causalement que B des récepteurs sensoriels. Ou bien, pour le dire mieux, on se bornera à parler explicitement en termes de proximité causale par rapport aux récepteurs sensoriels, et l'on s'abstiendra de toute allusion à une priorité épistémologique.

Vers 1932 le Cercle de Vienne fut en débat sur ce qu'il importait de regarder comme étant une phrase d'observation ou un *Protokollsatz*[1]. Les uns pensaient que les phrases d'observation avaient la forme de récits d'impressions sensibles. D'autres pensaient qu'elles étaient des énoncés d'espèce élémentaire portant sur le monde extérieur, dans le style « Il y a un cube rouge sur la table ». D'autres, par exemple Neurath, étaient d'avis que ces phrases avaient la forme de récits de relations entre des percevants et des objets externes : « Otto voit présentement un cube rouge sur la table ». Le malheur était qu'il ne semblait y avoir aucun moyen objectif de trancher l'affaire : aucun moyen de conférer un sens réel à la question.

Essayons donc de considérer la chose purement en liaison avec le monde extérieur. En restant imprécis, on dira que ce que nous demandons à des phrases d'observation, c'est d'être celles situées dans la proximité causale la plus étroite des récepteurs sensoriels. Comment calibrer cette proximité ? On peut réexprimer l'idée comme suit : les phrases d'observation sont celles qui, quand nous apprenons la langue, dépendent très fortement de la stimulation sensorielle concomitante plutôt que de l'information indirecte accumulée. Par exemple imaginons une phrase sur laquelle on nous demande de nous prononcer : vraie ou fausse, assentiment ou dissentiment. Alors cette phrase est une phrase d'observation si notre verdict ne dépend que de la stimulation sensorielle contemporaine du moment où la phrase nous est proposée.

Mais un verdict sur une phrase ne pourra pas dépendre de la stimulation présente, à l'exclusion de toute information préalablement emmagasinée. Le seul fait que nous ayons appris la langue fournit la preuve que nous avons beaucoup

1. Carnap et Neurath *in Erkenntnis* 3 (1932), p. 204-228.

accumulé d'informations, et d'informations telles qu'à leur défaut nous ne serions pas en mesure de rendre des verdicts sur des phrases, même aussi observationnelles qu'on voudra. Il est donc évident qu'il nous faut desserrer notre définition de phrase d'observation de façon à la libeller ainsi : une phrase est une phrase d'observation si tous les verdicts sur elle dépendent de la stimulation sensorielle contemporaine, mais d'aucune information emmagasinée, hormis celle qui contribue à la compréhension de cette phrase.

Cette formulation soulève un nouveau problème : comment distinguer entre l'information qui contribue à l'intelligence d'une phrase et celle qui va plus loin que cela ? C'est le problème de distinguer entre vérité analytique, ou qui découle des seules significations des mots, et vérité synthétique, ou qui dépend d'autre chose que de ces significations. J'ai soutenu depuis longtemps que cette distinction est illusoire. On peut cependant s'avancer d'un pas vers cette distinction, et d'une manière qui ait un sens : on est en droit de s'attendre que tous les locuteurs de la communauté, en parler normal courant, souscrivent à une phrase vraie par la seule signification des mots, au moins si cette phrase est simple. Peut-être pouvons-nous, dans notre définition de phrase d'observation, éviter la notion controversable d'analyticité, au profit de cet attribut franc qu'est l'acceptation par tous les locuteurs d'une communauté linguistique.

Il va de soi que cet attribut n'est pas un *explicans* de l'analyticité. Tous les parleurs de la communauté tomberaient d'accord qu'il y a des chiens noirs, mais pas un, parmi les parlants d'analyticité, ne consentira à reconnaître là un énoncé analytique. Mon rejet de la notion d'analyticité veut juste dire un refus de tracer une frontière entre ce qui contribue à la pure compréhension des phrases d'une langue et tout ce dont la communauté tombe d'accord. Je doute qu'on soit capable d'opérer une distinction objective entre la signification et une information indirecte que posséderaient tous les locuteurs d'une communauté.

Retournant à notre tâche de définir les phrases d'observation, nous trouvons ceci : une phrase d'observation est une phrase sur laquelle tous les locuteurs de la langue rendent le même verdict quand on leur donne la même stimulation concomitante. Pour formuler cela négativement, une phrase d'observation est une phrase qui n'est pas sensible aux différences d'expérience passée, à l'intérieur de la communauté linguistique.

Cette formulation est parfaitement en harmonie avec le rôle traditionnel attribué aux phrases d'observation, à savoir celui de cour d'appel des théories scientifiques. En vertu de notre définition, les phrases d'observation sont en effet celles sur quoi tous les membres de la communauté s'accorderont en présence d'une stimulation uniforme. Or quel est le critère de l'appartenance à la même communauté ? Simplement la capacité de parler couramment la langue. Ce critère admet des degrés, puisque nous pouvons utilement varier l'étendue de la communauté selon le genre de l'étude que nous menons. Ce qui compte pour des phrases d'observation du point de vue d'une communauté de spécialistes, ne comptera pas toujours pour des phrases d'observation du point de vue d'une communauté plus étendue.

Il n'y a généralement pas d'intervention de la subjectivité dans le libellé des phrases d'observation comme nous les concevons maintenant ; d'ordinaire ces phrases portent sur des corps. Puisque le trait distinctif d'une phrase d'observation est l'accord intersubjectif en face d'un accord entre des stimulations, il est probable que les phrases d'observation porteront sur un sujet corporel plutôt que non corporel.

L'ancienne tendance à associer les phrases d'observation à une réalité sensorielle subjective semble être une ironie des choses, quand on réfléchit qu'on regarde ces phrases comme le tribunal intersubjectif des hypothèses scientifiques. Cette ancienne tendance était due à la propension à baser la science sur quelque fondement solide et premier dans l'expérience du sujet ; seulement nous avons dépouillé cette propension.

Nous savons que ce délogement de l'épistémologie hors de son vieux statut de philosophie première a entraîné une vague de nihilisme épistémologique. Cette disposition d'esprit se manifeste dans la tendance de Polanyi, de Kuhn, et du regretté Russell Hanson, à rabaisser le rôle de la preuve et à mettre l'accent sur la relativité des cultures. Hanson s'est même hasardé jusqu'à jeter le discrédit sur l'idée d'observation, en montrant que ce qu'on appelle observation varie d'un observateur à un autre suivant la quantité d'information que les observateurs apportent avec eux. Le physicien vétéran qui regarde un certain appareil voit un tube à rayons X. Le débutant qui regarde au même endroit observe au contraire « un instrument construit de verre et de métal, bourré de fils, de réflecteurs, de vis, de lampes, et de poussoirs »[1]. Ce qui est observation pour l'un est un livre scellé de sept sceaux pour un autre, ou une envolée dans l'imaginaire pour un troisième. C'est la ruine de la notion d'observation, entendue comme source impartiale et objective de preuve pour la science. Ce que j'ai dit plus haut laisse déjà entrevoir quelle serait ma réponse à l'exemple des rayons X : ce qui compte pour être une phrase d'observation varie avec l'étendue de la communauté considérée. Mais nous pouvons également toujours parvenir à une norme absolue en prenant tous les locuteurs de la langue, ou la majorité d'entre eux[2]. C'est une moquerie que les philosophes, qui trouvent insoutenable l'ancienne épistémologie

---

1. N. R. Hanson, « Observation and Interpretation », *in* S. Morgenbesser (éd.), *Philosophy of Science Today,* New York, Basic Books, 1966.

2. Cette réserve permet des déviants occasionnels comme le fou ou l'aveugle. Un autre choix est d'exclure les cas de ce genre en ajustant le niveau de fluence de la conversation, par quoi nous définissons la mêmeté de langue. (Je suis redevable à Burton Dreben de l'élaboration de cette note et aussi de l'influence plus substantielle qu'il a eue sur la genèse de cet article en d'autres points).

dans son ensemble, réagissent en en rejetant l'une des parties sur laquelle on vient seulement de répandre jour.

L'éclaircissement de la notion de phrase d'observation est une heureuse circonstance, car on a là une notion fondamentale sous deux rapports. Ces deux rapports répondent à la dualité que j'ai relevée plus haut dans cette conférence : dualité entre concept et système doctrinal, entre savoir ce qu'une phrase signifie et savoir si elle est vraie. La phrase d'observation joue un rôle de base dans l'une et l'autre entreprise. Sa relation avec le système doctrinal, avec notre savoir de ce qui est vrai, est tout à fait celle qu'elle avait traditionnellement : pour les hypothèses scientifiques, les phrases d'observation sont les dépositaires de la preuve. Sa relation avec la signification est fondamentale également, puisque les phrases d'observation sont celles que, par situation, nous devons apprendre à comprendre en premier, aussi bien si nous sommes des enfants que si nous sommes des linguistes sur le terrain. Car les phrases d'observation sont précisément celles que nous pouvons associer à des circonstances observables, qui sont l'occasion d'une énonciation ou d'un assentiment, indépendamment des variantes entre les histoires passées des informateurs éventuels. Elles sont la seule voie d'accès à la langue.

La phrase d'observation est la pierre d'angle de la sémantique. En effet nous venons de voir qu'elle est fondamentale pour l'apprentissage de la signification. Elle est aussi le lieu où la signification est la plus sûre. Les phrases situées en aval à l'intérieur des théories, n'ont pas de conséquences empiriques qu'elles pourraient prétendre leur appartenir en propre ; elles n'affrontent le tribunal de la preuve sensorielle que par paquets plus ou moins gros. La phrase d'observation au contraire, située à la périphérie sensorielle du corps de la science, est le paquet vérifiable minimal ; elle a un contenu empirique entièrement à elle et qu'elle porte sur ses épaules.

L'infortune de l'indétermination de la traduction touche peu les phrases d'observation. Égaler une phrase d'observation de notre langue à une phrase d'observation d'une autre langue est principalement une affaire de généralisation empirique ; c'est une affaire d'identité entre le parcours de stimulations qui suscitent l'assentiment à l'une des phrases, et le parcours de stimulations qui suscitent l'assentiment à l'autre phrase [1].

Ce n'est pas une offense aux opinions préconçues des anciens Viennois que de dire que l'épistémologie est maintenant devenue de la sémantique. Car l'épistémologie reste, comme elle l'a toujours été, centrée sur la preuve, et la signification reste, comme elle l'a toujours été, centrée sur la vérification ; or prouver est vérifier. Ce qui est plus vraisemblablement un coup pour les opinions préconçues, c'est que la signification, lorsque nous allons au-delà des phrases d'observation, cesse généralement d'avoir la moindre applicabilité évidente à des phrases isolées ; et aussi que l'épistémologie s'amalgame avec la psychologie ou bien avec la linguistique.

Ce gommage des frontières pourrait contribuer au progrès, me semble-t-il, en permettant des recherches d'ordre scientifique et philosophiquement intéressantes. Un domaine possible est celui des normes perceptuelles. Considérons d'abord le phénomène linguistique des phonèmes. En entendant les myriades de variations de sons prononcés, nous développons l'habitude de traiter chacune d'elles comme une approximation de l'une ou de l'autre parmi un nombre limité de normes – environ une trentaine en tout – qui constitueront une sorte d'alphabet parlé. Toute parole en notre langue peut se traiter en pratique comme une suite formée à l'aide de cette trentaine d'éléments seulement, les petits écarts étant ainsi rectifiés. Or il est probable qu'à l'extérieur du royaume du langage aussi, il n'y a en tout qu'un alphabet assez limité de normes perceptuelles, conformément auxquelles nous tendons inconsciemment à rectifier toutes les perceptions. Si on savait

---

1. Quine, *Word and Object*, p. 31-46, 68. Trad. fr. J. Dopp et P. Gochet, *Le Mot et la chose*, « Champs », Paris, Flammarion, 1977, p. 63-82 et 111-112.

les identifier expérimentalement, on pourrait prendre ces normes comme pierres de construction épistémologiques, ou comme modules de l'expérience. Elles pourraient se révéler partiellement variables en fonction des cultures, comme les phonèmes le sont, et partiellement universelles.

Il y a encore le domaine que le psychologue Donald T. Campbell appelle épistémologie évolutionnaire[1]. Dans ce domaine on trouve les travaux de Hüseyin Yilmaz, qui montre comment certains traits structurels de la perception des couleurs seraient prédictibles à partir de leur valeur de survie[2]; enfin un sujet plus nettement épistémologique, que l'idée d'évolution aiderait à éclaircir, est l'induction, maintenant que nous permettons à l'épistémologie d'employer les ressources des sciences de la nature[3].

1. D. T. Campbell, «Methodological Suggestions from a Comparative Psychology of Knowledge Processes», *Inquiry* 2 (1959), p. 152-182.

2. Hüseyin Yilmaz, «On Color Vision and a New Approach to General Perception», *in* E. E. Bernard et M. R. Kare (eds.), *Biological Prototypes and Synthetic Systems*, New York, Plenum, 1962; «Perceptual Invariance and the Psycho-physical Law», *Perception and Psychophysics* 2 (1967), p. 533-538.

3. Voir «Espèces naturelles», chap. 5 de Quine, *Relativité de l'ontologie et autres essais*, trad. fr. J. Largeault, Paris, Aubier-Montaigne, 1976; nouvelle édtion avec une présentation de S. Laugier, 2008.

HILARY PUTNAM

LANGAGE ET RÉALITÉ

PRÉSENTATION
Mathias Girel

Hilary Putnam, (1926-2016), fut d'abord professeur à Princeton, puis au MIT de 1961 à 1965, avant de rejoindre l'université Harvard, de 1965 à sa retraite en 2000. Il est un acteur majeur des principaux débats des trente dernières années, qu'il s'agisse de philosophie de l'esprit (au travers de nombreuses analyses de l'apport, et ensuite des limites, du paradigme fonctionnaliste), de philosophie du langage (par une analyse renouvelée des notions de référence et de vérité), de philosophie des sciences (à la fois par une approche sans cesse corrigée des nombreux visages que peut y prendre le réalisme et par de nombreux articles de philosophie de la logique et des mathématiques), et enfin par une interrogation constante de la dichotomie fait/valeur. Les textes les plus influents sont sans doute ceux qu'il a consacrés dans les années 1970 à la théorie « causale » de la référence[1]. Au-delà du seul champ de la philosophie du langage, ils ont une portée

---

1. Dans un ensemble auquel appartient notre texte, qui est à l'origine une conférence prononcée à Princeton en 1974.

épistémologique immédiate, dans la mesure où ils permettent
à Putnam de renvoyer dos à dos le positivisme et le relativisme,
tributaires selon lui d'une même approche naïve de la signification, et ils ont pour cette même raison donné lieu à de vifs
débats en philosophie des sciences.

Sur le plan historique, donner une situation suffisante de la
pensée de Putnam au cours des quarante dernières années
tiendrait de la gageure, ne serait-ce que parce qu'au-delà de la
grande diversité thématique de ses intérêts il n'a jamais hésité
à réévaluer, voire à rejeter ses positions antérieures : suivant
les époques, ses interlocuteurs principaux seraient Quine,
Wittgenstein, les représentants du pragmatisme (C. S. Peirce,
W. James, J. Dewey), plus récemment Austin, et souvent …
Putnam lui même. On se limitera ici au contexte immédiat de
« Langage et réalité », renvoyant le lecteur, pour le détail des
positions adoptées par Putnam, au tableau passionnant qu'il
en a fait lui-même dans « Un demi-siècle de philosophie, vu
de l'intérieur » (Putnam 1997). Putnam décrit souvent cette
époque comme une vive réaction, au moyen d'un « robuste »
réalisme métaphysique, aux excès opposés, mais convergents
dans leurs effets, du positivisme et du relativisme, dont il dira
qu'ils sont « les deux envers d'une même pièce » (Putnam,
1990, trad. fr., p. 9). Il n'est en effet pas possible de comprendre ses textes des années 1970 sans tenir compte à la fois
de sa proximité passée vis-à-vis du positivisme logique *et*
de son attitude sans cesse plus critique par rapport à ce mouvement. Au cours des années 1950, Putnam est en contact
direct avec des représentants majeurs de ce courant : il rédige
sa thèse sur le concept de probabilité sous la direction
de Reichenbach, il est *Assistant Professor* à Princeton (et
collègue de Hempel) quand Carnap y est *Visiting Fellow*. Les
deux hommes, Carnap et Reichenbach, auront une influence
profonde, apparente dans les premiers travaux de Putnam
comme dans les études historiques qu'il leur a consacrées
(Putnam, 1994, *Cf.* notamment chap. 4 et 5). Sensible

cependant aux critiques décisives de l'empirisme logique que
Quine – autre influence majeure de Putnam et autre trait
d'union important entre le Cercle de Vienne et la philosophie
américaine – avait produites dans les *Deux Dogmes*[1], il les
prolonge pour son propre compte dans une critique de la
distinction entre termes théoriques et termes observationnels
(Cf. « Ce que les théories ne sont pas », 1975b, trad. fr., 980) et
dans une critique de la « théorie positiviste de la signification »
(« Explication et référence », 1975b, trad. fr., 1980), qui lui fait
adopter des positions proches de celles de Saul Kripke.

Il s'agit donc bien de philosophie du langage, à condition
de ne pas tomber dans l'illusion qui consisterait à supposer que
cette philosophie peut déposer tous les problèmes philosophiques, illusion que dénonce précisément le début du texte.
« Langage et réalité » semble en effet, au premier abord, avoir
un thème limité, puisqu'il désigne l'approche « vérificationniste » de la signification, c'est-à-dire l'idée que toute la
signification des termes théoriques pourrait se ramener à des
prédictions au sujet d'observables. Mais il ne faudrait pas
croire que Putnam vise ici uniquement des auteurs qui auraient
défendu explicitement une telle théorie. Le fait qu'il puisse
invoquer des auteurs aussi différents que Peirce, Carnap et
Wittgenstein est à ce sujet lourd d'enseignements. Si Carnap et
Wittgenstein – du moins le premier Wittgenstein, relu à la
lumière du Cercle de Vienne – sont fréquemment associés à
cette approche, la référence à Peirce pourrait étonner. Il est
cependant vrai que Peirce a défendu, avant de la nuancer, une
maxime qui, proposant une méthode pour éclaircir les significations mobilisées par l'enquête scientifique, annonce à bien
des égards l'idée que la signification d'une proposition est
identique aux méthodes qui permettent de la vérifier (« Considérer quels sont les effets pratiques que nous pensons pouvoir

1. Voir dans ce volume la présentation par S. Laugier de l'« Épistémologie
naturalisée » de Quine.

être produits par l'objet de notre conception. La conception de tous ces effets est la conception complète de l'objet »[1]), et c'est bien ainsi qu'il a été lu par les représentants majeurs du Cercle de Vienne.

Selon Putnam, cette approche vérificationniste, que l'on retrouve sous diverses formes au XXe siècle, implique deux prétentions désastreuses : l'une serait réductionniste (elle consiste dans l'affirmation que nos énoncés ordinaires et théoriques peuvent être traduits sans reste dans un idiome sensationnaliste); l'autre serait éliminativiste (elle consiste dans l'affirmation qu'une philosophie du langage bien construite peut dissoudre la plupart des problèmes philosophiques). Mais, comme la « pierre philosophale » que Putnam évoque à la fin de son texte, il s'agit dans les deux cas d'une réduction mythologique. La première prétention se réclame d'une traduction dont Putnam pense qu'elle a échoué, aussi bien chez Mach que chez Carnap (cf. « Explication et référence », § III); la seconde prétention semble mettre l'accent sur une approche trop étroite de la signification. C'est parce que cette position, outre son extravagance (voir les derniers mots de Putnam sur la philosophie du langage comme « solvant universel »), implique finalement un idéalisme phénoménaliste, que Putnam peut rapprocher de façon polémique de Berkeley.

La première cible serait donc claire : il s'agirait bien du positivisme, attaqué à partir d'une de ses composantes les plus importantes, le vérificationnisme, mais on manquerait sans doute l'essentiel de la critique de Putnam si on négligeait la très grande proximité entre cette position et une autre qui, pour n'être pas nommée, n'en n'est pas moins visée. Putnam renvoie souvent dos à dos le positivisme d'une part, et la vision des révolutions scientifiques qu'a donnée T. Kuhn[2], voire

---

1. Peirce, *Comment rendre nos idées claires*, 1878, *in* Peirce, *Œuvres*, vol. 1, trad. fr. Cl. Tiercelin et P. Thibaud, Paris, Le Cerf, 2002, p. 248.
2. Cf. le texte de Kuhn présenté ici, p. 285.

P. Feyerabend, d'autre part, car à ses yeux ces positions apparemment opposées sont en fait solidaires, et chacune glisse insensiblement dans l'autre : lorsque l'on demande à un vérificationniste pourquoi une proposition qui n'avait pas de valeurs de vérité en acquiert, il doit affirmer que le terme a *changé* de signification. Mais, si toute nouvelle théorie au sujet des atomes, des gènes ou du virus du SIDA change la signification de ces termes, alors il n'est pas envisageable qu'un accroissement de la connaissance se produise lorsque l'on passe d'une ancienne à une nouvelle théorie :

> toute découverte qui prétend ajouter à notre connaissance d'une de ces choses est en fait une découverte au sujet d'une chose dont nous n'avons jamais parlé et à laquelle nous n'avons jamais pensé auparavant (Putnam 1997, p. 183).

Par ailleurs, dans le cadre d'un tel type – positiviste – de philosophie des sciences, l'accroissement recherché de la connaissance porte sur les « observables », puisque les termes théoriques ne sont que des outils permettant des prédictions au sujet de ces derniers ; or, si les termes observationnels eux-mêmes sont « chargés de théorie » – ce qui découle des « Deux dogmes » de Quine comme des articles que Putnam a lui-même consacrés à Carnap – tout changement de théorie devrait conduire à un changement de signification de ces observables, ce qui, note Putnam,

> conduirait à la conclusion kuhnienne que des théories scientifiques différentes sont incommensurables quant à la signification, rendant inintelligible le fait que l'on puisse même *comprendre* des théories scientifiques antérieures (*Ibid.*).

Si ces théories en apparence opposées ont de telles conséquences, il faut sans doute modifier en profondeur la sémantique sur laquelle elles reposent. Telle est donc la *thèse* de ce texte, qui engage deux niveaux d'argumentation : contre les maximes du vérificationnisme, il s'agit de montrer l'usage possible de deux principes méthodologiques, plus « modestes » : le principe de « bénéfice du doute », et le principe d'« ignorance raisonnable ». La description de ces deux principes, ainsi que de la façon dont ils sont fréquemment violés, mobilise les principales composantes de la théorie « causale » de la référence que Putnam défendait alors. Mais, s'il apparaît clairement que les principales positions visées par la critique de Putnam violent l'un des deux – voire les deux, principes – il faut proposer une conception de la référence qui ne s'expose pas aux mêmes travers, et c'est ce que la dernière section du texte, un peu plus technique, s'attache à faire, autour d'une fiction mettant un scène une tribu dont la sémantique de plus en plus complexe peut être construite en partant de la simple notion de « référence primitive ».

Le premier principe, le principe de bénéfice du doute, affirme que nous devrions accepter, sous certaines conditions, des modifications raisonnables de nos descriptions erronées afin d'assurer la référence stable à des entités théoriques : il s'agit de montrer que nous pouvons continuer à référer à ces mêmes entités au fur et à mesure de la correction de ces descriptions. « Langage et réalité », de ce point de vue, n'est pas un doublon d'autres articles plus célèbres tels que « La signification de "signification" »[1], même s'il appartient clairement, avec « Explication et référence »[2], par exemple, à un ensemble de textes qui développent une version de l'*externalisme sémantique*. Il s'agissait alors de rompre avec une tradition selon laquelle l'intension d'un terme détermine son extension, ou, pour le dire autrement, selon laquelle les concepts, immédiatement accessibles à l'esprit, étaient capables de fixer la référence au monde.

---

1. Trad. fr. *in* D. Fisette et P. Poirier (eds.), *Philosophie de l'esprit, Problèmes et perspectives*, vol. II, Paris, Vrin, 2003.
2. Trad. fr. *in* Jacob (éd.), *De Vienne à Cambridge*, 1980.

> Cette conception du langage est à la fois individualiste (chaque locuteur possède dans sa tête le mécanisme de référence de tous les mots qu'il emploie) et *a priori*ste (il y a des « vérités analytiques » touchant les espèces naturelles auxquelles nous faisons référence, et elles sont « contenues dans nos concepts ») (Putnam 1990, trad. fr., p. 256).

En faisant ainsi porter l'essentiel de l'analyse sur la façon dont une idée, dans l'esprit du locuteur, déterminerait à elle seule l'extension du nom associé à cette idée, cette approche était coupable de faire porter à un individu isolé un phénomène de nature essentiellement sociale. C'est pour critiquer cette approche de la signification, qui la fait reposer sur une connaissance possédée par le sujet et qui postule bien un certain type d'*omniscience*, que Putnam, rejoignant en cela Kripke, propose une théorie *causale* de la signification :

> Pour avoir une compétence linguistique par rapport à un terme, il n'est pas suffisant, en général, de disposer d'une pleine batterie de connaissances et capacités linguistiques habituelles ; on doit, de plus, être dans la bonne espèce de relation à certaines situations remarquables (normalement, quoique pas nécessairement, des situations dans lesquelles le *référent* du terme est présent). C'est pour cette raison que l'on appelle cette sorte de théorie une « théorie causale » de la signification (*Explication et référence*).

Il s'agissait là en effet d'une extension de la théorie des noms propres, qui avait été proposée indépendamment par Kripke, à tous les termes d'espèces naturelles et de grandeur physique : il n'est pas nécessaire d'avoir des croyances vraies (ou plutôt : de n'avoir *que* des croyances vraies) au sujet de ces termes pour référer, mais il faut simplement qu'existe une chaîne causale reliant l'utilisateur du nom à son introducteur :

> Selon Kripke, la chose essentielle est la suivante : que l'usage d'un nom propre pour référer implique l'existence d'une chaîne causale d'une certaine espèce reliant l'utilisateur du

nom (et l'événement particulier que constitue son utilisation du
nom) au porteur de ce nom (*Explication et référence*).

De ce point de vue, la fameuse expérience de pensée sur
Terre-Jumelle [1], qui montrait que deux individus, un terrien et
un « terre-jumellien », dont tous les états psychologiques
seraient fonctionnellement identiques, qui utiliseraient le
même mot « eau » pour désigner une substance qui aurait les
mêmes propriétés observables sur les deux planètes, pourraient néanmoins référer à des corps différents, H_2O sur Terre
et XYZ sur Terre-Jumelle, n'était qu'un des arguments de
Putnam pour battre en brèche l'interprétation classique de la
référence. « Explication et référence » reprenait cette analyse
à propos des « termes de grandeur physique », et notre texte,
à son tour, introduit deux principes méthodologiques qui
permettent de sortir de cette approche erronée. En philosophie
des sciences, accorder à un chercheur le « bénéfice du doute »,
c'est admettre qu'il puisse référer à quelque chose tout en
formulant une description erronée. Putnam peut ainsi opposer
le principe de bénéfice du doute au Principe de Charité de
Wilson : ces deux principes suivent en fait des directions
opposées. Le Principe de Charité part des croyances pour voir
ce qui peut rendre le plus grand nombre d'entre elles vraies
sans modifier leurs descriptions, afin d'en faire leur référent,
ce qui a pour conséquence absurde que nous pourrions référer
à des entités dont nous n'avons pas idée et qui ne se trouvent
pas dans notre environnement, s'il se trouvait qu'elles correspondent exactement à nos descriptions (voir l'expérience
de pensée sur les « shmélectrons »); alors que le principe de
bénéfice du doute part de ce que nous avons l'*intention*
d'expliquer, dans une situation précise, pour voir comment
nous pourrions accepter de modifier notre description, afin de
mieux l'expliquer.

Le principe d'«ignorance raisonnable», quant à lui, correspond à ce que Putnam a souvent décrit comme «la contribution de l'environnement», et dont il n'a cessé de souligner l'importance – au-delà de ses éventuels remaniements philosophiques : il s'agit de comprendre que la maîtrise de la référence (pouvoir faire référence de façon pertinente à des choses, des personnes, des espèces naturelles, des grandeurs physiques, etc.) n'implique pas la connaissance du *mécanisme* de la référence de ce terme. Les cibles de Putnam sont, ici aussi, multiples : les béhavioristes, Chomsky, Sellars, Searle … Putnam affirme en effet avoir réagi, au cours des années 1970, aux opinions qu'il avait lui-mêmes nourries, lors de ses années au MIT, *i. e.*, de 1961 à 1965, lorsqu'il voyait la connaissance qu'ont les locuteurs de la signification de leurs mots comme la «connaissance tacite d'une batterie de "règles sémantiques" emmagasinée "à l'intérieur de leurs têtes"» (Putnam 1997, p. 196). Sellars lui-même avait proposé une approche de la signification comme «classification fonctionnelle», que Putnam avait critiquée dès 1974[1], les thèses de Searle se trouveront repoussées pour la même raison dans l'introduction des *Twin Earth Chronicles*. Utiliser de façon pertinente le mot «or», ce n'est certainement pas posséder les conditions nécessaires et suffisantes, une liste complète de critères, qui permette d'identifier à coup sûr cette substance comme étant de l'or. Maîtriser un prédicat psychologique, ce n'est pas connaître, fût-ce tacitement, l'ensemble des caractérisations fonctionnelles de cet état. De même :

> La supposition que tout personne qui a acquis l'usage du terme «eau», ou du terme «voltage», connaît une condition nécessaire et suffisante pour que quelque chose soit de l'eau, ou ait un voltage particulier, a eu un effet profond et délétère sur la philosophie des sciences.

---

1. «Comments on Sellars», *Synthese* 27 (July-August 1974), p. 445-455.

On peut de ce point de vue dire que les deux principes introduits par Putnam sont deux façons de rompre avec l'*omniscience* qui se trouve présupposée par les doctrines traditionnelles de la signification : « le principe de bénéfice du doute nous interdit de supposer que ceux qui introduisent des noms, et autres experts, soient factuellement omniscients ; le principe d'ignorance raisonnable nous interdit de supposer que les locuteurs soient philosophiquement omniscients ». Bohr faisait bien référence à des électrons dès 1911, même s'il a dû par la suite modifier la description des phénomènes qu'il avait *l'intention* d'expliquer : il n'était pas *factuellement* omniscient. Je peux faire référence à des ormes, même si je ne suis pas en possession d'une pleine batterie de règles qui me permettent de distinguer cette essence parmi toutes celles qui se trouvent dans la forêt voisine ; je ne suis pas en possession de toutes les méthodes qui me permettraient de procéder à cette vérification ; je ne suis pas *philosophiquement* omniscient.

La troisième section, « Les mots et le monde », montre, à partir d'une fiction mettant en scène une tribu qui disposerait de la référence primitive (dont la théorie causale de la référence est censée pouvoir rendre compte), comment elle en viendrait à développer une sémantique de plus en plus complexe comprenant des quantificateurs, des noms propres, des quantifications sur des propriétés[1]. L'intérêt de ce passage, outre son apport propre, qui est de rendre compte à l'intérieur de l'approche causale de la référence de processus sémantiques complexes (et notamment de l'introduction de termes d'espèces naturelles et de termes de grandeurs physiques), est de formuler clairement le rapport que Putnam établit alors entre *référence*, *correspondance* et *vérité* : l'essence de la relation entre langage et réalité « est que le langage et la pensée correspondent asymptotiquement à la réalité au moins dans une certaine mesure. Une théorie de la référence est une

1. Jacob (éd.), *op. cit.*, p. 259 *sq.*

théorie de la correspondance en question ». Les travaux de Tarski semblaient permettre une telle interprétation, à condition qu'on se donne au moins pour point de départ une relation de référence primitive. Mais ce sont précisément ces idées de correspondance et de convergence que Putnam va remettre en question de plus en plus nettement, et qui vont être à l'origine de ses différentes versions du réalisme interne, puis du réalisme direct. L'idée de vérité comme convergence à long terme, attribuée également à Peirce, va à son tour être dénoncée (*cf.* préface de Putnam 1994).

Il faut également ajouter que si Putnam a maintenu l'importance de la contribution de l'environnement, c'est pour mieux la radicaliser : il avoue lui-même avoir à cette époque hésité entre l'idée que les significations ne se trouvent pas *du tout* dans l'esprit, et l'idée, dont il trouvera la confirmation chez James et Dewey, que l'esprit ne se trouve pas « dans la tête ». Après avoir établi une distinction entre le « contenu large » des états mentaux, qui est individué par nos relations à l'environnement et aux autres locuteurs, et le « contenu étroit », qui se trouve bien « dans la tête », distinction qui est devenue monnaie courante, Putnam en est venu, sous le coup des critiques de Tyler Burge et de John McDowell notamment, à rejeter même cette dimension de « contenu étroit » qui fait selon lui trop de concessions à l'idée de l'esprit conçu comme « théâtre privé » situé dans la tête (*Twin Earth Chronicles*, p. XVIII).

Indications bibliographiques

Hilary PUTNAM

Philosophical Papers, t. I, Mathematics, Matter and Method, Cambridge et New York, Cambridge University Press, 1975a.

Philosophical Papers, t. II, Mind, Language and Reality, Cambridge et New York, Cambridge University Press, 1975b.

Reason, Truth and History, Cambridge et New York, Cambridge University Press, 1981 ; trad. fr. A. Gerschenfeld, *Raison, vérité et histoire*, Paris, Minuit, 1984.

Philosophical Papers, t. III, Realism and Reason, Cambridge et New York, Cambridge University Press, 1983.

The Many Faces of Realism, La Salle, Ill., Open Court, 1987, (The Paul Carus Lectures, Washington 1985).

Representation and Reality, Cambridge, Ma, MIT Press, 1988 ; trad. fr. Cl. Tiercelin, *Représentation et réalité*, Paris, Gallimard, 1990.

Realism with a Human Face, J. Conant (éd.), Cambridge, Ma, Harvard University Press, 1990; trad. fr. Cl. Tiercelin, *Le Réalisme à visage humain*, Paris, Seuil, 1994.

Words and Life, J. Conant (éd.), Cambridge, Ma, Harvard University Press, 1994.

« A Half Century of Philosophy, Viewed from Within » *Daedalus : Proceedings of the American Academy of Arts and Sciences* 126.1 (Winter 1997), 1997, p. 175-208.

Autres références

JACOB Pierre (éd.), *De Vienne à Cambridge*, Paris, Gallimard, 1980.

JACOB Pierre, *L'empirisme logique, ses antécédents, ses critiques*, Paris, Minuit, 1980.

PESSIN Andrew, SANFORD C. Goldberg (eds.), *The Twin Earth Chronicles*, New York, Paragon House, 1995.

TIERCELIN Claudine, *Hilary Putnam, l'héritage pragmatiste*, « philosophies », Paris, PUF, 2002.

LANGAGE ET RÉALITÉ [*] [1]

Il y a environ un siècle, Charles Sanders Peirce a affirmé que la signification d'une «conception intellectuelle» est identique à la «somme» de ses «conséquences pratiques» (Cf. Peirce, 1958). Et il jugeait cette idée suffisamment importante pour en faire la maxime première de la philosophie qu'il a nommé Pragmatisme. Ce n'est là rien d'autre qu'un énoncé précoce de la Théorie Vérificationniste de la Signification. Le pragmatisme fut la première philosophie consacrée à la proposition selon laquelle la théorie de la signification peut résoudre ou dissoudre les problèmes traditionnels de la philosophie.

Aujourd'hui, la théorie vérificationniste de la signification a été entièrement abandonnée, non, hélas, parce qu'il est universellement admis que l'intuition fondamentale qui se trouvait derrière était erronée, mais simplement parce qu'il y a des objections *techniques* redoutables contre cette doctrine. L'intuition fondamentale qui se trouve derrière cette doctrine possède deux composantes étroitement reliées. L'une des

[*] «Language and Reality», 1974, *in* Putnam, *Philosophical Papers*, vol. 2, Cambridge, Harvard University Press, 1975, p. 272-290. La présente traduction, établie par Mathias Girel, est publiée avec l'aimable autorisation de Cambridge University Press.

[1]. Ce qui suit est le texte d'une *Machette Lecture*, prononcée le 22 mai 1974.

deux composantes est l'argument de la « Question ouverte » :
qu'est-ce que l'expression signifie de *plus*, si elle signifie plus
que le fait que nous aurons certaines expériences ? L'autre
composante est l'argument, que l'on trouve souvent dans les
ouvrages du dix-neuvième siècle (et que l'on trouve encore, à
l'occasion, aujourd'hui), selon lequel croire en des choses qui
ne sont pas des *concepts* (ou au moins des entités mentales) est
croire en des choses qui sont inconcevables[1]. La réponse à
l'argument de la Question ouverte est que le philosophe vérificationniste parle ici *comme s'*il avait réussi dans l'entreprise
de traduction de notre discours ordinaire à propos des choses
en un idiome sensationnaliste. Nous ne devrions pas exiger
de lui qu'il préserve la *signification* quand il traduit chaque
phrase de discours en termes de choses en une phrase énoncée
en termes de sensations ; car cela serait une pétition de principe. Mais il doit au moins préserver les relations déductives
et inductives. Si les vérificationnistes *pouvaient* traduire le
discours en termes de choses[2], en préservant les relations
déductives et inductives, leur position pourrait faire impression. Et ils pourraient bien demander, pour toute phrase
donnée du langage en termes de choses : en quoi consiste donc
ce « surplus de signification » (par comparaison avec sa traduction sensationnaliste), et pourquoi devrions-nous nous
soucier de ce prétendu « surplus de signification » ? Mais ils ne
pourront nous affronter et nous confondre de cette façon que
quand ils auront leur traduction à disposition. En l'absence

1. Par exemple, Peirce dit : « Mais si l'on nous demandait s'il n'y a pas
certaines réalités qui existent, qui sont entièrement indépendantes de la pensée,
je demanderais à mon tour : qu'entend-on au juste par une telle expression, et
que peut-on vouloir dire par elle ? Quelle idée peut s'attacher à ce dont il n'y a
aucune idée ? Car s'il existe une idée d'une telle réalité, c'est l'objet de cette
idée dont nous parlons, lequel n'est pas indépendant de la pensée. » (Peirce,
Collected Papers, 1958, 7.345 [1872] ; trad. fr. Cl. Tiercelin et P. Thibaud (eds.)
in Peirce, *Œuvres philosophiques*, vol. 1, *op. cit.*, p. 183).

2. Ou si des vérificationnistes non-phénoménalistes pouvaient traduire le
discours « théorique » en « langage d'observation ».

d'une traduction réussie, demander ce qu'une phrase en termes de choses désigne de *plus* que sa traduction (non spécifiée, et pour autant que nous sachions, inexistante) phénoménaliste est un discours vide.

La réponse au second de ces deux arguments est que quelque chose est concevable s'il est *représenté* par un concept, et qu'il n'a pas besoin d'*être* un concept pour être concevable. Aucune contradiction ne découle du fait de croire que certaines choses ne sont pas des concepts et d'entreprendre d'en parler. On ne prétend pas de cette façon concevoir l'inconcevable; mais seulement conceptualiser le non-mental. La genèse de cet argument paraît se trouver dans l'hypothèse de Berkeley selon laquelle seul le *semblable* peut représenter le *semblable*, où la *ressemblance* est assimilée à la similarité phénoménale. En notre époque de familiarité avec la structure abstraite et avec de nombreuses méthodes, nouvelles et non-intuitives, de représentation des données, l'hypothèse de Berkeley manque de crédibilité. Cependant, cet argument, aussi bizarre soit-il, nous laisse un problème majeur à résoudre : dire quelque chose de tangible sur la façon dont les concepts représentent des entités qui ne sont pas des concepts. Que cela puisse ultimement être un problème scientifique n'est pas une raison pour que les philosophes le négligent; déterminer au moins quelques-unes des réponses *possibles* aux problèmes importants pour la *Weltanschauung* est, après tout, la tâche première de la philosophie.

Contre l'intuition fondamentale du vérificationnisme et du phénoménalisme (car tout vérificationnisme est au fond un phénoménalisme), on trouve l'intuition, opposée, du réalisme : que l'expérience humaine n'est qu'une partie de la réalité, que la réalité n'est ni une partie ni le tout de l'expérience humaine. Je ne défendrai ni ne m'étendrai sur cette intuition ici, mais ce que je dis la reflétera certainement.

Tout comme la théorie vérificationniste de la signification, la seconde des affirmations de Peirce était erronée. La philosophie du langage ne peut pas résoudre les problèmes de la philosophie en montrant que ce sont des pseudo-problèmes. En cela, Wittgenstein ne réussit pas plus que Carnap, et Carnap pas plus que Peirce, en dépit des différences énormes entre ces trois philosophes.

Cela ne veut pas dire que la philosophie du langage, et plus généralement la méta-philosophie, ne peut contribuer en rien à l'amélioration de la pratique philosophique. Si des maximes à l'emporte-pièce reliant la signification à des « effets qui peuvent avoir une portée pratique », ou à une « méthode de vérification », ou à l'« usage », sont de peu de conséquence en philosophie, des maximes au champ plus limité peuvent faire beaucoup si elles sont appliquées judicieusement. Voici deux exemples.

Ma première maxime est le *Principe du Bénéfice du Doute* (je le nommerais bien Principe de Charité, mais ce nom a été préempté par N. L. Wilson, pour un principe qui, de fait, est incompatible avec la conception que je présente ici). Afin de l'expliquer, il me faut dresser un peu le décor. De nombreux termes sont d'abord introduits dans le langage à l'aide de descriptions, ou du moins de descriptions qui sont implicites dans le contexte. Ainsi, un scientifique peut dire : « Je pense qu'il y a une particule qui est responsable de tel ou tel effet. Je l'appellerai un *quark* ». Ou un peintre peut dire « J'appelle *cette* nuance un jaune cadmium », en désignant la couleur d'une certaine tache. Ou un parent peut appeler « cette enfant » Marie-Jeanne. Je suis d'accord avec Kriple sur le fait que de telles « cérémonies de baptême » (*dubbing ceremonies*) n'engendrent pas de *synonymies*. « Quark » n'est pas *synonyme* de « particule responsable de tel ou tel effet » (et « Marie-Jeanne » n'est certainement pas synonyme de « cette enfant »). Bien plutôt, la description sélectionne la particule, la couleur, l'enfant, ou tout ce à quoi voudra référer celui qui a introduit le nom. Mais des énoncés tels que « les quarks pourraient ne pas avoir été responsables de ces effets si les conditions avaient été différentes », « le point que je montre pourrait avoir eu une autre couleur que le jaune cadmium », « l'enfant contextuellement déterminé, dans la situation dans laquelle le certificat de naissance a été rempli, pourrait ne pas avoir été Marie-Jeanne », ont tous un sens, et sont même vrais, ce qu'ils ne seraient pas si donner un nom à une chose satisfaisant une description D à l'aide d'un terme T était la même chose que stipuler que T et D sont des expressions synonymes (cf. « La signification de "signification" », et Kripke, 1972).

Deuxièmement, il y a, par rapport à de nombreux termes, une *division linguistique du travail*. Ce à quoi je réfère comme étant un « orme » est, avec mon consentement et celui de ma communauté linguistique, ce à quoi les gens qui peuvent distinguer les ormes des autres arbres réfèrent comme étant un orme. Ce point complète le point précédent : l' « expert », dont l'usage détermine ce à quoi de nombreuses autres personnes réfèrent quand ils usent d'un terme T peut être (mais n'est pas nécessairement) la personne qui a introduit le terme à l'origine. Dans un tel cas, une personne est dans l'extension de « Marie-Jeanne », selon la façon dont j'utilise ce terme, dans le cas précis où elle est dans l'extension de « Marie-Jeanne », tel que ce terme est utilisé par celui qui donne le nom, *et* où je suis relié à celui qui donne le nom au moyen d'une chaîne de transmission d'une espèce appropriée.

La théorie « historique » de la dénotation est en vogue aujourd'hui, et de nombreux raffinements ont été suggérés à son sujet. La chose importante, c'est du moins ce qu'il me semble, n'est *pas* que l' « introducteur du nom » soit *nécessairement* un expert (nous pouvons très bien ne pas nous soucier de l'usage originel du terme), mais que ma dénotation puisse être, par consentement général, la dénotation assignée par des personnes qui me sont distantes dans l'espace et dans le temps, mais qui me sont liées par des relations de coopération. De plus, en abandonnant mon droit à être l'autorité qui décide de la dénotation de mes propres mots, j'abandonne, souvent, la capacité à donner *quelque* description satisfaisante *que ce soit* de mes propres dénotations. Je peux référer à des ormes aussi bien que mon voisin; mais je ne pourrais probablement pas distinguer un orme d'un hêtre si ma vie en dépendait.

Pour finir de dresser le décor, imaginez maintenant qu'il y a quelque chose que l'introducteur originel du nom, ou l'expert adéquat, entende baptiser à l'aide de son terme *T*, mais que par ignorance ou inadvertance il l'isole au moyen d'une description erronée. Cela n'est pas très probable si l'entité en question est une personne; mais c'est extrêmement probable dans le cas des termes de science théorique. Si je décris un quark comme « la particule responsable de tel ou tel effet », il va presque certainement se révéler qu'*aucune* particule n'est responsable des effets *exacts* que j'ai précisés; mais cela ne veut pas dire qu'il n'y a pas de quarks.

Le Principe du Bénéfice du Doute est simplement le principe selon lequel nous devrions donner à l'introducteur du nom, ou à l'expert adéquat, si la personne qui se trouve à l'autre bout de la chaîne des transmissions ou coopérations n'est pas l'introducteur originel du nom, le bénéfice du doute, dans de tels cas, en supposant qu'il accepterait des modifications raisonnables de sa description. Comme tous les principes méthodologiques, il s'agit en partie d'un principe descriptif; je suppose que nous voulons tous nous voir accorder le bénéfice du doute quand *nous* sommes les introducteurs de noms et les experts – par conséquent le principe décrit les intentions qui existent effectivement, et sont pour la plupart honorées dans la communauté linguistique – et c'est un principe *normatif*; nous *devrions* l'honorer, sans quoi il est presque sûr que la référence stable à des entités théoriques serait impossible.

Pour donner un exemple : il n'y a rien au monde qui corresponde *exactement* à la description de l'électron par Bohr. Mais il y a des particules qui correspondent *approximativement* à la description de Bohr : elles ont la bonne charge, la bonne masse, et, ce qui est le plus important, elles sont responsables des *effets* principaux dont Bohr pensait que les « électrons » étaient responsables; par exemple, le courant électrique (dans un câble) est un flux de ces particules. Le Principe du Doute Raisonnable impose que nous traitions Bohr et les autres experts comme référant à *ces* particules quand ils ont introduit et usent maintenant du terme « électron ».

Bien sûr, ce n'est pas une règle absolue. Les experts peuvent vouloir le contraire; mais dans ce cas nous ne leur accorderions plus le doute *raisonnable*.

Le Principe de Charité de N. L. Wilson (Wilson, 1959, 521-39) est que nous devrions attribuer le *designatum* qui rend vraies le plus grand nombre possible de croyances du locuteur. Alors que la Charité mène au même résultat que le Doute Raisonnable dans le cas de Bohr, les deux principes entrent sérieusement en conflit en ce qui concerne les éléments de base. Premièrement, Wilson applique aussi son principe à la désignation contrefactuelle (la désignation dans d'autres mondes possibles). Ainsi, supposez que, si les conditions étaient différentes, les électrons perdraient leur charge, deviendraient deux fois plus lourds, ne formeraient plus les courants électriques ordinaires, et que certaines autres particules revêtiraient la plupart des propriétés que possèdent les électrons. Ces autres particules *seraient* alors des électrons, d'après la conception de Wilson. Cela me semble manifestement faux. En supposant que la gén-identité soit préservée (c'est-à-dire, la possibilité de tracer des lignes de monde), les électrons seraient encore des électrons même si les conditions étaient telles que presque toutes leurs propriétés « distinctives » fussent différentes. Pour modifier un exemple utilisé par Wilson lui-même : supposez que Jules César ait été, à l'origine, un personnage de fiction (les historiens ont fait une erreur épouvantable), mais que Pompée ait fondé l'empire romain, traversé le Rubicon, et inventé le calendrier « julien ». Soit Smith un homme qui « sait » seulement que César a fondé l'empire romain, traversé le Rubicon, et inventé le calendrier « julien ». La plupart des croyances de Smith au sujet de César deviennent alors vraies si nous attribuons le *designatum* Pompée. Si bien que, dans l'analyse de Wilson, Smith réfère en fait à Pompée chaque fois qu'il dit « César ».

Bien entendu, cela est faux dans une conception « historique » de l'usage des noms propres. Smith ne réfère à aucune personne réelle quand il use du nom « César »; comme nous tous, il croit à tort que l'autre extrémité de la chaîne des transmissions du nom César a des propriétés qu'elle n'a pas en fait. D'un point de vue descriptif, la théorie de Wilson est fausse. Nous ne considérerions pas que quelqu'un qui aurait entendu parler d'un Quine (autre que Willard Van Orman Quine) et qui aurait cru à tort que *ce* Quine était un logicien, référerait à Willard Von Orman Quine uniquement parce qu'une telle attribution de *designatum* serait extrêmement charitable. Et d'un point de vue normatif, elle me semble mauvaise parce qu'elle écarte une grande quantité de discours contrefactuel *intra-théoriquement sensible*. (Il n'est pas surprenant que Wilson déduise une forme de vérificationnisme – il le nomme « une espèce d'idéalisme absolu » – de son principe.)

A contrario le principe du bénéfice du doute ne s'applique qu'à des situations réelles. L'appliquer à des situations contrefactuelles serait manquer la distinction entre ce que *nous* désignons par nos termes, même en parlant de situations non-réelles, et ce que nous *désignerions* si ces dernières étaient les situations réelles. On manque ici de ce que Kripke appelle la « rigidité » de certains des termes que nous utilisons en examinant des situations non-réelles.

Le second défaut du Principe de Charité est qu'il est trop égalitaire. Ce qui rend vraies *mes* croyances au sujet des ormes n'est d'aucune importance pour déterminer la dénotation d'« orme », parce que j'ignore tout en matière d'ormes; et ce qui rend vraies les croyances de l'homme ordinaire au sujet des électrons peut n'être d'aucune importance pour déterminer la dénotation d'« électron », *même dans son idiolecte*, s'il se trouve qu'il ignore tout en matière d'électrons (*cf.* « La signification de "signification" »).

Le troisième défaut du Principe de Charité est un défaut qui appelle une glose sur notre Principe du Bénéfice du Doute, s'il doit ne pas souffrir du même défaut. Il s'agit du fait que ce Principe est trop *numérologique*. Les vérités s'échelonnent, d'importantes à totalement triviales, et il y a de nombreuses dimensions d'importance, selon le contexte. Il ne peut jamais être de bonne méthode de se contenter de *compter* les croyances qui sont rendues vraies, et celles qui sont rendues fausses, par une attribution de désignation, sans aucune sorte de *pondération* de l'importance.

Considérez à nouveau le cas de Bohr. Supposez qu'il y ait des particules qui aient virtuellement toutes les propriétés que les électrons possédaient selon Bohr – appelez-les des « schmélectrons ». Mais supposez que les « schmélectrons » n'existent que dans l'autre moitié de cet univers. Les shmélectrons satisfont les lois que Bohr pensait être satisfaites par les électrons ; ce n'est le cas ni des électrons ni de l'électricité. Les shmélectrons sont même responsables de courants – de courants shmélectriques ; ces derniers peuvent être utilisés pour éclairer des lampes shmélectriques et alimenter des grille-pain shmélectriques, etc. Supposons que la shmélectricité obéisse aux lois de Maxwell, etc. Il n'y a cependant pas de shmélectrons *ici* ; les phénomènes particuliers auxquels Bohr s'intéressait sont expliqués par le comportement des *électrons*, pas des *shmélectrons* (croyons-nous).

Dans ce cas, nous pourrions « modifier la description (des électrons) de Bohr » de façon à ce qu'elle devienne une description correcte des shmélectrons. En fait, si nous appliquions le Principe de Charité de Wilson, nous serions tenus de le faire. Mais ce serait une erreur. Bohr ne référait pas à des shmélectrons ; il référait à des électrons. Et ce que cela montre, c'est la primauté des phénomènes ; dans l'esprit de Bohr, la

théorie atomique devait expliquer certains phénomènes que
lui et d'autres scientifiques avaient observés, des *phénomènes-
pour-nous*. Et toute modification de la description de Bohr qui
doit être raisonnable étant donné ces intentions doit préserver
au moins une partie de la structure de ces explications.

Ma seconde maxime requiert moins de mise en scène.
J'ai déjà parlé de la division linguistique du travail. Il y a
également, en relation avec de nombreux termes, une *contribution de l'environnement.* Cela est évident dans le cas de
ce qui est évidemment déictique; «tu» a une référence qui
dépend de l'environnement du locuteur, autant de «tu-s»
différents que d'environnements différents. Mais il y a aussi
une contribution plus subtile de l'environnement dans le cas
des termes d'espèces naturelles; l'eau est une matière qui a la
même microstructure que la plus grande partie de l'eau paradigme; et l'eau paradigme est un *paradigme-pour-nous*, est
l'eau dans *notre* environnement. Sur un autre monde possible,
ou une autre planète, un mot pourrait être associé avec une
bonne partie du même stéréotype et des mêmes critères que
notre terme «eau», mais il pourrait désigner *XYZ* et non H_2O.
Du moins, cela pourrait arriver dans une ère pré-scientifique.
Et il ne s'ensuivrait pas que *XYZ fût* de l'eau; il s'ensuivrait
uniquement que *XYZ* pourrait avoir *la même apparence que*
l'eau, *avoir le même goût que* l'eau, etc. Ce à quoi réfère
«l'eau» dépend de *la nature* actuelle *des paradigmes*, pas
seulement ce qu'il y a dans nos têtes.

Le Principe d'Ignorance Raisonnable est simplement
qu'un locuteur peut «avoir» un mot, au sens de posséder la
capacité normale de l'utiliser dans le discours, et non de
connaître le mécanisme de la référence de ce terme, explicitement ou même implicitement. «Connaître la signification»
d'un mot au sens d'être capable de l'utiliser est implicitement
connaître *quelque chose;* mais ce n'est pas connaître autant
que les philosophes tendent à le supposer. Je peux connaître la
signification du mot «or» sans connaître, implicitement ou

explicitement, les critères nécessaires pour être de l'or (à l'inverse de John Locke), et sans avoir aucune idée très claire de la *façon* dont le mot est lié à ce à quoi il se trouve être lié. Nos deux principes se complètent parfaitement. Le Principe du Bénéfice du Doute nous interdit de supposer que les introducteurs de noms et autres experts sont factuellement omniscients ; le Principe d'Ignorance raisonnable nous interdit de supposer que des locuteurs sont philosophiquement omniscients (même inconsciemment).

APPLICATIONS

Le second Principe me semble être violé particulièrement souvent en philosophie de l'esprit. Je vais examiner quelques exemples.

Ma propre conception est que les prédicats psychologiques correspondent à des propriétés *fonctionnelles* des êtres humains et d'autres êtres doués de sensation. La présence de ces propriétés *explique* le regroupement de ce que certains ont appelé les « symptômes » et « critères » des différents états et conditions psychologiques. Quoi qu'il en soit, le Principe d'Ignorance Raisonnable nous dit que nous n'avons pas besoin de postuler que les locuteurs *savent* (implicitement ou explicitement) que les prédicats psychologiques correspondent à des états fonctionnels, et qu'ils n'ont pas besoin de *connaître* (implicitement ou explicitement) une caractérisation fonctionnelle de l'état particulier auquel un prédicat correspond.

Cela est lié à la « contribution de l'environnement » – la nature intérieure du locuteur même étant dans ce cas (de façon impropre) l'« environnement ». Le locuteur a une certaine nature. Cette dernière ne lui est pas bien connue. Il est capable de faire usage de mots comme « douleur » dans ce qu'il rapporte. Il utilise le mot « douleur » pour dénoter tout état qui est en *fait* l'état dont témoigne ce qu'il rapporte au sujet de sa douleur. Mais il n'a pas besoin de savoir *ce qu'*est cet état, au sens d'être capable de le caractériser. S'il peut faire usage du terme de douleur à des fins de rapport, s'il a la capacité de concevoir les autres en train de ressentir de la douleur, et d'utiliser les phrases permettant d'exprimer ce qu'il conçoit, alors cela est certainement suffisant pour dire qu'il a acquis le concept de douleur : pourtant, il n'y a absolument rien que le locuteur ait besoin de connaître au sujet de la nature métaphysique de la douleur (*cf.* chap. 22 *in* Putnam, *Philosophical Papers*, vol. 2).

Si cela est correct, alors une grande partie de la philosophie de l'esprit contemporaine doit être fausse. Par exemple, on a avancé que « je vois une tache jaune », prononcé comme un rapport-sur-des-sensations (*i. e.* dans le sens où j'ai l'impression visuelle d'une tache jaune) signifie « ce qui se passe en moi est le même processus que celui qui se produit quand je vois une tache jaune », où ce dernier « vois » signifie « perçois effectivement ». Une telle théorie fait de tous les rapports sur des sensations des hypothèses (et des hypothèses plutôt risquées, en cela) (en supposant que la notion de « même processus » soit suffisamment claire, quand on l'utilise sans précisions, pour signifier n'importe quoi). En particulier, s'il se révélait que « voir une tache jaune » au sens d'avoir l'impression visuelle d'une tache jaune, et « voir une tache jaune », au sens de percevoir effectivement une tache jaune, étaient des processus physiologiquement totalement *dissemblables*, alors un matérialiste devrait conclure que *nous ne voyons jamais réellement de tache jaune* (au sens d'impression visuelle) – *i. e.* que tous les rapports au sujet d'impressions visuelles sont faux. Cela semble absurde. Comment certains philosophes, qui sont par ailleurs sensés, ont-ils été conduits à une conclusion aussi étrange ?

Tout d'abord, ces philosophes sont parvenus à l'idée extrêmement sensée qu'il vaut mieux penser les termes psychologiques (et beaucoup d'autres également) comme dénotant des *conditions* ou des *causes* qui expliquent les symptômes et « critères » familiers, et non la présence des symptômes ou des critères. Deuxièmement, étant matérialistes, ils ont estimé que ces conditions ou causes étaient des *états physiques* – des états neurologiques, ou en tout cas des états physiologiques du corps. Je crois que c'était une erreur; comme Aristote l'a vu, les prédicats psychologiques décrivent notre *forme*, pas notre *matière*. Mais ce n'est pas mon sujet ici. Enfin, ayant proposé leur analyse de ce que *sont* les impressions visuelles, ils sentent bien qu'ils doivent dire ce que les comptes rendus d'impression visuelle *signifient*, et c'est ici qu'ils échouent. Mais leur échec est instructif. Ce qui est arrivé, c'est que ces philosophes ont estimé que le mécanisme de la référence doit être connu implicitement par les locuteurs de ce langage. C'est précisément l'hypothèse que le principe d'Ignorance Raisonnable nous déconseille de faire.

D'autres philosophes de l'esprit, également d'obédience matérialiste, ont suggéré que « j'ai mal » ou « je vois une tache jaune » sont synonymes de phrases de la forme « je suis dans un état physique qui satisfait telle ou telle caractérisation fonctionnelle ». Il est clair que si ces philosophes ont raison, quiconque rapporte une douleur, ou le fait de voir une tache jaune est, encore une fois, en train d'asserter une hypothèse (et, ici encore, une hypothèse risquée). Même s'il était vrai que la douleur, ou une impression visuelle particulière, était identique à un fait physique, plutôt que, comme je le crois, à un état fonctionnel, il n'y a pas de raison, hormis une philosophie du langage discutable, de supposer que le locuteur connaît implicitement même une caractérisation fonctionnelle de l'état en question. Encore une fois, le principe d'ignorance raisonnable aurait permis au philosophe d'éviter son erreur.

Enfin, il y a des philosophes d'obédience béhavioriste logique qui défendent l'idée selon laquelle « tu as mal » et « tu vois une tache jaune » sont équivalents à, ou du moins impliquent (parfois en un sens d' « implique » spécialement inventé pour l'occasion), des affirmations au sujet de dispositions comportementales. Pour éviter de devoir dire que les comptes rendus à la première personne correspondants sont des hypothèses, ils les traitent parfois comme étant en fait des *grognements* – de simples *symptômes* des conditions dont ils témoignent, plutôt que des assertions et leur sémantique référentielle évidente. Mais cela laisse à leur charge la nécessité de soutenir que quiconque a le concept de douleur, ou le concept d'une impression sensorielle de tache jaune, en connaît *nécessairement* beaucoup au sujet des dispositions comportementales, ne serait-ce qu'implicitement. Cela semble manifestement faux. Supposez que quelqu'un de totalement paralysé ait grandi sans jamais voir personne souffrir. On lui apprend le mot en lui faisant mal (« maintenant, ton doigt te fait mal », « maintenant, je vais te faire mal à l'oreille gauche »), à travers le contrôle direct de son système nerveux. Y a-t-il des raisons de douter qu'il pourrait apprendre et utiliser les mots « faire mal », « douleur », etc.? Cependant si on lui demandait : « que font normalement les gens quand ils ont mal? », « qu'est-ce qui conduit les gens à avoir mal? », il pourrait répondre honnêtement : « je n'en ai pas la moindre idée ». Sans doute un béhavioriste logique obstiné pourrait nier qu'une telle personne ait *réellement* le concept de douleur; mais cela revient à sauver sa théorie en se débarrassant des données. Ou bien, il pourrait soutenir que les dispositions comportementales pertinentes sont des *dispositions linguistiques*. Mais alors, que dire de l'enfant qui vient d'apprendre le langage de la douleur? *Connaît*-il, même implicitement, des faits généraux au sujet des dispositions comportementales linguistiques des locuteurs? Ou ne sait-il *réellement* ce que la « douleur » signifie que quand il apprend comment les gens *parlent* en général? Encore une fois, nous n'avons nul besoin de ces manœuvres, à partir du moment où nous acceptons le Principe de l'Ignorance Raisonnable. Faites toutes les hypothèses que vous souhaitez au sujet de ces prédicats psychologiques : qu'ils représentent des états fonctionnels, des états de l'âme, des états du corps, des dispositions comportementales – mais ne prétendez pas qu'un de ceux-là est ce que les locuteurs *veulent dire*. La morale est : vous auriez peine à croire combien *peu* les locuteurs « veulent dire ».

Alors que mes exemples ont tous été sélectionnés dans la philosophie de l'esprit, le principe d'Ignorance Raisonnable s'applique tout autant à d'autres régions de la philosophie. À la philosophie morale, évidemment (le problème, comme Platon l'a vu, est l'unité des vertus – ce qu'*est* le bien, non ce que « bon » signifie), et à la philosophie des sciences naturelles. La supposition que toute personne qui a acquis le terme « eau », ou le terme « voltage », connaît une condition nécessaire et suffisante pour être de l'eau, ou avoir un voltage particulier, a eu un effet profond et délétère sur la philosophie des sciences[1].

Je vais donner deux exemples d'application philosophique du Principe du Bénéfice du Doute. On remarquera que le

---

1. Comme Kuhn le fait remarquer dans Kuhn 1974, par exemple : « La distinction entre vocabulaire théorique et vocabulaire de base n'est pas recevable dans sa forme actuelle, parce qu'on peut montrer que nombre de termes théoriques se rattachent à la nature de la manière même des termes de base, quelle que soit celle-ci. Mais, en plus, je me pose la question de savoir comment peut s'effectuer ce "rattachement direct", que ce soit celui d'un terme théorique ou d'un terme de base. Ce faisant, j'attaque souvent l'hypothèse implicite selon laquelle toute personne qui connaît l'usage correct d'un terme de base a accès, consciemment ou inconsciemment, à un ensemble de critères qui définissent ce terme, ou fournissent les conditions nécessaires et suffisantes pour déterminer son application. J'utilise, ici, l'expression "règles de correspondance" pour désigner aussi ce mode de rattachement par des critères, et cela est contraire à l'usage normal. J'invoquerai, pour cette extension, l'excuse que je crois que la confiance implicite en des critères débouchent sur la même procédure et fourvoient l'attention de la même manière. Toutes deux font apparaître le déploiement du langage comme une affaire de convention, et beaucoup plus qu'il ne l'est en réalité. En conséquence, elles empêchent de voir le nombre de choses qu'un homme apprend sur la nature sans qu'elles se formulent en généralisations verbales, tandis qu'il acquiert simultanément, soit un langage quotidien, soit un langage scientifique. » (trad. fr. *La tension essentielle*, Paris, Gallimard, 1990, p. 402-403).

Principe du Bénéfice du Doute, ainsi que sa « mise en scène », fonctionne toujours en conjonction avec le Principe d'Ignorance Raisonnable.

Le premier exemple porte sur la question de la « commensurabilité » des théories. Tout d'abord, comme Scheffler l'a souligné (Scheffler, 1967), les théories n'ont pas besoin de posséder des « significations » communes pour être comparables : il suffit (en présupposant la sémantique référentielle standard) qu'il y ait des termes suffisamment nombreux dotés de la même *référence*. Puisque le Principe du Bénéfice du Doute est précisément une procédure pour *préserver la référence à travers les changements de théorie*, il nous permet de dire que même des théories radicalement différentes peuvent être comparées à l'intérieur du cadre de la logique déductive et de la sémantique référentielle. Nous n'avons pas besoin d'être d'accord avec Sir Karl Popper ou avec Paul Feyerabend sur l'idée selon laquelle il y a une incompatibilité entre accepter l'existence d'un changement radical de paradigme en science et accepter l'idée d'une croissance de la connaissance objective (bien sûr, Popper et Feyerabend, tout en étant d'accord sur l'incompatibilité, diffèrent sur la question de savoir s'il faut rejeter le changement radical de paradigme ou la croissance de la connaissance objective). Nous pouvons avoir nos changements de paradigme *et* aussi notre connaissance objective.

Mon dernier exemple requiert que je corrige l'analyse que j'ai donnée dans « L'analytique et le synthétique ». Dans cet article, j'ai caractérisé des termes tels que « homme » ou « cygne » comme *termes d'agrégats* (*cluster terms*) – c'est-à-dire que « homme » était censé être synonyme de « entité possédant un nombre suffisant des propriétés suivantes : - - - (liste) » ; et j'ai caractérisé « énergie cinétique » comme un « *terme d'agrégat de lois* » – c'est-à-dire, comme synonyme de « grandeur satisfaisant un nombre suffisant des lois suivantes avec une approximation suffisamment grande : - - - (liste) ». Ces deux analyses semblent maintenant incorrectes.

Je présente une analyse différente des termes d'espèce naturelle, tels que « homme » et « eau », qui s'accordent avec le point de vue causal/social esquissé dans « La signification de "signification" » (*Philosophical Papers*, vol. 2, chap. 12); le début d'une analyse semblable des termes de grandeur théorique est esquissé dans un autre article (« Explication et Référence »). Deux aspects de cette analyse devraient être évidents, partant de ce qui a été dit ici : la connaissance de *lois* ne peut être attribuée à des locuteurs individuels qui se trouvent avoir acquis « énergie », « voltage, ou « électron »; ainsi, même si la théorie de l'« agrégat de lois » était correcte comme analyse de la *détermination sociale de la référence*, elle ne pourrait être correcte comme analyse de ce que tout locuteur « veut dire » implicitement. Mon analyse violait le principe de l'Ignorance Raisonnable. Et, en second lieu, un terme de grandeur théorique, ou un terme de particule, etc., peut conserver une dénotation fixe même si nous changeons d'avis au sujet des lois auxquelles il obéit. Ce point a été établi dans « L'analytique et le synthétique » (il était crucial dans mon analyse de « énergie » et de « ligne droite »); mais le Principe du Bénéfice du Doute clarifie la raison pour laquelle il en est ainsi.

Mon dernier exemple est la question controversée du caractère conventionnel du choix d'une métrique. Adolf Grünbaum et moi-même avons discuté de cette question au fil des ans et ne sommes en rien tombés d'accord. Mais il y a eu une convergence entre nos analyses, et je pense que cela s'explique par notre acceptation de l'idée que la métrique (pour l'espace-temps) est fixée par des *lois* et non par des « règles de correspondance » (*cf.* Grünbaum, 1973). Bien sûr, « fixée par des lois » ne signifie pas *implicitement définie par des lois* en l'un des sens familiers selon lesquels on utilise « définition implicite » en logique technique. Le Principe du Bénéfice du Doute implique que nous pouvons changer d'avis au sujet des lois, et que nous n'*avons* pas à dire que nous avons changé la dénotation de nos termes. Ainsi, s'il y a une métrique qui est *optimale* pour l'espace-temps physique, et que nous arrivons petit à petit à des lois qui sont des approximations toujours meilleures d'une vraie description de la multiplicité sous cette métrique, nous pouvons dire que nous *découvrons* de plus en plus de faits au sujet de la métrique de l'espace-temps (Grünbaum dirait : au sujet de la métrique non-triviale extrinsèquement unique de l'espace-temps, si je comprends bien sa position actuelle) ; et nous n'avons pas à dire que nous sommes progressivement en train d'*inventer* une métrique ou de stipuler une *succession* de métriques, ou quoi que ce soit de ce genre. Bien sûr, il reste encore de grands domaines de désaccord. Grünbaum estime que l'unique métrique « extrinsèque » non-triviale est encore « imprégnée de convention », et je n'accepte pas cela. Je n'accepte pas non plus la distinction « intrinsèque/extrinsèque » de Grünbaum. Mais l'important est que Grünbaum et moi-même avons été capables de parvenir à un accord substantiel en convenant de rejeter une certaine philosophie du langage. Nous voyons ici encore que si les deux principes que j'ai proposés sont bien moins grandioses que la maxime pragmatique ou que la théorie vérificationniste de la signification, ils peuvent être utiles dans de nombreux domaines différents de la philosophie.

LES MOTS ET LE MONDE

Jusqu'ici, j'ai parlé de questions que nous sommes en train de commencer à comprendre, grâce aux progrès en philosophie du langage entamés depuis *Deux dogmes de l'empirisme* de Quine. (Soit dit en passant, le principe du Bénéfice du Doute et le principe de l'Ignorance Raisonnable me semblent tous deux s'accorder extrêmement bien avec l'approche générale de Quine. En particulier, je soupçonne que mon principe du Bénéfice du Doute est probablement son Principe de

Charité, bien qu'il cite Wilson.) Permettez-moi maintenant de plonger hardiment dans un territoire qui est moins bien balisé.

Nos deux principes présupposent la notion de référence. (Nos propos sur « le fait de s'adapter à la description de Bohr » n'était qu'une façon déguisée de parler de *référence* au sens du logicien : ce qui « s'adapte » à une description est ce « à quoi » la description « réfère », c'est-à-dire *ce dont est vraie* la description). La référence est une relation entre les mots et le monde ; il s'agit seulement d'une façon tape-à-l'œil de dire que l'extension de la relation « réfère à » est une classe de paires ordonnées de termes et de choses. La paire <« citron », α> est dans la classe qui est l'extension de la relation de référence pour le Français [1], dans le cas précis où α est un citron ; la paire <« Rad », β> est dans la classe qui est l'extension de la relation de référence pour l'Allemand, dans le cas précis où β est une roue ; et ainsi de suite. Toute relation qui (quand on la restreint à un langage particulier) associe une chose à chaque mot est une *relation mots-monde.* La référence est une relation mots-monde ; mais il en va de même de son complément (ou plutôt, de la restriction de son complément au domaine des mots, le domaine converse étant illimité) ; la paire <« citron », La Tour Eiffel> se trouve dans le complément de la relation de référence. Et il y a beaucoup d'autres relations mots-mondes. Ainsi, se contenter de dire que la référence est une relation mots-monde, c'est ne pratiquement rien dire à son sujet.

Mais à moins que nous puissions dire quelque chose d'instructif au sujet de cette relation, notre philosophie du langage tout entière flotte tranquillement dans les airs. Le principe du Bénéfice du Doute appartient à une méthodologie qui permet de dire *à quoi* les locuteurs *réfèrent ;* si nous ne savons pas ce qu'est *référer à*, nous pouvons affirmer que Bohr référait aux

---

1. Au sens strict, la référence est une relation triadique entre un symbole, une entité et un langage ; mais quand le troisième argument est rendu constant nous parlons de la « relation de référence pour L », où L est le langage en question.

électrons quand il utilisait le mot « électron », ou bien nier qu'il le faisait ; puisque savoir *quelle* relation entre le mot de Bohr « électron » et les particules en question est affirmée ou niée n'apparaît pas clairement, une méthodologie pour de telles affirmations et dénis est une méthodologie pour une science qui, quelque précieux et importants que soient ses résultats, n'en repose pas moins sur des notions confuses.

Beaucoup de philosophes croient que l'œuvre de Tarski a rendu parfaitement précise la notion de référence (et la notion liée de vérité). Je ne partage pas cette opinion. Hartry Field a souligné que les « définitions de vérité » et les « définitions de référence » du type de celles utilisées en logique technique *ne* clarifient *pas* les notions de référence et de vérité (Field, 1972).

Quelques tarskiens prétendent que le critère d'adéquation de Tarski (la « Convention T ») (voir Tarski, 1951, p. 166) rend claires les notions de vérité et de référence, mais non les définitions formalisées de la vérité elles-mêmes. Mais la « convention T » emploie les notions de *nommer* une phrase et *s'ensuivre de* ; notions intimement liées à, et exigeant autant de clarification que, la vérité et la référence elles-mêmes.

L'analyse de Sellars de la « désignation » (*cf.* Sellars, 1967 et 1962) ne nous aide pas non plus. Sellars propose que :

(1) « Rad » en allemand désigne la roue.

Cela signifie que « Rad » a le *rôle* en allemand que joue « roue » en français. Pour éviter l'objection de Church – que (1) n'est pas un énoncé au sujet du mot français « roue » – Sellars introduit un procédé spécial qu'il appelle le « guillemet-point » (*dot quotation*) (*cf.* Sellars 1963 et 1964) (lié, d'une certaine façon, au « sens oblique » de Frege). Un mot entre guillemets-points dénote son propre rôle linguistique. Ainsi « .roue. » et « .Rad. » sont tous deux les noms d'un certain rôle (le même rôle, en fait). Il est important que « .roue. » ne soit pas synonyme d'une *description* de ce rôle (e. g., « le rôle de "roue" »); il s'agit plutôt d'un nom de ce rôle.

L'analyse de Sellars montre ainsi que (1) signifie :

(2) « Rad » en allemand a le rôle de « .roue. ».

Selon cette analyse, l'extension de *désigne* est une classe de paires ordonnées d'un mot et d'un rôle, non une classe de paires ordonnées d'un mot et d'une chose. La « désignation » de Sellars n'est pas une relation mots-monde mais une relation mots-rôle. Cela ne pose aucun problème à Sellars, car, fondamentalement, il ne pense pas que la « désignation » soit en rien une relation (en tant que nominaliste, il n'interprète pas l'énoncé selon lequel « Rad » a un certain rôle comme présupposant en rien réellement l'existence de « rôles », en tant qu'entités abstraites). Mais cela signifie que l'analyse de Sellars ne jette aucune lumière sur le problème de la référence.

Référence primitive

Imaginez une race de créatures – peut-être des animaux supérieurs – qui soient précisément en train de commencer à développer des comportements pré-langagiers. Ils remarquent différentes sortes d'objets matériels de taille moyenne, et à l'occasion, ils ont besoin d'attirer l'attention des autres sur plusieurs de ces objets. Une créature particulièrement intelligente développe l'habitude de *montrer du doigt* un objet et de dire un son qui ressemble à « Rgard'ça ». D'autres membres de la tribu imitent cela (d'après des observations récentes de chimpanzés, à la fois dans la vie sauvage et dans des situations expérimentales, ce n'est pas si improbable); et bientôt les créatures développent un plein ensemble de ce que j'appellerai des *intentions gricéennes* (*cf.* Grice, 1957, 1968, 1969); c'est-à-dire des intentions d'attirer l'attention sur un objet en le montrant et en prononçant « Rgard'ça »; l'intention étant de le faire pour partie par la reconnaissance de cette même intention. (Certains pourront douter que des animaux qui ne parlent pas puissent *coopérer consciemment*, ce qui est en jeu quand on attribue ces intentions griciennes; la position que je vais

adopter est que la réponse est « oui »). Il est clair que ces
créatures n'ont pas encore un *langage* ; mais ils ont bien un
type primitif de *référence*. Je vais référer à « Rgard'ça »
comme à un *démonstratif* pour ces créatures ; et quand l'une
de ces créatures désigne un objet et dit « Rgard'ça » avec
l'intention gricienne d'amener un autre membre de la tribu à
prêter attention à cet objet, je dirai qu'il a *référé démonstrativement* à cet objet.

Imaginez que nous nous absentions de cette tribu pendant
quelques siècles et que nous soyons mis en arrêt sur images.
Une fois réanimés, nous retournons voir ce qui est arrivé à la
tribu. Nous découvrons que leur comportement linguistique
ou pré-linguistique est devenu beaucoup plus complexe.
Maintenant, non seulement ils prononcent « Rgard'ça », mais
aussi, de façon étrange, « Pé-hun-ça », « Pé-deuh-ça », …,
« Pé-dicette-ça ». Après quelques recherches, nous découvrons que ce qui se passe est la chose suivante : il y a dix-sept
propriétés P_1, … P_{17} qui sont facilement distinguées par ces
créatures. Plus précisément, il y a dix-sept conditions C_1, …,
C_{17} qui sont des états des créatures elles-mêmes, telles que, si
une créature observe un objet matériel de taille moyenne, alors
il est normalement conduit à se retrouver dans une condition
C_1, ou dans une condition $\bar{C}_1$ incompatible avec C_1 (et de façon
analogue pour C_2, …, C_{17}). De plus, la présence ou l'absence
de la propriété P_i est ce qui détermine s'il se retrouvera dans
la condition C_i ou la condition $\bar{C}_i$. La chaîne causale qui lie
l'occurrence de la propriété P_i (ou l'absence de P_i) à l'occurrence de la condition C_i (ou $\bar{C}_i$) dans la créature est de la sorte
que *nous*, dans notre état de connaissance avancée, pouvons
décrire comme un mode de perception visuelle standard. (Pour
simplifier, j'ignore tous les sens sauf la vision ; il est évident
qu'il faut compliquer l'explication pour avoir une approche
plus détaillée du réalisme).

Enfin, la créature prononce « Pé-hun-ça » quand l'objet
auquel elle réfère démonstrativement comme « ceci » (une

forme abrégée de « R'gard'ça ») produit en lui la condition C_1 (et de même avec les seize autres formes). De plus, il a des intentions griciennes relatives à « Pé-hun-ça », etc. ; son intention est que son auditeur se comporte à l'égard de l'objet auquel il réfère démonstrativement par l'occurrence de « ceci », et qu'il ait des attentes à l'égard de cet objet, qui sont appropriées dans cette tribu à l'égard des objets Pé-hunniens. Il est clair que ce n'est pas encore un langage, ou du moins pas un langage complet ; mais cela se met à *ressembler* plus à un langage. Je réfère à « Pé-hun », etc., comme à des *prédicats* pour ces créatures, et je dirai que ces prédicats réfèrent à tout ce qui a les propriétés P_1, P_2, ...P_{17}, respectivement.

Remarquez que jusque là notre théorie est une théorie « causale » de la référence : les créatures réfèrent démonstrativement à des objets auxquels ils sont liés par des chaînes causales d'une certaine espèce (dont la description, même pour de telles créatures simples, impliqueraient au moins la psychologie de la perception, de l'attention, et du comportement de coopération) ; et ils réfèrent au moyen de prédicats seulement à des objets qui ont des propriétés qu'ils sont capables de percevoir (si bien qu'ils sont liés causalement à au moins quelques membres de l'extension de ces prédicats). Soit dit en passant, bien que leur mode de comportement linguistique soit beaucoup plus compliqué que ce qu'il était quelques centaines d'années auparavant, il n'est pas évident que la théorie psychologique nécessaire pour le décrire doive être substantiellement plus complexe que celle qui est nécessaire pour décrire une affaire aussi simple que l'usage de « Rgard'ça ».

Jusque là, nos locuteurs prononcent seulement « Pé-hun-ça » quand ils ont eux-mêmes observé le « ça » en question, et qu'il a été perçu comme ayant la propriété P_1 ; mais le modèle pourrait être compliqué en les laissant dire « Pé-hun-ça », référant démonstrativement à un objet tels qu'ils ne peuvent pas dire, pour une raison ou une autre, s'il possède P_1, mais qui est tel qu'un autre locuteur leur a *dit* qu'il possédait P_1. Nous

étendons ainsi le concept de *communication* à cette communauté hypothétique. Encore une fois, nous compliquerions le
modèle en introduisant les temps passé, présent et futur; ou
même des termes de durée (*l'an dernier, hier, il y a cinq mois,*
etc.). Permettez-moi d'insister sur le fait que je ne suis pas, je
répète : *pas*, en train d'essayer de donner des *conditions
nécessaires et suffisantes* pour la référence, même pour la
référence primitive. Je suis en train d'essayer de décrire une
situation assez compréhensible dans laquelle nous pouvons
employer une notion primitive de référence.

Montée sémantique

Il n'y a rien en principe qui empêche notre tribu d'en venir
un jour à employer la notion même de référence (appelez-la
« référence$_1$ ») que *nous* avons employée pour décrire leurs
échanges avec le monde. Ainsi, si Uk-ook dit « Pé-hun-ça » en
désignant une pomme, Ab-sum pourrait remarquer « Uk-ook
raifeure à ça » – désignant le même « ça ». Et cet usage pourrait
avoir des formes temporelles : « Uk-ook ha raifeuré à ça hiar »,
par exemple.

Pour éviter les paradoxes sémantiques, nous supposons
que référer à quelque chose à l'aide du prédicat sémantique
« raifeur » ne compte pas comme « raifeurant ». Cependant, il
est très probable qu'on ne remarquerait tout simplement pas le
problème.

Quantificateurs

Revenant à notre tribu, après quelques milliers d'années
supplémentaires, nous pouvons imaginer qu'ils ont ajouté des
quantificateurs et des fonctions de vérité à leur répertoire. À
ce point, nous n'hésiterions pas à appeler leur système de
communication un *langage*. La façon dont nous étendrions
la notion de référence pour recouvrir les idiomes vérifonc-
tionnels et quantificationnels est également évidente; du

moins c'est évident depuis Tarski. (Comme Hartry Field l'a souligné, Tarski a accompli quelque chose qui a quelque intérêt philosophique : montrer comment réduire la référence à quelque chose d'apparenté à ce que j'ai appelé la référence primitive). Mais nous devons remarquer que chaque extension de la notion de référence semble avoir modifié la notion. Les démonstratifs utilisés en présence de la chose à laquelle ils réfèrent démonstrativement ont une espèce de liaison causale avec leur référent ; les prédicats, de l'espèce simple envisagée jusque là, n'ont pas besoin d'avoir une liaison causale avec chaque référent – c'est-à-dire que l'acte de prononciation d'une occurrence du prédicat n'a pas besoin d'impliquer causalement tous les membres de l'extension – mais des actes normaux de prononciation d'une occurrence du prédicat dans une phrase atomique du prédicat au présent ou au passé impliqueront une liaison causale avec un certain membre de l'extension, bien que la liaison puisse n'être pas une liaison perceptuelle (un locuteur peut avoir appris d'une « chaîne » d'autres locuteurs que quelque chose a ou avait une propriété, et non à partir de sa propre expérience). Mais à partir du moment où nous introduisons des quantificateurs, toute liaison *spécifiable* entre référer à un X et être causalement lié à un X se trouve être perdue. Si cela est le cas, nous pouvons nous demander pourquoi nous utilisons toujours le terme « réfère » quand nous étendons la notion aux expressions quantifiées. Je vais revenir sur cette question bientôt.

Noms propres

Jusqu'à ce point, nous n'avons pas introduit de noms propres dans notre modèle, bien que nous les ayons utilisés nous-mêmes en référant aux membres hypothétiques de la tribu. Si nous voulons imiter la théorie « historique » des noms propres ébauchée dans la première partie de cet article, nous pourrions le faire comme suit : posons que la notion de référence telle qu'elle a été développée jusque là pour le langage incluant des quantificateurs, mais n'incluant pas de noms propres, soit la «référence$_2$». Supposons que la notion de «raifeurer» utilisée par les locuteurs ait été étendue pour signifier référer$_2$. Alors, quand un locuteur utilise le nom «Ab-ook», nous supposons qu'il a les intentions griciennes suivantes :

(1) Si le discours est le discours ordinaire (*i. e.* à propos de ce qui est effectivement le cas) alors le locuteur qui prononce une phrase F(Ab-ook) a l'intention de produire la croyance que $F(D)$ où D est la description suivante : «la créature à laquelle on réfère$_2$ au moyen de toute description dont l'introducteur[1] du nom «Ab-ook» avait l'intention qu'on l'utilise à cette fin» (ou plutôt, D est la traduction de cette description dans le langage de la tribu).

(2) Si la discussion porte sur ce qui serait le cas dans une situation hypothétique (et notez que même les philosophes qui élèvent des objections contre les contrefactuels admettent que nous utilisons parfois le langage de cette façon, et que le langage utilisé de cette façon n'ait pas besoin de contenir explicitement des contrefactuels), alors le nom *Ab-ook* peut être remplacé dans le discours donné par une certaine description D' telle que la créature à laquelle l'introducteur du nom réfère comme étant Ab-ook – c'est-à-dire, la créature à laquelle on réfère$_2$ au moyen de toute description dont l'introducteur entend qu'on l'utilise à cette fin et pour la fin de (1) – satis*ferait* D' dans la situation hypothétique.

Posons que la «référence$_3$» est la référence étendue au langage incluant les noms propres. Expliquer l'usage des noms propres implique l'explication de la structure d'une «chaîne de

1. Dans ma conception, il n'est point besoin que l'«introducteur» soit la personne qui a «baptisé» Ab-ook *la première*, ni que la chaîne causale aille jusqu'à *première* personne dont l'auditeur tiendrait le nom «Ab-ook». La chaîne causale est une chaîne de coopérations reliant l'auditeur aux experts adéquats, tels qu'ils sont déterminés par la société.

transmissions », et le faire implique l'usage de la notion de « référence$_2$ » de la façon que l'on vient d'indiquer. Mais cela n'exige pas l'usage de la « référence$_3$ » elle-même ; ainsi l'usage d' « intentions de référer » dans l'énoncé de la théorie causale des noms propres n'est pas une circularité vicieuse.

Propriétés

Si nous ajoutons des quantificateurs sur les propriétés (voir chapitre 19, vol. 1 [de mes *Papers*]) au langage (en pensant les propriétés comme des entités non-linguistiques et non-mentales, physiquement ou métaphysiquement réelles, comme la couleur bleu, ou la température, ou l'énergie cinétique, et non de purs « *concepts* », ainsi que certains philosophes utilisent le terme de façon malheureuse), alors nous pouvons introduire les descriptions d'entités théoriques dans le langage. Selon moi, les termes théoriques sont reliés à ces descriptions tout à fait comme les noms propres le sont aux descriptions de personnes et de choses ordinaires. Mais pour nos buts présents, le problème clé est celui que nous avons déjà noté dans le cas de la quantification individuelle : qu'est-ce que la notion de référence en tant qu'étendue au langage avec, disons, des quantificateurs sur des propriétés, a en commun avec, disons, la « référence$_3$ » ? – c'est-à-dire, la référence en tant qu'employée pour parler de locuteurs d'un langage doté de temps, de noms propres, de variables et quantificateurs individuels, de fonctions de vérité, et de *prédicats relativement observables* (c'est-à-dire, les prédicats *primitifs* du langage étaient censés être proches de la perception ; en utilisant des quantificateurs individuels et des temps les locuteurs pourraient, bien sûr, parler de nombreuses choses observables). Le problème n'est pas de savoir *comment* étendre la notion de référence une fois que l'on a admis une quantification sur des propriétés ; la sémantique référentielle standard de *second ordre* nous dit comment le faire ; le problème, encore une fois,

est un problème de *motivation*. Nos notions successives de
« référence » n'ont-elles pas seulement une « ressemblance de
famille », et aucune signification essentielle ?

Motiver la « référence »

Pour répondre à la question de savoir ce qui *motive* les
extensions successives de la notion de référence que nous
avons introduite dans notre modèle simpliste (car tout ce conte
au sujet des « créatures » pré-linguistiques visait à présenter et
à compliquer par la suite un modèle pour certains aspects de la
référence), il nous serait utile de nous arrêter et de demander :
tout d'abord, comment identifions-nous certaines expressions
comme étant des *quantificateurs* sur des propriétés (ou même
des individus) ? Des schémas d'inférence déductive pourraient
certainement nous faire parcourir une partie du chemin. Mais
même si on infère $(\exists x)P(x)$ de $P(a)$ et $P(a)$ de $(x)P(x)$ (pour des
termes arbitraires et – dans le cas des individus – de démonstratifs *a*) il ne s'ensuit toujours pas que $\exists(x)$ et (x) doivent être
les quantificateurs standard. Ils peuvent être des quantificateurs, mais sur des entités autres que ce que nous pensons ;
ou ils peuvent avoir une échelle plus petite ou plus grande que
le domaine que nous pensons, par exemple. Il me semble que
c'est seulement si nous savons quelque chose au sujet des inférences *inductives* c'est-à-dire les inférences non-déductives
que les locuteurs acceptent, que nous pouvons avoir de bons
fondements pour quelque assignation de domaine que ce soit.
Le cas le plus clair est le cas dans lequel les locuteurs utilisent
des procédures pour accepter et rejeter les phrases des formes
$(\exists x)P(x)$, $(\exists P)F(P)$, $(x)P(x)$ et $(P)F(P)$ qui sont, de notre point
de vue, de *bonnes* procédures *si les variables s'échelonnent
sur des individus et des propriétés comme nous estimons
qu'elles le font.*

Davidson a fait remarquer qu'en traduction nous
cherchons à faire de ceux que l'on traduit des « personnes qui

croient des vérités, recherchent la beauté, et sont des amoureux du bien ». Il s'agit d'une exagération rhétorique, bien sûr; mais le fait est que nous appliquons le Bénéfice du Doute aux individus et aux communautés (bien que la circonspection soit de mise : le Principe de Charité de Wilson dépasse les bornes de la prudence, comme nous l'avons vu). Bien que je ne songe même pas à tenter de donner des conditions nécessaires et suffisantes pour que des expressions soient des quantificateurs sur des propriétés ou des choses, il me semble que le cas le plus clair est celui d'une communauté dont les procédures inductives sont des procédures raisonnablement solides *si* les expressions *sont* des quantificateurs. En ce sens, la logique inductive d'une communauté ne peut être séparée de sa compétence linguistique (*cf.* le chapitre 15 du vol. 2 de mes *Papers*).

Mais si telle est la façon dont nous *identifions* les quantificateurs, au moins dans le « cas paradigmatique », alors la réponse à la question de la motivation est à portée de main. Les concepts de référence que nous avons construits et (par implication) de la vérité ont la propriété suivante : la référence et la vérité sont interprétées de façon telle que, au moins dans le « cas paradigmatique », au moins pour d'importantes classes de phrases, au moins si les choses vont comme elles le devraient, les phrases tendront à être acceptées dans le long terme si et seulement si elles sont *vraies*, et les prédicats seront appliqués à des choses si et seulement ces choses ont les propriétés *qui correspondent* à ces prédicats. Dire qu'il y a une application du langage sur le monde n'a aucun sens à moins que nous n'ayons une paramétrisation du « monde » en tête ; ce que le concept de référence effectue, au moins dans le cas idéal, c'est de spécifier une paramétrisation du monde et de la corréler à une paramétrisation du langage de façon telle que les phrases acceptées tendent à long terme à se corréler à des états de choses (au sens de la paramétrisation) qui se produisent effectivement.

Cela ne contredit en rien l'intuition de Wittgenstein qu'un pur isomorphisme entre un ensemble de choses et un ensemble d'états de choses possibles ne fait pas de ces choses des *symboles*; quelque chose n'est un symbole que s'il appartient à un système qui a les fonctions appropriées. Mais mettre l'accent sur la fonction n'est pas incompatible, comme certains l'ont pensé, y compris peut-être le second Wittgenstein lui-même, avec le fait de mettre l'accent sur la *correspondance*. Une théorie de la signification comme image n'est pas entièrement fausse ; elle est seulement unilatérale, tout comme une théorie de la signification comme «usage» n'est pas entièrement fausse mais seulement unilatérale.

La conception de la référence esquissée ici s'accorde avec les principes de Boyd qui veulent qu'en règle générale les termes dans une théorie scientifique aboutie réfèrent; qu'en règle générale les lois d'une théorie scientifique aboutie sont approximativement vraies (Boyd, 1973). À l'inverse, les principes de Boyd sont exactement ce dont nous avons besoin pour justifier notre affirmation que, dans le cas paradigmatique, les phrases acceptées convergent jusqu'à refléter la vérité. Bien sûr, les principes de Boyd sont des affirmations empiriques sur la science; comme Boyd, j'estime qu'ils expliquent le succès de la science mieux que toute autre hypothèse et que leur acceptation implicite par les scientifiques explique une bonne part de ce qui est normatif dans la pratique scientifique (ce qui est la raison pour laquelle l'acception de l'«hypothèse nulle» de l'instrumentalisme est une solution rivale du réalisme empirique qui n'est pas bonne). Parmi les principes de la première partie de cet article, le Principe du Bénéfice du Doute est lié d'une manière particulièrement étroite aux principes de Boyd. Cependant, je ne crois pas que la conception de la référence présentée ici se limite à l'institution de la science. J'appliquerais une conception généralement causale de la référence également aux termes moraux et aux termes appartenant à de nombreux autres domaines de la vie.

Au fur et à mesure que le langage se développe, les liens causaux et non causaux entre des morceaux du langage et des aspects du monde deviennent plus complexes et plus variés. Rechercher un lien uniforme unique entre le mot ou la pensée et l'objet du mot ou de la pensée est rechercher l'occulte ; mais voir notre notion de référence, en développement et en expansion, simplement comme une famille qui prolifère est manquer l'essence de la relation entre le langage et la réalité. L'essence de cette relation est que le langage et la pensée correspondent asymptotiquement à la réalité, au moins dans une certaine mesure. Une théorie de la référence est une théorie de la correspondance en question.

Peirce, et ses successeurs adeptes de conceptions positivistes et thérapeutiques, pensaient qu'une bonne philosophie du langage pourrait faire la lumière sur tous les problèmes traditionnels de la philosophie. Ce serait répéter leur erreur en partant d'un point de vue différent que d'affirmer que la conception réaliste de la référence était la pierre philosophale (ou même le solvant universel). Ce n'est pas ce que j'affirme. Mais j'affirme que cette conception n'est pas dénuée de sens, et que ce qui est vraiment la meilleure thérapie, c'est une théorie sensée du monde.

BOYD R., « Realism and Scientific Epistemology », inédit, 1973.

FIELD H., « Tarski's Theory of Truth », *Journal of Philosophy*, LXIX, 1972, p. 347-75.

GRICE H. P., « Meaning », *Philosophical Review*, LXVI, 1957, p. 377-88.

– « Utterer's Meaning, Sentence Meaning and Word Meaning », *Foundations of Language*, IV, 1968, p. 225-242.

– « Utterer's Meaning and Intentions », *Philosophical Review*, LXXVII, 1969, p. 147-77.

GRÜNBAUM A., « Geometrodynamics and Ontology », *The Journal of Philosophy*, LXX, 1973, p. 775-800.

KRIPKE S., « Naming and Necessity », *in* G. Harman et D. Davidson (éd.), *The Semantics of Natural Language*, Dordrecht, 1972, p. 254-355 ; trad. fr. La logique des noms propres, Paris, Minuit, 1982.

KUHN T. S., « Second Thoughts on Paradigms », *in* Frederick Suppe (éd.), *The Structure of Scientific Theories*, Urbana, Ill., 1974, p. 459-482.

PEIRCE C. S., *Collected Papers*, Cambridge, Harvard University Press, 1958.

SCHEFFLER I., *Science and Subjectivity*, Indianapolis, 1967.

SELLARS W., « Truth and "correspondence" », *Journal of Philosophy*, LIX, 1962, p. 29-55.

– « Abstract Entities », *Review of Metaphysics*, XVI, 1963, p. 627-71.

– « Notes on Intentionality », *Journal of Philosophy*, LXI, 1964, p. 655-65.

– « On Abstract Entities in Semantics », *in* P.A. Schilpp (éd.), *The Philosophy of Rudolph Carnap*, La Salle, Ill., 1967.

TARSKI A., « The Concept of Truth in Formalized Languages », *Logic, Semantics and Metamathematics*, New York, 1951, p. 152-278.

WILSON N.L., « Substances without Substrata », *Review of Metaphysics*, XII, 1959, p. 521-539.

W. V. QUINE

SUR LES SYSTÈMES DU MONDE EMPIRIQUEMENT ÉQUIVALENTS

PRÉSENTATION

Sophie Hutin et Sandra Laugier

W. V. Quine (1908-2000) est à la fois héritier et pourfendeur de l'empirisme logique (« L'épistémologie naturalisée », p. 36), en particulier celui qui est incarné par son maître Rudolf Carnap. Dans l'article « Deux dogmes de l'empirisme » (1951)[1], en rejetant le dogme empiriste de l'analyticité et du réductionnisme, il formule les thèses fameuses du holisme et de la sous-détermination, sous une forme radicale : une mise en cause de l'idée de contenu empirique d'un énoncé individuel, et de l'idée d'une adéquation entre l'expérience et le schème conceptuel de la science. Cette radicalité a conduit de nombreux commentateurs et critiques à faire de Quine un adepte du conventionnalisme, en fonction du pragmatisme proclamé à la fin de l'article :

---

1. « Two dogmas of Empiricism » (1951), trad. fr. « Deux dogmes de l'empirisme » in *Du point de vue logique, op. cit.*

Carnap, Lewis et d'autres adoptent une attitude pragmatique lorsqu'il s'agit de choisir entre des formes de langage, des cadres scientifiques ; mais leur pragmatisme s'envole dès qu'ils passent la frontière imaginaire entre l'analytique et le synthétique. En répudiant une telle frontière, j'épouse un pragmatisme plus profond. Chaque homme reçoit un bombardement permanent de stimulations sensorielles en plus d'un héritage scientifique ; et les considérations qui le guident lorsqu'il taille son héritage scientifique pour qu'il puisse être endossé par ces continuels signaux sensoriels, tant qu'elles sont rationnelles, sont pragmatiques[1].

En 1975, après la publication de ses ouvrages fondamentaux, *Le Mot et la chose* (1960) puis *Relativité de l'ontologie* (1969) et après avoir répondu à des critiques du holisme dans *Words and Objections* (1969), Quine reprend la question du holisme et de la sous-détermination. C'est dans un contexte où Quine désire atténuer le caractère radical de ses thèses épistémologiques qu'il publie en 1975 « Sur les systèmes du monde empiriquement équivalents », dans la revue *Erkenntnis*, au moment où cette dernière renaît, après plus de trente-cinq années de silence : comme s'il fallait une nouvelle fois, après les « Deux dogmes », assumer le dualisme héritage / réforme du Cercle de Vienne.

Voici ce qui pourrait résumer dans les mots de Quine les deux thèses épistémologiques de « Deux dogmes » :

Le dogme du réductionnisme survit dans la supposition que chaque énoncé, isolé de ses compagnons, peut être confirmé ou infirmé. Ma contre-suggestion, tirée essentiellement de la doctrine carnapienne du monde physique dans l'*Aufbau*, est que nos énoncés sur le monde extérieur affrontent le tribunal de l'expérience sensible, non pas individuellement, mais seulement collectivement (p. 75).

Le champ total est tellement sous-déterminé par ses conditions limites, à savoir l'expérience, qu'on a toute latitude pour

1. *Du point de vue logique*, p. 81.

choisir les énoncés qu'on veut réévaluer, au cas où inter-
viendrait une seule expérience contraire. Aucune expérience
particulière n'est, en tant que telle, liée à un énoncé particulier
situé à l'intérieur du champ, si ce n'est indirectement, à travers
des considérations d'équilibre concernant le champ pris
comme un tout (p. 77).

Le holisme et la sous-détermination entrent en écho avec
la critique qu'opère Pierre Duhem, dans *La Théorie physique :
son objet, sa structure*, en 1906, de l'idée qu'une expérience de
physique puisse réfuter une hypothèse. Pour Duhem, on ne
peut pas présenter individuellement chaque hypothèse de la
théorie physique au contrôle expérimental, mais seulement le
corpus théorique dans son ensemble. Quine étend ce holisme
épistémologique (restreint chez Duhem à la théorie physique) à
tout le champ du savoir ; et à l'instar d'Otto Neurath [1], il le radi-
calise en affirmant que toute hypothèse peut être maintenue
« *come what may* » en opérant des ajustements, parfois dras-
tiques, qui bouleversent le schème conceptuel et le réarrangent
dans une nouvelle cohérence. D'autre part, pour Duhem, toutes
les lois expérimentales sont des approximations. Il est dès lors
possible de donner un nombre indéterminé de *traductions*
théoriques à l'ensemble de ces lois empiriques. Duhem décrit
le passage de l'expérience à la théorie (ainsi que le passage
inverse de la théorie à l'expérience) comme une traduction non
plus transparente, mais indéterminée du texte original :

Le développement mathématique d'une théorie physique ne
peut se souder aux faits observables que par une traduction (...).
Mais qui traduit, trahit ; *traduttore, traditore* ; il n'y a jamais
adéquation complète entre les deux textes qu'une version fait
correspondre l'un à l'autre [2].

---

1. Cf. O. Neurath, « Physicalism » (1931), *Philosophical Papers 1913-
1946*, Dordrecht, D. Reidel, 1983, p. 53.
2. *La théorie physique*, Paris, Rivière, rééd. Vrin, p. 199. Voir vol. I des
Textes-clés de la Philosophie des Sciences, p. 36.

C'est en reprenant et affinant la référence à Duhem – à qui il a déjà emprunté une forme d'évolutionnisme – que Quine va corriger son holisme épistémologique, prenant notamment en considération les attaques du poppérien Adolf Grünbaum[1]; il va dans le sens d'une position qu'il qualifie de « modérée », bien qu'elle demeure une arme contre les dogmes de l'empirisme. Cette version modérée permet à Quine 1) d'être en meilleure adéquation avec la pratique scientifique, tout en préservant l'acquis des critiques du réductionnisme et de l'analyticité; 2) de revendiquer, contre toute attente, une forme de réalisme qui soit compatible avec l'empirisme radical.

Première réserve contre le holisme : les phrases d'observation sont les seuls canaux par lesquels une théorie prend une signification empirique, mais elles « échappent » à l'indétermination due au holisme dans la mesure où elles sont reliées à la réception sensorielle grâce au dressage social. En ce sens, *en pratique*, et comme le montre le cas de l'indétermination de la traduction radiale, les phrases d'observation ne sont que très rarement modifiées. Seconde réserve : Quine ne croit plus utile d'affirmer que l'unité de signification empirique soit la totalité de la science[2]. Le chercheur est libre de délimiter le corpus théorique qu'il désire mettre en question par l'expérience ou de le considérer comme acquis. Il s'agit là d'une radicalisation du holisme, autant que d'une critique.

Par ailleurs, la thèse de la sous-détermination des théories par l'expérience trouve de nouvelles formulations, notamment lorsque Quine s'efforce d'en différencier la thèse d'indétermination de la traduction (par laquelle il affirme qu'il peut exister deux manuels de traduction logiquement incompatibles mais

---

1. Cf. A. Grünbaum, *Philosophical Problems of Space and Time*, 1963, second, enlarged edition, *Boston Studies in the Philosophy of Science*, t. XII, R. S. Cohen & M. W. Wartofsky (eds.), Dordrecht, D. Reidel, 1973.

2. Cf. J. Vuillemin, « On Duhem's and Quine's Theses », *in* L. E. Hahn et P. A. Schilpp (eds.), *The Philosophy of W. V. Quine*, Open Court, 1986, p. 595-618.

équivalents d'un même donné langagier). Voici ce qu'il remarque dans un article de 1970 :

> Des théories physiques peuvent être en conflit l'une avec l'autre et cependant être compatibles avec toutes les données possibles, même au sens le plus large[1].

Quine affirme, à plusieurs reprises, qu'un même donné empirique peut être « traduit » en plusieurs théories, semblant par là mettre en danger l'empirisme même qu'il persiste à défendre. Dans l'article de 1975, il s'agit donc pour lui de modérer la force de cette thèse, sans nier la pluralité des traductions théoriques de l'expérience, mais par le biais d'une clarification de la relation entre la théorie et le donné (l'« *evidence* »).

Les thèses de la sous-détermination et du holisme sont à cet égard différentes : le holisme implique qu'à chaque moment de l'évolution de la science il y ait plusieurs choix possibles de modification dans le schème ; la thèse de la sous-détermination envisage la possibilité d'un schème rival (au moins), impossible à différencier empiriquement du nôtre.

La thèse holiste, modérée, dont Quine remarque que c'est elle qui devrait en toute justice être dénommée « thèse Duhem-Quine » est d'abord l'expression de la distance qui sépare l'expérience et la formulation de théorie, l'observation et la structure ontologique et conceptuelle de la théorie scientifique. Cette distance est évoquée d'un point de vue naturaliste, en termes d'apprentissage. « Les chemins de l'apprentissage du langage, qui conduisent des énoncés d'observation aux énoncés théoriques, sont la seule connexion qui existe entre l'observation et la théorie ». Les problèmes surgissent, comme le montre ici Quine, lorsqu'on passe de cette version naturaliste à une version proprement théorique de la sous-détermination.

---

1. « On the Reasons for Indeterminacy of Translation », *Journal of Philosophy*, 1970, p. 179.

Après le passage des observations aux phrases d'observation, et de la théorie à la formulation d'une théorie, Quine montre que pour devenir « éternelles », les phrases d'observation peuvent être « rivées » (*pegged*) à un système de coordonnées spatio-temporelles. Néanmoins, ces phrases n'ont pas encore un degré de généralité suffisant pour être impliquées par une théorie. C'est seulement jointe à des conditions limites que la théorie implique une phrase d'observation rivée ; ou, dit autrement, la théorie implique des conditionnelles d'observation, dont l'antécédent sont ces conditions limites et le conséquent ladite phrase d'observation rivée.

Dès lors, deux formulations de théorie sont empiriquement équivalentes si elles impliquent le même corpus de conditionnelles d'observation. Mais elles sont logiquement incompatibles si elles ne peuvent être ramenées à des extensions d'une même théorie, ni être interchangeables par réinterprétation de leurs prédicats.

Quine montre ainsi que sous sa forme généralisée, la thèse de la sous-détermination est intenable. Il donne l'exemple apparemment simpliste de deux théories semblables mot pour mot, excepté pour le fait que l'une d'elle appellerait les molécules « électrons » et les électrons « molécules ». Ces deux formulations sont *empiriquement équivalentes*, et formulent *la même théorie*, malgré leur incompatibilité logique. On peut les mettre en accord par la traduction.

Quine opère ici un rapprochement inattendu de la thèse de la sous-détermination et de la thèse d'indétermination, qui se confirmera dans ses textes ultérieurs et notamment dans *La Poursuite de la vérité*. Il n'y a pas au sens strict sous-détermination, mais bien indétermination ; la question est toujours de traduire deux théories entre elles, mais celle de savoir quelle est la « bonne » traduction n'a pas plus de *fact of the matter* dans un cas que dans l'autre. Quine utilise dans ce contexte le travail de William Craig pour proposer une méthode de construction de formulations de théorie équivalentes.

Par ailleurs, la notion centrale de phrase conditionnelle d'observation est abandonnée en 1981 par Quine pour celle, plus féconde, de phrase catégorique d'observation (*observation categorical*). La thèse de la sous-détermination est alors reformulée à partir d'une nouvelle définition de l'équivalence empirique :

> On peut dire que les phrases catégoriques d'observation impliquées par une formulation théorique constituent son contenu empirique : ce sont seulement elles qui lient la théorie à l'observation. Si deux formulations théoriques impliquent les mêmes phrases catégoriques d'observation, elles sont empiriquement équivalentes[1].

Tout cela pose la question du réalisme, que Quine redéfinit à partir de 1975, ne se contentant plus du « réalisme interne » (pour reprendre une catégorie de Putnam) suggéré par les écrits des années 1950 et 1960. Il est inhérent à la démarche scientifique, voire « vital », de choisir un schème conceptuel, tout en sachant que d'autres théories du monde équivalentes sont possibles. On pourrait même supposer que ces théories équivalentes soient impossibles à réconcilier avec la nôtre par réinterprétation des prédicats. Quine note, dans *Theories and Things*, « Supposez malgré tout deux formulations (...) que nous ne voyons pas comment réconcilier par une telle réinterprétation des termes. Nous ne saurions probablement pas qu'elles sont empiriquement équivalentes »[2]. Le vrai point intéressant n'est pas qu'il puisse exister deux théories empiriquement équivalentes mais qu'on puisse supposer qu'elles soient toutes les deux vraies. La thèse de la sous-détermination, dans sa version « vague et modeste », serait la reconnaissance du fait qu'il existe des alternatives à nos théories. « Ce qu'il faut bien reconnaître, c'est qu'une théorie physique de forme radicalement différente de la nôtre, qui n'aurait rien

---

1. « Empirical Content », *Theories and Things*, p. 28.
2. *Ibid.*, p. 29.

qu'on puisse reconnaître comme notre quantification ou notre référence objective, puisse être cependant empiriquement équivalente à la nôtre » [1].

Comment concilier cette thèse et le réalisme « robuste » que prône Quine ? La solution est suggérée à la fin du présent texte :

> En tout cas, il n'y a aucune vérité extra-théorique, aucune vérité plus élevée que celle que nous revendiquons ou à laquelle nous aspirons, tandis que nous continuons à bricoler notre système du monde de l'intérieur.

Il faudra attendre *La Poursuite de la vérité* et *Theories and Things* pour que Quine précise : nous ne pouvons faire autrement qu'affirmer la vérité de notre théorie, et juger de la vérité *de l'intérieur* de notre théorie. C'est la dernière étape de la naturalisation épistémologique : les questions de vérité ne peuvent être posées que de l'intérieur de notre théorie du monde, «*from within*». La vérité est immanente, et c'est ce que dit notre usage de « vrai ». « On voit la science comme poursuivant et découvrant la vérité, plutôt que la décrétant. Tel est l'idiome du réalisme, et il fait partie intégrante de la sémantique du prédicat 'vrai' » [2].

La Poursuite de la vérité met un point final à la question des systèmes du monde :

> Dans la limite de nos termes et de nos ressources humaines, nous appréhendons le monde diversement. Je pense aux procédures disparates qui donnent le diamètre d'une sphère impénétrable ; nous pouvons enserrer la sphère dans un compas ou l'entourer avec un mètre et diviser par π, mais jamais nous n'entrons dedans [3].

---

1. *Ibid.*
2. *From Stimulus to Science*, p. 67.
3. *La Poursuite de la vérité*, p. 142.

Holisme modéré, sous-détermination modeste : Quine infléchit ses thèses épistémologiques dans le sens d'une position réaliste, atténuant le conventionnalisme de ses débuts, sans renoncer à sa force critique. Encore une fois, c'est dans ses reformulations « modérées » que Quine peut se révéler le plus radical.

Indications bibliographiques

Willard Van Orman QUINE

From Logical point of view, Cambridge, Mass., Harvard University Press, 1953, trad. fr. *Du point de vue logique*, Paris, Vrin, 2003.

Word and Object, Cambridge, Mass., MIT Press, 1960, trad. fr. J. Dopp et P. Gochet, *Le Mot et la chose*, Paris, Flammarion, 1977.

Ontological Relativity and other essays, Columbia University Press, 1969 ; trad. fr. J. Largeault, *Relativité de l'ontologie et quelques autres essais*, Paris, Aubier, 1977.

Theories and Things, Cambridge, Mass., Harvard University Press, 1981.

Pursuit of Truth, Cambridge, Mass., Harvard University Press, 1990, trad. fr. M. Clavelin, *La Poursuite de la vérité*, Paris, Seuil, 1993.

« Two Dogmas in Retrospect », *Canadian Journal of Philosophy*, 21, 1991, p. 265-274.

From Stimulus to Science, Cambridge, Mass., Harvard University Press, 1995.

Autres références

DAVIDSON D., HINTIKKA J. (eds.) *Words and Objections*, Dordrecht, Reidel, 1969.

HARDING S. G. (éd.), *Can Theories be Refuted ? Essays on the Duhem-Quine Thesis*, Dordrecht, D. Reidel, 1976.

LAUGIER S., *L'anthropologie logique de Quine*, Paris, Vrin, 1992.

SUR LES SYSTÈMES DU MONDE
EMPIRIQUEMENT ÉQUIVALENTS[*]

Si l'on peut rendre compte de tous les événements observables en une seule théorie scientifique englobante – un système du monde, pour faire écho à l'écho duhémien de Newton – on peut prévoir qu'on puisse également en rendre compte en un autre système du monde, en conflit avec le premier. Nous pouvons le prévoir à partir de la manière dont les scientifiques travaillent. En effet, ceux-ci ne se contentent pas de simples généralisations inductives à partir de leurs observations, d'une pure et simple extrapolation d'événements observables à partir d'événements observés similaires. Les scientifiques inventent des hypothèses qui parlent de choses qui dépassent l'observation. Les hypothèses ne sont ainsi reliées à l'observation que par une sorte d'implication à sens unique : c'est-à-dire que les événements que nous observons sont ce qu'une croyance aux hypothèses nous aurait fait prévoir. La réciproque n'est pas vraie : les conséquences observables des hypothèses n'impliquent pas ces dernières.

  [*] Willard Van Orman Quine, « On empirically equivalent systems of the world », *Erkenntnis* 9, Dordrecht, Reidel, 1975, p. 313-328. La présente traduction, établie par Sophie Hutin et Sandra Laugier, est publiée avec l'aimable autorisation des éditions Kluwer.

On peut être sûr que des sous-structures hypothétiques rivales pourraient émerger dans les mêmes conditions observables.

Telle est la doctrine selon laquelle la science naturelle est empiriquement sous-déterminée : sous-déterminée non seulement par l'observation passée, mais par tous les événements observables. Cette doctrine est plausible dans la mesure où elle est intelligible, mais elle est moins aisément intelligible qu'il n'y paraît. Mon but principal dans cet article est d'en explorer la signification et les limites.

Cette doctrine de la sous-détermination empirique ne doit pas être confondue avec le holisme. C'est le holisme qui a été légitimement appelé la thèse de Duhem, et même, assez généreusement, la thèse de Duhem-Quine. Le holisme affirme que, pris séparément, les énoncés scientifiques ne sont pas vulnérables à des observations contraires, parce que c'est seulement jointes en une théorie qu'elles impliquent leurs conséquences observables. Tout énoncé peut être maintenu face à des observations contraires, par la révision d'autres énoncés. Cette thèse holiste donne du crédit aux thèses de la sous-détermination. Si, face à des observations contraires, nous sommes toujours libres de choisir entre diverses modifications, toutes adéquates, de notre théorie, alors nous pouvons présumer que toutes les observations possibles ne peuvent suffire à déterminer la théorie de manière unique.

La thèse holiste est néanmoins moins émaillée d'obscurités que la thèse de la sous-détermination : c'est encore une thèse qui doit susciter l'assentiment, moyennant quelques réserves. L'une d'elles a à voir avec le fait que certains énoncés sont étroitement liés à l'observation à travers le processus d'apprentissage du langage. Ces énoncés sont bien susceptibles d'être soumis, un à un, à des tests d'observation ; et en même temps, ils ne sont pas dégagés de toute théorie, car ils partagent l'essentiel du vocabulaire des énoncés même les plus théoriques. Ce sont eux qui lient la théorie à l'observation, et permettent à la théorie d'avoir son contenu empirique.

Certes, la thèse de Duhem vaut toujours, en un sens quelque peu littéral, même pour ces énoncés d'observation. En effet, il arrive parfois au scientifique de révoquer même un énoncé d'observation, lorsque ce dernier entre en conflit avec un corps théorique bien attesté et qu'on a essayé en vain de reproduire l'expérimentation. Mais la thèse de Duhem serait fausse si elle était comprise comme l'imposition d'un statut égal à tous les énoncés d'une théorie scientifique, en négation de ce fort préjugé en faveur des énoncés d'observation : c'est ce biais qui rend la science empirique.

Une autre réserve relative à la thèse de Duhem porte sur son étendue. Si c'est seulement conjointement, en tant que théorie, que les énoncés scientifiques impliquent leurs conséquences observables, que doit inclure une telle théorie ? Doit-elle être la totalité de la science, prise comme une théorie globale du monde ?

Nous devons ici remarquer que les sciences sont liées entre elles plus systématiquement qu'on ne peut l'imaginer si l'on ne tient pas compte de la logique et des mathématiques. En effet, la logique est partagée par toutes les branches de la science, et une bonne partie des mathématiques par nombre d'entre elles. On tend indûment à considérer les composantes logiques et mathématiques de la science comme différentes en nature par rapport au reste et, dès lors, on n'arrive pas à voir dans ces composantes quelque chose de commun à toutes les branches. Ironiquement, c'est cette neutralité même, ce fait d'être partagé par toutes les branches de la science, qui a conduit à croire que les composantes logiques et mathématiques étaient différentes en nature par rapport au reste, et ainsi à méconnaître l'unité qu'elles conféraient. C'est pourquoi je vois la science, maintenant encore, comme un système du monde fortement intégré, bien que la réduction explicite de ses branches les plus importantes à la physique théorique soit incomplète.

Mais nous pouvons être conscients de ce degré d'intégration, et comprendre néanmoins combien il serait irréaliste d'étendre un holisme de type duhémien à l'ensemble de la science, en prenant toute la science comme l'unité responsable devant l'observation. La science n'est ni discontinue, ni monolithique. Elle est diversement ajointée, et relâchée à divers degrés au niveau des jointures. Face à une observation récalcitrante, nous sommes libres de choisir quels sont les énoncés que nous révisons, quels sont ceux que nous maintenons, et ces alternatives vont bouleverser des tronçons de la théorie scientifique de diverses manières, qui varient à leur tour en sévérité. On ne gagne pas grand chose à dire que cette unité est en principe l'ensemble de la science, si défendable que soit cette affirmation d'un point de vue légaliste.

Voilà qui met fin à ma digression sur la thèse du holisme. À partir d'ici, je vais me consacrer à la sous-détermination empirique de la science naturelle. C'est une doctrine qui, comme je l'ai dit, est plausible dans la mesure même où elle est intelligible. Mon objectif sera donc d'examiner de plus près la signification de cette thèse, et de considérer ses limites et ses conséquences.

Une notion évidemment centrale pour cette thèse est celle d'observation. Cette dernière est sujette à une curieuse tension interne. L'observation fournit les données sensorielles à la théorie scientifique, et la sensation est privée. Cependant, l'observation doit être partagée si elle veut fournir le sol commun où les scientifiques peuvent résoudre leurs désaccords. L'observation doit être le condensé, vaille que vaille, de ce qui est publiquement pertinent dans les sensations privées des témoins actuels. Ce processus délicat de condensation est déjà accompli, fort heureusement, dans notre apprentissage du langage le plus rudimentaire. On apprend le mot « bleu » d'un autre locuteur, en présence de quelque chose de bleu. L'autre locuteur a appris à associer le mot avec une sensation inscrutable, quelle qu'elle puisse être, induite en lui par cet objet; et nous apprenons alors à associer le mot avec la sensation, identique ou différente, que l'objet induit en nous-mêmes. Tous s'accordent à appeler bleu l'objet, et même à appeler bleues leurs sensations.

Nous faisons bien de reconnaître ce rôle crucial du langage car, une fois ce point acquis, nous pouvons nous épargner la corvée de définir la notion fuyante d'observation. Mieux vaut parler de termes d'observation et de phrases d'observation, et nous attacher désormais aux formes linguistiques telles que «bleu» ou «cela est bleu». Les expressions d'observation peuvent être grossièrement distinguées des autres, par un critère de comportement qui n'implique aucun sondage des sensations. En effet, voici ce qui les caractérise: s'ils maîtrisent le langage, les témoins seront immédiatement d'accord pour appliquer un terme d'observation ou donner leur assentiment à une phrase d'observation. Leur verdict ne variera pas en fonction de leur expérience passée.

On objecte parfois qu'un spécialiste peut reconnaître en un coup d'œil ce que l'observateur non entraîné ne voit pas. Le critère comportemental ci-dessus résout ce conflit en faveur de l'observateur non entraîné. Les spécialistes se contentent du niveau de preuve empirique qui commande leur accord d'expert, mais en principe ils pourraient ordinairement réduire ces preuves absconses à des termes d'observation accessibles au profane.

Pas toujours. Il existe une expertise en dégustation de thé, de vin et en reconnaissance des tons, des accords et du timbre, qui résiste à la conversion en une monnaie commune[1]. Nous voudrions être capables de compter les termes ésotériques propres à ces domaines comme observationnels pour les experts, contrairement au critère comportemental proposé. Et, en effet, même un terme d'observation commun tel que

---

1. Sur ce point, je suis en dette avec Joseph Cowan. Pour une précieuse critique de cet article dans son entier, je suis en dette avec Burton Dreben.

« bleu » a sa zone d'ombre, de vague, où les témoins peuvent être en désaccord dans leur verdict. Le trait réellement distinctif des termes et des phrases d'observation est à rechercher non dans l'accord entre les témoins mais dans les manières d'apprendre. Les expressions d'observation sont des expressions qui peuvent être apprises par ostension. En fait, elles sont apprises par ostension dans certains cas et de manière discursive dans d'autres, mais chacune d'elles peut être apprise par une ostension suffisamment persévérante. Donc, la manifestation comportementale du caractère observationnel, à savoir l'accord immédiat des témoins, n'a d'utilité qu'en tant que critère approximatif purement pratique.

Les phrases d'observation ne sont pas incorrigibles. Un témoin qui a d'emblée donné son assentiment à une phrase d'observation est autorisé à reconsidérer plus tard son verdict, face à une théorie en conflit avec elle. Et, bien sûr, les termes d'observation typiques ne sont pas subjectifs dans leur référence, mais objectifs. « Bleu » en était un ; « eau », « lapin », « balle », « dur » en sont d'autres. On les trouve régulièrement dans les phrases théoriques.

N'oublions pas que la doctrine qui demande clarification est celle selon laquelle la théorie scientifique serait sous-déterminée par les événements observables. Donc, nous voulons mettre au clair la relation entre les théories et les observations ; ou, maintenant que nous avons décidé de parler de phrases et de termes d'observation plutôt que d'observations, penchons-nous sur la relation entre les théories et les phrases d'observation.

Une phrase d'observation est une phrase occasionnelle : elle commande l'assentiment en certaines occasions, mais non en d'autres, en fonction de ce qui arrive dans le lieu et au moment où la phrase est proposée. D'un autre côté, les phrases de la théorie scientifique sont des phrases éternelles. Elles sont censées être vraies ou fausses indépendamment de l'occasion de leur assertion. Les phrases d'observation ne peuvent pas, en tant que phrases occasionnelles, être impliquées par la théorie ; nous devons d'abord les changer en phrases éternelles, en incorporant des spécifications de lieu et de temps. Adoptons alors un système numérique arbitraire de coordonnées spatio-temporelles, et contemplons l'infinie totalité de ce que j'appellerai *les phrases d'observation rivées* (*pegged*). Chaque phrase d'observation pouvant être exprimée dans notre langage est associée à chaque combinaison de coordonnées spatio-temporelles. Les phrases résultantes sont des phrases éternelles, dont certaines sont vraies, et d'autres sont fausses. Pour leur vérité, les phrases vraies ne dépendent pas du fait que quiconque ait opéré les observations : il importe seulement que l'état ou l'événement observable en question se produise, de fait, dans le lieu et le temps spécifiés. Ce temps et ce lieu peuvent être hors de portée de toute vie consciente [1].

Notre passage de l'observation occasionnelle à ces phrases d'observation rivées est déjà une ascension brutale de l'observation vers la théorie. Il nous faut savoir non seulement un peu de mathématiques, mais aussi pas mal de choses au sujet du monde physique, pour établir un système de coordonnées. Je supposerai que cela est réalisé, afin de progresser plus avant sur d'autres questions. Mais cela ne doit pas nous faire perdre de vue l'étendue de nos suppositions. La doctrine de la sous-détermination dit qu'il y a un certain relâchement entre l'observation et la théorie ; et nous avons déjà réduit un peu ce relâchement en offrant le système de coordonnées. Ne serait-ce que pour définir ce relâchement, nous devons l'assumer en partie.

---

1. Pour dissiper une incompréhension présente dans Harold Morick, « Observation and Subjectivity in Quine », *Canadian Journal of Philosophy*, 1, 1974, p. 109-127, je dois insister sur le fait qu'une phrase d'observation rivée n'est pas une phrase d'observation. C'est une phrase non-observationnelle obtenue en rivant une phrase d'observation.

Nous sommes passés des phrases d'observation occasionnelles à des phrases d'observation rivées parce que nous voulons des phrases qui puissent être impliquées par les théories. Cependant, notre but n'est pas encore atteint. Typiquement, ce qu'une théorie implique, ce n'est même pas directement une phrase d'observation rivée. Typiquement, une théorie s'occupe plutôt de généralités. Typiquement donc, une théorie ne descendra que de manière conditionnelle de particularités vers d'autres particularités admises comme conditions limites. Je dis « typiquement » parce que je ne veux pas exclure entièrement les particularités des théories. Je ne veux pas exclure telle ou telle conclusion particulière et inconditionnelle qui puisse concerner la lune, la ville d'Ur des Chaldéens, ou les peintres de la caverne d'Altamira. Mais même de telles conclusions inconditionnelles, quoique particulières, seront rarement observationnelles ; elles seront rarement des phrases d'observation rivées. Pour une vision adéquate de la relation entre la théorie scientifique et les observations qui la soutiennent ou la réfutent, nous devons examiner l'usage des conditions limites. La théorie, additionnée d'un certain ensemble de phrases d'observation rivées qui ont déjà été vérifiées, implique une nouvelle phrase d'observation rivée qui peut à son tour être contrôlée : c'est ainsi qu'on teste une théorie.

Au lieu de dire que la théorie et les conditions limites impliquent ensemble la nouvelle phrase d'observation rivée, nous pourrions aussi bien dire que la théorie implique directement une phrase conditionnelle dont l'antécédent comprend les conditions limites et dont le conséquent est la nouvelle phrase d'observation rivée. Une telle phrase conditionnelle, je l'appelle une *phrase conditionnelle d'observation*. Son antécédent est une conjonction de phrases d'observation rivées et son conséquent est une phrase d'observation rivée.

Nous pouvons enfin énoncer, provisoirement, la relation entre la théorie et l'observation : la théorie implique des phrases conditionnelles d'observation. Cependant, il nous reste encore à faire le ménage dans la notion de théorie. J'ai parlé d'une théorie comme impliquant des phrases, comme si la théorie était elle-même une phrase ou un ensemble de phrases. Il vaudrait mieux parler d'une *formulation de théorie* qui aurait la charge de l'implication. La formulation de théorie est simplement une phrase, typiquement une phrase conjonctive qui comprend ce qu'on appelle les axiomes de la théorie. Actuellement, la théorie elle-même est d'ailleurs souvent identifiée à un ensemble infini de phrases, à savoir les conséquences logiques de la formulation de théorie. C'est ainsi que j'ai habituellement procédé moi-même. En ce sens, une théorie unique admet de nombreuses formulations : tout ce qui est requis est qu'elles soient logiquement équivalentes. Mais on peut estimer que même un tel réquisit est trop rigoureux pour s'adapter à l'usage le plus commun et le plus traditionnel du terme « théorie ». Et on peut estimer également qu'il faut une notion plus large de la théorie pour rendre compte de manière convenable de la thèse de sous-détermination.

En attendant, disons un mot de l'implication ou conséquence logique, et de l'équivalence logique. Ces notions sont claires dans la mesure où les formulations de théorie et leurs conséquences sont couchées dans notre langage scientifique enrégimenté, avec sa notation logique explicite. Cependant, si nous essayons d'accommoder les formulations de théorie dans d'autres langages, il est moins évident de dire si une formulation de théorie en implique une autre, ou implique une phrase conditionnelle d'observation donnée : des problèmes de traduction interviennent. Dans la présente étude, je préfère laisser de côté l'ensemble de la question de la formulation des théories dans d'autres langages, et considérer seulement les théories formulées dans notre propre langage, à l'aide de notre propre notation logique enrégimentée. Ces limitations paroissiales (*parochial*) nous permettront d'avancer vers les questions centrales.

Notons que pendant un temps, nous nous sommes donné une limitation encore plus drastique, par les phrases d'observation rivées au sein de nos phrases conditionnelles d'observation. En effet, les premières sont rivées à un système de coordonnées, et même à un seul système qui est choisi arbitrairement et qui est maintenu dans toute l'actuelle théorie des théories. Lorsque des problèmes qui excèdent le champ de cet article exigeront la levée de ces limitations arbitraires, il sera toujours temps de considérer la meilleure manière de le faire.

Pour l'instant, nous pouvons nous contenter de dire que les théories sont toujours formulées dans le cadre de notre propre langage, de forme logique standard. Mais même à l'intérieur de ces limites confortables, je ne veux pas simplement identifier une théorie aux conséquences logiques d'une formulation de théorie. La remarque qui suit montrera pourquoi.

Prenez une formulation de théorie et sélectionnez deux de ses termes, par exemple «électron» et «molécule». Je suppose que ces derniers ne figurent de façon essentielle dans aucune phrase d'observation : ils sont purement théoriques. Maintenant, transformons notre formulation de théorie, en y échangeant simplement ces deux termes partout[1]. La nouvelle formulation de théorie sera logiquement incompatible avec l'ancienne; elle affirmera des choses, à propos de ce qu'on appelle des électrons, que l'autre nie. Néanmoins, leur seule différence, dirait l'homme ordinaire, est terminologique : la première formulation de théorie utilise les termes techniques «molécule» et «électron» pour nommer ce que l'autre formulation appelle «électron» et «molécule». Les deux formulations expriment, dirait-il, la même théorie. Un autre pourrait faire valoir, quoique de manière perverse, qu'elles expriment des théories très différentes : les deux traitent des molécules

---

1. Il y a plus ou moins cette idée chez B. M. Humphries, «Indeterminacy of Translation and Theory», *Journal of Philosophy*, 67, 1970, p. 167-178, et particulièrement p. 169 *sq.*

dans le même sens, mais sont nettement en désaccord pour ce qui concerne le comportement de ces molécules, et il en va de même pour les électrons. Il est clair en tout cas que ces deux formulations de théorie sont *empiriquement équivalentes*, c'est-à-dire qu'elles impliquent les mêmes phrases conditionnelles d'observation. Je pense, de plus, que nous devons individuer les théories de manière à être en accord avec l'homme ordinaire : les deux formulations formulent la même théorie, malgré leur évidente incompatibilité logique. C'est pourquoi je ne veux pas identifier une théorie aux conséquences logiques d'une formulation. Je ne veux pas exiger que deux formulations d'une théorie soient logiquement équivalentes, ni même qu'elles soient logiquement compatibles.

Il est certain que deux formulations de théorie devraient être empiriquement équivalentes, dans le sens précédemment défini, même si elles ne sont pas logiquement équivalentes. Toutefois, l'équivalence empirique ne doit pas être le seul réquisit, à moins que nous en venions à répudier d'emblée la doctrine de la sous-détermination, dès lors que cette doctrine affirme que les théories empiriquement équivalentes peuvent entrer en conflit. Les deux formulations d'une théorie exigent, en bref, une relation plus forte que l'équivalence empirique et plus faible que l'équivalence logique.

L'exemple insatisfaisant de « molécule » et « électron » consistait, pour dire les choses de manière intuitive, à échanger la signification des deux mots. Lorsque l'homme ordinaire revendiquait l'idée que le conflit entre les deux formulations de théorie était purement terminologique, son argument était que le conflit pouvait être résolu en considérant la première formulation comme du mauvais français, et en traduisant respectivement les mots « molécule » et « électron » par les mots français « électron » et « molécule ». Je veux conserver cette idée tout en évitant les problèmes soulevés par les termes « signification » et « traduction ». Cela est possible en ne faisant appel à guère plus qu'une permutation de vocabulaire, dans le cas présent, bien sûr, un pur et simple échange des prédicats «molécule» et «électron» partout dans une des formulations de théorie. Je propose que nous comptions deux formulations comme étant des formulations d'une seule et même théorie si, en plus d'être empiriquement équivalentes, elles peuvent être rendues identiques par échange systématique des prédicats dans l'une d'entre elles.

Ce critère a besoin d'être un peu élargi, pour des raisons évidentes. Puisqu'il faut compter les formulations logiquement équivalentes, quoi qu'il arrive, comme des formulations de la même théorie, nous ne devrions pas exiger d'un échange de termes qu'il rende les formulations identiques; nous devrions seulement exiger qu'il les rende logiquement équivalentes. Plus encore, nous ne devrions pas limiter la permutation à l'échange de deux prédicats: nous devrions autoriser la permutation de termes multiples. Enfin il serait arbitraire d'exiger que cette transformation fasse toujours passer les prédicats à des prédicats qui ne comportent qu'un mot. Après tout, nous sommes partis d'une notion intuitive qui était celle d'une réinterprétation de prédicats; et la manière générale de réinterpréter un prédicat à n places est d'offrir une phrase ouverte à n variables, sans se préoccuper de savoir s'il existe un mot de notre langage qui ait la même extension que cette phrase ouverte.

En conséquence, j'entendrai, par une *réinterprétation* des prédicats de notre langage, toute application de notre lexique de prédicats vers nos phrases ouvertes (ou de prédicats à n places vers des phrases à n variables). Ainsi, le prédicat «plus lourd que» pourrait être associé par cette application à la phrase ouverte «x est plus lourd que y», une application identique ne changeant rien, tandis que les prédicats «molécule» et «électron» pourraient être associés respectivement aux phrases ouvertes «x est un électron» et «x est une molécule», ce qui donne notre exemple précédent.

Voici donc comment je propose d'individuer les théories : deux formulations expriment la même théorie si elles sont empiriquement équivalentes et s'il y a une réinterprétation des prédicats qui transforme la première théorie en une théorie logiquement équivalente à la seconde [1].

J'ai pu définir la réinterprétation de façon plus simple que si je m'y étais pris autrement, mais c'est au prix d'une supposition préalable au sujet de la forme de notre langage. Il me reste à la rendre explicite. Je présuppose la forme logique standard du langage la plus économique : il n'y a que des fonctions de vérité, la quantification, et un lexique fini de prédicats. Je n'ajoute aucun nom, aucun foncteur, car il existe des moyens bien connus de répondre aux objectifs visés par ces outils à partir de notre base plus austère.

Nous avons désormais fixé l'individuation des théories sans sortir des limites de notre paroisse. Nous avons dit quand compter deux formulations comme l'expression de la même théorie. Cette relation d'équivalence étant donnée, c'est affaire de routine que de dire ce qu'est une théorie. La méthode est artificielle, mais familière : les théories sont les classes d'équivalence de cette relation d'équivalence. La théorie exprimée par une formulation donnée est la classe de toutes les formulations qui sont empiriquement équivalentes à cette formulation, ou qui peuvent être transformées en ses équivalents logiques ou vice versa, par réinterprétation des prédicats.

Dans les publications sur le sujet, il est courant d'exiger d'une théorie qu'elle soit déductivement close. Dans les termes de la présente discussion, cela veut dire que si vous changez la formulation d'une théorie en vous contentant d'y

---

1. Avishai Margalit m'a suggéré que cela revient à rendre équivalentes des théories qui peuvent être formulées par la même phrase de Ramsey. (Ramsey, *The Foundations of Mathematics*, R. B. Braithwaite (éd.), Routledge and Kegan Paul, Londres, 1931, chap. IX (A), « Theories » ; trad. fr. J. Leroux, « Les théories », *in* Ramsey, *Logique, philosophie et probabilités*, Paris, Vrin, 2003, p. 255-275).

annexer certaines conséquences logiques de cette formulation, le résultat sera encore une formulation de la même théorie. Nous nous sommes assurés que c'était bien le cas en exigeant seulement que la réinterprétation des prédicats rende les formulations logiquement équivalentes, non identiques. Grâce au fait que n'importe quelle formulation est équivalente à elle-même plus n'importe laquelle de ses conséquences, on peut facilement montrer que les théories telles que je les ai définies sont déductivement closes.

Ainsi définies, les théories sont des classes de formulations de théories. Mais, parvenus à ce point, nous devons libéraliser la notion de formulation de théorie, de façon à ne pas être limités aux quelques formulations qui sont physiquement disponibles sur le papier. Nous voulons plutôt des suites linguistiques au sens abstrait, dans leur infinie variété. Chaque mot ou chaque lettre peut toujours être expliqué comme la classe de toutes ses occurrences, une classe d'inscriptions effectives, puisque nous sommes assurés que ces classes ont toutes des membres diversement situés dans l'espace-temps. Cependant, les phrases et les expressions plus longues doivent être plutôt prises comme les suites mathématiques des mots ou des lettres qui les composent. Prise en ce sens, une expression est une fonction ou une classe de paires ordonnées; le premier mot ou la première lettre de l'expression est apparié avec le nombre 1, le deuxième avec le 2, et ainsi de suite. Par cette voie, nous pouvons assurer l'existence de toutes les expressions, quelle qu'en soit la longueur, de toutes les formulations de théorie non encore conçues, de tous les textes non encore écrits : de toutes les expressions « possibles », pourrait-on dire. Finalement, les théories sont des classes de formulations, donc des classes d'expressions en ce sens abstrait : des classes de fonctions.

La question de savoir comment définir une théorie est si intéressante en elle-même que je l'ai poursuivie plus loin qu'il n'était nécessaire pour mon propos sur la thèse de la sous-détermination. Pour ce qui est de cet objectif, il est plus éclairant de traiter directement de l'équivalence empirique des formulations de théorie, et de la réinterprétation des prédicats dans ce cadre, et de ne pas perdre de temps avec l'individuation des théories en tant que telles. En ces termes, la sous-détermination dit que, pour n'importe quelle formulation de théorie, il y en a une autre qui est empiriquement équivalente mais logiquement incompatible avec elle, et qui ne peut être rendue logiquement équivalente à la première par aucune réinterprétation de prédicats.

Nous avons tenté de donner un exemple, mais sans résultat : l'exemple trivial de deux théories qui différeraient seulement par l'échange d'« électron » et de « molécule ». Un cas moins trivial, auquel je vais maintenant avoir recours, est proposé par Poincaré. Nous avons une formulation de la cosmologie qui représente l'espace comme infini, et une autre formulation qui représente l'espace comme fini mais qui dépeint tous les objets de sorte qu'ils rétrécissent proportionnellement à leur éloignement du centre. Les deux formulations sont, ici encore, empiriquement équivalentes. Mais une nouvelle fois l'exemple est décevant en tant qu'exemple de sous-détermination, parce que nous pouvons toujours faire coïncider ces deux formulations en réinterprétant les prédicats. La réinterprétation exigée ici est moins simple que le seul échange d'« électron » contre « molécule », mais elle ne pose pas de problème sérieux. Les deux formulations sont toujours des formulations d'une seule et même théorie.

Ayant ainsi contesté à ces permutations le droit de se présenter comme des cas de sous-détermination, nous pouvons nous demander, incidemment, si elles peuvent passer pour des cas d'indétermination de la traduction. Si, à la lumière du comportement verbal, nous traduisons deux mots étrangers par « molécule » et « électron », quelles données empiriques comportementales pourraient faire obstacle aux choix opposés ? Aucune, c'est certain, sauf si nous invoquons ce que Neil Wilson a appelé le Principe de Charité : à savoir, maximiser l'accord entre l'indigène et nous-mêmes sur les questions de vérité et de fausseté, toutes choses égales par ailleurs. La traduction n'est pas la saisie de quelque entité déterminée, une signification, mais seulement un équilibre de diverses valeurs. Une phrase d'observation et sa traduction doivent susciter l'assentiment sous des stimulations similaires : c'est là une de ces valeurs. Une large concomitance dans l'assentiment aux phrases éternelles en est une autre. Une bonne traduction établit une combinaison optimale de valeurs, dans la mesure où ces dernières peuvent être comparées.

Retournons maintenant à la thèse de la sous-détermination de la science naturelle. Nous avons vu que pour illustrer cette thèse, nous avions besoin de formulations de théorie qui soient empiriquement équivalentes, logiquement incompatibles, et irréconciliables par réinterprétation des prédicats. Mais, pour donner quelque substance à la thèse de la sous-détermination, nous devons faire plus : nous devons montrer non seulement que de telles alternatives ramifiées existent, mais aussi qu'elles sont inévitables. Ainsi, supposons que nous ayons une théorie adéquate de la nature, et qu'il nous prenne d'y ajouter d'autres phrases, gratuites, qui n'auraient pas d'effet sur son contenu empirique. En cernant les changements qui ont lieu dans ces excroissances, nous pourrions arriver à des théories rivales, logiquement incompatibles, mais néanmoins toujours empiriquement équivalentes. Cette ramification gratuite des théories n'aurait aucun intérêt pour la thèse de la sous-détermination, dès lors que la théorie originale adéquate serait elle-même logiquement compatible avec chacune de ces extensions gratuites ; elles ne seraient que mutuellement incompatibles. Ce que la thèse de la sous-détermination exige est une ramification inévitable[1]. Il aurait fallu, dans notre

---

1. Cette exigence disqualifie clairement, pour notre propos, un exemple de théories empiriquement équivalentes et logiquement irréconciliables proposé

exemple imaginaire, que la théorie originale adéquate fît elle-même partie d'un certain nombre de théories équivalentes et logiquement incompatibles, pour pouvoir illustrer la thèse de la sous-détermination.

Prise de façon entièrement générale, la thèse de la sous-détermination ainsi interprétée est certainement intenable. Elle ne peut qu'échouer pour les théories faibles, celles qui n'impliquent aucune bonne réserve de phrases conditionnelles d'observation. Si les phrases conditionnelles d'observation impliquées (les redondances mises à part) sont en nombre fini, nous pouvons simplement prendre leur conjonction, en en faisant une seule phrase, pour notre formulation de théorie. Cette dernière contient ses phrases conditionnelles d'observation, sans reste : elles constituent tout ce qu'elle est. Elle est impliquée par toutes les théories empiriquement équivalentes, et ne peut entrer en conflit avec aucune d'entre elles. Toutes celles qui entreraient en conflit avec elle seraient intérieurement inconsistantes, et donc ne pourraient être empiriquement équivalentes.

Nous voyons ainsi que la thèse de la sous-détermination ne peut qu'échouer lorsqu'on a affaire seulement à un nombre fini de phrases conditionnelles d'observation. Celles-ci constituent, mises en conjonction, leur propre formulation de théorie. Mais la même chose peut arriver même lorsqu'une théorie implique irréductiblement un nombre infini de phrases conditionnelles d'observation : car il peut arriver que celles-ci puissent toutes être embrassées par une phrase conditionnelle universellement quantifiée ou par un nombre fini de phrases.

par Clark Glymour dans son important article « Theoretical Realism and Theoretical Equivalence », *Boston Studies in the Philosophy of Science*, vol. VIII, 1971, p. 275-288. Dans son exemple, on rend compte de l'apport empirique par l'énoncé selon lequel il y a un nombre infini d'objets. Ce contenu peut être indifféremment organisé dans une théorie d'ordre dense ou une théorie d'ordre discret, et ces deux théories sont irréconciliables, ne partageant, dit-il, aucun modèle commun. Mais c'est un cas de ramification évitable.

Encore une fois, une telle formulation de théorie permet un ajustement étroit. Aucune formulation de théorie impliquant précisément les mêmes phrases conditionnelles d'observation ne peut entrer en conflit avec elle, à moins qu'en effet elle soit ω-inconsistante. Et je pense que nous pouvons rejeter les théories ω-inconsistantes.

Le contenu empirique d'une formulation de théorie est résumé par les phrases conditionnelles d'observation que la formulation implique. Il s'agit de phrases conditionnelles matérielles : chacune est une fonction de vérité de phrases d'observation rivées. Si nous pouvions vérifier quelles sont les valeurs de vérité de toutes les phrases d'observation rivées, nous pourrions évaluer toute phrase conditionnelle d'observation sans avoir à examiner la formulation de théorie. On pourrait se dispenser de la théorie. Or, nous ne le pouvons pas. La plupart des phrases d'observation rivées sont rivées à des espaces-temps inaccessibles, et elles sont en nombre infini. La formulation de théorie s'avère un expédient pour la commande à distance et pour la diffusion en masse. La formulation de théorie sert à spécifier en masse les phrases conditionnelles d'observation qui sont à tort ou à raison considérées comme vraies. Elle les spécifie en les impliquant. La sous-détermination se tapit là où il y a deux formulations irréconciliables dont chacune implique exactement l'ensemble désiré de phrases conditionnelles d'observation plus de la matière théorique étrangère, et là où aucune formulation n'offre d'ajustement plus étroit.

Le seul espoir pour la thèse de sous-détermination est manifestement dans l'application aux théories qui impliquent des phrases conditionnelles d'observation en nombre infini et trop mal assorties pour être embrassées exactement par quelque formulation finie ; embrassées étroitement, c'est-à-dire sans matière théorique étrangère. La thèse est à lire comme une thèse sur le monde. Elle doit être lue tout d'abord comme disant que les phrases conditionnelles d'observation qui sont de fait vraies dans le monde sont par là mal assorties. Elle doit être ensuite lue comme disant que nous pouvons embrasser un plus grand nombre ces phrases conditionnelles d'observation vraies dans une formulation relâchée que dans une formulation étroite quelle qu'elle soit. Et elle doit enfin être lue comme disant que pour toute formulation relâchée de ce genre il y en aura d'autres, empiriquement équivalentes mais logiquement incompatibles avec elle, et impossibles à rendre logiquement équivalentes à elle par une réinterprétation de prédicats, quelle qu'elle soit.

Là réside manifestement la nature de la sous-détermination. Il y a un lot infini de phrases conditionnelles d'observation que nous voulons saisir en une formulation finie. À cause de la complexité de l'assortiment, nous ne pouvons pas produire une formulation finie qui serait purement équivalente à leur conjonction infinie. Toute formulation finie qui les impliquera va devoir impliquer aussi une certaine matière ou rembourrage fabriqué de toute pièce, dont la seule utilité est de compléter la formulation. Il y a une certaine liberté dans le choix de la matière du rembourrage, et voilà ce qu'est l'indétermination.

On peut alors se demander : pourquoi insister sur une formulation finie ? Pourquoi ne pas se contenter des phrases conditionnelles d'observation telles qu'elles se présentent, dans leur infinie variété ? La réponse est immédiate, sous forme d'une autre question : et de quelle autre manière allez-vous spécifier la classe désirée de phrases conditionnelles d'observation ? Mais cette réponse ne conclut pas l'affaire, car nous devons maintenant noter un résultat remarquable dû à William Craig[1]. Considérez une formulation quelconque et une classe quelconque de ses conséquences qui est désirée. Pour notre propos, ces conséquences seront des phrases conditionnelles

---

1. « Replacement of Auxiliary Expressions », *Philosophical Review*, 65, 1956, p. 38-55.

d'observation, mais pour Craig, elles peuvent être n'importe quelles phrases. Craig montre alors comment spécifier une classe de phrases, dite seconde ou classe de Craig, phrases qui sont visiblement équivalentes, une à une, aux phrases de la première classe désirée; et la chose remarquable est que l'appartenance à cette seconde classe relève d'une procédure de décision mécanique.

Dans les cas qui importent, ces classes sont infinies. Mais même ainsi, il est clair que la classe seconde ou classe de Craig rend la formulation originale finie facultative, en proposant une façon différente de reconnaître l'appartenance à la première classe désirée. Au lieu de montrer qu'une phrase lui appartient en la déduisant de la formulation finie, nous le montrons en avançant une phrase visiblement équivalente qui appartient, de manière testable, à la classe de Craig.

Ce résultat ne dément pas la sous-détermination, puisque la classe de Craig n'est pas une formulation finie, mais une classe infinie de phrases. Mais il met en cause l'intérêt de la sous-détermination, en suggérant que la formulation finie est facultative. Et en effet, la classe de Craig, pour infinie qu'elle soit, est un ajustement exact : elle est une classe d'équivalents visibles de la classe désirée. Autant vous dire en fait à quel point ces équivalences sont excessivement visibles. Dans la classe de Craig, chaque phrase est simplement une conjonction réitérée d'une phrase de la classe désirée, « $ppp \ldots p$ ».

J'en ai assez dit, et ferais bien de terminer cette histoire de Craig. Lorsque la classe désirée est elle-même indécidable, pourquoi la classe de Craig de ses conjonctions répétitives serait-elle décidable? L'astuce est la suivante : chacune des phrases désirées (dans notre cas, chacune des phrases d'observation conditionnelles désirées) est déductible de la formulation originale finie. Sa preuve peut être codée numériquement, à la manière de Gödel. Soit n ce nombre. Dans ce cas, la phrase correspondante dans la classe de Craig est la phrase désirée, répétée n fois en conjonction à elle-même. La classe de Craig résultante est décidable. Pour décider si une phrase donnée lui appartient, comptez les répétitions internes; décodez la preuve, le cas échéant, que ce nombre encode; et voyez s'il s'agit d'une preuve de la partie répétée de la phrase donnée.

Manifestement, il n'y a de place pour rien de cela en pratique, comme Craig a été le premier à le souligner. Pour le simple décompte des répétitions puis le décodage de la preuve à partir du nombre de Gödel, il faudrait un temps astronomique, et chaque phrase de la classe de Craig demanderait un espace astronomique s'il fallait l'écrire. Et une fois qu'on aurait fait tout cela, il resterait encore à consulter la vieille formulation originale finie pour contrôler la preuve. L'argument de Craig est bien sûr strictement théorique, et en tant que tel, il est important.

Comme je l'ai dit auparavant, le résultat de Craig ne réfute pas la thèse de la sous-détermination, puisque la classe de Craig, quelque étroit qu'en soit l'ajustement, n'est pas une formulation finie. Cependant, ce détail technique est un roseau trop fragile pour s'y s'agripper. Après tout, on peut étendre raisonnablement la notion de formulation de théorie pour l'appliquer non seulement à une expression mais aussi à un ensemble récursif d'expressions. Donc, la thèse de la sous-détermination semblerait être rétrogradée jusqu'au statut, au mieux, d'une thèse affirmant un certain contraste entre des expressions et des ensembles récursifs d'expressions.

Néanmoins, je pense que l'importance de la thèse de la sous-détermination réside ailleurs. Plus nous examinons cette thèse de près, moins il nous semble pouvoir la revendiquer comme thèse théorique; mais elle conserve une pertinence en terme de ce qui est faisable en pratique. Une version tempérée, la plus favorable qui soit à notre disposition, pourrait se formuler comme il suit : nous sommes humainement capables d'embrasser plus de phrases conditionnelles d'observation vraies dans une formulation de théorie relâchée que dans tout système étroit que nous puissions découvrir et formuler indépendamment d'une de ces formulations relâchées. Et ainsi la thèse continuerait à dire, comme auparavant, que pour chacune de ces formulations il y en a d'autres, empiriquement équivalentes mais logiquement incompatibles, et impossibles à rendre logiquement équivalentes par une réinterprétation des prédicats.

Mais même sous cette forme, la thèse est discutable. Elle n'a plus rien de raisonnable, contrairement à ce qu'elle semblait au départ. Désormais, la question est de savoir si nous sommes en train de sous-estimer le pouvoir de la réinterprétation des prédicats. Il est toujours raisonnable, et incontestable, de penser que toute formulation de théorie que nous pouvons espérer inventer comme un système du monde adéquat sera un système relâché; qu'il y en aura d'autres qui lui seront empiriquement équivalents, et qui seront logiquement incompatibles avec lui. C'est bien ce qu'illustre l'exemple très trivial de l'interversion des mots « électron » et « molécule », et l'exemple semi-trivial de Poincaré. Mais ces incompatibilités ont été réconciliées par une réinterprétation des prédicats qui a préservé l'équivalence empirique. Ce qui est discutable, c'est qu'il s'agisse alors de cas nécessairement irréconciliables.

La manière aisée de reconnaître l'équivalence empirique de deux formulations de théorie est de découvrir une réinterprétation des prédicats qui fera passer de l'une à l'autre. C'était le cas avec les exemples tout juste mentionnés. Mais ce n'est certainement pas la seule façon de faire. Nous pouvons étudier deux formulations de théorie incompatibles, en essayant vainement d'imaginer une observation qui permette de décider entre elles, et nous pourrions conclure qu'elles sont empiriquement équivalentes. Nous pourrions arriver à cette conclusion sans avoir à trouver de réinterprétation réconciliante des prédicats. C'est bien possible en effet. Mais il pourrait encore y avoir une réinterprétation réconciliante des prédicats, subtile et complexe, mais qui nous échapperait à jamais. La thèse de la sous-détermination, même dans ma dernière version tempérée, affirme que notre système du monde a forcément des systèmes rivaux empiriquement équivalents qui ne sont pas réconciliables par une réinterprétation des prédicats, si tortueuse soit-elle. Pour moi, il s'agit d'une question ouverte.

À défaut de cela, une version ultime de la thèse de la sous-détermination se contenterait d'affirmer que notre système du monde a forcément des versions empiriquement équivalentes. Et si nous pouvions les découvrir, nous ne pourrions voir aucun moyen de les réconcilier par une réinterprétation des prédicats. Cette thèse vague et modeste, j'y crois. En outre, si modeste et vague qu'elle soit, elle est selon moi d'une vitale importance pour notre attitude à l'égard de la science. Ce que cette thèse, de fait, dit est simplement qu'il y a des possibilités systématiques, non découvertes, plus profondes et moins transparentes que le cas de Poincaré par exemple.

Tout cela nous conduit à nous interroger sur la vérité. Peut-être y a-t-il deux meilleures théories qui impliquent toutes les phrases conditionnelles d'observation vraies et aucune de celles qui sont fausses. Les deux sont également simples, supposons-le, et logiquement incompatibles. Supposons ensuite que, contrairement à notre dernière conjecture, elles ne se soient pas réconciliables par une réinterprétation des prédicats, si tordue soit-elle. Pouvons-nous dire qu'il se peut que l'une soit vraie et que l'autre soit par conséquent fausse, mais qu'il est principiellement impossible de savoir laquelle? Ou, en suivant une direction plus proche du positivisme, devrions-nous dire que la vérité atteint au mieux seulement les phrases conditionnelles d'observation et que, pour reprendre les mots de Kronecker, *alles übrige ist Menschenwerk*[1]?

---

1. [N.d.T.] «Le reste est l'œuvre de l'homme». La fameuse citation de Kronecker est la suivante: «*Die ganze Zahl schuf der liebe Gott, alles Übrige ist Menschenwerk*»; «Dieu créa les nombres entiers, le reste est l'œuvre de l'homme».

Je n'incline à suivre aucune des deux directions. Quoi que nous affirmions, après tout, nous l'affirmons comme un énoncé compris à l'intérieur de notre théorie d'ensemble de la nature, telle que nous la voyons maintenant; et dire qu'un énoncé est vrai revient simplement à le réaffirmer. Peut-être n'est-il pas vrai, et peut-être allons-nous nous en apercevoir plus tard. Mais, en tout cas, il n'y a aucune vérité extra-théorique, aucune vérité plus élevée que celle que nous revendiquons ou à laquelle nous aspirons, tandis que nous continuons à bricoler notre système du monde de l'intérieur. Si notre théorie était l'une de ces deux meilleures théories rivales que nous avons imaginées il y a un instant, ce serait notre rôle que d'insister sur la vérité de nos lois et la fausseté de l'autre théorie là où elle entre en conflit avec la nôtre.

Cela a l'allure du relativisme culturel. Cependant, il y a là quelque chose de paradoxal. La vérité, dit le relativiste culturel, est dépendante d'une culture. Mais si tel était le cas, alors, à l'intérieur de sa propre culture, il devrait lui-même voir sa propre vérité (cette vérité dépendante de sa culture) comme absolue. Il ne peut proclamer le relativisme culturel sans s'élever au-dessus de lui, et il ne peut s'élever au-dessus sans l'abandonner.

Il nous reste à envisager une dernière possibilité fantaisiste. Supposons encore une fois deux systèmes du monde rivaux, soutenus également par toute l'expérience, également simples, et irréconciliables par une réinterprétation des prédicats. Supposons de surcroît que nous puissions évaluer leur équivalence empirique. Devons-nous pour autant embrasser une théorie et rejeter l'autre, dans un acte existentiel irréductible d'engagement irrationnel? Cela ne semble guère l'endroit pour un engagement irrationnel, et je pense que nous pouvons faire mieux. C'est le genre de situation extrême où nous ferions mieux de choisir un franc dualisme. Après tout, l'oscillation entre théories rivales est une procédure scientifique courante, car c'est ainsi qu'on explore et qu'on évalue des hypothèses alternatives. Lorsqu'il n'y a définitivement plus aucun moyen de choisir, alors nous pouvons nous en remettre aux deux systèmes et discourir en toute liberté dans les deux, en utilisant des signes distinctifs pour indiquer le jeu que nous sommes en train de jouer. Cet usage de signes distinctifs nous laisse avec deux théories irréductibles et qui ne sont pas en conflit.

BAS VAN FRAASSEN

SAUVER LES PHÉNOMÈNES

PRÉSENTATION
Guillaume Garreta

Au milieu des années soixante-dix, les positions réalistes étaient dominantes dans le débat épistémologique anglo-américain. Van Fraassen, qui travaillait à élaborer une position rivale ne voulut pas attendre l'achèvement et la parution de son ouvrage majeur, *The Scientific Image*, pour tester ses thèses et conceptions les plus radicales auprès du public philosophique. Il fit donc paraître en 1976 ce bref et dense article, dont le titre reprend la formule platonicienne (souvent interprétée dans un sens anti-réaliste) selon laquelle le but de l'astronomie (donc, ici, de la physique) serait de « sauver les phénomènes »[1].

Van Fraassen est né aux Pays-Bas en 1941. Il avait quinze ans quand sa famille émigra au Canada. Il fit son cursus de philosophie à l'université de Pittsburgh, où il fut marqué (à l'instar de certains de ses condisciples et futurs adversaires dans le débat des années 1970 et 1980, comme P. Churchland)

---

1. Formule rapportée par Simplicius dans son *Commentaire sur le Traité du Ciel d'Aristote*; voir P. Duhem, *ΣΟΖΕΙΝ ΤΑ ΦΑΙΝΟΜΕΝΑ. Essai sur la notion de théorie physique de Platon à Galilée* [1908], Paris, Vrin, 1990.

par l'enseignement de Wilfrid Sellars, qui défendait un réalisme scientifique « sophistiqué ». Van Fraassen est professeur de philosophie à l'université de Princeton depuis 1982. Ses ouvrages les plus remarqués sont *The scientific image* (1980), *Lois et symétrie* (1989, traduit en français en 1994), *Quantum mechanics : an empiricist view* (1991), et *The empirical stance* (2002). Dans les deux premiers, il met en place sa position anti-réaliste connue sous le nom d'« empirisme constructif »; le troisième, plus technique, applique cette position à une présentation des résultats fondamentaux de la mécanique quantique. Dans le dernier, il tente de redéfinir l'empirisme comme une posture, une attitude (et non comme une doctrine soutenant des thèses « substantielles ») qui nous permettrait d'échapper à la fois aux impasses de l'épistémologie réaliste et à celles de l'empirisme traditionnel.

L'article avance des thèses très fortes, mais parfois de manière un peu elliptique. Tout d'abord, et à la différence d'autres anti-réalistes, ou de la plupart des empiristes logiques, Van Fraassen soutient que le langage de la science doit être interprété *littéralement*; pour lui les théories, et les énoncés portant sur les entités inobservables, sont bien doués de sens – et d'une valeur de vérité; mais il ajoute, et c'est là l'essentiel, que les théories n'ont pas à être « vraies » au sens du réalisme métaphysique pour remplir toutes les fonctions et besoins théoriques que nous attendons d'elles. Il suffit pour cela qu'elles rendent compte correctement des phénomènes *observables*. On peut donc tout à fait *accepter* une telle théorie comme « empiriquement adéquate », sans forcément *croire* qu'elle décrit le monde tel qu'il est, sans croire, en particulier, qu'elle est *vraie* en ce qui concerne l'inobservable. Pour étayer cela, Van Fraassen fait appel à la « conception sémantique des théories », selon laquelle on peut identifier une théorie à la classe des modèles qui la satisfont. Accepter une théorie, la considérer comme « empiriquement adéquate », c'est donc accepter toute une classe de modèles et dire que les phénomènes observables dont la théorie cherche à rendre compte sont isomorphes à l'un de ces modèles. Dans cette perspective, être un réaliste scientifique («croire une théorie») revient à croire qu'*un* modèle de cette classe, et un seul, correspond exactement à la réalité; les autres modèles doivent être rejetés. L'empiriste à la Van Fraassen, lui, préfère rester agnostique sur ce point. Car rien de factuel ne nous permet de trancher entre les différentes théories empiriquement équivalentes, c'est-à-dire les théories qui sauvent tout autant les phénomènes observables; ce sont celles dont les modèles, ou plus exactement les relations entre phénomènes incorporées dans ces modèles, sont isomorphes entre elles. C'est ce que tentent de montrer les arguments des sections IV et V: de nouvelles découvertes, de «nouveaux phénomènes», ne modifient pas forcément l'adéquation empirique et l'équivalence, et ne permettent pas de trancher parmi la classe d'équivalence antérieure à la découverte et à l'«extension» corrélative de la théorie. On pourra bien sûr constater une supériorité pragmatique de l'une des théories au sein de cette classe, mais les théories n'auront pas pour autant de contenu empirique différent. Pour Van Fraassen (sections VI et VII), cela prouve qu'on ne peut capter ou comprendre ce qu'est la portée empirique d'une théorie à l'aide de moyens purement logico-linguistiques («syntaxiques»). La distinction, cruciale pour la caractérisation d'une théorie scientifique par l'empirisme logique, entre langage théorique et langage observationnel, n'a au fond pas de sens: car «observationnel» caractérise des entités, et «théorique» des termes. C'est la science, et non la philosophie, qui définit *de l'intérieur* ce qu'elle considère comme observable par nous, et qui définit donc les «limites» de l'observation. L'important est que la distinction observable/inobservable soit maintenue. Qu'elle soit anthropocentrique ne la rend ni «théoricentrique» ni «personne-centrique». La dernière section VIII vise à montrer qu'il y a bien des cas d'équivalence (entre théories ayant même contenu empirique) non triviaux – alors même qu'on refuse de *croire* qu'une des théories équivalentes produit une description du monde littéralement vraie.

« Sauver les phénomènes » est un condensé des principales thèses qui sont développées dans les ouvrages ultérieurs de Van Fraassen. C'est la matrice de l'« empirisme constructif », même si l'expression n'apparaît pas encore dans ce texte.

Suite à l'échec des programmes de l'empirisme logique, qui avait entrepris de montrer la réductibilité de tous les énoncés incorporant des termes théoriques (électron, entropie, etc.) à des énoncés purement observationnels, le réalisme avait semblé constituer, à partir des années 1950-60, la seule option plausible. Car l'inéliminabilité des termes théoriques ancra alors profondément l'idée que ces termes devaient bien renvoyer à *quelque chose* de spécifique, et que les entités et processus théoriques postulés par nos théories scientifiques en vigueur existaient bien « dans le monde » indépendamment de nos capacités épistémiques.

Ce texte constitue ainsi un jalon crucial pour l'élaboration d'une perspective anti-réaliste viable à l'époque contemporaine. Il veut également montrer que l'empirisme n'est pas forcément mort avec l'empirisme logique, du moment qu'on abandonne l'idée que la base empirique pourrait jouer le rôle de justification, et que ce rôle et cette base pourraient être exprimés en termes linguistiques. Il remet par là fondamentalement en cause la « conception standard » (*received view*) selon laquelle une théorie scientifique est équivalente à un ensemble d'énoncés, ainsi que les problèmes spécifiquement liés à cette conception (axiomatisabilité dans des vocabulaires restreints, réduction des termes théoriques, etc.). Pour Van Fraassen, présenter une théorie, c'est présenter la classe de ses modèles. Si Van Fraassen n'est pas l'inventeur de la conception « sémantique » des théories (il s'inspirait des travaux de Beth en particulier), il fut certainement le premier à l'appliquer, comme on le voit dans ce texte, aux problèmes épistémologiques classiques du réalisme et du statut des entités inobservables. Indiquons brièvement le principe de cette conception. Ici, les « modèles » s'entendent au sens d'une classe de structures (non linguistiques, mais mathématiquement exprimées) qui permettent de décrire une partie ou la totalité des phénomènes observables, et qui rendent vraie la théorie dont le but est de rendre compte des phénomènes en question. La plupart des modèles incorporent donc des sous-structures qu'on va désigner comme « sous-structures empiriques » ; ce sont les parties qui sont censées représenter, par isomorphisme, les phénomènes effectifs du monde réel. Prenons un exemple inspiré de celui de Van Fraassen dans le texte. Le déplacement absolu des planètes dans l'espace absolu est un modèle de la théorie que Newton expose dans les *Principia*[1], une de ses sous-structures empiriques étant constituée par les mouvements apparents des planètes (qui sont pour nous les seuls mouvements observables, et sont identifiés à la différence entre le mouvement absolu du corps céleste et le mouvement absolu de l'observateur ou du corps sur lequel il se trouve) vus, par exemple, depuis la Terre. Quand Newton dit que sa théorie est empiriquement adéquate, il veut dire qu'il y a au moins un modèle tel que tous les phénomènes observables puissent être isomorphes aux mouvements apparents tels qu'il les a définis. Les *Principia* affirment bien sûr beaucoup plus que cela : ils soutiennent par exemple qu'il existe un espace absolu. Mais dire qu'une théorie est empiriquement adéquate n'est dire rien de plus que ceci : on peut incorporer les parties observables actuelles du monde dans un modèle autorisé par la théorie.

Une des caractéristiques notables de la position de Van Fraassen est donc de vouloir radicalement « dé-linguisticiser » la philosophie des sciences, au moyen de l'approche sémantique. Indiquons rapidement quelques implications

---

1. Les *Principes mathématiques de la philosophie naturelle* furent publiés en latin en 1687.

importantes de cette conception sémantique, développées dans les débats entraînés par ce texte et par *The Scientific Image*. Tout d'abord, aucune référence n'y est faite à un langage particulier et privilégié qui permettrait de décrire la théorie; la famille de modèles peut être décrite dans tout langage qui nous semble bon, et l'«axiomatisabilité» de la théorie n'est plus considérée comme un problème essentiel. Cela nous permet de mettre également l'accent sur la dimension pragmatique structurellement inscrite dans ces théories dont nous faisons usage : représenter, c'est bien quelque chose que nous *faisons*. La science est une activité créative de *construction* (et non de découverte) de modèles pertinents et d'établissement des modèles de données qu'on incorpore dans des structures plus vastes, dont ils ne sont censés être qu'un fragment. Cela va de pair avec ce que Van Fraassen appelle la «doctrine Clausewitz de l'expérimentation» : bien plus que le point de départ d'une induction ou activité finale de vérification (comme dans l'empirisme classique), l'expérimentation, qui permet d'étendre ou de spécifier la classe des modèles, est la continuation de la construction théorique par d'autres moyens.

Enfin, l'approche sémantique est étroitement liée à l'une des conclusions les plus radicales de Van Fraassen, qui fait écho à Hume mais surtout à Mach : il n'y a pas de «lois *de* la nature». Les «lois» n'interviennent qu'en tant que principes mathématiques de la théorie et qu'équations satisfaites par les modèles (voir *Lois et symétrie*). En affirmant la possibilité de se passer des lois, on ne détruit que des châteaux de cartes. La nature des lois n'ayant jamais été clairement formulée, leur importance ne pouvait venir que de leur fonction : elles intervenaient pour expliquer les phénomènes, confirmer les théories, rendre compte de la nécessité de certains processus, et constituer à la fois l'objet et l'instrument principal de la recherche scientifique. Or ces fonctions sont superflues ou prises en charge par l'approche sémantique. Le premier point n'est en fait qu'un objectif subalterne de la science, le deuxième est un vestige de la conception axiomatique et de la distinction stricte entre théorie et observation, le dernier est évacué par la conception selon laquelle le but de la science est avant tout de construire des théories empiriquement adéquates par « incorporation » de substructures dans des structures plus vastes.

Une telle « approche sémantique » reste aujourd'hui minoritaire, mais gagne du terrain : voir par exemple les travaux de F. Suppe (1989) et de R. Giere (1999). Par delà les points de désaccord entre ses défenseurs (pour Giere, la relation entre modèles et phénomènes est de similarité ; pour Van Fraassen, la condition de Giere est trop libérale : un isomorphisme est bien requis, au moins dans l'idéal), il faut noter l'écart entre ce courant et un autre type de conception sémantique : la conception « austro-allemande » inspirée de Stegmüller. Pour ce dernier, une théorie est *identique* à ses modèles. Pour Van Fraassen (et Giere), on peut *identifier* une théorie par la famille de ses modèles (mais elle n'est pas *identique* à eux) ; on doute d'une théorie, on la croit ou on l'accepte : elle a bien un contenu.

Ce texte et les conceptions qui y sont défendues ont relancé dans les années quatre-vingt une série de discussions acharnées, avec Churchland, Fine, Hacking (voir plus loin dans ce recueil), et d'autres, sur la question du réalisme des théories et des entités scientifiques. L'empirisme constructif de Van Fraassen demeure aujourd'hui une des plus fortes positions anti-réalistes dans un débat qui se concentre actuellement sur le statut ontologique et épistémologique des modalités (nécessité, possibilité) et celui des « structures » que décriraient les théories scientifiques (ou qui leur seraient sous-jacentes) – et cet article traçait déjà les linéaments de l'empirisme des structures que défend aujourd'hui Van Fraassen face à des « réalistes structuraux » (comme J. Worrall (1989) ou Elie Zahar).

Indications bibliographiques

Bas Van FRAASSEN

The Scientific Image, Oxford, Oxford University Press, 1980.

Laws and Symetry, Oxford, Oxford University Press, 1989; trad. fr. et présentation C. Chevalley, *Lois et symétrie*, Paris, Vrin, 1994.

Quantum Mechanics: An Empiricist View, Oxford, Oxford University Press, 1991.

The Empirical Stance, NewHaven, Yale University Press, 2002.

« Constructive empiricism now », *Philosophical Studies*, 106, 2001.

Ouvrage de référence sur (et contre) l'empirisme constructif, avec des réponses de van Fraassen :

CHURCHLAND P. M., C. A. HOOKER (eds.), *Images of Science : Essays on Realism and Empiricism, with a reply from Bas van Fraassen*, Chicago, University of Chicago Press, 1985.

Le débat sur le réalisme …

FINE A., *The Shaky Game: Einstein, Realism, and the Quantum Theory*, Chicago, University of Chicago Press, 1986; 2e éd., 1996.

HACKING I., *Representing and Intervening,* Cambridge, Cambridge University Press, 1983; trad. fr. B. Ducrest, *Concevoir et expérimenter*, Paris, Bourgois, 1989.

LEPLIN J. (éd.), *Scientific Realism*, Berkeley, University of California Press, 1984.

WORRALL J., « Structural Realism : the Best of Both Worlds ? », 1989, repris *in* Papineau (éd.), *The Philosophy of Science*, Oxford, Oxford University Press, 1996.

… et la conception sémantique

GIERE R., *Science without Laws*, Chicago, University of Chicago Press, 1999.

SUPPE F., *The Semantic Conception of Theories and Scientific Realism*, Urbana, University of Illinois Press, 1989.

SAUVER LES PHÉNOMÈNES [*]

Après la mort du positivisme logique, le réalisme scientifique a une fois de plus fait son retour comme position philosophique majeure. Je n'essayerai pas ici de critiquer cette dernière; je tenterai plutôt d'esquisser une conception générale différente [1].

I

Qu'est-ce, exactement, que le réalisme scientifique? Formulé naïvement, c'est la conception selon laquelle l'image que la science nous donne du monde est vraie, et que les entités qu'elle postule existent réellement. (Historiquement, elle posait aussi qu'il y a dans la nature une nécessité réelle; ici, je passerai cet aspect sous silence [2]). Mais cette formulation est trop naïve; elle attribue au réaliste scientifique la

[*] Bas van Fraassen, « To Save the Phenomena », *Journal of Philosophy*, 73, 1976, p. 623-632. La présente traduction, établie par Guillaume Garreta, est publiée avec l'aimable autorisation de l'auteur et du *Journal of Philosophy*.
    1. Pour quelques critiques, voir Van Fraassen 1974 et 1975.
    2. Cf. Van Fraassen 1977.

croyance que (pour l'essentiel) les théories scientifiques d'aujourd'hui ont raison.

L'énoncé correct, me semble-t-il, doit certainement être formulé en termes d'attitudes épistémiques, mais pas de manière aussi directe. Le but de la science est de nous donner *une description littéralement vraie de ce qu'est le monde*; et ce qu'on appelle proprement accepter une théorie, c'est croire qu'elle est vraie. Voici la thèse du réalisme scientifique, telle que Wilfrid Sellars l'a exprimée : « avoir de bonnes raisons d'accepter une théorie c'est avoir de bonnes raisons de croire que les entités qu'elle postule sont réelles ». En conséquence, tout anti-réalisme est une position selon laquelle les buts de la science peuvent être très bien satisfaits sans que l'on ait à produire pareille description vraie au sens littéral, et selon laquelle l'acceptation d'une théorie peut tout à fait comprendre quelque chose de moins (ou d'autre) que la croyance qu'elle est vraie.

L'idée d'une description littéralement vraie recouvre deux aspects : le langage doit être interprété de manière littérale; et, ainsi interprété, le compte-rendu est vrai. Cela divise les anti-réalistes en deux catégories. La première soutient que la science, convenablement (mais pas littéralement) interprétée, est vraie ou vise à être vraie. La seconde soutient que le langage de la science devrait être interprété de manière littérale, mais que ses théories n'ont pas à être vraies pour être bonnes. L'anti-réalisme que je défends appartient à la seconde catégorie.

II

Quand Newton rédigea ses *Principes mathématiques de philosophie* naturelle et son *Système du monde*, il distingua soigneusement les phénomènes qui devaient être sauvés et la réalité qu'il postulait. Il distingua les « grandeurs absolues » qui apparaissent dans ses axiomes et leurs « mesures sensibles » qui sont déterminées expérimentalement. Il discuta soigneusement la manière dont (et le degré auquel) « les mouvements vrais des corps particuliers [peuvent être déterminés] à partir des apparents », au moyen de l'assertion selon laquelle « les mouvements apparents ... sont les différences des mouvements vrais »[1].

Les « mouvements apparents » forment des structures relationnelles qui sont définies en mesurant des distances relatives, des intervalles temporels, et des angles de séparation. Pour faire bref, nommons *apparences* ces structures relationnelles. Dans le modèle mathématique fourni par la théorie de Newton, les corps sont situés dans l'espace absolu, dans lequel ils ont des mouvements réels ou absolus. Mais à l'intérieur de ces modèles nous pouvons définir des structures conçues pour être des reflets exacts de ces apparences et qui sont, comme le dit Newton, identifiables en tant que différences entre des mouvements vrais. Ces structures, définies en termes de relations pertinentes entre lieux absolus et temps absolus, qui sont les parties appropriées des modèles de Newton, je les appellerai des *mouvements*, en empruntant la terminologie de Simon (1954).

Quand Newton revendique l'adéquation empirique pour sa théorie, il soutient que sa théorie a un modèle tel que *toutes les apparences effectives sont identifiables (isomorphes) à* des mouvements dans ce modèle.

La théorie de Newton va beaucoup plus loin. Cela fait partie de sa théorie qu'il y a quelque chose comme l'espace absolu, que le mouvement absolu est un mouvement relatif à l'espace absolu, que l'accélération absolue cause certaines tensions et certains efforts, et par là des déformations dans les apparences, etc. En outre, il avança l'hypothèse (c'est lui qui utilise ce mot) selon laquelle le centre de gravité du système

---

1. Newton 1990, t. 1, p. 15 (trad. modif.).

solaire est au repos dans l'espace absolu. Mais, comme il le nota lui-même, les apparences ne seraient pas différentes si ce centre se trouvait dans n'importe quel autre état de mouvement absolu constant.

Désignons par *TN* la théorie de Newton (mécanique et gravitation), et par *TN(v)* la théorie *TN* plus le postulat selon lequel le centre de gravité du système solaire a une vitesse absolue constante. D'après la propre description de Newton, il revendique l'adéquation empirique pour *TN(0)*; et il soutient également que si *TN(0)* est empiriquement adéquate, alors toutes les théories *TN(v)* le sont.

Si on se rappelle ce qu'est revendiquer l'adéquation empirique, nous voyons que toutes les théories *TN(v)* sont empiriquement équivalentes exactement *si tous les mouvements dans un modèle de TN(v) sont isomorphes aux mouvements dans un modèle TN(v+w)*, pour toutes vitesses *v* et *w* constantes. Pour le moment, accordons que ces théories sont empiriquement équivalentes, en renvoyant les objections à une section ultérieure.

III

Qu'est-ce exactement que le « contenu empirique » de *TN(0)*? Fixons notre attention sur un philosophe fictif et anachronique, Leibniz, dont le seul désaccord avec la théorie de Newton est qu'il ne croit pas à l'existence de l'espace absolu. En conséquence, il ne peut évidemment attacher aucune « signification physique » à des énoncés portant sur le mouvement absolu. Leibniz croit, comme Newton, que *TN(0)* est empiriquement adéquate; mais non qu'elle est vraie. Pour être bref, disons que Leibniz *accepte* la théorie, mais qu'il ne la *croit* pas; lorsqu'il y a risque de confusion, nous pouvons développer cette expression et dire qu'il *accepte la théorie comme empiriquement adéquate*, mais ne *croit* pas *qu'elle soit vraie*. Mais alors, que croit Leibniz ?

Leibniz croit que *TN(0)* est empiriquement adéquate, et donc, de manière équivalente, que toutes les théories *TN(v)* sont empiriquement adéquates. Pourtant on ne peut identifier la théorie que soutient Leibniz à propos du monde – nommons-la *TNE* – avec la partie commune à toutes les théories *TN(v)*. Car chacune des théories *TN(v)* a des conséquences telles que les suivantes : la terre a *une certaine* vitesse absolue et l'espace absolu existe. Dans chaque modèle de chaque théorie *TN(v)* on va trouver quelque chose d'autre que des mouvements, et voilà le hic.

Croire une théorie, c'est croire que l'un de ses modèles représente correctement le monde. Une théorie peut avoir des modèles isomorphes ; on supprime aisément cette redondance. Si on l'a supprimée, alors croire la théorie, c'est croire qu'un de ses modèles, et un seul, représente correctement le monde. Par conséquent, si nous croyons à propos d'une famille de théories qu'elles sont toutes empiriquement adéquates, mais que chacune d'elles va au-delà des phénomènes, alors nous sommes encore libres de croire que chacune d'elles est fausse, et donc que la partie qu'elles ont en commun est fausse. Car cette partie commune est exprimable ainsi : l'un des modèles de l'une de ces théories représente correctement le monde.

IV

On peut objecter que des théories paraîtront empiriquement équivalentes uniquement tant qu'on ne prendra pas en considération leurs extensions possibles[1]. L'équivalence peut généralement, voire toujours, disparaître quand nous considérons leurs implications pour un autre domaine

1. Voir par exemple Boyd 1973.

d'application. L'exemple usuel est celui du mouvement brownien; mais il n'est pas concluant, car on savait déjà que les thermodynamiques phénoménologique et statistique étaient en désaccord, pour des périodes de temps suffisamment longues, même à propos des phénomènes macroscopiques. Mais il y a un bon exemple, qui est *fictif*: la combinaison de l'électromagnétisme avec la mécanique, si nous ignorons les résultats nuls, inattendus, qui menèrent au remplacement de la mécanique classique.

La théorie de Maxwell ne fut pas développée comme une partie de la mécanique, mais elle avait des modèles mécaniques. Cela découle d'un résultat de König, que Poincaré expose en détail, entre autres, dans la préface de son *Électricité et Optique*. Mais la théorie présentait une particularité nouvelle et étrange : la vitesse elle-même, et non simplement sa dérivée, apparaît dans les équations. On mit au point toute une série d'expériences de pensée pour mesurer la vitesse absolue; la plus simple fut peut-être celle de Poincaré :

> Supposons deux corps électrisés; bien qu'ils nous semblent en repos, ils sont l'un et l'autre entraînés par le mouvement de la Terre; (…) [ils] équivaudront donc à deux courants parallèles et de même sens et ces deux courants devront s'attirer. En mesurant cette attraction, nous mesurerons la vitesse de la Terre; non pas sa vitesse par rapport au soleil ou aux étoiles fixes, mais sa vitesse absolue (1970, p. 132). [1]

Le résultat nul délivré par toutes les expériences de cette sorte conduisit au remplacement de la mécanique classique par la mécanique relativiste. Mais supposons que l'on *ait effectivement* trouvé des valeurs pour les vitesses absolues; spécifiquement pour celle du centre du système solaire. Alors, sûrement, l'une des théories *TN(v)* serait confirmée, et les autres falsifiées ?

---

1. Poincaré, *La valeur de la science*, Flammarion, Paris, 1970.

Ce raisonnement est fallacieux. Newton faisait la distinction entre mouvements vrais et apparents sans présupposer davantage que la mécanique élémentaire dans laquelle les théories de Maxwell avaient des modèles. Chaque mouvement dans un modèle de $TN(v)$ est isomorphe à un autre mouvement dans un modèle quelconque de $TN(v+w)$, pour toutes les vitesses constantes v et w. Cette affirmation d'équivalence empirique pouvait-elle être remise en cause par ces réflexions du dix-neuvième siècle? La réponse est *non*. L'expérience de pensée, on peut l'imaginer, confirma la théorie qui ajoutait à TN l'hypothèse :

HO. Le centre de gravité du système solaire est au repos absolu.

EO. Deux corps électrisés se déplaçant à la vitesse absolue v s'attirent mutuellement avec la force $F(v)$.

Cette théorie a une conséquence portant strictement sur les apparences :

CON. Deux corps électrisés se déplaçant à la vitesse v relative au centre de gravité du système solaire s'attirent mutuellement avec la force $F(v)$.

On peut cependant obtenir cette même conséquence en ajoutant à TN les deux hypothèses suivantes en lieu et place des précédentes :

Hw. Le centre de gravité du système solaire a la vitesse absolue w.

Ew. Deux corps électrisés se déplaçant à la vitesse absolue $v + w$ s'attirent mutuellement avec la force $F(v)$.

Plus généralement, pour chaque théorie $TN(v)$ il y a une théorie électromagnétique $E(v)$ telle que $E(0)$ est celle de Maxwell et que toutes les théories combinées $TN(v)$ plus $E(v)$ sont empiriquement équivalentes.

Il n'y a rien d'original dans cette observation, dont Poincaré discute l'équivalent immédiatement après le passage que j'ai cité ci-dessus. On n'a besoin, semble-t-il, que d'exemples familiers, mais correctement énoncés, pour

monter que les concepts d'adéquation empirique et d'équivalence sont praticables. Dans le reste de cet article, j'essaierai
de généraliser ces considérations, tout en montrant que les
tentatives pour expliquer *syntaxiquement* ces concepts ne
pouvaient que les réduire à l'absurde.

V

L'idée que des théories puissent avoir des vertus cachées
en permettant des extensions réussies à de nouveaux types de
phénomènes est trop belle pour être abandonnée. Et ce n'est
pas une idée très neuve. Dans la première leçon de son *Cours
de philosophie positive*, Comte fait référence à la théorie de la
chaleur de Fourier pour montrer l'inanité du débat entre
partisans du calorique et de la théorie cinétique. Les exemples
qui illustrent une équivalence empirique ont malheureusement
tendance à dater ; la théorie du calorique a perdu. Federico
Enriques semble mettre le doigt sur la raison exacte de cette
tendance quand il écrit : « les hypothèses qui sont indifférentes
dans la sphère limitée des théories actuelles deviennent signi-
ficatives du point de vue de leur possible extension »[1]. Pour
évaluer ce qu'il suggère par là, il nous faut demander ce qu'est
exactement l'extension d'une théorie.

Supposons que des expériences aient réellement confirmé
la théorie combinée *TN(0)* plus *E(0)*. Dans ce cas la mécanique
aurait remporté une *victoire*. L'affirmation selon laquelle *TN
(0)* était empiriquement adéquate aurait été confirmée par les
faits. Mais des extensions victorieuses comme celle-ci ne
pourraient avantager une théorie au détriment de l'un de ses
équivalents empiriques.

Par conséquent, si l'idée d'Enriques est correcte, il doit y
avoir une autre sorte d'extension, qui est réellement une défaite

---

1. Enriques, 1929, p. 230.

– ou presque. Car une théorie T peut subir une modification simple ou évidente qui soit empiriquement adéquate, alors qu'il n'en sera rien pour une autre théorie empiriquement équivalente à T. La supériorité de la mécanique céleste de Newton sur la variante proposée par Brian Ellis peut en fournir un exemple; Ellis (1965) semble lui-même être de cet avis. Il s'agit d'une supériorité *pragmatique*, qui ne saurait suggérer que les théories, empiriquement équivalentes au sens ici exposé, peuvent néanmoins avoir un contenu empirique différent.

VI

Nous n'avons toujours pas de conception générale de l'adéquation et de l'équivalence empiriques. C'est ici que l'approche syntaxique a échoué de la manière la plus flagrante. Elle concevait une théorie comme étant identifiable à l'ensemble de ses théorèmes dans un langage déterminé. Ce langage dispose d'un vocabulaire, divisé en deux classes, les termes observationnels et les termes théoriques. Soit E la première classe; on soutenait alors que le contenu empirique de la théorie T était sa sous-théorie T/E, c'est-à-dire les théorèmes exprimables dans ce sous-vocabulaire. T et T' étaient déclarées empiriquement équivalentes si T/E était identique à T'/E.

On souleva des questions évidentes, qui furent résolues. Craig montra que, sous certaines conditions, T/E est axiomatisable dans le vocabulaire E. Les logiciens attachèrent de l'importance à des questions concernant les vocabulaires restreints, et cela suffit apparemment à les rendre également importants aux yeux des philosophes. La distinction entre termes observationnels et théoriques était plus discutable, et certains transformèrent cette division en termes « anciens » et

« récemment introduits »[1]. Mais tout cela est erroné. Le contenu empirique ne peut être isolé de cette manière syntaxique. Si une telle chose était possible, alors T/E dirait exactement ce que dit T à propos de l'observable, et rien d'autre. Mais songez que la théorie quantique, dans sa version de Copenhague, dit qu'il y a des choses qui ont parfois une position dans l'espace et parfois non. Cette conséquence, je viens de l'énoncer sans utiliser de termes théoriques. La théorie TN de Newton implique qu'il y a quelque chose (à savoir l'espace absolu) qui n'a pas de position et n'occupe aucun volume. Tant que les entités inobservables différeront systématiquement des entités observables eu égard à des caractéristiques observables, T/E dira qu'il y a de telles entités si T le dit.

La théorie réduite T/E n'est pas une description de la partie observable du monde de T; c'est plutôt une version boiteuse et entravée de la description par T de toute chose. Cela se passe aussi mal pour l'équivalence empirique. Dans la section II, $TN(0)$ et TNE *doivent* être empiriquement équivalentes, mais la remarque ci-dessus à propos de TN montre que $TN(0)/E$ n'est pas TNE/E. Pour éliminer de telles difficultés, on s'attacha aux extensions des théories, en tentant de redéfinir l'équivalence empirique[2]. Mais ces extensions ont des conséquences absurdes similaires.

La pire conséquence de l'approche syntaxique fut certainement la manière dont elle dirigea l'attention philosophique sur des problèmes techniques non pertinents. Les expressions « objet théorique » et « prédicat observationnel »

1. Par exemple Lewis 1970. Cet article n'est pas vulnérable aux critiques que je formule ici ; au contraire, il fournit des raisons indépendantes de conclure que le contenu empirique d'une théorie ne peut être isolé syntaxiquement.

2. Voir Boyd 1973. Nous pourrions dire que l'article de Boyd, comme celui de Lewis 1970, nous fournit une preuve indépendante de ce que le contenu empirique ne peut être isolé syntaxiquement. Mais Boyd conclut également qu'il ne peut y avoir de distinction entre vérité et adéquation empirique pour les théories scientifiques.

manifestent des erreurs de catégorie. Les termes peuvent être théoriques, mais « observable » classifie des entités supposées. En conséquence, il ne peut y avoir de « distinction théorique/ observable ». La vérité, assurément, est que l'élimination de tous les termes chargés en théorie ne laisserait subsister aucun langage utilisable ; et qu'« observable » est aussi vague que « chauve ». Mais ces faits n'impliquent pas du tout que l'« observable » ne serve pas à marquer une distinction réelle. Celle-ci renvoie tout à fait clairement à nos limitations, aux limites de l'observation, qui ne sont pas rédhibitoires, mais ne sont pas non plus négligeables.

VII

On sauve les phénomènes quand on les expose comme fragments d'une unité plus vaste. Pour cette raison même il serait étrange que les théories scientifiques décrivent les phénomènes, la partie observable, en des termes différents du reste du monde qu'elles décrivent. Et ainsi une tentative pour tracer la frontière conceptuelle entre les phénomènes et le trans-phénoménal au moyen d'une distinction de vocabulaire aurait toujours dû sembler trop simple pour être satisfaisante.

Les philosophes qui ont débattu sur les inobservables ne l'ont pas tous fait, loin de là, en termes de vocabulaire. Mais il y avait une présupposition commune : la distinction indiquée est philosophique. Quitte à être tracée, elle devait donc l'être par l'analyse philosophique et, pour l'attaquer, il fallait des arguments philosophiques. Cette attitude a besoin d'un complet renversement. S'il y a des limites à l'observation, elles sont empiriques, et doivent être décrites par la science empirique. La classification fondée sur « observable » doit concerner des entités du monde de la science. Et la science, en donnant un contenu à la distinction, révélera le degré de notre croyance, quand nous acceptons cette distinction comme empiriquement adéquate.

Une science unifiée future pourra détailler les limites de l'observation avec exactitude; en attendant, les théories existantes ne sont pas muettes à leur sujet. Nous avons vu le schéma newtonien; pour la théorie de la relativité, nous disposons de deux études révélatrices de Clark Glymour. La première (1972) montre que des quantités locales (et donc, je suppose, mesurables) ne déterminent pas de manière unique des caractéristiques globales de l'espace-temps[1]. La seconde montre que ces caractéristiques ne sont pas non plus déterminées de manière unique par des structures dont chacune se situerait en totalité à l'intérieur d'un cône passé absolu quelconque – donc, je suppose, par des structures observables. C'est la théorie de la relativité elle-même, après tout, qui pose une limite *absolue* à l'information que nous pouvons récolter, par le biais de la fonction limitative de la vitesse de la lumière.

Dans les fondements de la mécanique quantique, on a porté une bien plus grande attention à la mesure. La majeure partie de la discussion porte sur les limitations nécessaires : le rôle du bruit dans l'amplification, la distinction entre macro- et micro-observables[2]. Mais une clarification comme celle opérée par Glymour pour la relativité nous fait défaut concernant le degré auquel la macro-structure détermine la micro-structure. Le débat sur le réalisme scientifique peut au moins avoir la vertu de diriger l'attention sur des problèmes de ce genre.

La science elle-même distingue l'observable qu'elle postule du tout qu'elle postule. La distinction, étant en partie fonction des limites que la science révèle concernant l'observation humaine, est anthropocentrique. Mais puisque la science compte les observateurs humains au nombre des systèmes physiques qu'elle entend décrire, elle se donne

---

1. Je discute Glymour 1972 dans mon 1972.
2. Voir par exemple Cartwright 1974 et les références mentionnées.

également la tâche de décrire des distinctions anthropo-centriques. C'est pour cela que même le réaliste scientifique doit observer une distinction entre les phénomènes et le trans-phénoménal dans l'image scientifique du monde.

VIII

J'ai imputé quelques infortunes philosophiques à une orientation erronée en faveur de la syntaxe. L'autre option est de dire que les théories sont présentées directement par la description de leurs modèles. Mais ceci introduit-il vraiment un élément nouveau? Quand on donne les théorèmes de T, on donne l'ensemble des modèles de T – à savoir toutes les structures qui satisfont les théorèmes. Et si on donne les modèles, on donne au moins l'ensemble des théorèmes de T – à savoir tous les énoncés qui sont satisfaits dans tous les modèles. Ne s'ensuit-il pas que nous pouvons avec autant de profit identifier T à ses théorèmes, comme à ses modèles?

Mais il y a une ellipse dans l'argument. On y présuppose qu'il y a un langage spécifique L qui est le langage unique propre à T. Et il est vrai que les théorèmes de T dans L déterminent et sont déterminés par l'ensemble des structures d'interprétation de L dans lesquelles ces théorèmes sont satis-faits. Cependant, la présupposition selon laquelle il existe un langage L qui joue ce rôle pour T introduit d'importantes restrictions sur ce que peut être l'ensemble des modèles de T.

Une théorie fournit, entre autres, une spécification (plus ou moins complète) des parties de ses modèles qui doivent être des images directes des structures décrites dans les rapports de mesure. Dans le cas de la mécanique newtonienne, j'ai appelé *mouvements* ces parties; nommons-les en général *sous-struc-tures empiriques*. Nous pouvons continuer à appeler *appa-rences* les structures décrites dans les rapports de mesure. Une théorie est *empiriquement adéquate* exactement si toutes les apparences sont isomorphes aux sous-structures empiriques dans au moins un de ses modèles. La théorie T n'est *pas empiriquement plus forte* que la théorie T' exactement si, pour chaque modèle M de T, il existe un modèle M' de T' tel que toutes les sous-structures empiriques de M sont isomorphes à des sous-structures empiriques de M'. Les théories T et T' sont *empiriquement équivalentes* exactement si aucune n'est empiriquement plus forte que l'autre. Dans ce cas, c'est un corollaire évident, l'une est empiriquement adéquate si et seulement si l'autre l'est.

Dans la section V, j'ai distingué deux types d'extensions, la première étant une sorte de victoire et la seconde une sorte de défaite. Nommons la première une *extension propre* : cela ne fait que restreindre la classe des modèles. Nous pouvons nommer *empiriquement minimale* une théorie qui n'est empiriquement équivalente à aucune de ses extensions propres. Glymour a soutenu de manière convaincante, dans l'étude citée plus haut, que la relativité générale n'est pas empiriquement minimale. Dans les termes que j'utilise maintenant, la raison en est que seules les propriétés locales de l'espace-temps entrent en jeu dans les descriptions des apparences, alors que les modèles peuvent différer eu égard aux propriétés globales. Cela nous fournit un autre exemple non trivial d'équivalence empirique.

Je n'essaierai pas de définir précisément la seconde sorte d'extension. L'idée est que les modèles de la théorie peuvent présenter des différences de structure autres que celles des sous-structures empiriques. Dans ce cas, la théorie n'est pas empiriquement minimale, mais cela peut la mettre dans l'avantageuse position d'offrir des possibilités de modélisation quand des phénomènes radicalement nouveaux viennent au jour. Les théories à variables cachées en mécanique quantique peuvent déjà nous en fournir un exemple [1].

---

1. Voir Gudder 1968 et Van Fraassen 1973, section 3.

En utilisant les concepts qui sont maintenant à notre disposition, ainsi que les exemples qu'on a donnés, nous pouvons conclure qu'il existe bien des cas non triviaux d'équivalence, de non-unicité et d'extensibilité (propre comme impropre) empiriques. On voit maintenant que de tels cas sont parfaitement possibles *même si la formulation de la théorie ne comporte aucun terme qui ne puisse être qualifié d'observationnel, d'une manière ou d'une autre*. Et il devrait désormais être possible de reformuler la question du réalisme scientifique, qui concerne notre attitude épistémique envers les théories plutôt que leur structure interne.

Tous les résultats des mesures ne sont pas à notre disposition ; ils ne le sont jamais tous. Par conséquent nous ne pouvons pas savoir ce qu'il en est de ce que sont toutes les apparences. Nous pouvons dire qu'une théorie est empiriquement adéquate, que toutes les apparences vont correspondre à ses modèles (c'est-à-dire à leurs sous-structures empiriques). Bien que nous ne puissions pas savoir cela avec certitude, nous pouvons raisonnablement le croire. Tout cela vaut non seulement pour l'adéquation empirique mais aussi pour la vérité. Cependant il y a deux attitudes épistémiques distinctes que l'on peut adopter : nous pouvons *accepter* une théorie (l'accepter comme empiriquement adéquate) ou *croire* la théorie (croire qu'elle est vraie). Nous pouvons considérer que le but de la science est de produire une description littéralement vraie au sujet du monde, ou simplement de produire des descriptions empiriquement adéquates. Telle est la question débattue entre le réalisme scientifique et son opposition (divisée). La distinction intra-scientifique entre l'observable et l'inobservable est une distinction anthropocentrique ; mais il est raisonnable de préconiser que la distinction soit tracée en termes de *nous*, lorsqu'il est question de *nos* attitudes envers les théories[1].

Indications bibliographiques

BOYD Richard N., «Realism, Underdetermination, and a Causal Theory of Evidence», *Noûs*, 7/1, 1973, p. 1-12.

CARTWRIGHT Nancy D., «Superposition and Macroscopic Observation», *Synthese*, 29, 1974, p. 229-242.

ELLIS B., «The Origins and Nature of Newton's Laws of Motion», *in* R. Colodny (éd.), *Beyond the Edge of Certainty*, p. 29-68, Englewood Cliffs, NJ, Prentice-Hall, 1965.

ENRIQUES Federigo, *Historical Development of Logic*, trad. fr. J. Rosenthal, New York, Holt, 1929.

GLYMOUR Clark, «Cosmology, Convention, and the Closed Universe», *Synthese*, 24/1-2, 1972, p. 195-218.

GUDDER Stanley, «Hidden Variables in Quantum Mechanics Reconsidered», *Review of Modern Physics*, 11, 1968, p. 229-231.

LEWIS David, «How to Define Theoretical Terms», *Journal of Philosophy*, 67/13, 1970, p. 427-446.

NEWTON Isaac, *Principes mathématiques de la philosophie naturelle*, trad. fr. Mme du Châtelet [1759], réimp. Paris, J. Gabay, 1990.

POINCARÉ Henri, *La valeur de la science*, Paris, Flammarion, 1906.

SIMON Herbert A., «The Axiomatization of Classical Mechanics», *Philosophy of Science*, 21/4, 1954, p. 340-343.

VAN FRAASSEN Bas C., «Earman on the Causal Theory of Time», *Synthese*, 24/1-2, 1972, p. 87-95.

– «Semantic Analysis of Quantum Logic», *in* C. A. Hooker (éd.), *Contemporary Research in the Foundations and Philosophy of Quantum Theory*, 80-113, Dordrecht, Reidel, 1973.

1. Cet article a été présenté lors d'un colloque sur le réalisme scientifique, le 28 décembre 1976. Sa préparation a bénéficié de la bourse de recherche S74-0590 du Canada Council. Une version antérieure a été présentée à la Division Occidentale de la *Canadian Philosophical Association* (Calgary, oct. 1975).

Je dois beaucoup à Clark Glymour, de l'Université Princeton, pour les défis lancés par ses critiques du conventionnalisme dans sa thèse et des manuscrits non publiés.

– «Theoretical Entities: The Five Ways», *Philosophia*, 4, 1974, p. 95-109.
– «Wilfrid Sellars on Scientific Realism», *Dialogue*, 14/4, 1975, p. 606-616.
– «The Only Necessity is Verbal Necessity», *Journal of Philosophy*, 74/2, 1977, p. 71-85.

JACQUES BOUVERESSE

ESSENTIALISME, RÉDUCTION ET EXPLICATION ULTIME

PRÉSENTATION
Jean-Jacques Rosat

Jacques Bouveresse, né en 1940, a enseigné la logique et la philosophie à l'Université Paris 1 (Panthéon-Sorbonne) de 1966 à 1995, et a occupé, de 1995 à 2010, la chaire de *Philosophie du langage et de la connaissance* au Collège de France. Ce titre reflète bien l'approche philosophique de Bouveresse, qu'il décrit, dans sa leçon inaugurale, comme « une certaine indétermination » dans sa « façon de considérer et de pratiquer la philosophie »[1], mais qui est en réalité une capacité à traiter les problèmes philosophiques à la fois comme des problèmes de connaissance et comme des problèmes que nous avons avec nos mots. Bouveresse pratique l'analyse conceptuelle et grammaticale dans un style hérité de Wittgenstein, dont il est l'un des principaux interprètes et que ses travaux ont largement contribué à faire reconnaître en France comme un philosophe majeur. Mais il considère simultanément que la philosophie

---

1. *La demande philosophique*, Éditions de l'éclat, Paris, 1996, p. 31.

est partie intégrante de l'entreprise humaine de connaissance et que les progrès qu'elle peut espérer sont étroitement liés à ceux de la science. Il a toujours fait sienne la maxime de Musil (le penseur avec lequel sans doute il a le plus d'affinité) : il faut « aller jusqu'au bout du tremplin de la science et ensuite seulement effectuer le saut »[1].

> J'ai eu pendant longtemps, explique-t-il, […] une propension à croire que, selon un axiome que Dummett considère comme le principe fondateur de la philosophie analytique, la philosophie du langage ou, en tout cas, l'analyse du langage, devait être considérée comme la partie fondamentale de la philosophie[2].

Selon Dummett, c'est la théorie de la connaissance qui, avant l'avènement de la philosophie analytique, constituait la philosophie première. Pour sa part, Bouveresse constate dans sa propre évolution un certain « retour à la théorie de la connaissance ou à la philosophie de la connaissance ». Les problèmes de la philosophie de la perception, par exemple, ne sauraient selon lui « se réduire à une simple analyse logico-linguistique des énoncés de la perception »; leur traitement exige que le philosophe prenne en compte les découvertes les plus récentes de la physique, de la neurophysiologie ou de la psychologie. Mais, s'empresse-t-il d'ajouter, le fait que la philosophie du langage « ne constitue pas une condition suffisante pour la résolution des problèmes philosophiques […] ne signifie pas qu'elle ne constitue pas une condition nécessaire et dont l'importance reste tout à fait déterminante »[3].

C'est à une démonstration de cette « importance déterminante » des analyses logico-linguistiques ou concep-tuelles pour la philosophie des sciences que Bouveresse s'est employé une vingtaine d'années auparavant (1976) dans

---

1. Cité *in* J. Bouveresse, *La voix de l'âme et les chemins de l'esprit. Dix études sur Robert Musil*, Paris, Seuil, 2001, p. 442.

2. *La demande philosophique*, *op. cit.*, p. 31-32.

3. *Ibid.*, p. 32.

« Essentialisme, réduction et explication ultime », sous la forme d'une critique d'un certain nombre d'idées de Popper.

S'il est un philosophe, en effet, qui a résisté avec la dernière énergie à la transformation de la philosophie décrite par Dummett, c'est bien Karl Popper. Non qu'il récuse l'importance d'une réflexion sur le langage pour la philosophie de la connaissance : Popper est un antipsychologiste résolu pour qui la connaissance objective ne se déploie pas dans un monde mental fait de croyances, de certitudes ou autres états psychologiques, mais dans un univers symbolique constitué de prédictions, de théorèmes et de théories, donc d'énoncés linguistiques, et qui n'existe que par l'exercice des fonctions descriptives et argumentatives, caractéristiques du langage humain. Mais, de même que notre connaissance du monde ne saurait progresser que par la confrontation rationnelle entre nos théories scientifiques, notre connaissance de cette connaissance ne saurait progresser que par la confrontation rationnelle entre nos théories philosophiques – et non par l'analyse de notre langage et de la signification de nos mots comme le croient les philosophes analytiques. Popper voit en ceux-ci des « alliés [...] dans la mesure où ils semblent être à peu près les seuls philosophes qui continuent à garder vivantes certaines traditions de la philosophie rationnelle ». Mais ils sont pour lui également « des ennemis » parce qu'ils « croient qu'il n'y a pas de problèmes philosophiques authentiques ou que les problèmes de la philosophie, s'il y en a, concernent l'usage linguistique ou la signification des mots »[1]. Sont ainsi pareillement visés ceux qui étudient « le langage de la science » (Carnap et les empiristes logiques du Cercle de Vienne) et ceux qui s'attachent au langage ordinaire (le second Wittgenstein et les philosophes britanniques des années 50).

---

1. K. Popper, « Préface à l'édition anglaise », *in* Popper, *La logique de la découverte scientifique*, trad. fr. N. Thyssen-Rutten et Ph. Devaux, Payot, p. 12.

Popper transforme ainsi un conseil de bon sens : « il faut à tout prix éviter les questions qui ne sont que des querelles de mots »[1], en une maxime de défiance à l'égard de toute analyse logico-linguistique : « *ne jamais débattre des mots et de leur sens* parce que de telles discussions sont spécieuses et ne signifient rien »[2]. Il figure cette maxime dans un tableau[3], repris à l'identique dans plusieurs de ses ouvrages, dont la colonne de gauche indique tout ce que font les philosophes analytiques et qu'il ne faut pas faire, et la colonne de droite le style de philosophie qu'il préconise.

LES IDÉES

c'est-à-dire

les DÉSIGNATIONS ou les TERMES ou les CONCEPTS	les ÉNONCÉS ou les PROPOSITIONS ou les THÉORIES

peuvent être exprimées sous forme de

MOTS	ASSERTIONS

qui peuvent être

doués de SIGNIFICATION	VRAIES

et leur

SIGNIFICATION	VÉRITÉ

peut être réduite par le moyen de

DÉFINITIONS	DÉDUCTIONS

à celle de

CONCEPTS NON DÉFINIS	PROPOSITIONS PRIMITIVES

Tenter d'établir (plutôt que de réduire) par ces moyens leur

SIGNIFICATION	VÉRITÉ

mène à une régression à l'infini.

---

1. K. Popper, *Conjectures et réfutations,* trad. fr. M. I. et M. B. de Launay, Payot, 1985, p. 54.

2. K. Popper, *La quête inachevée.* Autobiographie intellectuelle [1974], p. 20-21.

3. Par exemple *in La connaissance objective*, « Champs », trad. fr. J. J. Rosat, Paris, Flammarion, 1991-2000, p. 204 et 457.

L'article de Jacques Bouveresse qui est ici proposé, « Essentialisme, réduction et explication ultime », est une critique en règle de cette maxime poppérienne et de ses présupposés, et notamment de l'idée qu'on pourrait en toute circonstance savoir de quel côté du tableau on se trouve et décider sans ambiguïté si on a affaire à une questions de mots (de signification) ou à une question de fait (de vérité). Comme le souligne Bouveresse, « sauf dans des cas relativement triviaux et parfaitement anodins du point de vue philosophique, un problème n'est jamais purement de fait ou purement de mots ». Ce n'est pas parce qu'on formule une question comme question sur les choses qu'elle ne peut pas être en même temps une question conceptuelle ; et ce n'est pas parce qu'un philosophe reformule sa question en question sur le mot que celle-ci devient du même coup exclusivement verbale.

Ainsi par exemple, comme le remarque Quine, la stratégie d'ascension sémantique, qui consiste à passer

> d'un discours où l'on s'exprime *en* certains termes à un discours où l'on parle *de* ces termes, [...] intervient aussi dans les sciences de la nature. La théorie de la relativité d'Einstein fut acceptée, non seulement comme une conséquence de réflexions sur le temps, la lumière, les corps rapides et les perturbations de Mercure, mais aussi sur la base de réflexions portant sur la théorie elle-même, en tant que discours, et sur sa simplicité comparée à celle des théories rivales. Son écart par rapport aux conceptions classiques sur le temps absolu et sur la longueur est trop radical pour qu'on puisse en discuter efficacement au niveau du discours parlant des objets, sans le secours de l'ascension sémantique [1].

Ou bien si je passe, en philosophie, d'une question dans sa formulation classique (« que sont les représentations ? » ou

---

1. *Le mot et la chose*, « Champs », trad. fr. J. Dopp et P. Gochet, Paris, Flammarion, 1977-2000, p. 372 et 374.

« que se passe-t-il quand on se représente quelque chose ? ») à sa reformulation grammaticale (« comment utilise-t-on le mot "représentation" ? »), « cela ne signifie pas, fait observer Wittgenstein, que je ne veux parler que de mots » et cela ne signifie pas non plus que les deux premières questions n'étaient pas déjà tout autant des questions de mot [1].

Certes, comme toute méthode philosophique, les analyses logico-linguistiques de la philosophie analytique peuvent dégénérer en scolastique stérile, mais l'erreur de Popper est de croire qu'elles ne peuvent que nous couper du monde et des choses, et nous faire perdre de vue les problèmes philosophiques réels. C'est une erreur très largement partagée dans le monde philosophique français.

> Il n'y a certainement rien, écrit Bouveresse, qui ait davantage compromis la réception de la philosophie de Wittgenstein en France, comme d'ailleurs également celle de la philosophie analytique dans son ensemble, que le préjugé absurde en vertu duquel on ne s'occupe dans ce genre de philosophie que de problèmes de langage. [...] Wittgenstein ne s'est jamais préoccupé spécialement de résoudre des problèmes de langage, et ne s'est jamais intéressé à autre chose que des problèmes philosophiques au sens le plus classique et en même temps le plus traditionnel du terme [2].

On peut en dire autant, évidemment, des membres du Cercle de Vienne.

Cet article de Bouveresse ne doit donc pas être lu seulement comme une critique des idées de Popper, mais, de manière beaucoup plus générale, comme l'affirmation de la légitimité et de la nécessité des analyses logico-linguistiques

---

1. L. Wittgenstein, *Philosophische Untersuchungen / Philosophical Investigations*, § 370.

2. J. Bouveresse, *Essais III. Wittgenstein et les sortilèges du langage*, Marseille, Agone, 2003, p. 61.

ou conceptuelles, et donc de la philosophie du langage, dans la philosophie des sciences.

Indications bibliographiques

Jacques BOUVERESSE

« La théorie et l'observation dans la philosophie des sciences du positivisme logique », *in* F. Châtelet (dir.), *Histoire de la philosophie*, Paris, Hachette, 1973, tome VIII, p. 76-134.

« Les positivistes », supplément de l'*Encyclopaedia Universalis* (1980), p. 58-71.

« Karl Popper », supplément à l'*Encyclopaedia Universalis* (1988), p. 630-632.

La demande philosophique, Paris, Éditions de l'éclat, 1996.

Le philosophe et le réel, entretiens avec J.-J. Rosat, « Pluriel », Paris, Hachette, 1998.

« Une épistémologie réaliste est-elle possible ? », *in* J.-P. Changeux (dir.), *La vérité dans les sciences*, Odile Jacob, 2002, p. 15-47.

Essais VI. Les lumières des positivistes, Marseilles, Agone, 2012.

Autres références

DUMMETT, *Frege, Philosophy of Language*, Londres, Duckworth, 1973.

POPPER, *Logik der Forschung*, 1935, trad. angl. *The Logic of Scientific Discovery,* 1959, trad. fr. N. Thyssen-Rutten et Ph. Devaux *La logique de la découverte scientifique*, Paris, Payot. Trad. fr. du chap. 1, Ch. Bonnet, dans le volume I du présent ouvrage.

– *Conjectures and Refutations*, Londres, Routledge and Kegan Paul, 1963 ; trad. fr. M. I. et M. B. de Launay, *Conjectures et réfutations*, Paris, Payot, 1985.

– *Objective Knowledge*, Oxford University Press, 1972 ; trad. fr. J.-J. Rosat, *La Connaissance objective*, Paris, Aubier, 1991.

– *Unended Quest : An Intellectual Autobiography,* Londres, Fontana, 1976 ; trad. fr. R. Bouveresse, *La Quête inachevée*, Paris, Calmann-Lévy, 1981.

W. V. QUINE, *Word and Object*, Cambridge, Mass., 1960, trad. fr. J. Dopp et P. Gochet, *Le mot et la chose*, « Champs », Paris, Flammarion, 1977-2000.

L. WITTGENSTEIN, *Philosophische Untersuchungen / Philosophical Investigations*, texte allemand et trad. angl. G. E. M. Anscombe, Oxford, Blackwell, 1953, 1998.

ESSENTIALISME, RÉDUCTION
ET EXPLICATION ULTIME *

I

Un des traits les plus caractéristiques de la philosophie et de l'épistémologie de Popper est certainement sa conviction de la relative futilité des questions de signification, de définition et d'analyse conceptuelle. On la trouve exprimée à maintes reprises dans la plupart de ses ouvrages, et spécialement dans *La Connaissance objective* :

> Je crois [...] que la clarté est une valeur intellectuelle, puisque, sans elle, la discussion critique est impossible. Mais je ne crois pas que l'exactitude ou la précision soient des valeurs intellectuelles en elles-mêmes ; au contraire, nous ne devrions jamais essayer d'être plus exacts ou plus précis que le problème en présence duquel nous nous trouvons (qui est toujours un problème ayant trait à la discrimination entre des théories en compétition) ne l'exige. Pour cette raison, j'ai insisté sur le fait que les définitions ne m'intéressaient pas ; puisque toutes les

* Ce texte a été publié dans *Revue Internationale de Philosophie,* n° 117-118, 1976, p. 411-434. Il est repris dans le présent volume avec l'aimable autorisation de l'auteur.

définitions doivent utiliser des termes non définis, il est de peu d'importance, en règle générale, d'utiliser un terme comme terme primitif ou comme terme défini [1].

On ne devrait jamais se laisser entraîner dans des questions verbales ou des questions de signification, et jamais s'intéresser à des mots. Confronté à la question de savoir si un mot que l'on utilise signifie réellement ceci ou peut-être cela, on devrait dire : « Je ne sais pas, et je ne m'intéresse pas aux significations ; et, si vous le désirez, j'accepterai avec plaisir *votre* terminologie. » Cela n'entraîne jamais rien de fâcheux. On ne devrait jamais se quereller sur des mots, et jamais se laisser entraîner dans des questions de terminologie. On devrait toujours s'abstenir de discuter des concepts. Ce qui nous intéresse réellement, nos problèmes réels, sont des problèmes factuels ou, pour dire les choses autrement, des problèmes concernant des théories et leur vérité. Nous nous intéressons à des théories et à la manière dont elles résistent à la discussion critique ; et notre discussion critique est contrôlée par notre intérêt pour la vérité [2].

Je considère les définitions, et les questions de réductibilité, comme n'étant pas particulièrement importantes du point de vue philosophique. Si nous ne pouvons pas définir un terme, rien ne nous empêche de l'utiliser comme terme non défini : l'utilisation d'un certain nombre de termes non définis n'est pas seulement légitime, mais inévitable, car tout terme défini doit, en dernière analyse, être défini à l'aide de certains termes non définis [3].

L'opinion de Popper est que, même dans les cas apparemment les plus favorables à la conception qu'il combat, comme par exemple la « redéfinition » relativiste du concept de *simultanéité*, ce qui est en cause n'est pas réellement une question conceptuelle :

1. K. Popper, *La connaissance objective* [1972], « Champs », trad. fr. J.-J. Rosat, Paris, Flammarion, 1991-2000, p. 117.

2. *Ibid.*, p 456.

3. *Ibid.*, p. 482.

Même là où un terme a causé de l'embarras, comme par exemple le terme « simultanéité » en physique, ce n'était pas parce que sa signification était imprécise ou ambiguë, mais plutôt à cause d'une théorie intuitive qui nous poussait à grever le terme d'un excès de signification, ou d'une signification trop « précise », plutôt que d'un défaut de signification. Ce qu'Einstein a découvert dans son analyse de la simultanéité était que, lorsqu'ils parlent d'événements simultanés, les physiciens assument une chose qui est fausse et qui aurait été inattaquable s'il y avait des signaux de vitesse infinie. La faute commise n'était pas qu'ils ne voulaient rien dire, ou que ce qu'ils voulaient dire était ambigu, ou que le terme n'était pas assez précis ; ce qu'Einstein a découvert était bien plutôt que l'élimination d'une présupposition théorique que l'on n'avait pas remarquée jusque là à cause de son évidence intuitive, était à même d'éliminer une difficulté que l'on avait vue apparaître dans la science. Par conséquent, ce qui l'intéressait n'était pas réellement une question portant sur la signification d'un terme, mais plutôt la vérité d'une théorie. Il est peu probable que l'on aurait abouti à grand-chose si l'on s'était mis, indépendamment de tout problème physique déterminé, à perfectionner le concept de simultanéité en analysant sa « signification essentielle », ou même en analysant ce que les physiciens « veulent dire réellement » quand ils parlent de simultanéité [1].

Ces affirmations délibérément provocantes et excessives (qui sont d'un type assez courant chez Popper) appellent immédiatement un certain nombre de remarques préliminaires, qui seront développées plus ou moins par la suite.

1. Popper s'exprime par moments comme si les questions terminologiques et les questions conceptuelles étaient une seule et même chose. Mais cette identification est certainement inadmissible, ou en tout cas ne va pas de soi. Tout le

---

1. K. Popper, *The Open Society and Its Enemies*, 5ᵉ éd, 1966 [1945], Londres, Routledge & Kegan Paul, vol. II, p. 20. [N.d.T. La très partielle traduction française (*La société ouverte et ses ennemis*, Paris, Seuil, 1979) n'a pas retenu ces pages sur l'essentialisme].

problème est justement de distinguer entre les questions terminologiques qui sont purement terminologiques (c'est-à-dire, effectivement, de pure convention ou commodité) et les questions terminologiques qui sont en même temps des questions conceptuelles ou théoriques. Nul, sinon peut-être un conventionnaliste extrême, ne dira que le problème d'Einstein était un problème terminologique. Mais c'était bel et bien un problème conceptuel, même (et surtout) si l'on admet ce que suggère Popper, à savoir qu'Einstein l'a rencontré à travers un problème de vérité d'une théorie. La maxime popperienne «Ne vous laissez jamais entraîner dans des questions verbales» devrait en réalité être reformulée ainsi : «Ne vous laissez jamais entraîner dans des questions verbales, *lorsque vous êtes certain que ce sont des questions purement verbales*». Mais c'est malheureusement une chose dont il n'est pas si facile d'être certain dans une situation donnée.

2. Il n'est certainement pas possible de s'exprimer sur l'intérêt des questions de précision et d'exactitude, de définition et de réductibilité, ou des questions conceptuelles en général, dans des termes aussi généraux et définitifs que ceux de Popper. Car le rôle et l'importance de ce genre de questions varient énormément d'une science à l'autre (ils ne sont évidemment pas les mêmes – pour prendre deux exemples extrêmes – dans les mathématiques pures et dans les sciences humaines). D'autre part, il faudrait distinguer beaucoup plus soigneusement que ne le fait en général Popper la situation du scientifique proprement dit, celle du philosophe des sciences et celle du philosophe tout court. C'est seulement du premier que l'on peut dire en toute rigueur que son problème principal est de départager des théories en compétition. Ni l'épistémologue ni surtout le philosophe ne se proposent réellement de contribuer, en tant que tels, à l'avancement des sciences; et, corrélativement, les questions «improductives» discréditées par Popper occupent une place importante dans leurs préoccupations. Il serait vraiment étrange de suggérer qu'une expli-

cation de concept ne peut mener à rien si elle est entreprise indépendamment de toute question déterminée dans la science considérée. Après tout, il est bien difficile de dire à quel problème ou complexe de problèmes précis *dans les mathématiques* se rattachait la question des logicistes « Qu'est-ce qu'un nombre naturel? ». Cette question est, de par sa forme, le prototype de la question essentialiste, scolastique, verbale, etc., selon Popper.

3. Le fait (philosophiquement trivial) que toute chaîne de définitions aboutisse nécessairement en fin de compte à des termes non définis et que ceux-ci puissent être choisis de différentes manières ne prouve rien en lui-même contre l'importance des questions de définition. Personne ne dirait que les questions de démonstration ne sont pas particulièrement intéressantes, parce que toute démonstration doit partir de propositions non démontrées choisies de façon (plus ou moins) arbitraire. En tout cas, ce genre de considérations ne peut suffire à discréditer les explications de mots en général. Même les termes primitifs peuvent faire et font le plus souvent l'objet d'une explication de sens : ce qui est vrai, c'est que celle-ci n'est pas une définition et que toute explication de sens *ne peut pas* être une définition. À l'argument sceptique paralysant qui s'appuie sur le risque de régression à l'infini, on peut opposer la remarque de Wittgenstein :

> Nous devons donc expliquer les mots à l'aide d'autres mots ! Et qu'en est-il de la dernière explication dans cette chaîne ? (Ne dites pas « Il n'y a pas d'explication "dernière" ». C'est exactement comme si vous vouliez dire : « Il n'y a pas de dernière maison dans cette rue ; on peut toujours en construire encore une à sa suite »)[1].

---

1. L. Wittgenstein, *Philosophische Untersuchungen / Philosophical Investigations*, texte allemand et trad. anglaise par G. E. M. Anscombe, Oxford, Blackwell, 1998 [1953], § 29.

II

Il y a des façons très différentes de s'intéresser aux questions de mots. Chez Wittgenstein, par exemple, le but de l'analyse logique ou conceptuelle est la « clarté complète »; ce n'est ni la recherche de la signification « réelle » (au sens de l'essentialisme), ni la précision ou l'exactitude. La « deuxième » philosophie de Wittgenstein (qui n'est manifestement pas très familière à Popper) est, entre autres choses, une dénonciation systématique du besoin exagéré et incongru de précision en toutes choses qui caractérise certaines entreprises philosophiques, de la tendance à croire que toutes les explications de mots doivent avoir la forme de définitions exactes ou aboutir à la formulation de règles exactes, de la méfiance à l'égard des concepts flous et de l'habitude de considérer que l'on n'a rien expliqué tant que l'on n'a pas donné l'explication universelle et « dernière ».

Comme Popper s'en est immédiatement rendu compte, on pourrait lui demander pourquoi il a attaché lui-même tant d'importance à la définition plus ou moins technique de concepts comme ceux de « vérité », « contenu empirique », « probabilité logique », « vérisimilitude », etc. Sa réponse est que, contrairement à certaines apparences, son but n'a jamais été réellement la précision et l'exactitude, surtout si l'on entend par là la détermination précise et exacte des conditions d'application d'un concept. Il s'agissait bien davantage de défendre et de réhabiliter contre certaines attaques classiques des concepts relativement familiers qui sont à la fois indispensables et philosophiquement suspects.

> Quelle est donc, pourrait-on se demander, la raison d'être des tentatives que j'ai faites pour montrer que la vérisimilitude est définissable en termes de probabilité logique ? Mon but est de réaliser (à un degré de précision inférieur) pour la vérisimilitude quelque chose d'analogue à ce que Tarski a réalisé pour la vérité : la réhabilitation d'une notion tirée du sens commun

qui est devenue suspecte, mais dont, à mon avis, on a un grand besoin pour tout réalisme critique appuyé sur le sens commun et pour toute théorie critique de la science. Je veux être en mesure de dire que la science tend à la vérité au sens de la correspondance avec les faits ou avec la réalité; et je veux également dire (avec Einstein et d'autres scientifiques) que la théorie de la relativité est – ou, du moins, c'est ce que nous conjecturons – une meilleure approximation de la vérité que ne l'est la théorie de Newton, tout comme celle-ci est une meilleure approximation de la vérité que ne l'est la théorie de Kepler. [...] En d'autres termes, mon but est la réhabilitation d'une idée du sens commun dont j'ai besoin pour décrire les visées de la science, et dont j'affirme qu'elle est, en tant que principe régulateur (même si c'est seulement de façon inconsciente et intuitive) au fondement de la rationalité de toutes les discussions scientifiques critiques [1].

Le mérite de la définition de Tarski ne réside donc pas dans sa précision ou son exactitude, mais dans le fait que « sans la théorie de Tarski, qui fournit un métalangage sémantique ne comportant pas de termes spécifiquement sémantiques, la suspicion des philosophes à l'égard des termes sémantiques n'aurait peut-être pas été surmontée » [2]. C'est ce qui permet à Popper d'affirmer que, même dans ce cas, la question est une question de fait importante plutôt qu'une simple question de définition.

Sans jamais mentionner le mot « vérité » ou se demander « Que signifie la vérité ? » nous pouvons voir que le problème central de toute cette discussion n'est pas le problème verbal de la définition de « vérité », mais le problème suivant bien réel : peut-il y avoir une chose telle qu'une assertion ou une théorie qui corresponde aux faits ou qui ne corresponde pas aux faits ? [3].

1. K. Popper, *La connaissance objective, op. cit.*, p. 118.
2. *Ibid.*, p. 482.
3. *Ibid.*, p. 459.

Mais cela revient en pratique à admettre qu'un problème de définition *peut* être dans certains cas extrêmement important, notamment dans tous les cas où l'on a besoin de s'assurer de la possibilité et de la légitimité d'un concept central.

La réponse de Popper à l'objection qui vient d'être évoquée accorde en fait beaucoup plus qu'il ne l'imagine à l'adversaire qui est visé en priorité dans ce débat, à savoir la philosophie analytique ou linguistique. Une bonne partie des remarques de Wittgenstein sont consacrées à la défense et à la réhabilitation de certains concepts usuels contre des formes plus ou moins classiques de suspicion et de contestation philo-sophiques, notamment contre des arguments sceptiques[1]. Quant à la technique carnapienne de l'*explication*, qui «consiste à transformer un concept donné plus ou moins inexact en un concept exact, ou plutôt à remplacer le premier par le second»[2], elle est motivée, dans la plupart des cas, par des considérations qui ne sont pas fondamentalement diffé-rentes de celles de Popper. L'exemple le plus typique est certainement celui de l'analyticité, auquel correspond une question que Popper lui-même ne peut pas ne pas reconnaître comme importante, à savoir : y a-t-il ou n'y a-t-il pas des propositions qui sont vraies en un sens qui *n'est pas* celui de la correspondance avec les faits? C'est un fait que, depuis les attaques de Quine contre la distinction *analytique-synthétique*, qui tendent à démontrer que nous ne *comprenons* pas réellement ce que nous disons lorsque nous parlons de propositions analytiques, l'obtention d'une définition exacte du concept *analytique* peut être considérée comme une chose importante et urgente, parce qu'elle constitue en même temps la seule forme de réhabilitation concevable de la distinction. (C'est la raison pour laquelle certains linguistes ont pu

---

1. Voir par exemple I. Dilman, *Induction and Deduction*, A Study in Wittgenstein, Oxford, Blackwell, 1973.
2. R. Carnap, *Logical Foundations of Probability*, Chicago, The University of Chicago Press, 1950, p. 3.

s'imaginer qu'ils avaient résolu le problème de Quine). On pourrait donc objecter à Popper (1) qu'on ne « choisit » pas d'être ou de ne pas être impliqué dans des questions conceptuelles en général, (2) que l'importance d'une question conceptuelle est liée essentiellement à l'importance du concept qui est en cause et à son statut. On peut dire par exemple, comme le fait Popper, que la tentative positiviste d'explication du concept de « signifiance » (*meaningfulness*), par le biais de la construction d'un langage idéal de la science, était une entreprise tout à fait futile ; mais c'est une objection contre le choix d'un *explicandum* particulier, non contre l'explication comme technique philosophique fondamentale.

Si Carnap s'est intéressé autant à l'explication du concept de probabilité logique ou inductive, ce n'est certainement pas pour le plaisir de définir un mot, mais bien parce qu'il s'agissait d'une question de fait importante. Sinon, pourquoi Popper aurait-il pris la peine de polémiquer avec lui sur ce point ? (On peut remarquer, du reste, que la controverse en question a été alimentée en grande partie chez chacun des adversaires – et spécialement Popper lui-même – par un manque d'attention aux explications et aux définitions « verbales » de l'autre).

Il est clair que ceux qui accordent une attention exclusive aux questions de mots ou de signification et ceux qui les récusent par principe ont en fait un présupposé commun. Les uns et les autres tiennent implicitement pour acquise une distinction tranchée entre ces questions-là et des questions d'un autre type : les questions de fait ou de vérité. Mais, précisément, l'existence même d'une distinction de ce genre pose un problème philosophique fondamental. Aussi bien Quine que le second Wittgenstein ont fourni (dans des perspectives très différentes) des arguments qui montrent que, sauf dans des cas relativement triviaux et parfaitement anodins du point de vue philosophique, un problème n'est jamais purement de fait ou purement de mots. (Wittgenstein, par exemple, a ignoré délibérément la distinction entre le discours formel et le discours matériel [*inhaltlich*], au sens de Carnap, et n'a pas hésité à parler non seulement de la *grammaire* d'un mot ou d'un concept, mais également de celle d'un état, d'un processus, d'un jeu, etc.). Transcrire une « question de choses » en une question conceptuelle ou linguistique explicite permet dans certains cas de poser et de résoudre des problèmes importants ; mais cela ne signifie nullement que la question initiale a été, du même coup, réduite à une pure et simple question de mots. En d'autres termes, l'intérêt préférentiel qu'un philosophe porte aux questions de mots plutôt qu'aux questions de choses ou aux deuxièmes plutôt qu'aux premières (à supposer qu'une alternative de ce genre existe réellement) ne se révèle pas directement dans la nature formelle des questions qu'il pose (voir sur ce point la remarque de Wittgenstein dans les *Recherches philosophiques*, § 370).

Si l'existence d'une catégorie de vérités purement verbales, définitionnelles ou conventionnelles n'est, comme l'affirme Quine, rien de plus qu'« un dogme non empirique des empiristes, un article de foi métaphysique »[1], l'existence d'une catégorie de questions de ce type est un dogme du même genre. En fait, c'est justement la question de savoir si une question est ou non purement linguistique qui constitue dans bien des cas le problème philosophique essentiel. À l'époque de *La Syntaxe logique du langage*, Carnap a soutenu que la philosophie devait être remplacée entièrement par la logique de la science et que la logique de la science se réduisait à la syntaxe du langage scientifique. Nous pouvons appeler « verbaliste » (en un sens non péjoratif) cette position que Carnap a maintenue par la suite dans son principe (tout en adjoignant à la syntaxe la sémantique et la pragmatique du langage de la science), et « réiste » la position de Popper selon laquelle les questions

---

1. W. V. Quine, *From a Logical Point of View,* [1953], trad. fr. *Du point de vue logique*, *op. cit.*, p. 70.

de sémiotique proprement dite sont en général dénuées de pertinence pour la philosophie des sciences et la philosophie tout court. La conclusion qui s'impose aujourd'hui est, semble-t-il, que le verbalisme et le réisme sont deux conceptions non pas seulement pareillement intenables, mais pareillement dénuées de sens clair. Le passage au discours formel carnapien ou, comme Quine préfère l'appeler, l'«ascension sémantique» (*semantic ascent*) sont possibles dans toutes les questions théoriques, et non pas seulement dans le cas de la philosophie[1]. Mais la procédure corrélative, que l'on pourrait appeler de la «descente ontique» l'est en un certain sens également. Et l'adoption de l'un ou l'autre des deux modes de discours laisse malheureusement intacte, dans la plupart des cas, la question de savoir quel est l'objet *réel* (au sens philosophique du terme) du discours. (On pourrait parler en un certain sens de «pseudo-propositions verbales», tout comme Carnap a parlé de «pseudo-propositions d'objet».)

III

Le peu d'intérêt que Popper porte, d'une manière générale, aux questions de mots et de définition se manifeste de façon caractéristique dans l'usage qu'il fait du terme «essentialisme»[2]. Sous ce nom, qu'il a introduit à l'époque où il travaillait à l'ouvrage intitulé *Misère de l'historicisme* (probablement en 1935, estime-t-il), il désigne au moins trois théories ou positions philosophiques différentes qui, contrairement à

1. Cf. W. V. Quine, *Word and Object* [1960], *Le mot et la chose*, trad. fr. J. Dopp et P. Gochet, «Champs», Paris, Flammarion,, 1977-2000, § 56.
2. Je ne sais pas si Popper a réellement, comme il semble le croire, introduit pour la première fois le mot «essentialisme» avec le sens qu'il lui donne. Il semble, en tout cas, que, dans le contexte de la philosophie française contemporaine, «essentialisme» aurait plutôt été l'antithèse naturelle d'«existentialisme».

ce qu'il semble croire, n'ont entre elles qu'un lien très indirect et assez lâche : le réalisme extrême (platonicien) ou même modéré (aristotélicien) en matière de théorie des universaux, le verbalisme (au sens indiqué plus haut) et le conceptualisme (non pas comme réponse au problème des universaux, mais comme théorie de la signification des termes, et spécialement des termes théoriques).

Le problème des universaux, dans la version popperienne, n'est pas un problème ontologique, mais essentiellement un problème de méthode. L'anti-essentialisme est une forme de nominalisme méthodologique, qui s'oppose à la conception aristotélicienne selon laquelle « la recherche scientifique doit pénétrer jusqu'à l'essence des choses pour les expliquer » [1].

> Les essentialistes méthodologiques sont enclins à formuler les questions scientifiques dans des termes tels que « qu'est-ce que la matière ? » ou « qu'est-ce que la force ? » ou « qu'est-ce que la justice ? » et ils croient qu'une réponse pénétrante à ce genre de questions, révélant la signification réelle ou essentielle de ces termes et, par là, la nature réelle ou véritable des essences qu'ils dénotent est au moins un prérequis nécessaire de la recherche scientifique, sinon sa tâche principale. Les *nominalistes méthodologiques*, par opposition à cela, formuleraient leurs problèmes dans des termes tels que « comment se comporte ce fragment de matière ? » ou « comment se meut-il en présence d'autres corps ? ». Car les nominalistes méthodologiques soutiennent que la tâche de la science est uniquement de décrire la manière dont les choses se comportent, et ils suggèrent qu'on doit le faire en introduisant des termes nouveaux partout où c'est nécessaire, ou en redéfinissant des termes anciens partout où il est opportun de le faire, tout en négligeant allègrement leur signification originelle. Car ils regardent les *mots* simplement comme des *instruments de description utiles* [2].

---

1. K. Popper, *Misère de l'historicisme* [1944-1945], trad. fr. H. Rousseau et R. Bouveresse, « Agora », Paris, Presses Pockett, 1956-1988, p. 37-38.
2. *Ibid.*, p. 38.

Popper préfère le terme « essentialisme » au terme « réalisme » pour deux raisons, d'une part parce qu'il est un réaliste décidé en ce qui concerne le problème de l'existence du monde extérieur, d'autre part parce que son nominalisme méthodologique est compatible avec ce qui peut passer à première vue pour une certaine forme de platonisme : la croyance à la réalité et à l'autonomie de ce qu'il appelle « le monde 3 ». C'est un lieu commun (pour ne pas dire une idée reçue) épistémologique que l'essor et les progrès de la science moderne ont été rendus possibles en grande partie par l'abandon de l'attitude essentialiste :

> L'évolution de la pensée depuis Aristote pourrait, je crois, être résumée en disant que toute discipline, aussi longtemps qu'elle a utilisé la méthode aristotélicienne de définition, est restée bloquée dans un état de verbiage creux et de scolastique stérile, et que le degré auquel les diverses sciences ont été capables de progresser d'une manière quelconque a dépendu du degré auquel elles ont été capables de se débarrasser de cette méthode essentialiste[1].

Or, si l'essentialisme a été pratiquement éliminé dans les sciences de la nature, il continue, selon Popper, à dominer largement la méthode des sciences sociales ; et c'est ce qui explique que celles-ci appartiennent encore, d'une certaine manière, au Moyen-Âge.

La solution que Popper donne au problème de l'origine et de la nature des universaux (une question qui est liée directement à celle du fondement de l'induction) est finalement une solution de type biologique et évolutionniste :

> Le problème des universaux est traité même aujourd'hui comme si c'était un problème de mots ou d'usages du langage ; ou de similitudes dans des situations, la question étant de savoir comment elles sont reproduites par des similitudes dans notre symbolisme linguistique. Il me semblait pourtant tout à fait

---

1. K. Popper, *The Open Society*, *op. cit.*, vol. II, p. 9.

évident qu'il était beaucoup plus général; qu'il était fondamentalement un problème ayant trait à une similitude de *réaction* à des situations biologiquement similaires. Puisque toutes (ou presque toutes) les réactions ont, du point de vue biologique, une valeur anticipatrice, cela nous amène au problème de l'anticipation ou de l'attente, et ainsi à celui de l'adaptation à des régularités[1].

Et « en substituant le problème de l'adaptation biologique à des régularités au problème de l'existence de similitudes »[2], Popper était en fait, comme il en a pris conscience par la suite, plus proche du « réalisme » que du nominalisme traditionnel.

Mais, alors qu'il a récusé la solution essentialiste du problème des universaux en transportant le débat sur un autre terrain, il semble avoir rejeté la conception essentialiste de la définition simplement en en prenant le contre-pied exact. À la théorie essentialiste de la définition, selon laquelle les définitions expriment ou doivent exprimer la vraie nature du défini, il oppose, en effet, dans *La Société ouverte et ses ennemis* une théorie nominaliste et conventionnaliste radicale, selon laquelle les définitions scientifiques n'expriment en fait rien du tout : elles constituent uniquement des abréviations commodes. Par conséquent,

> toutes les définitions peuvent être omises sans entraîner une perte de l'information transmise. Il en résulte que dans la science *tous les termes dont on a réellement besoin doivent être des termes non définis*[3].

Cette conception est, comme on l'a déjà remarqué, très contestable, dans la mesure où elle considère comme toujours possible en principe une distinction stricte entre ce qui, dans les règles qui gouvernent l'usage d'un terme, constitue une

---

1. K. Popper, *La quête inachevée*. Autobiographie intellectuelle [1974], trad. fr. par R. Bouveresse, Calmann-Lévy, 1981, p. 24.

2. *Ibid.*, p. 26.

3. K. Popper, *The Open Society*, *op. cit.*, vol. II, p. 18.

spécification conventionnelle de la « signification » du terme en question et ce qui exprime ou présuppose une information extra-linguistique plus ou moins indirecte ; et elle est encore bien plus contestable du point de vue de l'histoire des sciences, dans la mesure où, prise à la lettre, elle aboutit à une méconnaissance totale du rôle véritable et de l'importance des définitions scientifiques. Comme l'écrit Putnam,

> Cela représenterait clairement une distorsion de la situation que de dire que « énergie cinétique = 1/2MV ^{2} » était une définition, et qu'Einstein a simplement changé la définition. Le paradigme que cette explication suggère est à peu près le suivant : « énergie cinétique », avant Einstein, était utilisé *arbitrairement* pour représenter « 1/2MV ^{2} ». Après Einstein, « énergie cinétique » a été utilisé *arbitrairement* pour représenter « m + 1/2MV ^{2} + 3/8MV ^{4} + ... ». Cette façon d'expliquer les choses est évidemment incorrecte.
>
> Ce qui est frappant est ceci : quel qu'ait pu être le statut de la « définition de l'énergie » avant Einstein, en la révisant Einstein l'a traitée exactement comme une autre loi naturelle. Il y avait tout un ensemble de lois physiques et mécaniques préexistantes qui devaient être testées quant à leur compatibilité avec la nouvelle organisation théorique. Certaines d'entre elles ont passé le test sans être modifiées – d'autres seulement avec une certaine révision. Parmi les équations qui devaient être révisées (et des considérations formelles indiquaient une manière assez naturelle d'effectuer la révision, une manière qui était en outre copieusement corroborée par des expériences), il y avait l'équation « e = 1/2MV ^{2} »[1].

Comme l'écrit Quine,

> la conventionnalité est une caractéristique passagère, significative à l'endroit où passe le front mouvant de la science, mais qui ne sert à rien lorsqu'il s'agit de classer les propositions

1. H. Putnam, « The Analytic and the Synthetic », *Minnesota Studies in the Philosophy of Science*, t. III (1962), p. 370-371.

derrière les lignes. C'est une caractéristique d'événements, et non de propositions[1].

Mais il est clair que le tracé des lignes à un moment donné, tel que l'historien des sciences cherche à le reconstruire, ne nous permet pas forcément de décider si un énoncé scientifique a été accepté comme une stipulation plus ou moins arbitraire ou comme une vérité d'un certain type. Et si l'on admet la conclusion de Quine, à savoir que les définitions ne sont finalement pas si différentes des hypothèses et des lois qu'on le suppose généralement, on devra admettre également qu'en un certain sens elles ne représentent pas plus et pas moins la « nature réelle » des choses que ne le font les autres propositions scientifiques.

IV

Popper affirme, pour sa part, que

l'essentialisme est dans l'erreur lorsqu'il suggère que les définitions peuvent ajouter quelque chose à notre *connaissance des faits* (même s'il est vrai qu'en tant que décisions concernant des conventions elles peuvent être influencées par notre connaissance des faits, et même s'il est vrai qu'elles créent des instruments qui peuvent à leur tour influencer la formation de nos théories et du même coup l'évolution de notre connaissance des faits). Une fois que nous nous sommes rendu compte que les définitions ne donnent jamais aucune information factuelle sur la « nature », ou sur « la nature des choses », nous voyons également se rompre le lien logique entre le problème

---

1. « Carnap and Logical Truth », *in* W. V. Quine, *The Ways of Paradox and Other Essays*, New York, Random House, 1966, p. 112.

de l'origine et celui de la vérité factuelle, que certains philosophes essentialistes ont essayé d'inventer[1].

Ce qui est en cause est donc en fait essentiellement la
possibilité d'établir une connexion logique entre le problème
de la signification et celui de la vérité par le biais des définitions qui, dans la conception essentialiste, sont supposées
fournir des *vérités* premières ou originaires concernant les
choses dont il est question dans le discours scientifique. La
polémique contre l'essentialisme est, de ce point de vue, principalement une polémique contre le mythe de l'« explication
ultime » et le réductionnisme radical[2].

Or, s'il y a des définitions auxquelles on ne peut appliquer,
de façon générale, la conception conventionnaliste ou instrumentaliste suggérée par Popper, ce sont bien les définitions
« explicatives » et les définitions « réductives ». Pour prendre
un exemple de définition explicative cher au cœur de Popper,
la définition tarskienne de la vérité, il est exact que, contrairement à ce qu'ont supposé beaucoup de philosophes, Tarski
n'a jamais prétendu fournir une explication de ce qu'est réellement la vérité ou de ce que signifie réellement le mot « vérité »
(c'est un point sur lequel ses « remarques polémiques »[3] ne
laissent subsister aucune possibilité de confusion). Mais, bien
entendu, on ne peut pas dire non plus (en dépit de la boutade
concernant la possibilité d'utiliser, si l'on veut, le mot « trai »
[*frue*] pour désigner le vrai sémantique au sens qui a été défini)
qu'il ait voulu uniquement introduire une convention commode concernant l'usage d'un mot ni même simplement
fournir un instrument de travail utile aux logiciens. Or, comme
je l'ai déjà remarqué, on peut probablement en dire autant de la

---

1. K. Popper, *Conjectures et Réfutations*. La croissance du savoir
scientifique, trad. fr. par M. I. et M. B. de Launay, Paris, Payot, 1985, p. 43.

2. Cf. *ibid.*, chap. III, § 3, p. 159-165.

3. « La conception sémantique de la vérité et les fondements de la
sémantique », *in* A. Tarski, *Logique, sémantique et métamathématique*, trad. fr.
G.-G. Granger (dir.), Paris, Armand Colin, 1972-1974, t. II, p. 265 *sq.*

plupart des définitions qui donnent lieu à des discussions théoriques ou philosophiques. La situation serait effectivement plus simple si l'on pouvait démêler sur le moment le complexe plus ou moins inextricable d'éléments divers qui entrent en jeu dans un problème de définition, lorsqu'il ne s'agit pas simplement d'instaurer arbitrairement une relation de synonymie entre des expressions : faits empiriques connus, notions ou prénotions intuitives, lois et théories scientifiques existantes, conceptions philosophiques, stipulations plus ou moins conventionnelles, etc. En ce qui concerne les définitions réductives, la meilleure façon de les justifier, d'un point de vue popperien, est sans doute de remarquer qu'elles sont généralement aussi importantes que les *problèmes* de réduction eux-mêmes. Et c'est Popper lui-même qui déclare que

> les scientifiques, quelle que soit leur attitude philosophique à l'égard du holisme, *doivent* accueillir avec joie le réductionnisme comme *méthode :* ils doivent être des réductionnistes naïfs ou sinon plus ou moins critiques ; en fait, je soutiendrai qu'ils doivent être dans une certaine mesure des réductionnistes critiques désespérés, car pratiquement aucune réduction majeure dans la science n'a jamais été *complètement* réussie : il y a presque toujours un résidu non résolu laissé même par les tentatives de réduction les plus réussies [1].

Or, c'est une chose de dire que, s'il y a par exemple différentes façons de définir la notion de nombre naturel à partir de celle d'ensemble, ou celle de nombre réel à partir de celle de nombre rationnel ou de nombre naturel, il peut être (relativement) futile de se quereller sur le choix d'une définition particulière ; c'en est une autre de suggérer qu'on ne doit pas être spécialement intéressé par la recherche d'une définition quelconque (en vertu d'un argument aussi classique

---

1. « Scientific Reduction and the Essential Incompleteness of All Science », *in* F. J. Ayala and T. Dobzhansky (eds.), *Studies in the Philosophy of Biology*, Reduction and Related Problems, MacMillan, 1974, p. 260.

qu'obscurantiste qui reviendrait finalement à peu près à dire que les mathématiciens savent toujours suffisamment de quoi ils parlent lorsqu'ils parlent de nombres naturels ou de nombres réels).

L'« exhortation anti-essentialiste » de Popper,

> Ne vous laissez jamais entraîner jusqu'à prendre au sérieux des problèmes portant sur les mots et leurs significations. Ce qu'il faut prendre au sérieux, ce sont des questions de fait, et des assertions portant sur les faits : des théories et des hypothèses, les problèmes qu'elles résolvent et les problèmes qu'elles font naître[1],

pourrait donc, à mon sens, être reformulée à peu près ainsi : les questions de mots et de signification sont futiles, sauf dans les cas où elles sont importantes. Et l'on peut parfaitement admettre que les explications de mots ont un intérêt essentiellement pragmatique et relatif, sans pour autant aller jusqu'à la conclusion que suggèrent – tout au moins si on les prend à la lettre – certaines déclarations de Popper, à savoir qu'elles n'ont aucune importance.

Wittgenstein constitue certainement, aux yeux de Popper, le prototype du philosophe verbaliste : il s'est intéressé essentiellement et en un certain sens exclusivement à des questions de mots et de signification (c'est du moins ce que suggèrent la plupart des interprétations usuelles). Mais cela ne l'a pas empêché d'être en même temps le philosophe contemporain le plus typiquement anti-essentialiste et anti-réductionniste, et l'un des dénonciateurs les plus virulents du paradigme trompeur de l'« explication ultime ». Popper a insisté particulièrement sur le fait que « nous ne devrions pas essayer de passer nos ponts avant d'être arrivés devant eux »[2]. C'est-à-dire : toute recherche d'une explication ou d'une définition doit répondre à une question et à un besoin réels ; et c'est une

---

1. K. Popper, *La quête inachevée, op. cit.*, p. 23.
2. K. Popper, *The Open Society*, vol. II, p. 20.

erreur de vouloir à tout prix anticiper, d'essayer de dire des choses plus précises et plus définitives qu'il n'est possible et nécessaire à un moment donné. Mais cette conception « pragmatique » est exactement celle de Wittgenstein, y compris, bien entendu, en ce qui concerne le problème de l'«explication » philosophique : une tentative d'explication, de définition ou de clarification est réussie, non pas lorsqu'elle satisfait à un certain critère philosophique abstrait, mais lorsqu'elle atteint son but, c'est-à-dire lorsqu'elle lève effectivement l'incompréhension, le doute ou l'obscurité qui la rendent nécessaire (*cf.* par exemple *Recherches philosophiques*, § 87).

V

Le tableau que Popper a utilisé à maintes reprises[1] pour dénoncer la conception erronée des rapports entre la signification et la vérité qui caractérise l'essentialisme sert à illustrer simultanément deux thèses philosophiques. (1) On peut réduire la signification (*resp.* la vérité) des termes (*resp.* des propositions) à celle de termes non définis (*resp.* de propositions primitives) par l'intermédiaire de définitions (*resp.* de déductions), mais (2) vouloir *établir* par ce moyen la signification (*resp.* la vérité) des termes (*resp.* des propositions) nous entraîne dans une régression à l'infini. (Mais il n'en reste pas moins que, dans la pratique, nous « établissons » couramment la vérité d'une proposition à partir d'autres propositions considérées comme vraies, pour quelque raison que ce soit : ce qui est vrai, c'est simplement que l'on *peut* toujours avoir besoin de remonter plus haut, et non que l'on a toujours besoin de le faire).

---

1. *Conjectures et réfutations*, p. 42 ; *La connaissance objective*, p. 204 et 457 ; *La quête inachevée*, p. 27. Voir la présentation, p. XXX.

Ce dont il est question dans la colonne de droite (les propositions et leur vérité) est ce qui est réellement important du point de vue philosophique, par opposition à ce dont il est question dans la colonne de gauche (les termes et leur signification). Dans *La Société ouverte et ses ennemis*, Popper faisait remarquer :

> Dans la science, nous veillons à ce que les assertions que nous formulons ne *dépendent* jamais de la signification de nos termes[1].

En d'autres termes (pour dire les choses de façon moins provocante), nous ne donnons à nos termes que le minimum de signification requis pour pouvoir poser la seule question réellement importante : celle de la *vérité* de nos propositions et de nos théories. Selon la conception que j'ai appelée plus haut « conceptualiste »,

> la question de savoir si une théorie est vraie, ou nouvelle, ou intellectuellement importante, dépend de sa signification ; et *la signification d'une théorie* (à condition qu'elle soit formulée de façon grammaticalement non ambiguë) *est une fonction des significations des mots dans lesquels la théorie est formulée*[2].

Contre cette façon de voir, Popper défend une théorie propositionnaliste et plus généralement contextualiste de la signification, selon laquelle

> la relation qui existe entre une théorie (ou un énoncé) et les mots utilisés dans sa formulation est à plusieurs égards analogue à celle qui existe entre les mots écrits et les lettres utilisées pour les écrire[3].

1. *The Open Society*, vol. II, p. 19.
2. *La quête inachevée*, p. 28.
3. *Ibid.*

Ce qui veut dire que

> les seules fins importantes du point de vue intellectuel sont : la formulation de problèmes ; les essais de solution à l'aide de théories proposées à titre expérimental ; et la discussion critique des théories rivales [1].

Les mots ont, dans cette affaire, une fonction purement instrumentale : ils « jouent un rôle purement technique ou pragmatique dans la formulation de théories » [2]. L'erreur essentielle de la philosophie analytico-linguistique serait alors la suivante :

> La tâche de la philosophie a été décrite de plus en plus largement comme ayant trait à la signification, et cela voulait dire principalement la signification des mots. Et personne n'a mis sérieusement en question le dogme accepté implicitement selon lequel la signification d'un énoncé, tout au moins dans sa formulation la plus explicite et univoque, dépend de (ou est une fonction de) celle de ses mots. Cela est vrai également des analystes du langage britanniques et de ceux qui suivent Carnap dans la défense de la conception selon laquelle la tâche de la philosophie est l' « explication de concepts », c'est-à-dire consiste à rendre les concepts précis. Or *il n'y a rien de tel qu'une « explication » ou un concept « expliqué » ou « précis »* [3].

La présentation de Popper est évidemment assez surprenante, dans la mesure où, comme le remarque Quine, l'innovation essentielle du réductionnisme radical moderne par rapport à la version classique (telle qu'on la trouve par exemple chez Hume) est justement le fait que « l'on en soit venu à considérer comme le porteur premier de la signification non plus le terme, mais l'énoncé (*statement*) ».

1. *La quête inachevée*, p. 28.
2. *Ibid.*
3. *Ibid.*, p. 38.

Cette réorientation, visible chez Bentham et Frege, est à la base du concept russellien de symboles incomplets pourvus de définitions d'usage (*defined in use*); et elle apparaît également de façon implicite dans la théorie vérificationniste de la signification, puisque les objets de la vérification sont des énoncés. Le réductionnisme radical, conçu à présent avec les énoncés comme unités, s'est fixé pour tâche de spécifier un langage des *sense-data* et de montrer comment traduire dans ce langage, énoncé à énoncé, le reste du discours doué de sens. C'est le projet dans lequel Carnap s'est lancé avec l'*Aufbau*[1].

Le point crucial est, cependant, que, pour Popper, la signification de nos théories (et donc des mots qui interviennent dans leur formulation) est indéterminée ou sous-déterminée en un sens beaucoup plus radical que ne le suggère, par exemple, la théorie de la signification des termes non-observationnels (dispositionnels et théoriques) développée par Carnap à partir de 1936 : il y a un sens du « sens » ou de la « signification » d'une théorie qui les rend « dépendants du contenu de celle-ci, et par conséquent plus dépendants de ses relations avec d'autres théories que de la signification d'un ensemble quelconque de mots »[2]. Le *contenu logique* d'une théorie est infini en un sens trivial, parce qu'il est défini comme étant la classe de toutes ses conséquences logiques (non tautologiques). Mais son *contenu informatif* l'est également en un sens beaucoup moins trivial, parce qu'il est constitué par la classe de tous les énoncés plus ou moins imprévisibles qui sont incompatibles avec la théorie ; et, par conséquent,

> toute théorie qui est incompatible avec [la théorie] *t*, donc *toute théorie future qui peut un jour supplanter t* (par exemple, après qu'une expérience cruciale ait tranché contre *t*) *appartient évidemment au contenu informatif de t*[3].

---

1. Quine, *Du point de vue logique*, *op. cit.*, p. 72-76.
2. *La Quête inachevée*, *op. cit.*, p. 37.
3. *Ibid.*, p. 34.

Et, bien entendu, nous ne pouvons pas connaître ou construire à l'avance les théories susceptibles de remplacer un jour la théorie actuelle. Puisque la théorie newtonienne et la théorie einsteinienne de la gravitation s'excluent l'une l'autre, chacune d'entre elles appartient au contenu informatif de l'autre. (Popper présuppose évidemment que, dans le passage d'une théorie à l'autre, la signification des termes théoriques cruciaux est simplement explicitée ou précisée, c'est-à-dire que, contrairement à ce qu'affirment des épistémologues comme Feyerabend, il y a réellement un noyau de signification commun entre, par exemple, la mécanique céleste classique et la théorie de la relativité générale, qui rend les deux théories « commensurables »). Il s'ensuit que nous ne comprenons jamais complètement une théorie, puisqu'il faudrait connaître à l'avance toutes ses implications logiques pour la comprendre en ce sens-là. Ce que Popper a exprimé en disant que « nous ne savons jamais de quoi nous parlons ». Mais, comme il est *logiquement* exclu que l'on puisse savoir de quoi on parle en ce sens-là, on peut tout aussi bien dire que Newton, même s'il ne pouvait prévoir Einstein et ses successeurs, savait parfaitement de quoi il parlait, au sens où l'on peut savoir de quoi on parle dans une théorie ; et ce serait une pure absurdité de suggérer que l'on sait toujours *suffisamment* de quoi on parle (comme si, par exemple, l'analyse conceptuelle, l'explication et la définition n'avaient pas souvent joué un rôle important dans l'évolution des connaissances scientifiques elles-mêmes). De toute manière, les tentatives d'« explication » des philosophes analytiques ont eu trait le plus souvent à des concepts dont le statut n'est pas réellement comparable à celui des concepts théoriques auxquels songe Popper, des concepts dont le contenu n'est pas déterminé par une « théorie » au sens auquel le contenu des concepts physiques peut être considéré comme déterminé par la théorie physique existante.

VI

J'ai suggéré plus haut que l'anti-essentialisme de Popper était probablement difficile à réconcilier avec l'appréciation qu'il porte sur le réductionnisme en général. Le réductionnisme *philosophique* est, selon lui, une erreur fondamentale ; mais le réductionnisme *méthodologique* est pratiquement l'attitude de rigueur dans les sciences. À cela on est tenté d'objecter qu'une philosophie « générale » réductionniste est la plupart du temps beaucoup trop vague et métaphysique ou beaucoup trop irréaliste pour avoir une incidence sérieuse sur la pratique scientifique, et qu'au contraire, là où elle est susceptible d'inspirer un programme réductionniste précis, elle est à la fois importante (pour cette raison) et de peu d'importance (puisqu'on peut très bien accepter le programme sans pour autant partager la philosophie). Le programme réductionniste de Hilbert s'inspirait certainement d'une philosophie des mathématiques plus que contestable. Mais ce qui est important, c'est qu'il ait pu être mené à bien pour une partie des mathématiques pour laquelle il n'était nullement évident *a priori* qu'il pourrait l'être, et que, pour les autres, on ait réussi à *démontrer* qu'il ne pouvait l'être. Le formalisme hilbertien avait, sur le réalisme tel qu'on le conçoit habituellement, l'avantage majeur de représenter une conception testable. Comme le remarque Kreisel :

> La conception réaliste est certainement très proche de la manière dont une bonne partie des mathématiques se présente à nous, et (c'était bien entendu sa raison d'être première) elle explique l'objectivité des mathématiques, c'est-à-dire l'accord sur les résultats, par le fait que les mathématiques portent sur des objets extérieurs entre lesquels et nous il s'établit un certain type de contact. [...] Il y a une similitude considérable dans les méthodes d'acquisition de la connaissance entre les mathématiques élémentaires et la physique. Également, il y aurait accord sur le fait que la présupposition réaliste d'objets mathématiques

extérieurs n'est pas plus *problématique* que celle d'objets physiques.

La *faiblesse* réside ailleurs. Fondamentalement, l'ennui semble être que la conception réaliste n'a jamais été développée assez loin pour être soumise à un test réel, ce qui la met en opposition tranchée avec le formalisme (de Hilbert)[1].

La biologie fournit une illustration encore bien plus typique du contraste évoqué par Kreisel. Alors que l'attitude réductionniste y a conduit à des résultats à la fois positifs et négatifs extrêmement importants (et, comme le souligne Popper lui-même, les échecs partiels d'une tentative de réduction sont aussi éclairants et féconds que ses succès partiels), l'anti-réductionnisme de principe, aussi bien méthodologique que philosophique, ne suggère *a priori* aucune direction ou directive de recherche qui donne l'espoir de pouvoir juger un jour réellement l'arbre à ses fruits.

La méfiance caractéristique qui continue à se manifester chez un certain nombre de philosophes à l'égard des tentatives de réduction globale ou même simplement locale doit probablement être attribuée à la persistance de certaines erreurs d'appréciation sur ce qui est réellement en question. Si la réduction nous conduit normalement du moins fondamental au plus fondamental et du moins connu au plus connu, elle ne représente pas nécessairement un gain quelconque en certitude ou en sécurité. Il n'y a probablement plus beaucoup de philosophes qui pensent qu'une solution du problème du « fondement » des mathématiques aurait pour effet de rendre nos mathématiques plus stables et plus sûres. Comme l'écrit Kreisel,

> [l]la notion de *fondements* (*foundation*) a maintenant une signification tout à fait naturelle (mais différente de son usage métaphorique qui évoque l'idée d'« assurer » les

1. « Mathematical Logic », *in Lectures on Modern Mathematics*, T. L. Saaty, J. Wiley & Sons (eds.), New York, 1965, vol. 111, p. 186.

mathématiques). Les fondements, pour une classe de concepts ou de principes, fournissent une analyse en termes plus fondamentaux; et – pour ne pas priver les universitaires de la part de drame qu'il y a dans leur vie – les fondements ultimes utilisent des concepts primitifs, pour lesquels il n'y a pas de termes plus fondamentaux. Le fait fondamental est celui-ci : pour les « fondements » au sens qui a été décrit, *l'existence des fondements comme objet d'étude est elle-même une hypothèse grandiose* [...]. Il se peut qu'il n'y ait pas un *ordre* cohérent (plus fondamental) entre les concepts ou il se peut que nous ne soyons pas en mesure d'en trouver un; même si nous abandonnons à une recherche ultérieure les détails concernant le type d'ordre propre à ce projet[1].

Les questions de définition et de réductibilité sont en principe indépendantes des questions de priorité gnoséologique ou épistémologique. Pour trouver un intérêt philosophique à des tentatives de constitution radicale des concepts dans le style de l'*Aufbau* de Carnap, il n'est pas nécessaire de supposer qu'il existe et que l'on peut espérer trouver quelque chose comme un fondement ultime de la connaissance et de la science[2].

Si la réduction permet, dans un certain nombre de cas caractéristiques, de remplacer des entités plus ou moins problématiques par des constructions logiques effectuées à partir d'entités plus « concrètes » et plus familières, il y a de nombreux exemples qui donnent exactement l'impression du contraire : les notions tout à fait abstraites et dérivées (dans l'ordre de la réduction) sont souvent plus claires et mieux « comprises » que les notions élémentaires auxquelles on

1. G. Kreisel, « Perspectives in the Philosophy of Pure Mathematics », *in* P. Suppes, L. Henkin, Gr. C. Moisil and A. Joja (eds.), *Logic, Methodology and Philosophy of Science* IV, Amsterdam, North-Holland Publishing Company, 1973, p. 269.

2. Voir par exemple N. Goodman, *The Structure of Appearance*, 2ᵉ éd., The Bobbs-Merrill Company, Inc., 1966, p. 136-142 ; trad. fr. sous la direction de J.-B. Rauzy, *La structure de l'apparence*, Paris, Vrin, 2005.

essaie de les réduire. Mais cela prouve simplement que le bénéfice de la réduction ne doit pas être cherché essentiellement de ce côté-là.

La définition et la réduction ne doivent pas être envisagées uniquement du point de vue de l'élimination et de la parcimonie. En un certain sens, elles représentent aussi une multiplication des ressources disponibles et une sorte de luxe conceptuel. Comme le remarque Quine, « l'intérêt qu'il y a à découvrir le moyen de se passer d'un concept n'est pas axé sur la renonciation à ce concept »[1]. Et les utilisations inconsidérées du rasoir d'Occam ne doivent pas faire perdre de vue les cas « où un présupposé est éliminé non pas parce qu'il soulève un doute, mais précisément parce qu'on peut le faire; après tout nous pouvons vouloir étudier le présupposé! »[2].

VII

Une des composantes essentielles de ce qu'on est convenu d'appeler la « rationalité occidentale » est (ou, si l'on en croit certains philosophes contemporains, *était*) effectivement la recherche de la vérité comme norme, qui entraîne l'obligation de produire des hypothèses et des théories susceptibles de se heurter quelque part à une « réalité ». Une autre, à peine moins importante, est le devoir de s'expliquer aussi clairement qu'il est possible sur ce que l'on « veut dire » (ce que Kreisel appelle[3] l'obligation « *to say what we mean* – at the risk of, eventually, not meaning what we say »). La philosophie analytique a développé jusqu'à ses plus extrêmes conséquences, et parfois jusqu'à la limite de l'absurdité, cette deuxième tendance. Et ceux (dont je suis) qui ont une certaine considération pour elle sont probablement moins sensibles aux

1. Quine, *Le mot et la chose*, p. 268.
2. G. Kreisel, *op. cit.*, p. 274.
3. *Ibid.*, p. 269.

réponses qu'elle a apportées qu'au degré de précision et de clarté tout à fait inhabituel qu'elle a introduit dans la discussion de certaines questions philosophiques.

On pourrait dire également qu'il y a deux façons d'être victime du mythe de l'explication ultime : l'une qui consiste à croire qu'il existe des explications de ce genre et à les chercher explicitement, l'autre qui consiste, sous prétexte qu'il ne peut en exister, à renoncer trop vite et trop facilement à expliquer, au sens de définir, préciser, clarifier, réduire, etc. Il me semble que Popper, par réaction contre les excès de la philosophie analytique ou linguistique, a été finalement une victime typique du mythe de l'explication radicale au deuxième sens. Le principe « prenez soin de la vérité, le sens prendra soin de lui-même » est un principe purement verbal ou, si ce n'est pas le cas, contestable et dangereux (dangereux, en tout cas, pour la philosophie).

NANCY CARTWRIGHT

LES LOIS DE LA PHYSIQUE ÉNONCENT-ELLES LES FAITS ?

PRÉSENTATION
Denis Bonnay

Le bref article de Nancy Cartwright reproduit ici défend une thèse provocatrice, puisqu'il ne s'agit rien moins que de réfuter la vue commune selon laquelle le propre des lois de la nature est de décrire fidèlement les faits. Nancy Cartwright, professeur à l'université de San Diego et à l'université de Durham, est une philosophe et historienne des sciences; ses terrains de prédilection sont la mécanique quantique et l'économie. Elle a développé, depuis *How the Laws of Physics Lie* (1983) puis dans *The Dappled World : a Study of the Boundaries of Science* (1999) et dans d'autres ouvrages jusqu'à *Nature, the Artful Modeller* (2019), une œuvre de philosophie des sciences originale, qui prend la forme d'un empirisme prêt à réintroduire causalités et tendances dans le monde et sceptique à l'égard du mythe d'une science unifiée et de l'universalité des lois.

Dans « Les lois de la physique énoncent-elles les faits ? », Cartwright entend montrer les impasses d'une position réaliste concernant les lois, disons celle qui sous-tend la pratique des scientifiques. Selon cette théorie, qu'elle appelle « théorie de la factualité » des lois de la nature, celles-ci sont explicatives tout simplement parce qu'elles sont vraies, parce qu'elles décrivent de manière adéquate les faits. La critique de Cartwright porte sur le modificateur *ceteris paribus*, « toutes choses égales par ailleurs », qui vient habituellement nuancer les conditions de validité des lois. Par exemple, la loi de la gravitation dit que, *ceteris paribus*, la force s'exerçant entre deux corps est proportionnelle à leur masse et inversement proportionnelle au carré de leur distance. Bien évidemment, dans l'immense majorité des cas, la force gravitationnelle n'est pas la seule force à l'œuvre, de sorte que la formule newtonienne ne nous dit pas à elle seule quelle est réellement, « au total », la force qui va s'exercer.

Le point de Cartwright se résume dans le dilemme suivant. Soit l'on interprète la loi en question en restreignant son champ d'application : *ceteris paribus* signifie alors « dans les cas où seules les forces gravitationnelles sont à l'œuvre ». Avec cette lecture la loi est vraie, la théorie de la factualité est tenable ; mais une telle loi est bien inutile, qui ne vaut que dans des circonstances très simples et idéalisées. Soit l'on interprète la loi comme ne portant que sur une des forces qui peut entrer en composition avec d'autres pour donner la force réellement à l'œuvre. Il ne s'agit pas vraiment dans ce cas de dire que la loi vaut *ceteris paribus*, ou alors seulement dans un sens un peu particulier ; la loi devient en effet « la force *gravitationnelle* s'exerçant entre deux corps est proportionnelle à leur masse et inversement proportionnelle au carré de leur distance ». Mais alors selon Cartwright – et c'est ici que les arguments sont les plus problématiques – la loi ne satisfait plus la demande de factualité. De quoi parle notre loi selon cette version ? L'argument de Cartwright consiste à aller contre la solution naturelle en termes d'addition vectorielle selon laquelle la loi décrit une force composante. Sur cet exemple et sur d'autres, Cartwright soutient que cette solution n'est pas ontologiquement satisfaisante parce que les effets qu'elle prédit n'ont pas réellement lieu, parce qu'on ne peut pas raisonnablement considérer que l'effet observé soit réellement la composition d'effets composants. Cartwright envisage aussi d'autres types de solution, comme l'appel à des lois plus générales – des « super lois » – sous lesquelles on pourrait subsumer les effets complexes observés, mais selon elle, cette solution n'est ni toujours disponible ni pleinement satisfaisante (car ce sont bien les lois portant sur les différents facteurs *pris indivi- duellement* qui sont explicatives).

Cartwright avait déjà (dans « The Truth doesn't Explain Much ») utilisé le même argument du « *ceteris paribus* » afin de critiquer le modèle empiriste des lois de couverture à la Hempel, selon lequel l'explication scientifique d'un énoncé E consiste à produire des lois générales vraies qui permettent, à partir d'un certain nombre de données empiriques, de déduire E. Contre l'idée selon laquelle décrire et expliquer seraient tout un, Cartwright utilisait une variante du dilemme pré- cédent pour montrer que ces deux fonctions de la science ne convergent pas. Les lois particulières expliquent bien, mais elles décrivent mal. Des lois de couverture générales peuvent décrire adéquatement, mais ce n'est pas d'elles que vient l'explication ; ce qui est explicatif c'est au contraire de pouvoir analyser l'effet réel, en référant par exemple chacune des forces qui concourent à le produire à des propriétés distinctes comme la masse ou la charge électrique.

Ces deux articles partagent une même vision de la science et du monde, la vision d'une science morcelée en une multi- tude de lois à l'intersection problématique, foncièrement morcelée, parce qu'à l'image d'un monde éclaté ou, pour le dire dans les termes métaphoriques de *The Dappled World*, « dappled », « moucheté » par les traces de légalités hétéro- gènes. Pour autant, Cartwright ne pense plus que le dualisme du fonctionnement de la science défendu dans « The Thruth doesn't Explain Much » soit tenable ; il n'y a pas des lois vraies et quelque chose d'autre pour expliquer, c'est bien par la seule exhibition de lois que la science avance. Si cette dualité n'est pas inscrite dans la science, il faut alors repenser la nature des lois scientifiques. C'est cette piste qu'indiquent dans notre texte les allusions à la vieille théorie des pouvoirs combattue par Hume, qui serait pourtant susceptible de rendre compte du contenu des explications par composition des causes : si un seul effet, non composé, a lieu réellement, rien n'interdit de considérer que plusieurs tendances ou capacités sont à l'œuvre, tendances qui seraient cette fois ce qui est véritablement décrit par la science. Autrement dit, on ne pourra comprendre le contenu factuel de la science qu'en révisant notre conception de ce qu'est l'objet de la science.

Cela est élaboré dans *Nature's Capacities and their Measurement* qui tire toutes les leçons du problème du « *ceteris paribus* ». Contre Hume, Cartwright cherche à montrer qu'on peut être empiriste et adopter une ontologie de capacités. Elle résume elle-même sa stratégie argumentative en trois points : la science, c'est la mesure, les capacités sont mesurables et la science ne peut être comprise sans recourir à elles. Il s'agit de faire droit à l'intention anti-humienne sous-jacente aux affirmations à caractère causal comme « l'aspirine soulage le mal de tête ». Disant cela, on n'entend pas affirmer une loi générale, selon laquelle *ceteris paribus*, l'aspirine soulage la plupart du temps le mal de tête ; on veut dire que l'aspirine, du fait même d'être de l'aspirine, soigne les maux de tête. On attribue une certaine capacité à l'aspirine (*Nature's Capacities and their Measurement*, p. 141).

Au vu de l'originalité de ces thèses, il faut être prudent lorsqu'on cherche à situer cet article dans les débats épistémologiques contemporains. À le réinscrire trop vite dans l'opposition entre réalisme et anti-réalisme ou dans certaines discussions sur la nature des lois, on passerait en effet à côté de la spécificité – problématique – de la philosophie de Cartwright.

Ses arguments contre le réalisme spontané ne débouchent pas sur une position anti-réaliste ; au contraire, comme le montre sa critique de Van Fraassen («Comments on Van Fraassen»), elle cherche à penser une causalité «mondaine» à travers le concept de capacité. Sa position est donc plutôt «hyper-réaliste», puisqu'elle admet une ontologie plus riche qu'une simple ontologie d'entités observables ou non. De même, il serait trompeur de ranger Cartwright du côté des récentes théories de la science «sans lois»; s'il est vrai que certains comme Giere (*Science without Laws*), ont pu utiliser dans cette optique l'argument du *ceteris paribus*, la position de Cartwright est très différente, puisque les vérités générales des lois sont au contraire ancrées dans l'effectivité des tendances, même si celles-ci sont *in fine* appelées à se substituer à l'idée de lois de la nature.

La menace que font peser sur les lois scientifiques les clauses *ceteribus paribus* a retenu l'attention d'une littérature récente spécifiquement consacrée au problème. En toute généralité, la question est de savoir s'il est possible de donner une interprétation non-triviale de cette clause, de manière à éviter qu'apposer à une loi le modificateur en question ne revienne à dire que cette loi s'applique toujours, sauf lorsqu'elle ne s'applique pas. Trois types de solution se dégagent. Tout en reconnaissant que de telles lois n'ont pas au sens strict de contenu factuel, on peut chercher à expliquer autrement leur statut, comme dans l'article de Lange («Natural Laws and the Problem of Provisos») qui s'inspire de la discussion wittgensteinienne des règles. On peut aussi chercher à réinterpréter les lois en question pour leur attribuer malgré tout un contenu factuel; la défense par Cartwright de l'existence de capacités est un exemple de ce genre de solution. Enfin, on peut chercher à montrer que le problème de trivialisation des lois ne se pose pas; c'est l'option de «*Ceteris Paribus*, There is No Problem of Provisos» où les auteurs soutiennent que les lois fondamentales ne sont pas du type *ceteris paribus*, et que celles qui le sont ne sont tout simplement pas des lois. Cet article fournit par ailleurs une bibliographie détaillée sur la question.

Indications bibliographiques

CARTWRIGHT Nancy, « The Truth Doesn't Explain Much », *American Philosophical Quaterly*, 17, 1980, p. 159-163.

– *How the Laws of Physics Lie*, Oxford, Oxford University Press, 1983.

– « Comments on Van Fraassen », *Philosophy and Phenomenological Research*, 53, 1993.

– *Nature's Capacities and their Measurement*, Oxford, Clarendon Press, 1989.

– *The Dappled World: A Study of the Boundaries of Science*, Cambridge, Cambridge University Press, 1999.

– *Hunting Causes and Using Them*, Cambridge, Cambridge University Press, 2007.

– *Philosophy of Social Science: A New Introduction*, with E. Montuschi, Oxford, Oxford University Press, 2014.

– *Nature, the Artful Modeller*, Chicago, Illinois, Open Court, 2019.

EARMAN J., ROBERTS J., « *Ceteris Paribus*, There is No Problem of Provisos », *Synthese*, 118, 1999, p. 439-478.

GIERE Ronald N., *Science without Laws*, Chicago, University of Chicago Press, 1999.

LANGE M., « Natural Laws and the Problem of Provisos », *Erkenntnis*, 38, 1993, p. 233-248.

LES LOIS DE LA PHYSIQUE ÉNONCENT-ELLES LES FAITS ? *

Introduction

Il existe une certaine conception des lois de la nature qui est si profondément enracinée qu'elle n'a même pas un nom en propre. C'est la conception selon laquelle les lois de la nature décrivent des faits à propos de la réalité. Si nous pensons que les faits décrits par la loi ont cours, ou au moins que les faits qui ont cours sont suffisamment semblables à ceux décrits par la loi, nous comptons la loi comme vraie, ou comme vraie-pour-le-moment, jusqu'à ce que d'autres faits soient découverts. Je propose d'appeler cette doctrine la théorie de la *factualité*[1] des lois (le nom est dû à John Perry).

Il est habituel de prendre comme référence les lois explicatives fondamentales de la physique. Les équations de Maxwell, ou celles de Schrödinger, ou les équations de la relativité générale, ont valeur de paradigmes, de paradigmes sur lesquels toutes les autres lois – les lois de la chimie, de la

* Nancy Cartwright, « Do the laws of physics state the facts ? », *Pacific Philosophical Quarterly* 61, 1980, p. 75-84. La présente traduction, établie par Denis Bonnay, est publiée avec l'aimable autorisation de Blackwell Publishing.

1. [N.d.T.] « Factualité » traduit l'anglais *facticity*.

biologie, de la thermodynamique, ou de la physique des particules – doivent être modelées. Mais cette hypothèse réfute la théorie de la factualité des lois. Car les lois fondamentales de la physique ne décrivent pas des faits vrais à propos de la réalité. Présentées comme des descriptions de certains faits, elles sont fausses; modifiées afin d'être vraies, elles perdent leur force fondamentale, leur force explicative.

Pour comprendre cette affirmation, il sera utile d'opposer la biologie et la physique. J. J. C. Smart ([10] : chapitre III) a soutenu que la biologie est une science de second rang. Ceci parce qu'elle n'a pas de véritables lois à elle. Elle ressemble à l'ingénierie. Toute affirmation générale portant sur un système complexe, qu'il s'agisse d'une radio ou d'un organisme vivant, sera susceptible d'admettre des exceptions. Les généralisations de la biologie, comme les à peu près de l'ingénierie, ne sont pas de véritables lois, parce qu'elles ne sont pas sans exceptions[1].

---

1. L'argument de Smart pour expliquer pourquoi il n'y a pas de lois en biologie « au sens strict » présuppose que les lois – les lois authentiques – sont universelles dans leur domaine d'application. Ainsi pour utiliser l'exemple de Smart lui-même, la généralisation selon laquelle une souris dont les deux parents sont albinos est albinos, quoique probablement vraie, ne peut être acceptée comme une loi, parce que le terme *souris* contient une référence implicite à une planète particulière, à savoir la terre (est une souris un animal qui a les relations de parenté appropriées avec des animaux de cette terre. Aucune créature sur une autre planète, aussi semblable à une souris soit elle, ne pourrait être une souris, étant donnée la manière dont la biologie évolutionniste définit les espèces). Nous pourrions supprimer la référence implicite à la terre en définissant *souris* au moyen d'un ensemble de propriétés possédées par toutes les souris et, sur cette planète, seulement par les souris. Mais alors il est probable que, quelque part aux confins de l'univers, il y ait des animaux avec ces propriétés sans qu'il y ait cette transmission héréditaire. Smart conclut que « si les propositions de la biologie sont universelles dans leur domaine d'application, alors de telles lois ne sont très probablement pas universellement vraies. Si elles ne sont pas falsifiées par quelque espèce ou phénomène étrange sur terre, elles sont très probablement falsifiées quelque part ailleurs dans l'univers. » (*Philosophy and Scientific Realism*, p. 54). Smart tire les mêmes conclusions à propos de la psychologie. [N.d.T. Cette note a été ajoutée dans la version de l'article parue dans *Philosophy of Science*, « The Central Issues », C. et C. Norton & Company (éd.), 1998 (p. 865-877)].

Si c'est une bonne raison [pour regarder la biologie comme une science de deuxième ordre], alors ce doit être la physique qui est la science de deuxième ordre. Non seulement les lois de la physique admettent des exceptions; mais encore, contrairement aux lois biologiques, elles ne sont pour la plus grande part même pas vraies ou approximativement vraies.

La conception des lois par laquelle j'ai commencé – « les lois de la nature décrivent des faits à propos de la réalité » – est une conception prosaïque à laquelle souscrit, j'imagine, n'importe quel scientifique réaliste. Elle suppose que les lois de la nature disent comment des objets de différentes sortes se comportent : comment ils se comportent parfois, ou tout le temps ou même (si l'on veut préfixer un opérateur de nécessité) comment ils doivent se comporter. Ce qui est crucial, c'est qu'elles parlent d'objets – des choses réelles concrètes qui existent dans notre monde matériel, des choses comme des quarks, des souris ou des gènes ; et elles nous disent ce que font ces objets.

Les lois biologiques fournissent de bons exemples. Par exemple, voici une généralisation empruntée à un manuel de Stanford sur les chordés (Alexander [1] : p. 179) :

> Les gymnotoïdes [poisson-couteau américain] sont des poissons minces avec des nageoires caudales extrêmement longues, qui font penser à la lame d'un couteau dont la tête serait la poignée. Ils nagent souvent lentement, le corps immobile, en faisant seulement onduler cette nageoire. On les trouve [probablement « toujours » ou « la plupart du temps »] en Amérique centrale et en Amérique du Sud […]. À la différence des characins ils se cachent [« habituellement » ?] le jour sous les berges ou parmi les racines, ou même s'enterrent dans le sable pour émerger seulement la nuit.

Les lois fondamentales de la physique, par contraste, ne nous disent pas ce que font les objets de leur domaine. Si nous essayons de les voir de cette manière, elles sont simplement fausses, non seulement fausses, mais jugées fausses précisément par la théorie qui les pose. Mais si les lois explicatives de base de la physique ne décrivent pas comment se comportent les choses, que font-elles ? Une fois que nous avons renoncé à la factualité, je ne sais pas quoi dire. Richard Feynman, dans *La nature des lois physiques*, propose une idée, une métaphore. Feynman nous dit : « Il existe […] dans les phénomènes de la nature un rythme, une structure, invisibles pour l'œil et qui n'apparaissent qu'à l'analyse ; ce sont ces rythmes et structures que nous appelons Lois Physiques […] » ([3] : p. 13 [trad. fr. p. 15]). La plupart des philosophes voudront en savoir beaucoup plus sur la manière dont ces rythmes et structures fonctionnent. Mais au moins, Feynman ne prétend pas que les lois qu'il étudie décrivent les faits.

Je dis que les lois de la physique ne fournissent pas de descriptions vraies de la réalité. Cela sonne comme une doctrine anti-réaliste. Et c'en est une, mais décrire cette thèse de cette manière induirait en erreur. Car les conceptions anti-réalistes en philosophie des sciences sont traditionnellement de deux sortes. Bas Van Fraassen [4] est un avocat contemporain de l'une de ces versions de l'anti-réalisme ; Hilary Putnam ([8], [9]) en est un de l'autre version. Van Fraassen est un instrumentaliste raffiné. Ses scrupules portent sur l'existence des entités inobservables, ou plutôt, sur le bien-fondé des raisons que nous avons de croire en elle ; ils portent aussi sur les données qui sont censées établir les affirmations théoriques sur la manière dont ces entités se comportent. Je n'ai rien à reprocher aux entités théoriques ; et pour le moment, je ne me préoccupe pas de comment nous savons ce qu'elles font. Ce qui me trouble ici, c'est que nos lois explicatives ne nous disent pas ce qu'elles font. En fait, cela fait partie de leur rôle explicatif que de ne pas nous le dire.

Hilary Putnam dans la nouvelle version de son réalisme transcendantal soutient également que les lois de la physique ne représentent pas des faits à propos de la réalité. Mais c'est parce que rien – pas même l'affirmation la plus banale à propos des cookies qui sont en train de brûler dans le four – ne représente des faits à propos de la réalité. Si quelque chose le faisait, Putnam penserait probablement que les équations fondamentales de la physique le font le mieux. C'est la thèse que je rejette. Je pense qu'on peut accorder que toutes sortes d'énoncés représentent des faits de la nature, y compris les généralisations que l'on apprend en biologie ou en ingénierie. Ce sont seulement les lois explicatives fondamentales qui ne représentent pas de manière véridique. Les scrupules de Putnam portent sur la signification et la référence, et sur la manière dont nous sommes pris au piège du cercle des mots. Les miens portent sur la vérité de l'explication, et sur la manière dont l'une exclut l'autre.

1. L'EXPLICATION PAR COMPOSITION DES CAUSES ET LE COMPROMIS ENTRE VÉRITÉ ET POUVOIR EXPLICATIF

Commençons par une loi physique que tout le monde connaît – la loi de la gravitation universelle. C'est la loi dont Feynman se sert à titre d'exemple ; il soutient que cette loi est « la plus grande généralisation réalisée par l'esprit humain » (Feynman [3] : p. 14).

Loi de la gravitation : $F = Gmm'/r^2$.

En deux mots, Feynman nous dit ([3] : p. 4 [trad. fr. p. 17]) :

> Selon la loi de la gravitation, deux corps exercent entre eux une force qui varie de manière inversement proportionnelle au carré de la distance qui les sépare et proportionnellement au produit de leur masse.

Est-ce que cette loi décrit vraiment comment les corps se comportent ?

Assurément pas. Feynman lui-même nous en donne une raison. « L'électricité aussi exerce des forces de manière inversement proportionnelle au carré de la distance, cette fois entre des charges [...] ». Il n'est pas vrai que, pour deux corps *quelconques*, la force qui s'exerce entre eux est donnée par la loi de la gravitation. Certains corps ont une charge, et la force qui s'exerce entre eux n'est pas Gmm'/r^2. Il s'agit plutôt d'une résultante de cette force et de la force électrique à laquelle Feynman fait référence.

Dans le cas de corps qui ont à la fois une masse et une charge, la loi de la gravitation et la loi de Coulomb (la loi qui donne la force qui s'exerce entre deux charges) interagissent pour déterminer la force finale. Mais aucune des deux lois ne suffit à décrire vraiment comment se comportent les corps. Aucun objet chargé ne se comportera exactement comme la loi de la gravitation universelle le dit ; et n'importe quel objet qui a une masse constitue un contre-exemple à la loi de Coulomb. Ces deux lois ne sont pas vraies ; pire, elles ne sont même pas approximativement vraies. S'agissant de l'interaction entre les électrons et les protons d'un atome, par exemple, l'effet de Coulomb submerge l'effet de la gravitation, et la force qui se produit effectivement est très différente de celle qui est décrite par la loi de la gravité.

Il y a une réplique évidente : je n'ai pas donné un énoncé complet de ces deux lois, seulement une version abrégée. La version de Feynman est précédée par un modificateur implicite, *ceteris paribus*, que j'ai supprimé. Exprimée plus prudemment, la loi de la gravitation universelle est quelque chose comme :

Si les seules forces à l'œuvre sont les forces gravitationnelles, *alors* deux corps exercent entre eux une force qui varie de manière inversement proportionnelle au carré de la distance qui les sépare et proportionnellement au produit de leur masse.

Je concèderai que cette loi est une loi vraie, ou en tout cas une loi tenue pour vraie à l'intérieur d'une certaine théorie. Mais ce n'est pas une loi très utile. Un des buts principaux de la loi de la gravité est d'aider à expliquer les forces que les objets rencontrent dans différentes circonstances complexes. *Cette* loi n'a de pouvoir explicatif que dans des circonstances très simples, ou idéales. Elle peut rendre compte de la force telle qu'elle est quand seule la gravité est à l'œuvre ; mais elle n'est d'aucune aide dans les cas où gravité et électricité comptent toutes les deux. Une fois qu'on a préfixé le modificateur *ceteris paribus*, la loi de la gravité cesse d'être pertinente pour les situations plus complexes et plus intéressantes.

Ce trait malheureux est caractéristique des lois explicatives. J'ai dit que les lois fondamentales de la physique ne représentent pas les faits, au contraire des lois de la biologie et des principes de l'ingénierie. Cette affirmation est à la fois trop forte et trop faible. Certaines lois de la physique représentent effectivement les faits, et certaines lois de la biologie – en particulier les lois explicatives – ne le font pas. L'échec de la factualité est moins lié à la nature de la physique qu'à la nature de l'explication. Nous pensons que la nature est gouvernée par un petit nombre de lois simples et fondamentales. Le monde est plein de phénomènes complexes et variés, mais ceux-ci ne sont pas fondamentaux. Ils naissent de l'interaction de processus plus simples qui obéissent aux lois fondamentales de la nature.

Cette image de la manière dont la nature opère pour produire les effets subtils et compliqués que nous voyons autour de nous se reflète dans l'explication que nous donnons : nous expliquons les phénomènes complexes en les réduisant à leurs constituants plus simples. Ce n'est pas le seul type d'explication que nous donnons, mais c'est un type important et central. J'utiliserai les termes de John Stuart Mill et parlerai d'*explication par la composition des causes* (Mill [7] : livre III, chapitre VI).

Il est caractéristique des explications par composition des causes que les lois qu'elles font intervenir ne satisfont pas le réquisit de factualité. La force de ces explications vient de l'hypothèse selon laquelle les lois explicatives « agissent » quand on les combine exactement comme elles « agiraient » séparément. Il est crucial, donc, que les lois en question aient la même forme, quand on les combine et quand on ne les combine pas. Mais cela est impossible si ces lois doivent décrire le comportement réel des objets. Le comportement réel est le produit des lois simples combinées entre elles. L'effet qui a lieu n'est pas l'effet prescrit par l'une quelconque des lois prises séparément. Pour être vrai dans le cas composite, la loi doit décrire un certain effet (l'effet qui a réellement lieu) ; mais pour être explicative, elle doit en décrire un autre. Il y a ici un compromis entre la vérité et le pouvoir explicatif.

2. COMMENT L'ADDITION VECTORIELLE INTRODUIT LES POUVOIRS CAUSAUX

Notre exemple, où se mêlent gravité et électricité, est un exemple de composition de forces. On sait que les forces s'additionnent vectoriellement. Est-ce que l'addition vectorielle ne fournit pas une réponse simple et évidente à mes inquiétudes ? Quand la gravité et l'électricité sont toutes les deux à l'œuvre, deux forces sont produites, l'une en accord avec la loi de Coulomb, l'autre en accord avec la loi de la gravitation universelle. Chacune des lois est juste. Les forces gravitationnelle et électrique sont toutes les deux produites comme il est décrit ; les deux forces s'ajoutent ensuite ensemble, vectoriellement, pour donner la force totale « résultante ».

Cette histoire d'addition vectorielle est subtile, je l'admets. Mais ce n'est qu'une métaphore. *Nous* additionnons les forces (ou les nombres qui représentent les forces) quand nous faisons les calculs. La nature ne fait pas « d'addition » de forces. Car les forces « constituantes » ne sont pas là, sinon en un sens métaphorique, en attente d'être additionnées ; et les lois qui disent qu'elles sont là doivent aussi recevoir une lecture métaphorique. Expliquons cela plus en détail.

L'histoire de l'addition vectorielle suppose que Feynman a omis quelque chose dans sa version de la loi de la gravitation. La manière dont il l'a écrite laisse penser que la loi décrite est la force *résultante* exercée entre deux corps, plutôt qu'une force constituante – *la force qui est produite entre les deux corps du fait de leur masse gravitationnelle* (ou, pour faire court, la force *due à la gravité*). Une meilleure manière d'énoncer la loi serait :

> Deux corps produisent entre eux une force (la force due à la gravité) qui varie de manière inversement proportionnelle au carré de la distance qui les sépare et proportionnellement au produit de leur masse.

De même pour la loi de Coulomb :

> Deux corps chargés produisent entre eux une force (la force due à l'électricité) qui varie de manière inversement proportionnelle au carré de la distance qui les sépare et proportionnellement au produit de leur charge.

Je soutiens que ces lois ne satisfont pas le réquisit de factualité. Elles semblent, à première vue, décrire ce que font les corps : dans un cas, les corps produisent une force qui vaut Gmm'/r^2, dans l'autre ils produisent une force qui vaut qq'/r^2. Mais cela ne peut être littéralement vrai. Car la force qui vaut Gmm'/r^2 et la force qui vaut qq'/r^2 ne sont pas des forces réelles, qui se produisent. Dans l'interaction, une seule force se produit – la force que nous appelons « résultante » – et cette force n'est ni la force due a la gravité, ni la force électrique. D'après cette histoire d'addition vectorielle, les forces gravitationnelles et électriques sont toutes les deux produites, et pourtant aucune n'existe.

Mill ne serait pas d'accord. Il pense que dans les cas de composition de causes, chaque effet séparé existe – il existe comme *partie* de l'effet résultant, exactement comme la moitié gauche de la table existe comme partie de la table entière. Le paradigme de Mill pour la composition des causes est la mécanique. Il écrit :

> Dans cette classe importante de cas de relation causale, aucune cause, à proprement parler, n'en détruit ni n'en altère une autre ; chacune a son plein et entier effet. Si un corps est poussé dans deux directions par deux forces, dont l'une tend à le faire aller au nord et l'autre à l'est, il ira dans un temps donné exactement aussi loin dans les *deux* directions que si chaque force l'avait poussé séparément. (Mill [7] : livre III, chapitre VI [trad. fr. p. 406]).

La thèse de Mill est peu plausible. Les événements peuvent avoir des parties temporelles, mais pas le genre de parties que Mill décrit. Quand un corps s'est déplacé selon une certaine trajectoire, disons cap nord-est, il n'a voyagé ni plein nord ni plein est. La première partie du mouvement peut être une partie du mouvement total ; mais aucun mouvement purement vers le nord ne peut être une partie d'un mouvement qui va toujours cap nord-est (comme nous l'apprend *Acts and Other Events* de Judith Jarvis Thomson). La leçon à tirer est encore plus nette si l'exemple est légèrement modifié : un corps est tiré avec la même force dans deux directions opposées. Il ne bouge pas d'un pouce, mais si l'on suit Mill, on l'a fait se déplacer à la fois de plusieurs mètres vers la gauche et de plusieurs mètres vers la droite. Je me rends compte, néanmoins, que les intuitions sont fortement partagées dans ce genre de cas, c'est la raison pour laquelle dans la section suivante je présenterai un exemple dans lequel il n'y a pas de possibilité de voir les effets séparés des causes composées comme des parties de l'effet qui a réellement lieu.

Il n'est pas plausible de considérer littéralement la force due à la gravité et la force due à l'électricité comme des parties de la force qui se produit réellement. N'y a-t-il alors aucune manière de donner du sens à cette histoire d'addition vectorielle ? Je pense que c'est possible, mais que cela implique d'abandonner la théorie de la factualité des lois physiques. Nous pouvons préserver la vérité de la loi de Coulomb et de la loi de la gravitation en les faisant porter sur autre chose que les faits – la loi peut décrire les pouvoirs causaux que possèdent les corps.

Hume nous a appris que « la distinction que nous faisons souvent entre le *pouvoir* et son *exercice* est […] dénuée de fondement » (Hume [5] : partie III, section XIV). C'est précisément de cette distinction illégitime selon Hume que nous avons besoin ici : la loi de la gravitation affirme que deux corps ont le *pouvoir* de produire une force qui vaut Gmm'/r^2. Mais elles ne réussissent pas toujours à l'*exercer*. Ce qu'elles produisent réellement dépend des autres pouvoirs qui sont à l'œuvre, et des compromis qui sont finalement atteints entre eux. C'est peut-être la manière dont nous imaginons parfois la composition des causes. Mais s'il en va ainsi, les lois que nous utilisons ne parlent pas des corps, mais des puissances qu'ils possèdent.

L'introduction de pouvoirs causaux ne sera pas vue comme un point de départ très productif à l'âge de l'empirisme modéré. Sans aucun doute, nous pensons effectivement parfois en termes de pouvoirs causaux, par conséquent il serait stupide de prétendre que la théorie de la factualité doit être correcte et que l'utilisation de pouvoirs causaux est une erreur complète. Pourtant, il n'est pas facile d'abandonner la factualité. Nous avons besoin d'une explication sur ce que sont les lois, qui les relie, d'une part, aux méthodes scientifiques standard de confirmation des lois, et, d'autre part, à l'usage qu'on en fait pour la prédiction, la construction, et l'explication. Si on fait l'hypothèse que les lois de la nature décrivent les faits, alors il y a des histoires philosophiques détaillés et familières à raconter sur la raison pour laquelle un échantillon de faits est pertinent pour leur confirmation, et sur la manière dont elles contribuent à la connaissance et la compréhension de ce qui se passe dans la nature. Toute autre manière de rendre compte de ce que font les lois de la nature et de ce qu'elles disent doit faire au moins aussi bien ; et aucune des histoires que je connais à propos des pouvoirs causaux ne fournit un très bon départ.

3. Un véritable exemple de composition des causes

L'état fondamental d'un atome de carbone a cinq niveaux d'énergie distincts [voir figure]. Les manuels de physique traitent habituellement ce phénomène séquentiellement, en trois étapes. Je suivrai la présentation d'Albert Messiah dans le volume II de *La Mécanique quantique* [6]. À la première étape, l'état fondamental d'énergie est calculé par approximation du champ central ; on dérive l'unique ligne (a). Selon ce que l'on cherche, il peut être pertinent de supposer que seul ce niveau a lieu. Mais certains problèmes demandent une description plus exacte. On peut en fournir une en remarquant que l'approximation du champ central ne prend en compte que la valeur *moyenne* de la répulsion électrostatique des électrons de la couche inférieure exercée sur les deux électrons extérieurs. Ce défaut est corrigé à la seconde étape en considérant les effets d'un terme qui est égal à la différence entre l'interaction de Coulomb réelle et le potentiel moyen utilisé à l'étape un. Ce potentiel correctif « divise » l'unique ligne (a) en trois lignes représentées en (b).

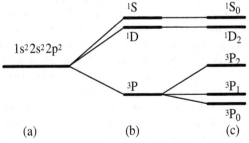

$1s^2 2s^2 2p^2$

^1S $^1S_0$

^1D $^1D_2$

$^3P_2$

^3P $^3P_1$

$^3P_0$

(a)   (b)   (c)

Les niveaux de l'état fondamental de l'atome de carbone; (a) en approximation du champ central ($V_1 = V_1 = 0$); (b) en négligeant le couplage spin-orbite; (c) compte-tenu du couplage spin-orbite (Messiah [6] [éd. fr. p. 601]).

Ce traitement n'est toujours pas exact parce qu'il néglige les effets du spin. Chaque électron a un spin, ou moment angulaire interne, et le spin de l'électron est couplé avec son moment angulaire orbital pour créer un potentiel supplémentaire. Ce potentiel supplémentaire apparaît parce que l'électron tournant sur lui-même a un moment magnétique intrinsèque, et que « un électron en mouvement dans un potentiel [électrostatique] 'voit' un champ magnétique » ([6] : p. 552 [éd. fr. p. 471]). À propos des effets de ce potentiel, Messiah nous dit : « Seul l'état 3P est affecté par la présence du terme d'énergie spin-orbite, il se scinde en trois niveaux : $3P_0, 3P_1, 3P_2,\ldots$ » ([6] : p. 706 [éd. fr. p. 604]). D'où les cinq niveaux dessinés en (c).

Les perplexités philosophiques se remarquent principalement à la dernière étape. Les cinq niveaux sont dus à la combinaison du potentiel de Coulomb [qui produit trois niveaux d'énergie] et d'un potentiel créé par le couplage spin-orbite [qui] « divise » le plus bas de ceux-ci en trois. C'est *cela* qui explique les cinq niveaux. Mais comment pouvons-nous énoncer les lois que cette explication utilise ?

Pour l'effet de Coulomb nous pourrions essayer :

> Chaque fois qu'un potentiel de Coulomb est comme cela dans l'atome de carbone, les trois niveaux d'énergie dessinés en (b) ont lieu.

(La véritable loi remplacera bien sûr le « comme cela dans l'atome de carbone » par une description mathématique du potentiel de Coulomb dans le carbone; il en va de même pour « les trois niveaux d'énergie dessinés en (b) »). L'atome de carbone lui-même donne un contre-exemple à cette loi. Il a un potentiel de Coulomb de la sorte qui convient; pourtant les cinq niveaux de (c) ont lieu, pas les trois de (b).

Nous pourrions essayer à la place, par analogie avec le traitement par addition vectorielle des forces composites :

Les niveaux d'énergie produits par un tel potentiel de Coulomb dans un atome de carbone sont les trois niveaux dessinés en (b).

Mais (de même qu'avec les forces «produites par la gravité» dans notre exemple précédent), les niveaux qui sont supposés être produits par le potentiel de Coulomb sont des niveaux qui n'ont pas lieu. En réalité, cinq niveaux ont lieu, et ils n'incluent pas les trois niveaux de (b). En particulier, comme nous pouvons le voir sur le diagramme de Messiah, le plus bas des trois niveaux – le 3P – n'est identique avec aucun des cinq. Dans le cas de la composition des mouvements, Mill essayait de voir les effets «constituants» comme des parties de l'effet réel. Mais ceci ne marchera certainement pas ici. Le niveau 3P de (b) peut être «divisé», et par là «donner naissance aux» niveaux $3P_0$, $3P_1$ et $3P_2$ de (c); mais il ne fait certainement pas partie d'un de ces trois niveaux.

Il est difficile d'énoncer une affirmation factuelle vraie à propos des effets du potentiel de Coulomb dans l'atome de carbone. Mais la théorie quantique garantit bien qu'un certain *contrefactuel* est vrai : le potentiel de Coulomb, s'il *était* le seul potentiel à l'œuvre, produirait les trois niveaux de (b). Il est clair que ce contrefactuel a une portée quant à notre explication. Mais nous n'avons pas de modèle de l'explication qui nous montre comment. Le modèle de la loi de couverture montre en quoi les affirmations factuelles sont pertinentes pour expliquer un phénomène. Mais en quoi une affirmation vraie à propos des niveaux d'énergie qui auraient lieu dans des circonstances tout à fait différentes est-elle pertinente s'agissant des niveaux d'énergie qui ont effectivement lieu dans les circonstances réelles ? Nous pensons que le contrefactuel est important, mais nous ne savons pas rendre compte de la manière dont il fonctionne.

4. COMPOSITION DES CAUSES CONTRE EXPLICATION PAR LOI DE COUVERTURE

La composition des causes n'est pas la seule méthode d'explication qu'il soit possible d'utiliser. Il y a d'autres méthodes, et certaines sont compatibles avec la théorie de la factualité des lois. Les explications standard par loi de couverture en sont un exemple de première importance.

Parfois ces autres types d'explication sont disponibles même lorsque nous donnons une explication qui nous dit quelles sont les causes constituantes d'un phénomène. Par exemple, dans le cas de la loi de Coulomb et de la loi de la gravité, nous savons comment écrire une loi plus complexe (une loi avec un antécédent plus complexe) qui dit exactement ce qui se passe dans un système où il y a à la fois des masses et des charges. Mill pense que de telles « super » lois sont toujours disponibles pour les phénomènes mécaniques. En fait, il pense que « ceci explique pourquoi la mécanique est une science déductive ou démonstrative alors que la chimie ne l'est pas » (Mill [7] : livre III, chapitre VI).

Je veux faire trois remarques à propos de ces super lois et des explications par couverture qu'elles fournissent : premièrement, les super lois ne sont pas toujours disponibles ; deuxièmement, même quand elles sont disponibles, elles n'expliquent souvent pas grand chose ; troisièmement – et c'est le plus important – même quand nous avons d'autres bonnes explications à notre portée, si nous ne réussissons pas à décrire les processus constituants qui sont réunis pour produire un phénomène, nous perdons une partie centrale et importante de notre compréhension de ce qui fait que les choses arrivent.

1. Il y a un grand nombre de phénomènes scientifiques complexes que nous sommes assez fiers de pouvoir expliquer. Pour beaucoup de ces explications, cependant, nous n'avons pas de super lois de couverture de disponibles. J'ai défendu cette thèse dans « The Truth Doesn't Explain Much »

(Cartwright [2]). Parfois dans ces situations, nous avons toutes les raisons de penser qu'une super loi existe (Dieu l'a écrit quelque part dans le Livre de la Nature). Dans d'autres cas, nous n'avons pas de bonne raison empirique de supposer même simplement cela (il se peut tout à fait que la Nature soit sous-déterminée; Dieu n'a pas réussi à écrire des lois pour toutes les situations complexes). Néanmoins, après que nous avons vu ce qui se produit dans un cas spécifique, nous sommes souvent capables de comprendre comment des causes variées ont contribué à ce qu'il arrive. Nous expliquons, même sans connaître les super lois. Nous avons besoin de rendre compte philosophiquement des lois et des explications d'une manière qui intègre cette pratique scientifique très courante et qui montre pourquoi ces explications sont bonnes.

2. Parfois, les super lois, même lorsqu'elles sont disponibles pour couvrir un cas, peuvent ne pas être très explicatives. C'est un vieux reproche adressé au modèle de l'explication en termes de loi de couverture. «Pourquoi est-ce que la caille dans le jardin fait ces petits hochements de tête curieux quand elle marche?» ... «Parce qu'elles le font toutes». Dans le cas du couplage spin-orbite, ce n'est pas expliquer les niveaux d'énergie qui apparaissent dans une expérience particulière que de dire «tous les atomes de carbone ont cinq niveaux d'énergie».

3. Souvent, bien sûr, une loi de couverture pour le cas complexe sera explicative. C'est particulièrement vrai quand l'antécédent de la loi ne fait pas que rassembler les circonstances particulières de l'occasion en question, mais donne plutôt une description plus abstraite qui s'accorde avec un corps général de théorie. Dans le cas du couplage spin-orbite, Stephen Norman rappelle que la mécanique quantique fournit des théorèmes généraux sur les groupes de symétrie, les hamiltoniens et les dégénérescences, à partir desquels nous pouvons espérer dériver, dans le style d'une loi de couverture, les niveaux d'énergie du carbone à partir de caractérisations

abstraites appropriées de ses hamiltoniens et des symétries qu'il exhibe.

De fait, nous pouvons le faire ; et si nous ne le faisons pas, nous ne réussirons pas à voir que le schéma des niveaux pour le carbone est un cas particulier d'un phénomène général qui reflète un fait profond relatif aux effets des symétries dans la nature. D'un autre côté, faire seulement cela, ce serait passer à côté de l'histoire causale détaillé de la *manière* dont la division des lignes du spectre par la suppression des symétries parvient à se faire dans chaque cas particulier.

Ce double aspect est une caractéristique répandue de l'explication. Même si (contrairement à ce que l'on semble pouvoir raisonnablement attendre aujourd'hui, au vu du peu de succès du programme de Wheeler-Misner[1]) il y a un unique ensemble de super lois qui unifient tous les phénomènes complexes que l'on étudie en physique (une géo-métro-électrodynamique, par exemple), l'état actuel de la théorie peut cependant fournir la raison de ces lois : ce qui arrive selon la prescription des lois unifiées arrive *à cause de* l'action combinée des lois de domaines séparés, comme la loi de la gravité et la loi de Coulomb. Sans ces lois, nous manquerions un pan essentiel de l'explication. L'explication par subsomption sous des super lois de couverture unifiées ne remplacerait pas la composition des causes. Elle la compléterait. Comprendre comment les conséquences des lois unifiées sont produites demanderait l'opération séparée de la loi de la gravité, de la loi de Coulomb, et ainsi de suite ; et il faudrait

1. Depuis la parution de cet article, différentes approches (plus prometteuses que le programme de Wheeler-Misner) ont cherché à réunifier mécanique quantique et relativité générale (citons notamment la théorie des cordes ou, plus récemment, les modèles de « mousse de spin »). L'aboutissement de ce projet constituerait une avancée théorique cruciale dans le projet d'unification des quatre forces fondamentales de la physique, à savoir les interactions gravitationnelle, électromagnétique, nucléaire faible et nucléaire forte (la première de ces interactions étant décrite dans le cadre de la relativité générale alors que les trois autres dépendent essentiellement de la mécanique quantique).

encore affronter le problème de l'échec de la factualité pour ces lois et la contribution qu'elles apportent.

5. Conclusion

Il y a une conception simple et directe des lois de la nature qui est suggérée par le réalisme scientifique, c'est la théorie de la factualité : les lois de la nature décrivent la manière dont se comportent les systèmes physiques. Il s'agit de loin de la conception la plus courante, et elle est sensée ; mais elle ne marche pas. Elle ne convient pas aux lois explicatives, comme les lois fondamentales de la physique. Une autre conception est nécessaire si nous devons rendre compte de l'usage des lois dans l'explication ; et je ne vois pas de candidat évident qui soit compatible avec l'exigence raisonnable du réaliste qui veut que les lois décrivent la réalité et énoncent des faits qui pourraient bien être vrais. Il y a, comme j'ai tenté de le montrer, un compromis entre contenu factuel et pouvoir explicatif. Nous expliquons certains phénomènes complexes comme le résultat de l'interaction de lois fondamentales simples. Mais que *disent* ces lois fondamentales ? Pour jouer le rôle dans l'explication que nous attendons d'elle, ces lois doivent avoir la même forme lorsqu'elles jouent ensemble que lorsqu'elles jouent isolément. Dans les cas les plus simples, les conséquences prescrites par les lois quand il y a interaction doivent être exactement les mêmes que celles qui auraient cours si la loi était seule à opérer. Mais alors, ce qu'énonce la loi ne peut être littéralement vrai, car les conséquences qui auraient lieu si elle jouait seule ne sont pas les conséquences qui se produisent effectivement quand elle joue en combinaison.

Si nous énonçons les lois fondamentales comme des lois portant sur ce qui arrive quand une seule cause est à l'œuvre, alors nous pouvons supposer que la loi fournit une description vraie. Le problème surgit quand nous essayons de prendre cette loi et de l'utiliser pour expliquer les choses très différentes qui arrivent quand plusieurs causes sont à l'œuvre. C'est l'objet de « The Truth Doesn't Explain Much » (Cartwright [2]). Il n'est pas difficile d'écrire des lois que nous supposons vraies : « *Si* il n'y a pas de charges, pas de forces nucléaires, [...] *alors* la force entre deux masses de valeur *m* et *m'* séparées par une distance *r* est Gmm'/r². ». Nous comptons cette loi comme vraie – ce qu'elle dit arrivera, arrive effectivement – ou au moins arrive dans les limites d'une bonne approximation. Mais cette loi n'explique pas grand chose. Elle est sans pertinence dans les cas où des forces électriques ou nucléaires sont à l'œuvre. Les lois de la physique, ai-je conclu, dans la mesure où elles sont vraies, n'expliquent pas grand chose. Nous pourrions connaître toutes les lois de la nature vraies, sans pour autant savoir comment expliquer les cas composites. L'explication doit reposer sur quelque chose d'autre que la loi.

Mais cette conception est absurde. Il n'y a pas deux supports de l'explication – des lois pour les rares occasions où les causes auraient lieu séparément ; et un autre procédé secret, sans nom, pour les cas où elles auraient lieu en combinaison avec d'autres. Les explications fonctionnent de la même manière qu'il y ait une ou plusieurs causes à l'œuvre. « The Truth Doesn't Explain Much » soulève des perplexités concernant l'explication par composition des causes ; et il conclut que l'explication est une activité scientifique très particulière, qui ne fait pas communément usage de lois de la nature. Mais les explications scientifiques utilisent bien des lois. Ce sont les lois elles-mêmes qui sont particulières. La leçon à en tirer est que les lois qui expliquent par composition des causes échouent à satisfaire le réquisit de factualité.

Si les lois de la physique doivent expliquer comment les phénomènes arrivent, elles ne peuvent énoncer les faits [1].

Université de Stanford, Californie

Références

[1] ALEXANDER R. McNeill, *The Chordates*, Cambridge, Cambridge University Press, 1975.

[2] CARTWRIGHT Nancy, « The Truth Doesn't Explain Much », *American Philosophical Quarterly*, 17, 1980. Reprint *in* N. Cartwright, *How the Laws of Physics lie ?*, Oxford, Clarendon Press, 1983.

[3] FEYNMAN Richard, *The Character of Physical Law*, Cambridge, Mass., MIT Press, 1967. Trad. fr. H. Isaac et J.-M. Lévy-Leblond, *La nature des lois physiques*, Paris, Robert Laffont, 1970.

[4] FRAASSEN Bas Van, *The Scientific Image*, Oxford, Oxford University Press, 1980.

[5] HUME David, *A Treatise of Human Nature*, L. A. Selby Bigge (éd.), Oxford, Clarendon Press, 1978. Trad. fr. Ph. Baranger et Ph. Saltel, *Traité de la nature humaine*, Paris, Flammarion, 1995.

[6] MESSIAH Albert, *Quantum Mechanics*, Amsterdam, North Holland, 1961. Pour la version originelle française, *Mécanique quantique*, 2 tomes, Paris, Dunod, 1995.

[7] MILL John Stuart, *A System of Logic*, Londres, John W. Parker and Son, 1856. Trad. fr. L. Peisse, *Système de logique*, Liège, Mardaga, 1988.

[8] PUTNAM Hilary, *Meaning and the Moral Sciences*, Londres, Routledge and Kegan Paul, 1978.

– [9] « Models and Reality », *in* H. Putnam *Realism and Reason*, vol. 3, *Philosophical Papers*, Cambridge, Cambridge University Press, 1983, p. 1-25.

[10] SMART J. J. C., *Philosophy and Scientific Realism*, Londres, Routledge and Kegan Paul, 1963.

---

1. Cet article a été présenté au symposium « Explanation and Scientific Realism » à l'École de philosophie, Université de Caroline du sud, en mars 1980.

IAN HACKING

EST-CE QU'ON VOIT À TRAVERS UN MICROSCOPE?

PRÉSENTATION

Marc Kirsch

Ian Hacking est né en 1936 à Vancouver. Après son doctorat à l'université de Cambridge, il a enseigné à l'université de Colombie britannique, à Cambridge, Stanford et Toronto. De 2000 à 2006, il a occupé la chaire de *Philosophie et histoire des concepts scientifiques* au Collège de France.

Le texte présenté ici constitue une bonne illustration de ses thèses et de sa manière de pratiquer la philosophie des sciences[1]. « Est-ce qu'on voit à travers un microscope ? ». À première vue, la question semble purement rhétorique, ou alors triviale. Hacking affirme au contraire qu'en considérant sérieusement cette question et en prêtant attention à l'histoire et au fonctionnement d'un instrument scientifique familier et

---

1. Ce texte a été repris en partie dans le chapitre 11 de *Representing and Intervening,* Cambridge University Press, 1983, trad. fr. sous le titre *Concevoir et expérimenter,* Paris, Ch. Bourgois, 1989. Je désignerai l'ouvrage par une traduction plus littérale de son titre, *Représenter et intervenir.* La traduction présentée ici est entièrement revue par rapport à celle de cette édition française.

apparemment sans mystère comme le microscope, on peut apporter des éléments de réponse à d'importants problèmes de philosophie des sciences, comme celui du réalisme scientifique. Ce faisant, il offre un éclairage plus général encore sur la nature même de l'activité scientifique.

Le texte développe une série de variations et d'illustrations à partir de l'argument selon lequel la principale raison de croire à l'existence des entités postulées par la théorie serait notre capacité à les rendre visibles. Hacking montre la complexité des processus mis en œuvre à la fois pour voir et, de manière indissociable, pour nous permettre de croire à ce que nous voyons.

Bichat ne croyait pas à ce qu'on voit au microscope – à ce qu'on y voyait de son temps. Foucault le rappelle dans la *Naissance de la clinique*, qui est aussi une histoire du regard médical. Dans un chapitre intitulé « l'invisible visible », reconstituant les pratiques et les représentations qui ont conduit à la naissance de la clinique, il met en lumière les détours du regard clinique, qui se refuse à employer les instruments d'optique. « Ce qui n'est pas à l'échelle du regard tombe hors du domaine du savoir possible »[1]. L'anatomie pathologique, ne reconnaît qu'une visibilité définie « par le regard quotidien », et l'oppose à « une invisibilité de nature que force, pour un temps, une technique du regard artificiellement multiplié », comme dans l'investigation microscopique. Voilà le problème dont se saisit Ian Hacking, en le déplaçant sur un terrain plus général. On connaît les choses lorsqu'on parvient à les voir. Mais que voit-on, quand on se sert d'un instrument comme le microscope, et y voit-on seulement ? L'instrument nous rapproche-t-il de la réalité ou nous en éloigne-t-il au contraire ?

Il y a plusieurs manières de répondre à cette question. Il y a, d'abord, plusieurs manières de la poser. L'approche historique

---

1. M. Foucault, *Naissance de la clinique*, Paris, PUF, 1963, p. 170.

et technique s'impose en premier lieu. Au départ, le microscope est peu exploitable scientifiquement : difficile à interpréter, déformée par diverses aberrations optiques, toujours suspecte d'être dénaturée par des artefacts, l'image microscopique n'est pas fiable. L'histoire de la microscopie, c'est l'histoire de l'amélioration des microscopes – qui est aussi l'histoire de notre croyance en la réalité de ce que nous voyons au microscope. Nous avons bâti cette confiance en résolvant des problèmes pratiques, autant par des moyens empiriques que grâce aux théories optiques. Finalement, nous sommes vraiment convaincus de la réalité des structures que nous observons, parce que nos observations ont acquis une « robustesse » suffisante, pour reprendre un concept développé ailleurs par Ian Hacking. Le travail de laboratoire exige un « ajustement robuste »[1] entre la théorie, l'expérimentation et par-dessus tout l'appareillage et l'instrumentation, qui ne se comporte pas toujours comme prévu, nous obligeant à le modifier ou à modifier nos croyances sur la manière dont il fonctionne. Quand on obtient cet ajustement robuste, alors on parvient à un point d'équilibre dans la dialectique de la résistance (du monde) et de l'accommodation (des chercheurs).

Est-ce à dire que nous devrons nous contenter de robustesse en lieu et place de la réalité ? Ce serait faire la part belle aux anti-réalistes, qui sont la cible de Ian Hacking. Il y a encore d'autres raisons de dire qu'on voit au microscope et de croire à la réalité des structures que l'on observe. Hacking utilise l'argument de la coïncidence[2], et l'applique aux observations

---

1. *The Social Construction of What ?*, Cambridge, Mass., Harvard University Press, 1999. Trad. fr. *Entre science et réalité. La construction sociale de quoi ?*, Paris, La Découverte, 2001, p. 101-104.

2. Cet argument peut être considéré comme une version restreinte et moins métaphysique de l'argument « pas-de-miracle », dont J. Bouveresse donne la formulation suivante : « seul un hasard extraordinairement favorable ou l'intervention d'une sorte de malin génie auraient pu faire en sorte que cette partie de la science qui résiste à la fois à l'accumulation des expériences et aux changements de théorie, bien que fausse, n'ait jamais été prise en défaut ».

réalisées avec des microscopes reposant sur des principes optiques différents et exploitant diverses propriétés des rayonnements lumineux sans lien entre elles. Si les observations sont convergentes, et corroborées également, comme dans le cas des bandes chromosomiques, par la biochimie, alors, à moins d'une incroyable coïncidence, nous avons de bonnes raisons de croire à leur réalité. L'argument prend toute sa portée quand il est complété par l'argument de la grille : si nous fabriquons nous-mêmes une grille microscopique et que, l'observant avec des dispositifs microscopiques différents et indépendants, dont nous maîtrisons les principes de fonctionnement, nous voyons des structures identiques et donnant une image fidèle de la grille telle que nous l'avons fabriquée, alors la position anti-réaliste devient intenable.

Cet argument est central, dans la mesure où il renvoie à l'idée que l'activité scientifique ne consiste pas simplement à représenter, mais aussi à intervenir – par exemple intervenir physiquement sur les structures biologiques que nous observons, par des micro-injections observables au microscope. Nous pouvons manipuler ce que nous voyons, nous pouvons voir ce que nous manipulons. Pour Hacking, c'est un argument capital, qui renvoie à la distinction fondamentale entre les deux objectifs de la science : la théorie et l'expérimentation.

> Les théories s'efforcent de dire comment le monde est. L'expérimentation et la technologie qui en découle changent le monde. Nous représentons et nous intervenons [1].

Selon lui, le débat contemporain sur le réalisme scientifique s'exprime essentiellement en termes de théorie, de

---

(Cf. *La vérité dans les sciences*, J.-P. Changeux (éd.), Paris, Odile Jacob, 2003, p. 32). Autrement dit, nous ne pouvons pas accepter que le succès de la science, même si nous ne pouvons pas en donner d'explication satisfaisante, puisse être un simple hasard. Encore moins une conspiration destinée à tromper la naïveté du réaliste – ajoute ici Ian Hacking, à l'intention des anti-réalistes.

1. *Representing and Intervening*, p. 31.

représentation et de vérité. Or, dit-il « je soupçonne qu'au niveau de la représentation, il ne peut y avoir aucun argument décisif pour ou contre le réalisme », parce que la discussion est alors contaminée par des questions métaphysiques insolubles. Ian Hacking nous invite donc à sortir d'un débat enlisé dans la métaphysique, sur la nature des théories et des entités, pour prendre sérieusement en considération ce que nous faisons, la manière dont nous intervenons plus que nos représentations. Si, comme dans une expérience inspirée de celle de Millikan, on se met à bombarder des billes de niobium avec des positrons, alors il devient plus difficile d'être anti-réaliste à l'égard de ces particules. Il faut partir du concret : « Une personne de bon sens dira : prenez en compte ce dont vous vous servez pour faire ce que vous faites. Si vous projetez des électrons, alors ils sont réels »[1]. Si on peut les manipuler, produire des effets par leur intermédiaire, le doute n'est plus de mise.

Pour Ian Hacking, « la réalité a plus à voir avec ce que nous faisons dans le monde qu'avec ce que nous pensons à son sujet »[2]. S'il se dit réaliste, ce n'est pas pour des raisons métaphysiques. Il ne cherche pas à répondre à des « méta-questions », à affronter l'anti-réalisme sur son terrain : il veut partir des questions que pose la pratique réelle de la science. Avant d'être un catalogue de grandes idées et de théories fondamentales, la science est essentiellement une affaire de pratique et d'expérimentation. Or, la tradition des sciences et de la philosophie des sciences a tendance à privilégier les idées et les théories – la voie royale de la vérité scientifique. Les expérimentateurs, les simples observateurs, fussent-ils de génie, comme Caroline Herschel, la sœur du célèbre astronome, sont les sans-grade de la science, les oubliés de l'histoire. On célèbre Boyle, avant tout comme un théoricien, on oublie Hooke, classé plutôt comme expérimentateur – et qui joint à

---

1. *Ibid.*, p. 24.
2. *Ibid.*, p. 17.

ce statut professionnel inférieur une origine sociale modeste. Pour Hacking, ce n'est pas seulement une injustice ou l'effet d'un préjugé social qui dévalorise le praticien par rapport au théoricien : c'est surtout – et c'est plus grave – une erreur qui résulte d'une conception fausse de ce qu'est la science. La science dépend autant du génie technique que du génie théorique, mais son histoire officielle a tendance à escamoter cet aspect.

De ce point de vue, la philosophie de Ian Hacking, comme d'ailleurs sa manière d'écrire, manifestent un refus de l'académisme. Rejetant l'idée d'une prédominance de la théorie sur l'expérimentation, il présente l'histoire humaine de la science autant que son histoire conceptuelle-idéale, et met en lumière l'aspect artisanal de la science, ordinairement caché derrière la façade des manuels et la belle (ré-)organisation des théories et de leur histoire, qui occupent le devant de la scène, dans la représentation courante des sciences.

La philosophie des sciences doit se donner la peine de reconstituer une histoire qui est autant une histoire des pratiques et des inventions expérimentales qu'une histoire conceptuelle : l'histoire non pas de ce que nous pensons, mais de ce que nous faisons. Plutôt que l'histoire des idées, l'histoire tout court. À ne prêter attention qu'à la connaissance comme représentation de la nature, on finit dans un cul-de-sac idéaliste : impossible d'échapper aux représentations et d'avoir une prise sur le monde. Il faut donc, à l'instar de Dewey, rejeter la fausse dichotomie entre agir et penser, cesser de privilégier la représentation, la pensée et la théorie aux dépens de l'intervention, de l'action et de l'expérimentation. La science se construit en se frayant un chemin, entre empirisme et rationalité, dans l'exploration d'un monde jusque là inaccessible, et qu'elle parvient peu à peu à observer en partie, parce qu'elle apprend à agir sur lui, à intervenir. C'est ainsi qu'elle fait émerger son objet, c'est ainsi qu'elle le crée. Hacking est un réaliste qui a le sens de l'histoire : son ontologie est historique, comme le rappelle le titre d'un de ses livres. Réaliste paradoxal, par conséquent : en déplaçant le champ de l'affrontement entre réalistes et anti-réalistes, et tout en prenant parti contre l'anti-réalisme, Hacking déplace aussi le concept de réalité. Il renvoie la philosophie des sciences, dans ce qu'elle a de plus densément métaphysique, à l'anthropologie. S'il croit à la réalité, ce n'est pas comme à un fondement absolu, mais comme à une « création anthropomorphique »[1], qui vient après cette invention première qu'est la représentation. Bien sûr, « la réalité est plus grande que nous »[2], et « le monde était là avant toute représentation ou tout langage humain […], mais le conceptualiser comme réalité » est une élaboration secondaire. La première opération humaine est de créer des représentations. L'étape suivante est de porter des jugements sur ces représentations : réelles ou non réelles, vraies ou fausses, etc. Le monde vient ensuite, résultat de « la conceptualisation du réel comme un attribut de la représentation »[3]. La représentation scientifique du monde est étroitement liée à certains talents humains inséparables de certains « styles de raisonnement ». Ce talent, dans le cas des sciences de laboratoire – la grande découverte du XVIIe siècle – « c'est surtout la capacité de coordination entre l'œil et la main, la capacité de manipulation »[4].

Le débat sur le réalisme traverse l'histoire de la philosophie. Hacking le fait remonter au moins à Démocrite et à son hypothèse d'une constitution interne des choses – qu'est-ce qui est réel, des atomes ou des agrégats qu'ils composent à une échelle accessible à nos sens ? Il a été réactivé surtout après que T. S. Kuhn a bouleversé la conception traditionnelle des sciences. Ce débat est insoluble si on ne le situe pas dans le

---

1. *Ibid.*, p. 136.
2. *Ibid.*, p. 274.
3. *Ibid.*, p. 136.
4. Cf. « "Vrai", les valeurs et les sciences », *in* J.-P. Changeux (éd.), *La vérité dans les sciences, op. cit.*, p. 213. Cf. aussi *Historical Ontology*, chap. 11 et 12.

cadre du style de raisonnement qui lui a donné naissance, et dont on ne rend pas compte correctement lorsqu'on privilégie les aspects théoriques. En effet, c'est « l'ingénierie, et non la théorisation, qui constitue la meilleure preuve du réalisme concernant les entités ». La leçon de l'histoire de la philosophie, selon Ian Hacking, c'est qu'il faut réfléchir sur les pratiques autant que sur les théories : ce texte en est une illustration.

Indications bibliographiques

Ian HACKING (sélection)

« Experimentation and scientific realism », *Philosophical Topics*, 13, n°1, 1982, p. 71-87.

Representing and Intervening, Cambridge, Cambridge University Press, 1983 ; *Concevoir et expérimenter*, Paris, Bourgois, 1989.

The Taming of Chance, Cambridge University Press, 1990.

Le Plus pur nominalisme. L'énigme de Goodman : "Vleu" et usages de "Vleu", Combas, Éditions de l'Éclat, 1993.

Rewriting the Soul : Multiple Personality and the Sciences of Memory, Princeton, Princeton University Press, 1995 ; *L'âme ré-écrite*, Le Plessis Robinson-Paris, Les Empêcheurs de penser en rond-Institut Synthélabo, 1998.

The Social Construction of What? Cambridge, Mass., Harvard University Press, 1999 ; *Entre Science et réalité : La construction sociale de quoi ?*, Paris, La Découverte, 2001.

The Emergence of Probability, Cambridge, Cambridge University Press, 1975 ; *L'émergence de la probabilité,* Paris, Le Seuil, 2002.

Historical Ontology, Cambridge, Mass., Harvard University Press, 2002 ; trad. fr. du chap. 1 *Historical Ontology*, dans *Raisons Pratiques*, 2003, Éditions de l'EHESS.

Mad Travalers, Harvard University Press, 2002 ; *Les fous voyageurs*, Paris, Les Empêcheurs de penser en rond, 2002.

Historical Ontology, Harvard University Press, 2004.

Why is There Philosophy of Mathematics At All?, Cambridge University Press, 2014.

Autres références

POINCARÉ Henri, *La science et l'hypothèse*, Paris, Flammarion, 1968.

DUHEM Pierre, *La théorie physique*, Paris, Alcan, 1906.

FRAASSEN Bas Van, *The Scientific Image*, Oxford, Oxford University Press, 1980.

SELLARS Wilfrid *Science, Perception and Reality*, Londres, Routledge, 1963.

PUTNAM Hilary, *Reason, Truth and History*, Cambridge, Cambridge University Press, 1981. *Raison, vérité et histoire*, trad. fr., Paris, Minuit, 1984.

CARTWRIGHT Nancy, *How the Laws of Physics Lie*, Oxford, Clarendon Press, 1983.

LEPLIN Jarrett (éd.), *Scientific Realism,* California, University of California Press, 1984.

EST-CE QU'ON VOIT À TRAVERS
UN MICROSCOPE ? *

Il y a quelques années de cela, je discutais du réalisme scientifique avec un biologiste de l'université de Western Washington, le Dr. Jal Parakh. Nous avions parlé de beaucoup de ces choses que les philosophes trouvent importantes. Un peu hésitant, il ajouta qu'à son avis l'une des raisons principales de croire à l'existence d'entités postulées par la théorie est que nous avons développé des moyens de plus en plus efficaces qui permettent vraiment de les voir. J'allais protester contre cet instinct naïf qui faisait peu de cas des problèmes philosophiques, mais je dus couper court. N'avait-il pas raison ?

L'automne dernier, lors d'une conférence à l'université de Stanford, dans un cours de « microscopie pour biologistes », le professeur, le Dr. Paul Green, déclara incidemment que « la microscopie par diffraction de rayons X est aujourd'hui la principale interface entre la structure atomique et l'esprit humain ». Le Dr. Green a les pieds sur terre, c'est un homme de bon sens peu enclin aux spéculations philosophiques.

* Ian Hacking, « Do we see through a microscope ? », *Pacific Philosophical Quarterly* 62, oct. 1981, p. 305-322. La présente traduction, établie par Marc Kirsch, est publiée avec l'aimable autorisation de l'auteur et de Blackwell Publishing.

Les philosophes des sciences qui traitent du réalisme et de l'antiréalisme auraient intérêt à connaître un peu mieux les instruments qui inspirent une telle éloquence. Le présent article est un point de départ, qui se limite à la biologie et ne s'aventure guère au-delà du microscope optique – mais c'est déjà la merveille des merveilles, que peu de philosophes comprennent bien, à mon avis. Les microscopes ne fonctionnent pas comme le suppose généralement le profane. Mais pourquoi le philosophe devrait-il se soucier de la manière dont ils fonctionnent ? Parce qu'il est nécessaire de le comprendre correctement pour élucider les problèmes du réalisme scientifique, ainsi que pour répondre à la question posée par mon titre. Dans la littérature philosophique, on trouve une foison d'explications compliquées des théories causales de la perception, mais elles sont curieusement éloignées de la vie réelle. Nous avons des descriptions fantastiques de chaînes causales aberrantes qui, à la manière de Gettier, remettent en question telle ou telle analyse conceptuelle. Mais le microscopiste moderne connaît des tours bien plus étonnants que le plus imaginatif des spécialistes de philosophie de la perception. Ce qui nous manque en philosophie, c'est d'être plus conscients de ces vérités qui sont plus étranges que des fictions. Il serait bon que nous ayons quelques lumières sur ces extraordinaires systèmes physiques « dont le pouvoir grossissant nous permet aujourd'hui de voir plus que tout ce que l'on a jamais pu voir auparavant dans le monde » [1].

---

1. Extrait d'*Éloge du microscope*, (*In Commendation of the Microscope*), poème écrit en 1664 par Henry Powers, cité par Saville Bradbury *in The Microscope, Past and Present*, Oxford, Pergammon, 1968.

LA GRANDE CHAÎNE DES ÊTRES

Le télescope a beaucoup inspiré les philosophes. Galilée lui-même, affirmant qu'on voyait les lunes de Jupiter, invitait à la philosophie en considérant que les lois de la vision sont les mêmes, dans la sphère céleste comme sur terre. Paul Feyerabend s'est servi précisément de cet exemple pour soutenir que la grande science recourt autant à la propagande qu'à la raison : Galilée était un champion de l'arnaque, non de la raison expérimentale. Pierre Duhem a utilisé le télescope pour présenter sa thèse célèbre selon laquelle il n'est jamais nécessaire de rejeter une théorie car les phénomènes qui ne s'accordent pas avec elle peuvent toujours être intégrés en modifiant des hypothèses auxiliaires (si les étoiles ne se trouvent pas là où le prédit la théorie, il faut s'en prendre au télescope et non aux cieux). En comparaison, le microscope n'a joué qu'un rôle bien humble et fut rarement employé pour produire un paradoxe philosophique. Peut-être est-ce parce que tout le monde s'attendait à ce que l'on trouve, ici, sur terre, des mondes à l'intérieur d'autres mondes. Shakespeare se fait ainsi le poète de la grande chaîne des êtres quand il évoque la reine Mab et son carrosse minuscule « traîné par un attelage de petits atomes… Le cocher est un moucheron à cape grise, à moitié gros comme un petit ver rond qu'on sort, avec l'aiguille, du doigt paresseux d'une fille »[1]. On croyait à l'existence de petites créatures en deçà du seuil de la vision humaine. Lorsqu'on put disposer de verres dioptriques, on ne remit pas en question pour autant les lois de la vision directe et de la

---

[1]. « Drawn with a team of little atomies…
her wagoner, a small grey coated gnat
not half so big as a round little worm
prick'd from the lazy finger of a maid ».
Shakespeare, *Roméo et Juliette*, I, 4. 58, p. 66-67. Trad. fr. *in* W. Shakespeare, *Œuvres complètes, Tragédies I*, édition bilingue, Paris, R. Laffont, 1995, p. 554-555.

réfraction. C'était une erreur. Avant Ernst Abbe (1840-1905), personne, je pense, n'avait compris comment fonctionne un microscope. La réaction immédiate d'un président de la Royal Microscopical Society – qui allait être cité pendant des années dans de nombreuses rééditions du manuel de référence de la microscopie américaine – fut d'affirmer qu'en fin de compte, on ne voyait pas à travers un microscope. La limite théorique de la résolution

> [A] devient explicable grâce aux recherches de Abbe. Il est démontré que la vision microscopique est *sui generis*. Il n'y a et il ne peut y avoir *aucune* comparaison entre la vision microscopique et la vision macroscopique. Les images d'objets minuscules produites au microscope ne sont pas le produit des lois ordinaires de la réfraction. Ce ne sont pas des effets de la dioptrique : elles reposent entièrement sur les lois de la *diffraction*[1].

Il me semble que cela signifie que l'on ne voit pas, en aucun des sens ordinaires du mot, avec un microscope.

LES PHILOSOPHES DU MICROSCOPE

Tous les vingt ans environ, on trouve un philosophe qui parle des microscopes. Lorsque l'esprit du positivisme logique atteignit l'Amérique, on put lire sous la plume de Gustav Bergmann, que, selon son usage de la terminologie philosophique,

> …les objets microscopiques ne sont pas des objets physiques au sens littéral, ils ne le sont que par la grâce du langage et de

---

1. W. B. Carpenter, *The Microscope and Its Revelations*, 8e éd., W. H. Dallinger, 1899. Cité *in* S. H. Gage, *The Microscope*, 9e éd., Ithaca, Comstock, p. 21. Gage oppose à cette idée la théorie rivale selon laquelle la vision microscopique « est à mettre sur le même plan que celle obtenue par l'œil sans assistance, le télescope et l'appareil photographique. Telle est la conception originale, et celle que beaucoup privilégient actuellement ».

l'imagination… Quand je regarde à travers un microscope, tout
ce que je vois, c'est une tache de couleur qui glisse dans le
champ de vision comme une ombre sur un mur[1].

Quand son tour arriva, Grover Maxwell, niant toute
différence fondamentale entre les entités d'observation et les
entités théoriques, soutint l'idée d'un continuum de vision :
« regarder à travers une vitre, regarder à travers des lunettes,
regarder à travers des jumelles, regarder à travers un microscope à faible grossissement, regarder à travers un microscope à
fort grossissement, etc. »[2]. Certaines entités peuvent être invisibles à un moment donné, et ensuite, grâce à une nouvelle
astuce technologique, elles deviennent observables. La distinction entre ce qui est observable et ce qui est purement
théorique n'a pas d'intérêt pour l'ontologie.

Grover Maxwell était partisan d'une certaine forme de
réalisme scientifique. Il rejetait l'anti-réalisme qui appelle à ne
croire à l'existence que des seules entités observables impliquées par nos théories. Bas Van Fraassen s'oppose vigoureu-
sement à ces idées dans son livre anti-réaliste *The Scientific
Image*. Il qualifie sa philosophie d'empirisme constructif et
soutient que « *la science vise à nous donner des théories empiriquement adéquates ; accepter une théorie n'impliquant pas
d'autre croyance que celle de son adéquation empirique* »[3].
Six pages plus loin, il propose le commentaire suivant :
« Accepter une théorie consiste (pour nous) à croire qu'elle est
empiriquement adéquate – que ce que dit la théorie *à propos de*

1. G. Bergmann, « Outline of an Empiricist Philosophy of Physics »,
American Journal of Physics, 11 (1943), p. 248-258, p. 335-342. Repris *in
Readings in the Philosophy of Science*, H. Feigl et M. Brodbeck (eds.), New
York, Appleton-Century-Crofts, 1953.
2. G. Maxwell, « The Ontological Status of Theoretical Entities », *in
Minnesota Studies in the Philosophy of Science*, vol. 3, H. Feigl et G. Maxwell
(eds.), Minneapolis, University of Minnesota Press, 1962, p. 3-27.
3. B. Van Fraassen, *The Scientific Image*, Oxford, Clarendon Press, 1980,
p. 12.

ce qui est observable (par nous) est vrai ». À l'évidence, il est essentiel pour Van Fraassen de rétablir la distinction entre observable et inobservable. En revanche, l'endroit exact où l'on devrait tracer la limite lui importe moins. Il accorde que le terme « observable » est vague et que son extension elle-même peut être déterminée par nos théories. En même temps, il voudrait que la limite soit tracée à l'endroit qui est pour lui le plus facile à défendre. Ainsi, même s'il devait se trouver contraint à céder un peu de terrain au cours du débat, il lui en resterait beaucoup du côté « inobservable » de la barrière. Il se méfie du continuum de Grover Maxwell et s'efforce d'enrayer aussitôt que possible le glissement par lequel on passe des entités que l'on voit à celles que l'on infère. Il rejette complètement l'idée d'un continuum.

Selon Van Fraassen, la liste de Grover Maxwell donne lieu à deux types de cas entièrement différents. On peut ouvrir la fenêtre et voir le sapin directement. Quant aux objets que l'on voit à travers des jumelles, au moins pour certains d'entre eux, on peut s'en approcher et les examiner en détail à l'œil nu (manifestement, Van Fraassen ne s'est jamais passionné pour l'observation des oiseaux). Mais il n'y a aucun moyen de voir une plaquette sanguine à l'œil nu. Passer du verre grossissant au microscope, fût-il de faible puissance, c'est passer de ce qu'il est possible d'observer à l'œil nu à ce qu'il est impossible d'observer autrement qu'avec des instruments. Van Fraassen conclut qu'on ne voit pas à travers un microscope. Et pourtant on voit à travers certains télescopes. Autant il serait possible d'aller sur Jupiter et de regarder ses lunes, autant il nous est impossible de nous réduire à la taille d'une paramécie pour la regarder. Il compare également la traînée de vapeur laissée par un avion à réaction et la trace d'ionisation produite par un électron dans une chambre à brouillard. Les processus physiques sont similaires, mais alors qu'on peut fixer des yeux l'avant de la traînée blanche et repérer l'avion, ou à défaut attendre qu'il se pose, en revanche, aussi longtemps qu'on attende, il n'arrivera jamais qu'un électron atterrisse et qu'on puisse le voir.

En poussant à l'extrême la position de Van Fraassen, on pourrait dire que lorsqu'on se sert d'un instrument optique, on n'a observé ou vu quelque chose que dans le cas où des êtres humains doués d'une vision à peu près normale auraient pu voir cette même chose à l'œil nu. Il serait facile d'ironiser : « Qu'y a-t-il donc de si remarquable à avoir 10 sur 10 à chaque œil ? ». Bien sûr, on peut trouver un intérêt à connaître les limites de la vision à l'œil nu, tout comme on peut se mettre au défi d'escalader une falaise sans pitons, ou de faire l'ascension de l'Everest sans oxygène. Mais si l'on se soucie avant tout d'atteindre le sommet, on emploiera tous les moyens qui se présentent. Selon mon livre de science, observer n'est pas voir passivement. Observer est un art, et l'artisan habile est toujours à la recherche de nouveaux outils. En une autre occasion, j'ai cité Caroline Herschel comme exemple d'un talent d'observateur exceptionnel[1]. Elle a découvert plus de comètes que quiconque en utilisant un instrument assez rudimentaire, qui permettait de balayer méthodiquement la surface du ciel à l'œil nu, et les télescopes de son frère, William Herschel, ont confirmé ses découvertes. Si nous sommes persuadés qu'elle a bien vu des comètes, cela n'a rien à voir, n'en déplaise à Van Fraassen, avec l'idée fictive que l'on pourrait s'en approcher et constater *de visu* que ce sont bien des comètes – c'est toujours aussi impossible. Pour comprendre si elle a vraiment vu ces objets, ou si l'on voit à travers le microscope, il faut en savoir assez long sur les instruments.

---

1. Ian Hacking, « Spekulatio, Berechnung und die Erschaffung von Phänomenen », *in Versuchungen : Aufsätze zur Philosophie Paul Feyerabends*, P. Duerr (éd.), Francfort, Suhrkamp, 1981, vol. 2, p. 126-158, surtout p. 134.

NE PAS SE CONTENTER D'EXAMINER : INTERFÉRER

Les philosophes ont tendance à considérer les microscopes comme des boîtes noires ayant d'un côté une source lumineuse et de l'autre un trou permettant de regarder à travers. Si l'on en croit Grover Maxwell, il y a des microscopes de faible puissance et d'autres de forte puissance, et toute une variété d'objets de la même espèce. C'est inexact, comme il est inexact que les microscopes seraient là uniquement pour qu'on regarde à travers. En fait, un philosophe ne parviendra certainement pas à voir à travers un microscope tant qu'il n'aura pas appris à en utiliser plusieurs. Si on lui demande de décrire ce qu'il voit, il pourra, à l'instar de James Thurber, dessiner le reflet de son œil, ou comme Gustav Bergmann, ne voir qu'« une tache de couleur qui glisse dans le champ de vision comme une ombre sur un mur ». À coup sûr, il sera incapable de faire la différence entre un grain de poussière et la glande salivaire d'une drosophile tant qu'il n'aura pas entrepris de disséquer une drosophile sous un microscope à faible grossissement.

Voilà la première leçon : pour apprendre à voir à travers un microscope, il ne suffit pas de regarder, il faut faire. On peut rapprocher ces idées de celles de Berkeley : dans son *Essai sur une nouvelle théorie de la vision*, il dit que nous n'acquérons la vision tridimensionnelle qu'après avoir appris ce qu'est se mouvoir dans le monde et y intervenir. Le sens du toucher est en corrélation avec l'image rétinienne réputée bidimensionnelle, et cette complémentarité qui résulte d'un apprentissage produit la perception tridimensionnelle. De même, ce n'est qu'en nageant sous l'eau que le plongeur apprend à voir dans ce milieu nouveau qu'est l'océan. Que Berkeley ait eu raison ou tort en ce qui concerne la vision primaire, il reste que lorsqu'on acquiert, après l'enfance, de nouvelles manières de voir, on ne peut se contenter de regarder passivement : pour apprendre, on est obligé de faire. La conviction qu'une certaine partie de la cellule existe bien comme on se la représente se trouve pour le moins renforcée quand, usant de moyens purement physiques, on procède à la micro-injection d'un fluide dans cette partie précise de la cellule. On voit la minuscule aiguille de verre – un outil que l'on a soi-même fabriqué de ses mains sous le microscope – perforer la paroi de la cellule. On voit le liquide s'écouler de la pointe de l'aiguille lorsqu'on tourne doucement la molette micrométrique du piston de la seringue qui lui, est tout à fait macroscopique. Aïe ! Maladroit que je suis, je viens de crever la paroi de la cellule. Me voilà condamné à recommencer sur une autre cellule. Les sarcasmes de John Dewey à l'encontre des « théoriciens-spectateurs de la connaissance » valent aussi pour les théoriciens-spectateurs de la microscopie.

Mais ceux qui pratiquent la microscopie ne sont pas pour autant délivrés des perplexités philosophiques. Citons le plus complet des manuels actuels destinés aux biologistes :

> [B] En observant un objet familier avec un microscope de faible puissance, le microscopiste peut voir une image légèrement agrandie qui est « identique » à l'objet. Augmenter le grossissement permet de révéler dans l'objet des détails invisibles à l'œil nu, et il est naturel de supposer qu'ils sont, eux aussi, « identiques » à l'objet. (À ce stade, il est nécessaire de s'assurer que ces détails ne sont pas dus au fait qu'on aurait endommagé l'échantillon en le préparant pour l'observation microscopique). Mais que veut-on dire au juste quand on affirme que « l'image est identique à l'objet » ?
>
> À l'évidence, l'image est un pur effet d'optique… L'« identité » entre l'objet et l'image signifie en réalité que les interactions physiques avec le faisceau lumineux qui rendent l'objet visible à l'œil (ou qui le rendraient visible s'il était assez gros) sont identiques à celles qui conduisent la formation d'une image dans le microscope…
>
> Supposons cependant que le rayonnement utilisé pour former l'image soit un faisceau d'ultraviolets, de rayons X ou d'électrons, ou que le microscope soit équipé d'un dispositif convertissant des différences de phase en variations d'intensité. Dans

ce cas, il est impossible que l'image soit « identique » à l'objet, même dans le sens limité qu'on vient de définir ! L'œil n'a pas la capacité de percevoir les ultraviolets, les rayons X ou les rayonnements électroniques, ni de détecter les déphasages entre des faisceaux lumineux …

Ce raisonnement révèle que l'image doit être une carte d'interactions entre l'échantillon et le rayonnement produisant l'image[1].

L'auteur poursuit en disant que toutes les méthodes qu'elle a mentionnées, et d'autres encore, « peuvent produire de « vraies » images qui sont, en un certain sens, « comme » l'échantillon ». Elle fait également remarquer que dans le cas d'une technique telle que l'autoradiographie, « on produit une "image" de l'échantillon … obtenue exclusivement du point de vue de la localisation des atomes radioactifs. Cette "image" est d'un genre si spécialisé qu'elle ne peut généralement être interprétée sans le recours à une image supplémentaire, la microphotographie, à laquelle on la superpose ».

Voilà donc un microscopiste tout disposé à soutenir qu'on ne voit à travers un microscope que lorsque les interactions physiques entre l'échantillon et le faisceau lumineux dont procède la formation de l'image sont « identiques » dans le microscope et dans l'œil. C'est un point de vue opposé à celui de la génération précédente, énoncé dans la citation [A], qui soutient que le microscope optique ordinaire, dans la mesure où il fonctionne par diffraction, est un dispositif *sui generis* et ne saurait être assimilé à la vision ordinaire. Les microscopistes [A] et [B], qui sont en désaccord au sujet du plus simple microscope optique, pourraient-ils être sur la bonne voie philosophique au sujet de l'acte de « voir » ? Les guillemets prudents qui encadrent les mots « image » et « vrai » suggèrent une plus grande ambivalence dans les propos de [B].

1. E. M. Slayter, *Optical Methods in Biology*, New York, Wiley, 1970, p. 261-263.

Il faut se méfier particulièrement du mot « image » en microscopie. Il désigne parfois quelque chose que l'on peut montrer du doigt, une forme projetée sur un écran, une microphotographie, ou autre chose. Mais en d'autres occasions, il désigne pour ainsi dire l'*input* de l'œil lui-même. L'origine de ce rapprochement de sens se trouve dans l'optique géométrique, où le dispositif est représenté sous la forme d'un diagramme avec un échantillon placé dans le plan focal (*in focus*) et une « image » située dans l'autre plan focal, cette « image » désignant ce que l'on verra si l'on place l'œil à cet endroit. Je récuse cependant une inférence que l'on pourrait tirer même de la citation [B]. On pourrait avoir l'impression que tout énoncé concernant ce que l'on voit au microscope contient une charge théorique : il est chargé de théorie optique ou de théories concernant d'autres rayonnements. Je ne suis pas de cet avis. On a besoin de théorie pour faire un microscope, on n'en a pas besoin pour l'utiliser. La théorie peut aider à comprendre la présence de franges asymétriques autour des objets observés au microscope à contraste d'interférence, mais on peut apprendre de façon tout à fait empirique à ne pas en tenir compte. Il n'y a guère de biologiste dont les connaissances en optique seraient jugées satisfaisantes par un physicien. C'est en pratiquant – je veux dire de manière générale en faisant, et non en regardant – que l'on apprend à faire la différence entre ce qui est visiblement un artefact dû à la préparation ou à l'instrument, et la structure réelle qui est vue au microscope. C'est de cette compétence pratique que naît la conviction. Elle exige sans doute que l'on sache un peu de biologie, mais on peut très bien trouver des techniciens de premier ordre qui ne connaissent rien à la biologie. En tout cas, la physique ne joue tout simplement aucun rôle dans la perception de la réalité microscopique propre au biologiste. Il est rare que ses observations et ses manipulations portent la moindre charge théorique provenant de la physique.

MAUVAIS MICROSCOPES

Selon une opinion courante, Leeuwenhoek a inventé le microscope et depuis, on a poursuivi son œuvre, réalisant des versions sans cesse améliorées d'objets du même type. Je voudrais rectifier cette idée.

S'il ne fut pas le premier microscopiste, loin s'en faut, Leeuwenhoek était en revanche un technicien de génie. Ses microscopes ne comportaient qu'une seule lentille, et il en fabriquait une nouvelle pour chaque échantillon observé. L'objet était monté sur une aiguille, juste à la bonne distance. Nous ne savons pas vraiment comment il a pu réaliser des dessins aussi merveilleusement précis de ses échantillons. La collection la plus représentative de ces ensembles de lentilles et d'échantillons fut offerte à la Royal Society de Londres, qui la perdit en totalité environ un siècle plus tard, dans ce qu'il est convenu d'appeler des circonstances suspectes. Mais dès cette époque, la colle qui fixait les échantillons s'était altérée et les objets commençaient à tomber de leur support. Il est presque certain que Leeuwenhoek devait ses merveilleux résultats à un secret d'éclairage plutôt qu'au procédé de fabrication de ses lentilles, mais il n'a, semble-t-il, jamais divulgué sa technique. Ce que Leeuwenhoek a inventé, c'est peut-être moins le microscope que l'éclairage en fond noir (*dark field illumination*)[1]. Cette idée pourrait être la première d'une longue liste rappelant que beaucoup des principaux progrès de la microscopie n'ont rien à voir avec l'optique. En revanche, il nous a fallu des microtomes pour faire des coupes plus fines dans les échantillons, des colorants à l'aniline pour les teinter, des sources de lumière pure et, à un niveau plus modeste, la vis

---

1. [N.d.T.] La microscopie en fond noir (ou encore à champ sombre ou en lumière rasante) permet notamment de détecter des structures de surface non visibles en fond clair.

micrométrique pour la mise au point, ainsi que des fixateurs et des centrifugeuses.

Même si les premiers microscopes ont suscité un extraordinaire engouement populaire en révélant des mondes à l'intérieur d'autres mondes, il convient de remarquer qu'après le microscope composé de Hooke, la technologie n'a plus fait de progrès notables : une fois retombé l'enthousiasme des premières observations, il n'en découla guère de connaissances nouvelles. Le microscope devint un jouet pour les dames et les gentlemen de l'establishment britannique. Un jouet qui comprenait le microscope ainsi qu'une boîte d'échantillons tout préparés, végétaux et animaux. Il se pouvait fort bien, d'ailleurs, qu'une boîte de lamelles préparées coûtât plus cher que le microscope lui-même. Il ne s'agissait pas simplement de déposer une goutte d'eau croupie sur un bout de verre et d'observer. À l'exception des spécialistes chevronnés, si l'on voulait simplement voir *quelque chose*, il fallait disposer d'une lamelle déjà préparée. De fait, il est assez incroyable, étant donné les aberrations optiques, que l'on ait jamais pu voir quoi que ce soit à travers un microscope composé, même si, en fait, un technicien vraiment habile peut faire des miracles avec du très mauvais matériel, comme toujours dans les sciences expérimentales.

En microscopie optique de base, on compte environ huit aberrations principales. Les aberrations de sphéricité et les aberrations chromatiques en sont deux exemples importants. Les premières sont dues au polissage des lentilles, que l'on obtient par des frottements aléatoires. Ceux-ci – on peut le démontrer – produisent une surface sphérique. Un rayon lumineux qui s'écarte un peu de l'axe ne convergera pas au même endroit qu'un rayon plus proche de l'axe. Pour les angles i où $\sin i$ est très éloigné de i, il n'y a pas de point de convergence des rayons lumineux : ainsi, un point sur l'échantillon n'apparaîtra au microscope que comme une tache. Huygens avait bien compris cela, et il savait aussi comment y remédier en théorie, mais il fallut longtemps, en pratique, pour éviter les aberrations de sphéricité par des combinaisons de lentilles concaves et convexes.

Les aberrations chromatiques sont dues aux différences de longueurs d'onde entre des lumières de différentes couleurs. De ce fait, un rayonnement rouge et un rayonnement bleu émanant du même point sur l'échantillon auront chacun un point focal différent. Une image rouge bien au point se super-posera à une tache bleue ou vice-versa. Dans ces conditions, même si les gens riches adoraient avoir un microscope chez eux pour se divertir, il n'est pas étonnant que la science sérieuse ait dédaigné cet instrument. On considère souvent Bichat comme le fondateur de l'histologie, l'étude des tissus vivants. En 1800, il n'aurait pas toléré un microscope dans son laboratoire.

> Quand on regarde dans l'obscurité, chacun voit à sa manière et suivant la manière dont il est affecté. C'est donc l'observation des propriétés vitales qui doit surtout nous guider et non les images troubles offertes par le meilleur microscope [1].

Il n'y a pas eu de tentative vraiment sérieuse pour mettre au point des microscopes achromatiques, Newton ayant écrit que c'était physiquement impossible. Grâce à la découverte du flint glass [2], qui présente des indices de réfraction différents de ceux du verre ordinaire, il est devenu possible d'en fabriquer. Un doublet de deux lentilles présentant des indices de réfrac-tion différents peut être agencé de manière à éliminer tota-lement l'aberration pour une paire déterminée de longueurs d'ondes de rouge et de bleu, et bien que le résultat soit impar-fait sur l'ensemble du spectre, l'imperfection est pratiquement négligeable et peut encore être amoindrie avec un triplet de

---

1. X. Bichat, *Traité des membranes en général et de diverses membranes en particulier*, Paris, Richard, Caille et Ravier, année VIII-1799, p. 32.
2. [N.d.T.] Verre cristallin à forte teneur en plomb, à grand pouvoir dispersif et réfringent.

lentilles. Le premier qui eut l'idée de cette solution tenait tellement à la garder secrète qu'il s'adressa à deux fabricants distincts pour commander des lentilles taillées dans des verres différents. Mais tous deux sous-traitèrent avec le même artisan, qui fut assez astucieux pour soupçonner que les verres étaient destinés au même appareil. Finalement, en 1758, l'idée fut piratée. À l'issue du procès pour les droits d'exploitation de l'invention, la décision fut favorable à l'auteur du piratage, John Doland. Le juge de la Haute cour décréta que ce n'était pas celui qui a enfermé l'invention dans son secrétaire qui devait bénéficier d'un brevet pour une telle invention, mais celui qui lui a donné corps et en a fait profiter le public[1]. Le public n'en profita pas tellement. Jusque dans les années 1860, on débattait sérieusement pour savoir si certains corpuscules que l'on voyait au microscope étaient des artefacts produits par l'instrument ou d'authentiques éléments de matière vivante (en l'occurrence, il s'agissait d'artefacts). Puis les microscopes devinrent vraiment meilleurs et la microscopie progressa plus rapidement. Si l'on trace une courbe de développement, on obtient un premier sommet vers 1660, puis un plateau légèrement ascendant qui se poursuit jusqu'à un grand bond aux alentours de 1870. Vers 1945 débute une nouvelle période faste, qui se poursuit encore aujourd'hui. Cette courbe a été tracée avec une grande précision par un historien qui a pris pour échelle la résolution maximale des instruments employés à chaque époque[2]. Une évaluation subjective des grandes applications du microscope produirait une courbe assez semblable, si ce n'est que le contraste entre les années 1870 et 1660 ressortirait plus nettement. Avant 1860, le microscope n'a produit que fort peu de découvertes vraiment mémorables. L'éclosion de la nouvelle microscopie est due en partie à

1. Cité *in* Bradbury, *The Microscope, Past and Present*, p. 130.

2. S. Bradbury and G. L. E. Turner (eds.), *Historical Aspects of Microscopy*, Cambridge, Heffer, 1967.

Abbe, mais la raison la plus immédiate de ce progrès fut l'utilisation de colorants à base d'aniline. La matière vivante est généralement transparente. Les nouveaux colorants à l'aniline permirent de voir les microbes et bien d'autres choses.

ABBE ET LA DIFFRACTION

Comment voit-on « normalement » ? Le plus souvent, on voit de la lumière réfléchie. Mais si l'on utilise un verre grossissant pour examiner un objet éclairé par derrière, ce que l'on « voit » alors, c'est la lumière transmise ou absorbée. Nous aboutissons donc à l'idée suivante : voir quelque chose à travers un microscope optique, c'est voir des zones d'ombre et de lumière correspondant à la proportion de lumière absorbée ou transmise. Nous voyons le changement d'amplitude des rayons lumineux. Il y a quelque chose qui ne va pas dans cette conception, et je pense que même Huygens le savait. Pourtant, ce n'est qu'en 1873 que l'on trouve un texte expliquant comment fonctionne un microscope[1].

L'histoire d'Ernest Abbe est un modèle d'ascension sociale spectaculaire. Fils d'un ouvrier des filatures, il parvint à apprendre les mathématiques et obtint des bourses pour poursuivre ses études au lycée. Il fut chargé de cours en mathématiques, en physique et en astronomie. Ses travaux sur l'optique lui ouvrirent des portes. Il fut embauché dans la petite entreprise de Carl Zeiss à Iéna. À la mort de Zeiss, l'entreprise lui revint. À sa retraite, il se consacra à des activités philanthropiques. La société Carl Zeiss devint la plus importante des entreprises d'optique grâce aux innombrables innovations mathématiques et pratiques introduites par Abbe. Je n'en évoquerai qu'une seule.

---

1. E. Abbe, « Beiträge zur Theorie des Mikroskops und der mikroskopischen Wahrnehmung ».

Abbe s'intéressait à la résolution. Le grossissement n'apporte rien s'il « agrandit » deux points distincts pour en faire une grosse tache floue. Ce qu'il faut, c'est résoudre les points en deux images distinctes. G. B. Airy, l'astronome royal d'Angleterre, avait bien saisi le problème lorsqu'il déclarait que le télescope devait permettre de distinguer des étoiles jumelles. C'est une question de diffraction. Le plus familier des phénomènes de diffraction est le fait que des objets aux contours nets ont une ombre floue. C'est un effet du caractère ondulatoire de la lumière. Quand la lumière se déplace entre deux fentes étroites, une partie du rayonnement va traverser les fentes en ligne droite, une autre partie va dévier du rayon principal selon un certain angle, une autre encore déviera d'un angle plus important : ce sont les rayons diffractés de premier ordre, de second ordre, etc.

Abbe se saisit du problème suivant : comment résoudre (c'est-à-dire distinguer de façon visible) des lignes parallèles sur une diatomée. Ces lignes sont très rapprochées, leur largeur et l'intervalle qui les sépare est à peu près uniforme. Très vite, il eut la possibilité de travailler sur des réseaux de diffraction artificiels encore plus réguliers. Son analyse est un exemple de la manière dont la science pure peut être appliquée, dans la mesure où il avait créé la théorie pour un cas pur : celui où l'on observe un réseau de diffraction, et il inféra que ce cas représente toute l'infinie complexité des phénomènes physiques qui sont en jeu lorsqu'on observe au microscope un objet hétérogène.

La plus grande partie de la lumière qui frappe un réseau de diffraction n'est pas transmise mais diffractée. Elle est renvoyée par le réseau selon des angles de diffraction du premier, du deuxième ou du troisième ordre, ces angles étant définis pour partie en fonction des distances entre les lignes sur le réseau. Abbe s'aperçut que pour voir les rainures du réseau, il fallait capter non seulement la lumière transmise, mais également les rayons diffractés, au moins du premier ordre. En fait, la meilleure représentation de ce qu'on voit est une synthèse de Fourier des rayons transmis et diffractés. Selon Abbe, l'image de l'objet est donc produite par l'interférence des ondes lumineuses émises par l'image principale et des images secondaires de la source lumineuse produites par la diffraction.

Les applications pratiques sont nombreuses. Bien sûr, on captera davantage de rayons diffractés avec une plus grande ouverture de l'objectif, mais dans ce cas, on a aussi beaucoup plus d'aberrations de sphéricité. On peut également modifier le milieu qui sépare l'échantillon de la lentille. Avec un matériau plus dense que l'air, comme l'huile des microscopes à immersion, on parvient, à ouverture égale, à capter davantage de rayons diffractés et on augmente ainsi la résolution du microscope.

En dépit de la qualité des premiers microscopes Abbe-Zeiss, la théorie rencontra des résistances pendant de nombreuses années, particulièrement en Angleterre et en Amérique, pays qui avaient dominé le marché depuis un siècle. Jusque vers 1910, les meilleurs microscopes anglais, conçus sur des bases purement empiriques – sans compter quelques idées volées à Abbe – avaient une résolution équivalente voire supérieure à celle des appareils de Zeiss. Néanmoins, l'habileté coûteuse des artisans procédant par essais et erreurs était condamnée. Pourtant, les rivalités commerciales ou nationales ne suffisent pas à expliquer pourquoi on hésitait à croire aux théories d'Ernest Abbe. Dans un manuel américain de 1916, on signale que, pour expliquer la vision ordinaire, une théorie rivale (et plus proche du « sens commun ») est en passe de s'imposer une fois de plus et d'avoir raison des idées d'Ernest Abbe[1] ! Les résistances étaient dues en partie à

---

1. S. H. Gage (note 3), 11ᵉ éd., 1916. La citation de Carpenter et Dallinger disparaît dans la 12ᵉ éd. de 1917, qui en conserve néanmoins l'esprit, y compris le « *sui generis* ». Gage reconnaît que « l'on a conçu certaines expériences très frappantes pour prouver la justesse des hypothèses de Abbe, mais comme beaucoup l'ont fait remarquer, l'usage ordinaire du microscope n'implique

l'étonnement que suscitait la thèse de Abbe, qui conduisait apparemment à l'idée que, comme l'énonce la citation [A], « il n'y a et il ne peut y avoir *aucune* comparaison entre la vision microscopique et la vision macroscopique ».

Si vous soutenez (comme cela semble encore être le cas dans la citation [B], pourtant plus moderne) que ce qu'on voit dépend essentiellement de certains processus physiques dans l'œil, alors tout le reste doit relever plutôt du domaine des illusions d'optique ou, au mieux, de la cartographie. Dans cette perspective, les systèmes de Leeuwenhoek et de Hooke permettent bel et bien de voir. Après Abbe, même le microscope optique conventionnel devient essentiellement un dispositif réalisant des synthèses de Fourier de diffractions du premier ou même du deuxième ordre. Vous devez donc soit modifier votre conception de la vision, soit admettre qu'on ne voit pas à travers un microscope digne de ce nom. Avant d'en arriver à des conclusions sur ce point, nous ferions mieux d'examiner quelques instruments plus récents.

UNE PLÉTHORE DE MICROSCOPES

Transportons-nous après la seconde Guerre mondiale. La plupart des idées de l'époque avaient déjà circulé dans l'entre-deux-guerres, mais à l'époque, on n'avait pas dépassé le stade du prototype. Une de ces inventions est nettement plus ancienne, mais pendant assez longtemps, elle n'avait pas été convenablement exploitée.

Le premier problème pratique rencontré par le biologiste cellulaire provient de ce que, la plupart du temps, le matériau

jamais les conditions que l'on réalise dans ces expériences », p. 301. Imre Lakatos se serait délecté de ce programme de recherche en dégénérescence visant à préserver la conception naïve de la vision, complété par la mise hors-jeu des expériences frappantes, données pour monstrueuses. Pour l'essentiel, ce passage est resté inchangé même dans la 17ᵉ édition de 1941.

vivant n'est pas observable avec un microscope optique ordinaire parce qu'il est transparent. Pour y voir quelque chose, il faut colorer l'échantillon. Or, les colorants à l'aniline figurent parmi les pires poisons qui existent : on ne verra donc qu'une cellule tout à fait morte, c'est-à-dire aussi, très probablement, une cellule structurellement endommagée, présentant des structures qui ne sont que des artefacts de préparation. Il se trouve cependant que les propriétés biréfringentes (polarisantes) du matériau vivant sont variables. Ajoutons alors à notre microscope un polariseur et un analyseur. Le polariseur permet de ne transmettre à l'échantillon qu'une lumière polarisée ayant certaines propriétés. Dans le cas le plus simple, l'analyseur est placé perpendiculairement au polariseur, de manière à ce que la seule lumière transmise soit de polarisation opposée à celle du polariseur : on obtient une obscurité totale. Supposons maintenant que l'échantillon lui-même soit biréfringent : il pourrait alors modifier le plan de polarisation de la lumière incidente, et on obtiendrait une image visible grâce à l'analyseur. De cette manière, on peut observer sans colorant les fibres « transparentes » d'un muscle strié, en se servant uniquement de certaines propriétés de la lumière que normalement on ne peut pas « voir ».

La théorie de la diffraction de Ernest Abbe, avec le renfort du microscope polarisant, conduit à ce qui ressemble à une révolution conceptuelle. Il n'est pas nécessaire de voir par les moyens de la physique « normale » de la vision pour percevoir des structures dans le matériau vivant : en réalité, cela ne se produit jamais. Même dans le cas standard, on voit l'échantillon en réalisant la synthèse de rayons diffractés plutôt que par les moyens de la physique « normale » de la vision. Et le microscope polarisant vient nous rappeler que la lumière ne se limite pas aux seuls phénomènes de réfraction, d'absorption et de diffraction. *Pour étudier la structure d'un échantillon, on pourrait utiliser n'importe quelle propriété de la lumière qui entre en interaction avec lui.* En fait, on pourrait utiliser n'importe quelle propriété de *n'importe quel type d'onde.*

Mais même si on s'en tient à la lumière, il y a fort à faire. La microscopie à ultraviolet double la résolution, mais son intérêt principal est de mettre en évidence les caractéristiques d'absorption des ultraviolets qui sont spécifiques à certaines substances importantes en biologie. En microscopie à fluorescence, on supprime l'éclairage incident : on observe uniquement la lumière réémise, à différentes longueurs d'onde, par des effets – naturels ou induits – de phosphorescence ou de fluorescence. C'est une technique précieuse en histologie, pour étudier certaines sortes de matière vivante. Plus intéressant encore que de se servir de modalités de transmission ou d'émission inhabituelles, on peut jouer directement avec la lumière elle-même, comme le font le microscope à contraste de phase de Zernike et le microscope à interférence de Nomarski.

Un échantillon transparent absorbe la lumière de façon uniforme. Néanmoins, il se peut que sa structure présente, en différents endroits, d'invisibles variations de l'indice de réfraction. Le microscope à contraste de phase les convertit en variations d'intensité visibles dans l'image de l'échantillon. Avec un microscope ordinaire, l'image est la synthèse des ondes diffractées D et des ondes directement transmises U. Le microscope à contraste de phase permet de séparer physiquement les ondes U et D par un moyen ingénieux, quoique simple du point de vue physique. L'un ou l'autre type d'ondes présente alors un retard de phase standard qui a pour effet de produire dans le plan focal un contraste de phase correspondant aux différences d'indice de réfraction dans l'échantillon.

Le microscope à contraste d'interférence est peut-être plus facile à comprendre. La source lumineuse est simplement divisée au moyen d'un miroir semi-réfléchissant : la moitié de la lumière traverse l'échantillon tandis que l'autre moitié est conservée comme une simple onde de référence qui sera recombinée à la première moitié pour produire l'image définitive. Les modifications de chemin optique provoquées par les variations de l'indice de réfraction dans l'échantillon engendrent des effets d'interférence avec le faisceau de référence.

Le microscope à interférence a l'inconvénient de produire des franges illusoires, mais il a le grand avantage de permettre de déterminer quantitativement les indices de réfraction dans l'échantillon. Naturellement, une fois que l'on est parvenu à construire de tels appareils, on peut fabriquer des variantes à l'infini : microscopes polarisants à interférence, à interférence de faisceaux multiples, à interférence de phase modulée, et ainsi de suite.

LA VÉRITÉ EN MICROSCOPIE

> Les caractéristiques distinctives de la technique de contraste d'interférence différentielle sont les suivantes : l'image restitue le vrai profil aussi bien des contours (bords) clairement visibles de l'objet que des structures continues (stries).

Voilà ce qu'on peut lire dans un catalogue actuel de Carl Zeiss. Qu'est-ce qui permet au vendeur enthousiaste de supposer que les images produites par ces différents systèmes optiques sont « vraies » ? Bien sûr, les images ne sont « vraies » que lorsqu'on a appris à ne pas tenir compte des distorsions. Il y a de nombreuses raisons de se convaincre qu'un élément de structure que l'on perçoit est réel ou vrai. La plus importante est l'une des plus naturelles. Pour en donner une illustration, je prendrai l'exemple de ma propre expérience, la première fois que je suis entré dans un laboratoire[1]. Avec un microscope

---

1. J'ai une dette particulière envers mon ami R. J. Skaer de Peterhouse, à Cambridge, qui m'a permis de passer beaucoup de temps dans son laboratoire de biologie cellulaire au département de Médecine hématologique de l'université de Cambridge.

électronique de faible puissance, on découvre de petites taches sur les globules rouges. On les appelle des corps denses : cela signifie simplement qu'ils sont électron-denses, et qu'ils apparaissent au microscope électronique à transmission sans préparation ni coloration d'aucune sorte. En se fondant sur les mouvements et la densité de ces corps à divers stades du développement ou de la pathologie cellulaire, on fait l'hypothèse qu'ils pourraient avoir un rôle important dans la biologie du sang. D'un autre côté, il se peut aussi qu'il s'agisse simplement d'artefacts dus au microscope électronique. Il y a une manière très simple de s'en assurer : peut-on voir ces mêmes corps en employant des techniques totalement différentes du point de vue physique ? Si c'est le cas, le problème est facile à résoudre. Le microscope électronique à faible résolution est à peu près de même puissance qu'un microscope optique à haute résolution. Les corps denses n'apparaissent pas avec toutes les techniques, mais ils sont révélés au microscope à fluorescence en employant des colorants fluorescents.

On fixe des coupes de globules rouges sur une grille microscopique. Il s'agit littéralement d'une grille : au microscope, ce qu'on voit est une grille dont chaque carré est marqué d'une lettre en majuscule. À partir des coupes montées sur ces grilles, on réalise des microphotographies électroniques. Les échantillons présentant des configurations particulièrement frappantes de corps denses sont ensuite préparés pour la microscopie à fluorescence. Enfin, on compare les microphotographies électroniques et les microphotographies à fluorescence. On est sûr que les microphotographies montrent la même partie de la cellule, parce que cette partie est clairement repérable grâce à la lettre – par exemple P – qui marque le carré de la grille où elle se trouve. Dans les microphotographies à fluorescence, on retrouve exactement le même agencement de la grille, de la structure générale de la cellule et des sept « corps » qui figuraient sur la microphotographie électronique.

On en infère que ces corps ne sont pas des artefacts dus au microscope électronique.

Deux processus physiques – la transmission électronique et la ré-émission fluorescente – sont employés pour détecter ces corps. Ces deux processus n'ont à peu près rien de commun. Ils relèvent pour l'essentiel de segments disjoints de la physique. Il faudrait une coïncidence tout à fait incroyable pour que, à maintes et maintes reprises, deux processus physiques totalement différents produisent des configurations visuelles identiques qui ne seraient pourtant que des artefacts des processus physiques et non des structures réellement présentes dans la cellule.

Remarquez que personne, en pratique, ne formule jamais cet « argument de la coïncidence ». On se contente d'examiner les deux jeux de microphotographies (ou plus, de préférence) provenant de systèmes physiques différents, et on constate que les corps denses figurent exactement au même endroit dans chaque paire de microphotographies. Cela règle aussitôt la question. En fait, le Dr. Richard Skaer, mon mentor sur ces questions, pensait pouvoir démontrer que ces corps denses ne sont que des artefacts. Une fois qu'il eut examiné l'ensemble de ses microphotographies expérimentales, il ne lui fallut que cinq minutes pour comprendre qu'il s'était trompé.

Remarquez aussi qu'il n'est pas nécessaire que l'on sache ce que *sont* les corps denses. Tout ce que nous savons, c'est que la cellule possède certaines caractéristiques structurelles qu'on peut rendre visibles par diverses techniques. La microscopie elle-même ne pourra jamais tout nous apprendre sur ces corps (à supposer qu'il y ait quelque chose d'important à dire). Il faut faire appel à la biochimie. En outre, nous disposons aujourd'hui de moyens d'analyse spectroscopique instantanée qui décomposent les corps denses en leurs éléments constituants, en combinant un microscope électronique et un analyseur spectroscopique. Le procédé est sensiblement le même que celui que l'on emploie pour l'analyse spectroscopique des étoiles.

COÏNCIDENCE ET EXPLICATION

Le débat sur le réalisme scientifique a rendu beaucoup plus courant l'argument de la coïncidence. En particulier, J. J. C. Smart remarque que l'on a recours aux bonnes théories pour expliquer différents phénomènes. Ce serait une coïncidence cosmique, dit-il, si la théorie était fausse et permettait néanmoins des prédictions justes de tous les phénomènes :

> Il faudrait supposer qu'il s'est produit une quantité innombrable d'heureux hasards dans les comportements décrits par le vocabulaire observationnel, de sorte qu'ils se sont produits miraculeusement *comme s*'ils avaient été provoqués par les choses non-existantes dont le vocabulaire théorique est censé parler[1].

Van Fraassen conteste cette thèse ainsi que des raisonnements du même genre en faveur du réalisme qui recourent à ce que Gilbert Harman appelle « l'inférence à la meilleure explication », ou à ce que Hans Reichenbach et Wesley Salmon appellent l'argument de la « cause commune ». On pourrait penser que mes propos sur la coïncidence me jettent au cœur d'une bataille en cours. Pas du tout. Mon raisonnement est bien plus localisé et ne me lie aucunement aux positions de Smart ou de Salmon.

Premièrement, il n'est pas question ici du vocabulaire observationnel et théorique. Il se peut très bien qu'il n'y ait pas de vocabulaire théorique pour désigner les choses que l'on voit au microscope – « corps dense » ne désigne rien d'autre que quelque chose de dense, c'est-à-dire quelque chose qui

---

1. J. J. C. Smart, *Between Science and Philosophy*, New York, Random House, 1968, p. 150.

apparaît au microscope électronique sans coloration ni préparation. Deuxièmement, il n'est pas question d'explication. On voit les mêmes constellations de points, que l'on utilise un microscope électronique ou une coloration fluorescente, et on ne donne pas une « explication » de ce fait en disant qu'un certain type de chose bien défini (dont la nature reste encore inconnue) est responsable de ces configurations persistantes de points. Troisièmement, nous n'avons pas de théorie qui prédise une vaste gamme de phénomènes. La quatrième différence est peut-être la plus importante : ce qui nous intéresse, c'est de distinguer les artefacts des objets réels. Dans les débats métaphysiques sur le réalisme, on oppose des « entités réelles mais inobservables » à des entités qui « ne sont pas des entités réelles, mais plutôt des outils de pensée ». Avec le microscope, nous savons qu'il y a des points sur des microphotographies. La question est la suivante : s'agit-il d'artefacts produits par le système physique ou de structures présentes dans l'échantillon lui-même ? Mon argument de la coïncidence consiste simplement à dire que ce serait une coïncidence tout à fait incroyable si on obtenait les mêmes configurations de points sur les microphotographies réalisées avec deux types de systèmes physiques totalement différents.

L'ARGUMENT DE LA GRILLE

Je vais maintenant me risquer à un petit excursus philosophique sur le thème du réalisme scientifique. Van Fraassen affirme qu'on peut voir à travers un télescope parce que, même si le télescope est indispensable pour observer les lunes de Jupiter depuis la Terre, on pourrait se rendre sur place et observer ces lunes à l'œil nu. Peut-être ce rêve s'accomplira-t-il un jour prochain, mais pour l'heure, cela relève de la science fiction. Le microscopiste se méfie des rêves. Plutôt que de s'envoler vers Jupiter, il réduit le monde visible. Prenez les grilles évoquées plus haut, que l'on utilise pour réidentifier les corps denses. Ce sont des grilles métalliques minuscules, à peine visibles à l'œil nu. Pour les fabriquer, on dessine une très grande grille à la plume et à l'encre. Un dessinateur trace les lettres avec soin dans un coin de chaque case de la grille. Celle-ci est alors réduite photographiquement. Sur la micro-photographie ainsi obtenue, on dépose du métal selon des techniques désormais courantes. Les grilles sont vendues par paquets, ou plutôt par tubes, de 100, 250 ou 1000 unités. Les procédés de fabrication de ces grilles sont parfaitement bien compris, et aussi fiables que n'importe quel autre système de production de masse de haute qualité.

En bref, plutôt que de nous transporter sur Jupiter à bord d'un vaisseau spatial imaginaire, nous réduisons routinière-ment une grille. Ensuite, nous observons le disque minus-cule à travers à peu près tous les types de microscopes et nous voyons exactement les mêmes formes et lettres que celles qui avaient été tracées à grande échelle par le dessinateur. Il est impossible de penser sérieusement un seul instant que ce disque minuscule, que je tiens avec des pincettes, n'a pas en réalité la structure d'une grille marquée de lettres. Je sais que ce que je vois au microscope est véridique parce que la grille est *faite* pour être exactement ainsi. Je sais que le procédé de fabrication est fiable, parce que le résultat peut être vérifié au microscope. Plus encore, on peut vérifier le résultat avec n'importe quel type de microscope exploitant un processus donné parmi la douzaine de processus physiques indépendants que l'on utilise pour produire des images. Peut-on néanmoins imaginer que, malgré tout, cela pourrait n'être qu'une gigantesque coïncidence ? Est-il faux de penser que le disque a bien en fin de compte la forme d'une grille marquée de lettres ? Y aurait-il une gigantesque conspiration de treize processus physiques totalement indépendants, de sorte que la grille à grande échelle aurait été réduite à quelque chose qui n'est pas une grille mais qui, observée au moyen de douze types de microscopes différents, a néanmoins l'air d'une grille? Pour être anti-réaliste à propos de cette grille, on serait condamné à invoquer, pour le moins, quelque Malin génie cartésien du microscope.

L'argument de la grille exige probablement une saine reconnaissance de l'absence d'unité (*disunity*) de la science, au moins du point de vue phénoménologique. Les microscopes optiques, c'est une banalité, utilisent tous la lumière, mais l'interférence, la polarisation, le contraste de phase, la transmission directe, la fluorescence, et ainsi de suite, sont autant de procédés qui exploitent des caractéristiques phénoménologiques de la lumière sans rapport les unes avec les autres. Si l'on peut discerner la même structure en utilisant plusieurs de ces aspects différents des ondes lumineuses, alors on ne peut supposer sérieusement que cette structure n'est qu'un artefact de tous ces différents systèmes physiques. Il faut souligner également que tous ces systèmes physiques sont créés par l'homme. Nous purifions pour ainsi dire certains aspects de la nature en isolant, par exemple, les caractéristiques d'interférence de phase de la lumière. Nous concevons des instruments en connaissant exactement leur principe de fonctionnement, précisément parce que l'optique est une science bien comprise. Nous passons un certain nombre d'années à mettre au point divers prototypes, et nous obtenons finalement un instrument opérationnel qui permet de discerner une structure particulière. Plusieurs autres instruments opérationnels fondés sur des principes entièrement différents, révèlent la même structure. Hormis le sceptique cartésien, plus personne ne peut imaginer que cette structure est produite par les instruments et n'est pas inhérente à l'échantillon.

Il fut un temps où il était non seulement possible, mais même parfaitement sensé de bannir le microscope des laboratoires d'histologie, pour la simple raison qu'il révélait davantage les artefacts du système optique que la structure des fibres. Ce n'est plus le cas aujourd'hui. Bien sûr, quand on innove en microscopie, il est toujours délicat d'acquérir la conviction que ce qu'on voit n'est pas un artefact dû à la préparation ou au système optique, mais fait réellement partie de l'échantillon. Pourtant en 1981, à la différence de ce qui se passait en 1800, nous disposons de tout un arsenal de moyens permettant d'établir une telle conviction. Pour m'en tenir à l'aspect « visuel » – et même là, je simplifie beaucoup –, je soutiens que si l'on peut voir une structure ayant les mêmes caractéristiques fondamentales en employant plusieurs systèmes physiques différents, on a une excellente raison de dire « c'est réel » plutôt que « c'est un artefact ». Ce n'est pas une raison absolument concluante, mais la situation est la même pour la vision ordinaire. Si l'on aperçoit des taches noires sur l'asphalte de la route, un jour de grosse chaleur, et que l'on continue à les voir toujours au même endroit sous plusieurs perspectives différentes, on conclut que ce sont des flaques que l'on voit, et non l'illusion familière. Et malgré tout, on peut encore se tromper. En microscopie aussi, il arrive de temps en temps qu'on se trompe. Mais, du fait qu'il se produit dans les perceptions macroscopiques et les perceptions microscopiques des types d'erreurs aussi semblables, on est d'autant plus enclin à dire, simplement, que l'on voit à travers un microscope.

Je dois répéter que, tout comme dans la vision grandeur nature, les « images » mêmes ou les microphotographies ne constituent qu'une petite part de ce qui fait notre confiance dans la réalité. Récemment, le biologiste moléculaire G. S. Stent a rappelé lors d'une conférence qu'à la fin des années quarante ou au début des années cinquante, le magazine *Life* avait consacré une pleine page de couverture à une microphotographie électronique, fièrement intitulée : « la première photographie du gène »[1]. Étant donné ce qu'était

---

1. Stent faisait probablement référence au numéro de *Life* du 17 mars 1947, p. 83.

à l'époque la théorie du gène – ou l'absence de théorie –, ce titre n'avait aucun sens, disait Stent. Ce n'est qu'en comprenant mieux ce qu'est un gène que l'on peut parvenir à une conviction au sujet de ce que montre la microphotographie. Si nous finissons par être convaincus de la réalité des bandes chromosomiques et des intervalles séparant ces bandes sur les chromosomes, ce n'est pas simplement parce que nous les voyons, mais parce que nous avons élaboré certaines conceptions de leur fonction et de leur raison d'être. Mais là non plus, il n'y a pas de différence entre vision microscopique et vision macroscopique : un Lapon débarquant au Congo ne verra pas grand chose dans ce nouvel environnement bizarre, jusqu'à ce qu'il commence à se faire une idée de ce qu'on trouve dans la jungle.

Par conséquent, je ne prétends pas que l'argument de la coïncidence puisse fonder à lui seul notre conviction de voir juste (*to see true*) à travers le microscope. C'est là un des éléments, un élément visuel irrésistible, qui s'ajoute à des modes de compréhension plus intellectuels et à d'autres types de travaux expérimentaux. La microscopie biologique sans la biochimie appliquée est aussi aveugle que l'intuition sans concept chez Kant.

LE MICROSCOPE ACOUSTIQUE

J'évite d'aborder ici le microscope électronique. En réalité, on ne peut pas décrire « le » microscope électronique, pas plus que « le » microscope optique : toutes sortes de propriétés différentes des faisceaux d'électrons sont mises à profit. Une explication simple mais un tant soit peu complète exigerait un autre article. Toutefois, au cas où notre choix d'exemples fondés sur les propriétés de la lumière visible paraîtrait un peu maigre, nous allons examiner brièvement le type de rayonnement le plus éloigné de nos exemples que l'on puisse imaginer : le son[1].

Le radar, inventé pour les besoins de la guerre aérienne, et le sonar, inventé pour la guerre en mer, nous rappellent que des fronts d'ondes longitudinales et transversales peuvent servir le même genre d'objectifs. Les ultrasons sont des « sons » à très haute fréquence. L'examen par ultrasons du fœtus *in utero* leur a valu récemment une publicité méritée. Il y a plus de quarante ans, des scientifiques soviétiques avaient eu l'idée d'un microscope utilisant des sons d'une fréquence 1000 fois plus élevée que le bruit audible.

La technologie n'a rattrapé cette idée que très récemment. On commence tout juste à faire fonctionner des prototypes opérationnels.

La partie acoustique du microscope est relativement simple. Le signal électrique est d'abord converti en signal sonore ; ensuite, après interaction avec l'échantillon, il est reconverti en électricité. L'ingéniosité des instruments actuels réside moins dans le procédé acoustique que dans l'électronique. Le microscope acoustique est un appareil à balayage. Il convertit les signaux en images qui peuvent être affichées sur un écran de télévision, imprimées sur une microphotographie ou, lorsqu'on étudie un grand nombre de cellules, enregistrées sur une bande vidéo.

Comme toujours, l'intérêt d'un nouveau type de microscope est lié aux aspects nouveaux qu'il peut révéler dans l'échantillon. Les variations d'indice de réfraction sont beaucoup plus importantes pour le son que pour la lumière. De plus, le son peut se transmettre à travers des objets totalement opaques. C'est pourquoi l'un des premiers

---

1. C. F. Quate, « The Acoustic Microscope », *Scientific American* 241, oct. 1979, p. 62-69. R. N. Johnston, A. Atalar, J. Heiserman, V. Jipson, et C. F. Quate, « Acoustic Microscopy : Resolution of Subcellular Detail », *Proceedings of the National Academy of Sciences U.S.A.* 76, 1979, p. 3325-3329.

domaines d'application du microscope acoustique est la
métallurgie, ainsi que la détection des défauts des puces de
silicium. Pour le biologiste, il ouvre aussi de grandes perspectives. Le microscope acoustique est sensible à la densité, à
la viscosité et à la flexibilité de la matière vivante. En outre, le
scanner n'émet que des impulsions sonores très courtes qui ne
causent pas de dommage immédiat à la cellule. De ce fait, il
permet littéralement d'étudier la vie de la cellule : on peut
observer les changements de viscosité et de flexibilité pendant
que la cellule vaque à ses occupations.

La microscopie acoustique se développe rapidement
sans que nous sachions pour autant où cela va mener. Il y a
deux ans, les rapports de recherche prenaient soin de rejeter
l'idée que les microscopes acoustiques puissent concurrencer
les microscopes électroniques : ils étaient heureux de faire état
de résolutions approchant celles des microscopes optiques.
Aujourd'hui, en utilisant les propriétés du son dans des solides
superfroids, on parvient à des résolutions équivalentes à celles
des microscopes électroniques – ce qui à vrai dire n'est pas
d'une grande utilité pour étudier les tissus vivants.

Est-ce qu'on voit avec un microscope acoustique ?

REGARDER AU MICROSCOPE

Est-ce qu'on voit à travers un microscope ? Commençons
par faire un sort à ce mot anachronique : *à travers*. Le premier
pas de la technologie fut de regarder à travers une lentille.
Ensuite, on se mit à regarder à travers le tube d'un microscope
composé. La microphotographie est un exemple plus pertinent : nous étudions des photographies prises avec un microscope. L'énorme distance focale des microscopes électroniques permet facilement de visionner l'image sur une grande
surface plate : ainsi, chacun peut se tenir autour et montrer ce
qui est intéressant. Avec les microscopes à balayage, l'image

se forme nécessairement sur un écran ou une plaque. Les images peuvent être numérisées et retransmises sur un écran de télévision, par exemple. En outre, la numérisation est merveilleusement efficace pour effacer le bruit et même pour reconstituer des informations perdues. Mais ne nous laissons pas impressionner par la technologie. Pour étudier les structures cristallines, un bon moyen de se débarrasser du bruit consiste à découper méthodiquement une microphotographie dont on va ensuite recoller les morceaux, et à la rephotographier pour le contraste d'interférence.

En règle générale, on ne voit pas *à travers* un microscope : on voit avec. Mais est-ce qu'on *voit* avec un microscope ? Il serait absurde d'ouvrir un débat sur le sens ordinaire du mot *voir*, qui est déjà affecté à un nombre incalculable d'emplois de nature complètement intellectuelle, comme dans : « je vois le problème », et d'autres usages apparentés en mathématiques. Pensons aussi à la manière dont les physiciens parlent des entités hypothétiques. Je cite une conférence où l'on dressait une liste de douze fermions, les constituants fondamentaux de la matière, incluant les neutrinos électroniques, les deutérons, etc. On nous dit que « de ces fermions, seul le quark top (t) n'a pas encore été vu. Quant à savoir pourquoi on ne parvient pas à observer avec le collisionneur PETRA des états tt' dans les annihilations $e^+ e^-$, cela reste une énigme »[1]. Pour ce physicien des hautes énergies, il y a loin de l'œil à la vue et à l'observation. (Il est probable que voir ne s'est trouvé associé en particulier avec la vision oculaire qu'au début du dix-neuvième siècle, comme il apparaît dans les doctrines jumelles que sont le positivisme et la phénoménologie, ces philosophies qui soutiennent que voir est une opération de l'œil, non de l'esprit).

1. C. Y. Prescott, « Prospects for Polarized Electrons at High Energies », Stanford Linear Accelerator, SLAC-PUB-2630, oct. 1980, p. 5.

Prenons l'exemple du dispositif qui équipe les avions de combat chargés d'armes nucléaires forcés de rester à basse altitude et de voler en rase-mottes à quelques dizaines de mètres du sol pour déjouer la détection radar. Les échelles verticales et horizontales intéressent toutes deux le pilote, qui a besoin à la fois de voir à quelques centaines de pieds en dessous de lui, et à des kilomètres devant lui. L'information visuelle est donc numérisée, traitée et projetée sur la surface du cockpit par un système d'affichage « tête haute ». Les distances horizontales sont condensées tandis que l'échelle d'altitude est agrandie. Le pilote *voit-il* le terrain ? Certes oui ! Il serait ridicule d'aller chercher un mot qui serait moins naturel, comme *percevoir*, pour indiquer qu'on voit par le truchement d'un instrument. Remarquez qu'il ne s'agit pas d'un cas où le pilote aurait pu voir le terrain en descendant de son avion pour jeter un coup d'œil. Sans instrument, il n'y a pas moyen d'avoir une vue sur un paysage aussi étendu.

Prenons encore l'exemple du microscope électronique à diffraction avec lequel on produit des images soit dans l'espace direct, soit dans l'espace réciproque. L'espace réciproque est, pour ainsi dire, l'espace direct à l'envers : le proche est loin et le lointain est proche. Pour les spécialistes en cristallographie, il est souvent beaucoup plus naturel d'étudier les échantillons dans l'espace réciproque. Mais les voient-ils dans l'espace réciproque ? C'est en tout cas ce qu'ils disent, et de ce fait, ils remettent en cause la doctrine kantienne de l'unicité de l'espace de la perception.

Jusqu'où peut-on pousser le concept de vision ? Imaginons qu'au moyen d'un pinceau électronique, je dessine sur un écran de télévision l'image (I) fidèle d'une cellule que j'aurai préalablement étudiée à partir, par exemple, d'une image (II) numérisée et reconstituée. Même si dans le cas (II), je « regarde la cellule », dans le cas (I), ce n'est qu'un dessin de la cellule que je regarde. Quelle est la différence ? Le point important, c'est que dans le cas (II), il y a une interaction directe entre une source d'ondes, un objet et une série d'événements physiques qui aboutissent à une image de l'objet. Pour reprendre à nouveau la citation [B], dans le cas (II), nous avons la carte des interactions entre l'échantillon et le rayonnement qui crée l'image. Si cette carte est bonne, alors (II) est bien un cas où l'on voit avec un microscope.

Assurément, il s'agit là d'une extension généreuse de la notion de vision. On voit avec un microscope acoustique. On voit avec une télévision, bien sûr. Cependant, on ne dit pas qu'on a vu une tentative d'assassinat *avec* la télévision, mais *à* la télévision. C'est une expression purement idiomatique, héritée de «je l'ai entendu à la radio». On fait la distinction entre voir une émission diffusée en direct ou en différé. On peut se livrer à des distinctions sans fin grâce à une grande variété d'adverbes, d'adjectifs, et même de prépositions. Je pense qu'il ne peut y avoir aucune confusion quand on dit qu'on voit avec un microscope.

LE RÉALISME SCIENTIFIQUE

Quand une image est une carte des interactions entre l'échantillon et l'image produite par le rayonnement, et que c'est une bonne carte, alors nous voyons avec un microscope. Qu'est-ce qu'une bonne carte ? Une fois supprimés ou négligés les aberrations ou les artefacts, une structure de l'échantillon devrait figurer sur la carte selon un ensemble de relations bi- ou tridimensionnelles essentiellement identiques à celles qui existent réellement dans l'échantillon.

Cela a-t-il une incidence sur le réalisme scientifique ? Commençons par indiquer clairement que ce ne peut être qu'une incidence modeste. Mon raisonnement ici ne porte même pas sur la réalité des objets et des structures qui ne peuvent être discernés que par un microscope électronique (cela nécessiterait un autre article). J'ai parlé surtout de microscopie optique. Imaginons maintenant un lecteur qui, au départ, serait sensible aux thèses de Van Fraassen, et qui penserait que les objets que l'on ne peut voir qu'avec des microscopes optiques ne peuvent pas être considérés comme observables. Ce lecteur pourrait changer d'avis, et accepter d'inclure ces objets dans la classe des entités observables. Cela ne menacerait en rien les principales positions philosophiques anti-réalistes de Van Fraassen.

Mais si nous arrivons à la conclusion que nous voyons avec les microscopes optiques, s'ensuit-il que les objets que nous déclarons voir sont réels ? Non, dans la mesure où j'ai seulement dit que nous ne devrions pas rester enlisés dans l'ornière positiviste-phénoménologique du dix-neuvième siècle et que nous devrions nous autoriser à dire qu'on voit avec un microscope. Pareille recommandation manifeste un solide attachement au réalisme en matière de microscopie, mais constitue une pétition de principe qui élude le problème. On le voit clairement dans les propos optimistes que j'ai cités en physique des hautes énergies, affirmant qu'on a vu des neutrinos électroniques, des deutérons, et ainsi de suite. Le physicien est un réaliste, lui aussi, et il le montre en employant le mot *voir*, mais cet emploi n'est pas un *argument* qui prouve l'existence des deutérons. C'est peut-être l'une des raisons du scepticisme des philosophes à l'égard de la suggestion du Dr. Parakh, qui dit qu'on peut être converti au réalisme simplement par les progrès de la microscopie.

La microscopie élude-t-elle la question du réalisme ? Non. À y regarder de plus près, l'idée de Parakh est juste. Nous sommes vraiment convaincus de la réalité des structures que nous observons à l'aide de différents types de microscopes. Cette conviction vient en partie de ce que nous avons réussi à supprimer systématiquement aberrations et artefacts. Ce n'était pas le cas en 1800. Bichat avait banni le microscope de ses salles de dissections parce que l'on ne pouvait pas, à l'époque, confirmer que les structures que l'on observait existaient vraiment dans l'échantillon. Aujourd'hui, nous nous sommes à peu près complètement débarrassés des aberrations, nous avons supprimé beaucoup d'artefacts, nous avons appris à en négliger d'autres, et nous sommes toujours sur nos gardes pour éviter de nous laisser abuser. Nous sommes convaincus de la réalité des structures que nous semblons voir parce que nous pouvons intervenir physiquement sur elle, par des micro-injections par exemple. Nous en sommes convaincus parce que des instruments exploitant des principes physiques entièrement différents nous amènent à observer des structures pratiquement identiques dans le même échantillon. Nous sommes convaincus parce que nous comprenons clairement la plupart des théories et procédés physiques utilisés pour construire les instruments qui nous permettent de voir, mais cette conviction théorique ne joue qu'un rôle relativement faible. Nous sommes convaincus davantage en constatant les extraordinaires recoupements avec la biochimie, qui confirme que les structures distinguées au microscope sont également distinctes du point de vue de leurs propriétés chimiques. Nous sommes convaincus, non pas par une théorie sur la cellule qui aurait un fort pouvoir déductif – il n'en existe aucune – mais à cause de l'enchaînement d'un grand nombre de généralisations de bas niveau qui nous donnent la capacité de contrôler et de créer des phénomènes dans le microscope. En bref, nous apprenons à nous mouvoir dans le monde microscopique. Berkeley n'a peut-être pas dit tout ce qu'il y a à savoir sur la vision binoculaire en trois dimensions chez l'enfant, dans son *Essai sur une nouvelle théorie de la vision*, mais assurément, il décrit bien ce qui se passe quand nous pénétrons dans ces nouveaux mondes à l'intérieur des mondes que nous révèle le microscope.

Thomas Kuhn

COMMENSURABILITÉ, COMPARABILITÉ, COMMUNICABILITÉ

PRÉSENTATION
Miguel Coelho

Les écrits de Thomas Kuhn (1922-1996) ont exercé une influence déterminante sur l'épistémologie du vingtième siècle, et ont notamment inspiré l'un de ses courants majeurs : la sociologie des sciences. La *Structure des Révolutions scientifiques* (1962) rompt avec la philosophie des sciences du positivisme logique, qui mettait l'accent sur l'analyse de la forme logique des énoncés et des raisonnements et s'intéressait aux critères de rationalité scientifique (Carnap, Hempel); elle rompt tout autant avec la méthodologie du falsificationnisme, qui se proposait d'apporter une réponse au problème de la démarcation entre la science et la non-science (Popper); elle attribue un rôle décisif à l'histoire des sciences elle-même et à l'étude de sa dynamique, source de rationalité par la production de consensus au sein d'une communauté de savants et au sein d'un paradigme théorique à un moment donné de l'évolution de la pensée scientifique.

« Commensurabilité, Comparabilité, Communicabilité » est un texte de 1982. Il a été publié accompagné de commentaires de P. Kitcher et de M. Hesse. Cet article est donc contemporain de la publication de *Reason, Truth, and History* de H. Putnam, dont un chapitre consacré au relativisme critique la thèse kuhnienne de l'incommensurabilité. À la même époque, Kuhn approfondit certaines thèses de la *Structure des révolutions scientifiques* (dans « What are Scientific Revolutions? », 1981), polémique avec Hempel et la méthodologie des sciences (« Rationality and Theory Choice », 1983). Il souligne alors essentiellement l'importance de l'analogie dans les sciences (1981) : les révolutions scientifiques se présentent comme des déplacements de réseaux de relations et d'analogies. Kuhn y prend l'exemple de la mécanique newtonienne et de la physique aristotélicienne. Le concept de mouvement chez Aristote est incommensurable au concept de mouvement chez Newton : le premier est analogue au devenir d'une maladie chez un convalescent, ou à la croissance chez un être vivant ; le second exclut totalement ce type de comparaison. Ce sont donc des réseaux de relations et d'analogies différents qui rendent les concepts physiques incommensurables d'une théorie à l'autre. Kuhn se défend à la même époque (article de 1983) contre les accusations d'irrationnalisme portées à l'encontre de la *Structure des révolutions scientifiques*. En somme, cette série d'articles et de conférences est destinée à corriger un certain nombre de malentendus sur le point de vue exprimé dans l'œuvre majeure, à faire le bilan de l'évolution de la pensée kuhnienne depuis 1962, à répondre aux objections contre la thèse de l'incommensurabilité, notamment formulées par Putnam et Davidson.

Voici la liste des principales publications de Kuhn :

1957 : *The Copernican Revolution*

1962 : Première édition de *The Structure of Scientific Revolutions;* Deuxième édition en 1970, avec une postface de l'auteur.

1977 : *The Essential Tension*, recueil d'articles

1978 : *Black-Body Theory and The Quantum Discontinuity (1894-1912)*

2000 : *The Road since Structure*, recueil d'articles.

La conférence de 1982 est donc postérieure de vingt ans à la *Structure des révolutions scientifiques*. Il n'est pas inutile de revenir sur les principaux aspects de cet ouvrage avant de tracer une esquisse des nouvelles orientations prises par la réflexion kuhnienne depuis lors, et notamment dans cette conférence.

D'après la *Structure des révolutions scientifiques*, l'histoire des sciences s'articule selon un cycle science normale/crise épistémologique/révolution scientifique, résolution de la crise et fondation d'une nouvelle science normale. La science normale définit proprement une *norme* de l'activité scientifique : pour autant, elle est le point de départ de la science et son point d'aboutissement logique, en commençant le cycle par le passage qu'elle opère de la pré-science à la science. La science normale est caractérisée par l'apparation d'un *paradigme*, terme aux multiples facettes (on a ainsi pu recenser vingt-deux significations de ce terme dans la *Structure* ![1]), mais qui correspond, au total, à un ensemble de canons de rationalité scientifique par lesquels une communauté de savants définit « les méthodes, le champ des problèmes, et les critères de solution » (cité dans Kuhn, 1982, note 2) pour la recherche. La rationalité scientifique est donc produite par l'histoire des sciences elle-même.

---

1. Cf. Kuhn, *Structure*, trad. fr. p. 247.

Cette thèse pose, bien sûr, le problème du relativisme, soulevé, entre autres, par Putnam[1] et par Davidson[2], qui ont reproché à Kuhn de réduire la rationalité aux choix contingents d'une communauté scientifique déterminée dans l'histoire des sciences. Les normes de rationalité seraient alors relatives et la discussion rationnelle des théories entre différentes époques serait bannie. Le problème est particulièrement aigu lorsqu'au chapitre 9, Kuhn élargit le concept de paradigme au champ même de l'observation et des données sensorielles, au moyen de l'analogie avec la vision. Le paradigme structure notre vision de la réalité, de sorte que non seulement Galilée et le physicien aristotélicien ne disposent pas des mêmes concepts théoriques pour appréhender cette réalité, mais ils ne *voient* littéralement pas la même chose lorsqu'ils *regardent* l'un et l'autre un pendule. Le premier voit un mouvement proche du mouvement inertiel et qui tend à se perpétuer là où le second voit une chute entravée. C'est ce qui justifie la thèse de l'incommensurabilité : des paradigmes différents ne peuvent être confrontés entre eux en vue de les évaluer respectivement du point de vue de leur valeur de vérité. Ce qui fait défaut, c'est un système de règles et de concepts en commun. Le passage d'un paradigme à un autre est donc moins de l'ordre de la discussion rationnelle et de la persuasion que de l'ordre de la conversion. En d'autres termes, la révolution scientifique réalise un *Gestaltswitch*, un « changement d'aspect » comparable à l'exemple du canard-lapin emprunté par Wittgenstein aux expériences de psychologie de la perception : une image ambiguë qui nous présente tantôt l'aspect d'un lapin, tantôt celui d'un canard, mais où il est impossible de voir les deux à la fois. Les paradigmes sont, de même, mutuellement exclusifs.

---

1. H. Putnam, *Raison, Vérité et Histoire*, trad. fr., Paris, Minuit, 1984, chap. 5.
2. D. Davidson, « Sur l'idée même de schème conceptuel », *in Enquêtes sur la Vérité et l'Interprétation*, trad. fr., 1993.

C'est ce qui conduit Kuhn à formuler la notion des paradigmes en termes de « mondes différents » :

> ...les changements de paradigmes font que les scientifiques, dans le domaine de leurs recherches, voient tout d'un autre œil. Dans la mesure où ils n'ont accès au monde qu'à travers ce qu'ils voient et font, nous pouvons être amenés à dire qu'après une révolution, les scientifiques réagissent à un monde différent (trad. fr. de 1983, « Champs », Flammarion, p. 157) ; ...après une révolution, les scientifiques travaillent dans un monde différent. (*Ibid*, p. 188).

En 1982, Kuhn entend répondre aux soupçons d'irrationnalisme ou de relativisme qui pèsent sur l'interprétation de la *Structure*. Davidson et Putnam mettent l'accent, dans leurs objections, sur le langage et la discussion rationnelle, soit en tant qu'ils contiennent des normes épistémiques et des valeurs constitutives d'objectivité et non réductibles à une communauté particulière (Putnam), soit qu'ils autorisent des procédures d'interprétation au moyen d'un Principe de Charité, procédures sans lesquelles nos énoncés les plus factuels seraient impossibles, et qui constituent un fond de croyances partagé par les interlocuteurs. De manière significative, Kuhn répond à ces diverses objections sur le terrain où elles situent le débat, et doit donc s'intéresser à la question du langage et des langues naturelles. Pour ce faire, l'analogie entre paradigmes et langages est ici nettement accentuée. Les paradigmes semblent fonctionner comme des langages différents, plus précisément, des langues naturelles différentes (mais Kuhn n'est pas exempt d'ambiguïté sur ce point). L'enjeu posé par le défi davidsonien est le suivant : si les paradigmes sont comme des langues naturelles différentes, ne pourrait-on pas disposer d'une technique d'interprétation pour comparer les paradigmes entre eux et les rendre traductibles l'un par l'autre ? Kitcher, quant à lui, pense qu'il est possible de traduire certains concepts désuets de la théorie newtonienne par des termes de la physique contemporaine, éventuellement en recourant à des procédés elliptiques.

Dans un premier temps, Kuhn présente une défense de la thèse de l'incommensurabilité, en proposant l'idée d'une incommensurabilité locale : les théories incommensurables partagent une majeure partie de concepts, à l'exception d'un groupe plus ou moins restreint de concepts qui les rend intraductibles en raison de leur importance stratégique dans le réseau de relations qu'elles établissent entre les objets du monde. Kuhn revient ensuite sur ce point, qu'il illustre par des cas d'ambiguïté dans les langues naturelles, dans l'exemple de l'adjectif français doux/douce, qui structure le monde d'une manière incommensurable à l'anglais. Il s'agit en l'occurrence d'un point « nodal » occupant une place stratégique dans un réseau de relations par lequel le langage « découpe » le monde. Ces réseaux ne se superposent pas nécessairement d'une langue à l'autre, leurs sytèmes de relations se déplacent d'une langue à l'autre.

Ensuite, Kuhn relève une ambiguïté dans la notion d'interprétation, héritée du modèle de la traduction radicale, envisagée par Quine dans *Le Mot et la chose*. Il y est question d'un traducteur égaré au sein d'une communauté indigène dont la langue ne présente aucune caractéristique en commun avec la sienne, et ne disposant pour traduire cette langue que de l'observation du comportement des indigènes et d'énoncés du type « gavagaï » proférés en présence d'un objet observé en commun. Le traducteur doit alors recourir à un « manuel de traduction quinien » fictif, c'est-à-dire un ensemble d'hypo-thèses par lequel il projettera un certain nombre de présup-posés ontologiques sur la langue en question. Pour Quine, toute traduction relève en ce sens d'un inévitable « esprit de clocher ». Kuhn distingue ici deux procédés un peu différents : l'interprétation, d'une part, est cette procédure par laquelle le linguiste s'immerge directement dans la langue indigène pour l'acquérir de la même façon qu'un enfant qui apprendrait sa langue; la traduction est la tentative, d'autre part, de confronter une langue à une autre en vue de produire un texte dans la langue du traducteur. La première offre à un scientifique d'aujourd'hui la possibilité de comprendre une théorie du passé en l'absence d'un manuel de traduction. Mais s'immerger dans une théorie du passé ne signifie évidemment pas qu'on la rende commensurable à la physique contemporaine. C'est à la condition seulement de retrouver le réseau de relations signifiantes et d'analogies tombé en désuétude qu'on peut retrouver la maîtrise d'une technique, d'un savoir, d'une langue disparus. Un linguiste peut devenir bilingue, il ne supprime pas l'incommensurabilité de deux langues pour autant.

Ce que Kuhn met en doute, néanmoins, c'est la pertinence d'une sémantique référentielle pour la compréhension des théories scientifiques. Le modèle quinien de la traduction radicale, qu'il dénonce, pose un défi que Davidson tente de relever au moyen de la théorie de la vérité de Tarski, en proposant une méthode d'interprétation des énoncés d'une langue naturelle par un Principe de Charité qui rende vraies la majorité des croyances partagées par les interlocuteurs. Ce modèle illustre bien la prédominance du problème de la détermination de la référence dans la philosophie du langage de la seconde moitié du vingtième siècle. Kuhn suggère une théorie de la signification alternative, axée autour des relations entre les concepts internes à une langue, une sémantique intensionnelle. Toute méthode de traduction au moyen d'un procédé de détermination de la référence est nécessairement décevante, comme le montre le cas de Kitcher. Kuhn produit ainsi un texte (fictif) de chimie du phlogistique, en affirmant que la tehnique de traduction de Kitcher devra bien, à certains endroits, laisser des espaces blancs. Le problème fondamental est qu'on ne peut traduire un concept d'une théorie désuette dans une autre théorie sans modifier l'ensemble des relations qu'elle spécifie entre ces termes.

Kuhn montre ainsi comment dans la théorie newtonienne, les principes de la dynamique et les concepts de force et de masse font système. Ce qui est alors crucial, c'est la manière dont ces concepts et ces principes ont été *appris* :

> Dans l'apprentissage de la mécanique newtonienne, les termes « masse » et « force » doivent être appris ensemble, et la deuxième loi de Newton doit jouer un rôle dans leur acquisition (…) il faut apprendre les trois ensemble, comme des parties d'une façon tout entière et nouvelle (bien que pas entièrement nouvelle) de faire de la mécanique.

Dès lors, Kuhn indique en conclusion les deux orientations nouvelles qu'il a fait subir à sa philosophie depuis la publication de la *Structure*. Le holisme des théories est nettement accentué par cette comparaison entre théories et langues naturelles, ce sont des totalités cohérentes qui structurent le monde et disposent de leurs propres réseaux de signification, ou encore, pour reprendre le terme kuhnien, les théories sont des taxonomies, des manières de classer les phénomènes dans ces réseaux ; toute possibilité de traduction est conditionnée par la possession d'une taxonomie en commun par les théories. Ensuite, Kuhn infléchit sa pensée dans le sens d'un néo-kantisme [1] où le langage joue un rôle structurant par rapport à la réalité empirique :

> Ces remarques peuvent aussi fournir un fondement pour mon deuxième thème récurrent, l'affirmation répétée que différents langages imposent différentes structures au monde. Cette structure reflète des aspects de la structure du monde pour la description duquel le lexique peut être utilisé, et elle limite en même temps les phénomènes qui peuvent être décrits à l'aide du lexique.

On retrouve alors une idée voisine de la thèse de la *Structure*, à savoir qu'en un sens, des savants qui travaillent

---

1. Cf. aussi « The Road Since Structure », PSA, 1990, vol. 2.

dans des paradigmes différents travaillent dans des mondes différents. C'est donc la thématique de la pluralité des mondes scientifiques et de l'inconnaissabilité de la réalité indépendante des paradigmes qui réapparaît dans la nouvelle philosophie du langage de Kuhn.

Indications bibliographiques

Thomas S. KUHN

The Structure of Scientific Revolutions, 1962, Chicago University Press, 2ᵉ éd., 1970, trad. fr. L. Meyer, Paris, Flammarion, 1983.

" Reflections on my critics ", *in* Lakatos & Musgrave.

The Essential Tension, Selected Studies in Scientific Tradition and Change, Chicago & Londres, The University of Chicago Press, 1977, trad. fr. *La tension essentielle*, Paris, Gallimard, 1990.

The Road Since Structure, Philosophical Essays, 1970-1993, with an Autobiographical Interview, J. Conant & J. Haugeland (éd.), Chicago & Londres, The University of Chicago Press, 2000.

Autres références

DAVIDSON D., *Enquêtes sur la Vérité et l'Interprétation*, 1990, trad. fr. P. Engel, Éditions J. Chambon, Nîmes, 1993.

FEYERABEND P., *Against Method*, Londres, New Left Books, 1974, trad. fr. B. Jurdant et A. Schlumberger, Paris, Seuil, 1979.

HACKING I. (éd.), *Scientific Revolutions*, Oxford, Oxford University Press, 1981.

HORWICH P., *World Changes: Thomas Kuhn and the Nature of Science*, Cambridge, Mass., MIT Press, 1993.

JACOB P. (dir.), *De Vienne à Cambridge*, Paris, Gallimard, 1980.

LAKATOS I., «Falsification and the methodology of scientific research programmes», trad. fr. C. Malamoud et J.-F. Spitz *in Histoire et méthodologie des sciences*, PUF, Paris, 1994.

LAKATOS I., MUSGRAVE A. (eds.), *Criticism and the growth of knowledge*, Cambridge, Cambridge University Press, 1970.

PUTNAM H., *Mind, Language, and Reality, Philosophical Papers*, vol. 2, Cambridge, Cambridge University Press, 1975.

– *Reason, Truth and History*, Cambridge, Cambridge University Press, 1981 ; trad. fr. *Raison, Vérité et Histoire*, Paris, Éditions de Minuit, 1984.

QUINE W. V., *Word and Object*, Cambridge, Mass., MIT Press, 1960, trad. fr. J. Dopp et P. Gochet, Paris, Flammarion, 1977, 2000.

ZAHAR E., *Essai d'épistémologie réaliste*, Paris, Vrin, 2000.

COMMENSURABILITÉ, COMPARABILITÉ, COMMUNICABILITÉ *

« Commensurabilité, comparabilité, communicabilité » fut la principale conférence d'un symposium qui s'est tenu lors des rencontres biannuelles de la Philosophy of Science Association en 1982, où Philip Kitcher et Mary Hesse furent présents en tant que commentateurs ; la réponse de Kuhn à leurs commentaires est ici incluse comme postface à cet essai. Les actes du symposium ont été publiés dans PSA 1982, volume 2 (East Lansing, MI : The Philosophy of Science Association, 1983).

Vingt ans ont passé depuis que Paul Feyerabend et moi-même avons employé dans une publication un terme emprunté aux mathématiques pour décrire le rapport entre des théories scientifiques successives. Ce terme était « incommensurabilité » ; chacun de nous y avait été conduit par les problèmes que nous avions rencontrés dans l'interprétation des textes scientifiques[1]. Mon emploi du terme était plus large que le

---

* Thomas S. Kuhn, « Commensurability, communicability, comparability », *in* PSA 1982, vol. 2, Lansing, MI, The Philosophy of science association, 1983, repris *in The Road since Structure*, Chicago, Chicago University Press, 2000, chap. 2, p. 33-57. La présente traduction, établie par Miguel Coelho, est publiée avec l'aimable autorisation de la *Philosophy of Science Association*.
1. P. K. Feyerabend, « Explanation, Reduction, and Empiricism », *in Scientific Explanation, Space, and Time*, H. Feigl et G. Maxwell (eds.),

sien; ses arguments en faveur du phénomène étaient plus radicaux que les miens; mais notre accord à cette époque était substantiel[1]. Chacun avait pour objet principal de montrer que la signification de termes et de concepts scientifiques – « force » et « masse » par exemple, ou « élément » et « composé » – change souvent avec la théorie dans laquelle ils figurent[2]. Et chacun affirmait que quand de tels changements se produisent, il est impossible de définir tous les termes d'une théorie dans le vocabulaire d'une autre. Nous avons formulé cette affirmation indépendamment l'un de l'autre dans une discussion sur l'incommensurabilité des théories scientifiques.

C'était en 1962. Depuis lors les problèmes de variation de signification ont été amplement débattus, mais pratiquement

---

Minnesota Studies in the Philosophy of Science, vol. 3, Minneapolis, University of Minnesota Press, 1962, p. 28-97; T. S. Kuhn, *The Structure of Scientific Revolutions*, Chicago, University of Chicago Press, 1962, trad. fr. *La Structure des révolutions scientifiques*, Paris, Flammarion, 1972. Je crois que le recours de Feyerabend au terme « incommensurabilité » était indépendant du mien, et je crois me souvenir que Paul l'a trouvé dans une de mes ébauches manuscrites et m'a dit qu'il s'en était servi aussi. Voici les passages qui illustrent son emploi initial dans nos écrits : Kuhn, *La Structure des Révolutions scientifiques*, 2ᵉ éd. revue, trad. fr., 1983, p. 145-146, p. 157-159, p. 179-181, p. 194-196, sans modification depuis la première édition, et Feyerabend, p. 56-59, p. 74-76, p. 81.

1. Feyerabend et moi-même avons tous les deux évoqué l'impossibilité de définir les termes d'une théorie sur la base des termes d'une autre. Mais lui restreignait l'incommensurabilité au langage; quant à moi, je parlais aussi de différences dans « les méthodes, le champ des problèmes, et les critères de solution » (*Structure*, 2ᵉ éd., p. 103, trad. fr. p. 148), ce que je ne réitérerais pas à présent sauf dans la mesure considérable où ces différences sont les conséquences nécessaires du processus d'apprentissage d'un langage. Feyerabend (p. 59) de son côté, a écrit qu'« il n'est possible ni de définir les termes primitifs de T' sur la base des termes primitifs de T ni d'établir des relations empiriques correctes impliquant les termes des deux à la fois ». Je n'ai fait aucun usage de la notion de termes primitifs et j'ai restreint l'incommensurabilité à quelques termes spécifiques.

2. Cela avait été souligné auparavant par N. R. Hanson, *Patterns of Discovery*, Cambridge, Cambridge University Press, 1958, trad. fr. *Modèles de la Découverte : une Enquête sur les Fondements conceptuels de la Science*, Chennevières-sur-Marne, Dianoïa, 2001.

personne n'a vraiment fait face aux difficultés qui nous ont conduits, Feyerabend et moi, à parler d'incommensurabilité. Sans aucun doute, cette négligence est en partie due au rôle que jouent l'intuition et la métaphore dans nos premiers exposés. J'ai, par exemple, fait un abondant usage du double-sens, visuel et conceptuel, du verbe « voir », et j'ai à maintes reprises comparé les changements de théorie à des changements de forme [*gestalt switches*]. Mais quelle que soit la raison, le concept d'incommensurabilité a été largement et fréquemment écarté ; ce fut le cas encore tout récemment dans un ouvrage de Hilary Putnam publié à la fin de l'année dernière[1]. Putnam redéveloppe avec pertinence deux lignes d'argumentation critique qui avaient été amplement représentées dans la littérature philosophique antérieure. Un bref rappel de ces critiques devrait ici ouvrir la voie à de plus amples commentaires.

La plupart si ce n'est la totalité des débats sur l'incommensurabilité ont reposé sur l'assertion littéralement correcte mais régulièrement sur-interprétée selon laquelle, si deux théories sont incommensurables, elles doivent être énoncées dans des langages mutuellement intraduisibles. S'il en est ainsi, selon une première ligne de critique, s'il n'y a pas moyen d'énoncer les deux théories dans un langage unique, alors elles ne peuvent être comparées, et aucun argument reposant sur des preuves manifestes ne peut faire la différence pour choisir entre elles. Parler de différences et de comparaisons présuppose qu'il y ait un terrain d'entente en commun, et c'est ce que les tenants de l'incommensurabilité, qui parlent souvent de comparaisons, ont paru nier. Sur ces questions leur discours est nécessairement incohérent[2]. Une deuxième ligne de

---

1. H. Putnam, *Reason, Truth, and History*, Cambridge, Cambridge University Press, 1981, p. 113-124 ; trad. fr. *Raison, Vérité et Histoire*, Paris, Minuit, 1984, p. 129-140.

2. Pour cette ligne d'argumentation, *cf.* D. Davidson, « The very Idea of a Conceptual Scheme », *in* les *Proceedings and Addresses of the American Philosophical Association* 47, 1974, p. 5-20, trad. fr. « Sur l'idée même de

critique s'avère au moins aussi incisive. Des gens comme Kuhn, affirme-t-on, nous disent qu'il est impossible de traduire d'anciennes théories dans un langage moderne. Mais c'est exactement ce qu'ils entreprennent ensuite de faire, en reconstruisant la théorie d'Aristote, de Newton, de Lavoisier ou de Maxwell sans se défaire du langage qu'ils parlent et que nous parlons tous les jours. Que peuvent-ils donc bien vouloir dire, dans ces circonstances, lorsqu'ils parlent d'incommensurabilité [1] ?

L'objet de cet article est principalement la deuxième de ces deux lignes de critique, mais les deux sont reliées, et il faudra également parler de la première. C'est par elle que je commence, en tâchant tout d'abord d'écarter un malentendu largement répandu sur mon propre point de vue tout au moins. Même une fois le malentendu éliminé, cependant, il restera un résidu préjudiciable de la première ligne de critique. C'est seulement à la fin de l'article que j'y reviendrai.

L'INCOMMENSURABILITÉ LOCALE

Que l'on se souvienne brièvement d'où est venu le terme « incommensurabilité ». L'hypoténuse d'un triangle rectangle isocèle est incommensurable à son côté ou la circonférence d'un cercle à son rayon au sens où il n'y a pas d'unité de

---

schème conceptuel », *in Enquêtes sur la vérité et l'interprétation*, Nîmes, J. Chambon, 1993, p. 267-289; D. Shapere, « Meaning and Scientific Change », *in Mind and Cosmos: Essays in Contemporary Science and Philosophy*, University of Pittsburgh Series in the Philosophy of Science, vol. 3, R. G. Colodny (éd.), Pittsburgh, University of Pittsburgh Press, 1966, p. 41-85; I. Scheffler, *Science and Subjectivity*, Indianapolis, Bobbs-Merill, 1967, p. 81-83.

1. Pour cette ligne de critique, *cf.* Davidson, « The very Idea », p. 17-20, trad. fr. p. 286-289; P. Kitcher, « Theories, Theorists, and Theoretical Change », *Philosophical Review* 87, 1978, p. 519-47; Putnam, *Raison, Vérité, et Histoire*.

longueur qui soit contenue sans reste un nombre entier de fois dans chaque membre de la paire. Il n'y a par conséquent pas de commune mesure. Mais l'absence de commune mesure n'empêche pas la comparaison. Au contraire, les grandeurs incommensurables peuvent être comparées à n'importe quel degré d'approximation requis. Démontrer qu'on pouvait le faire et comment on pouvait le faire a constitué l'un des splendides exploits des mathématiques grecques. Mais si cet exploit était possible, c'est seulement parce que, d'emblée, la plupart des techniques géométriques s'appliquaient sans changement aux deux choses entre lesquelles la comparaison était recherchée.

Appliqué au vocabulaire conceptuel qui se déploie à l'intérieur et autour d'une théorie scientifique, le terme «incommensurabilité» fonctionne métaphoriquement. L'expression «pas de commune mesure» devient «pas de langage commun». Affirmer que deux théories sont incommensurables c'est alors affirmer qu'il n'y a pas de langage, neutre ou autre, dans lequel les deux théories, conçues comme des ensembles de phrases, peuvent être traduites sans résidu ou sans perte. Pas plus sous sa forme métaphorique que sous sa forme littérale l'incommensurabilité n'implique l'incomparabilité, et ceci en grande part pour la même raison. La plupart des termes communs aux deux théories fonctionnent de la même manière dans l'une et l'autre; leurs significations, quelles qu'elles soient, se conservent; leur traduction est simplement homophonique. C'est seulement pour un sous-groupe restreint de termes (en général mutuellement définis) et pour les phrases qui les contiennent que se posent les problèmes de traductibilité. L'affirmation que deux théories sont incommensurables est plus modeste que de nombreux critiques l'ont supposé.

J'appellerai cette version modeste de l'incommensurabilité «l'incommensurabilité locale». Dans la mesure où l'incommensurabilité était une thèse sur le langage, sur le changement de signification, sa forme locale est ma version originale. Si elle est consistante, alors la première ligne d'argumentation critique adressée à l'incommensurabilité doit échouer. Les termes qui conservent leurs significations à travers le changement de théorie procurent une base suffisante pour débattre des différences et pour les comparaisons pertinentes pour le choix des théories [1]. Ils procurent même, comme nous allons le voir, une base à partir de laquelle la signification des termes incommensurables peut être explorée.

Il n'est pas évident, cependant, que l'incommensurabilité puisse être restreinte à un niveau local. Dans l'état présent de la théorie de la signification, la distinction entre les termes qui changent de signification et ceux qui la conservent est au mieux difficile à expliquer ou à appliquer. Les significations sont un produit de l'histoire, et elles changent inévitablement au cours du temps avec les changements dans les attentes investies dans les termes qui en sont les porteurs. Il n'est tout simplement pas plausible que certains termes doivent changer de signification quand on les transfère à une nouvelle théorie sans infecter les termes transférés avec eux. Loin de fournir une solution, l'expression de « signification invariante » ne peut que fournir un nouveau refuge aux problèmes que présente le concept d'incommensurabilité. C'est une difficulté réelle, et non le résultat d'un malentendu. J'y reviendrai à la fin de cet article, et il apparaîtra alors que « signification » n'est pas la rubrique sous laquelle l'incommensurabilité est le mieux débattue. Mais pour le moment, nous n'avons sous la main aucune autre solution qui convienne mieux. J'en recherche une et me tourne maintenant vers la deuxième principale ligne de critique régulièrement adressée à l'incommensurabilité. Elle survit au retour à la version locale originelle de cette notion.

---

1. Remarquez que ces termes ne sont pas indépendants des théories mais sont simplement utilisés de la même manière dans les deux théories en question. Il s'ensuit que le test est une procédure qui compare deux théories, non une procédure susceptible d'évaluer les théories chacune à la fois.

TRADUCTION CONTRE INTERPRÉTATION

Si des termes non dénués de sens d'une ancienne théorie échappent à la traduction dans le langage de celle qui lui succède, comment les historiens et d'autres analystes réussissent-ils si bien à reconstruire ou interpréter cette ancienne théorie, y compris l'emploi et la fonction de ces mêmes termes ? Les historiens affirment être en mesure de produire des interprétations qui réussissent. De même, dans un domaine étroitement lié, les anthropologues. Je me contenterai ici d'admettre que leurs affirmations sont justifiées, qu'il n'y a pas de limite en principe à l'étendue dans laquelle ces critères peuvent être satisfaits. Qu'elles soient correctes, comme je crois qu'elles le sont, ou non, ces affirmations sont, dans tous les cas, fondamentales pour les arguments adressés à l'incommensurabilité par des critiques tels que Davidson, Kitcher, et Putnam[1]. Tous les trois esquissent la technique d'interprétation, tous décrivent son résultat comme une traduction ou un schéma de traduction, et tous en concluent que son succès est incompatible même avec l'incommensurabilité locale. En essayant de montrer à présent ce qui ne va pas dans leur argument, j'en viens à l'objet central de cet article.

L'argument ou l'esquisse d'argument que je viens de fournir dépend de façon critique de l'équivalence entre traduction et interprétation. Cette équivalence remonte au moins au *Word and Object* de Quine[2]. Je crois qu'elle est erronée et que c'est une erreur importante. J'affirme que l'interprétation, une procédure sur laquelle j'aurai plus à dire, n'est pas la même chose que la traduction, en tous les cas la traduction telle

---

1. Davidson, « The Very Idea », p. 19, trad. fr. p. 288 ; Kitcher, « Theories, Theorists, and Theoretical Change », p. 519-29 ; Putnam, *Reason, Truth, and History*, p. 116 n., trad. fr. p. 132.
2. W. V. Quine, *Word and Object*, Cambridge, MA, Technology Press of the Massachusetts Institute of Technology, 1960 ; trad. fr. *Le Mot et la chose*, Paris, Flammarion, 1977.

qu'elle a été conçue dans une bonne partie de la philosophie récente. La confusion est facilitée par le fait que la traduction concrète implique souvent ou peut-être toujours au moins un composant interprétatif minimal. Mais dans ce cas il faut comprendre que la traduction concrète implique deux procédures distinctes. La philosophie analytique récente s'est exclusivement concentrée sur l'une et l'a confondue avec l'autre. Pour éviter la confusion je suivrai ici l'usage récent et appliquerai « traduction » à la première de ces procédures, « interprétation » à la deuxième. Mais tant que l'existence des deux procédures est reconnue, rien dans mon argument ne dépend du fait que le terme « traduction » est réservé à la première.

Pour ce qui nous concerne ici, donc, la traduction est quelque chose d'effectué par une personne qui connaît deux langues. Confronté à un texte, écrit ou oral, dans l'une de ces langues, le traducteur substitue systématiquement des mots ou des séquences de mots dans l'autre langue à des mots ou des séquences de mots dans le texte de façon à produire un texte équivalent dans l'autre langue. Pour le moment, on peut laisser indéterminée la question de savoir en quoi consiste le fait d'être un « texte équivalent ». L'identité de sens et l'identité de référence sont l'une et l'autre des desiderata évidents, mais je n'y fais pas encore appel. Disons simplement que le texte traduit raconte plus ou moins la même histoire, présente plus ou moins les mêmes idées, ou décrit plus ou moins la même situation que le texte dont il est une traduction.

Deux caractéristiques de la traduction ainsi conçue exigent une insistance particulière. Premièrement, la langue dans laquelle la traduction s'inscrit existait avant que la traduction n'ait commencé. Autrement dit, le fait de la traduction n'a pas changé la signification des mots ou des expressions. Elle peut, bien sûr, avoir augmenté le nombre de référents connus d'un terme donné, mais elle n'a pas altéré la façon dont ces référents, nouveaux et anciens, sont déterminés. Une deuxième caractéristique est étroitement reliée. La traduction consiste exclusivement en mots et expressions remplaçant (pas nécessairement terme à terme) des mots et expressions dans l'original. Les commentaires et les préfaces des traducteurs ne font pas partie de la traduction, et une traduction parfaite n'en aurait nul besoin. Si toutefois ils sont requis, nous aurons besoin d'en demander la raison. Sans aucun doute, ces caractéristiques de la traduction ressemblent à des idéalisations, ce qu'elles sont certainement. Mais ce n'est pas moi qui idéalise. Entre autres sources, elles découlent toutes les deux directement de la nature et de la fonction d'un manuel de traduction quinien.

Tournons-nous maintenant vers l'interprétation. C'est une activité pratiquée par les historiens et les anthropologues, entre autres. Contrairement au traducteur, il se peut que l'interprète ne maîtrise initialement qu'une seule langue. Au début, le texte sur lequel il ou elle travaille consiste en tout ou en partie en sons ou inscriptions inintelligibles. Le « traducteur radical » de Quine est en fait un interprète, et « gavagaï[1] » illustre le matériau inintelligible dont il part. En observant le comportement et les circonstances qui entourent la production du texte, et en supposant tout au long qu'un sens pertinent peut être tiré d'un comportement qui se présente comme linguistique, l'interprète cherche ce sens, s'efforce d'inventer des hypothèses, comme « gavagaï » signifie « tiens, un lapin », qui rendent l'énoncé ou l'inscription intelligible. Si l'interprète réussit, ce qu'il ou elle a accompli en premier lieu est l'apprentissage d'une nouvelle langue, peut-être la langue dont « gavagaï » est un terme, ou peut-être une version antérieure de la propre langue de l'interprète, une langue dans laquelle des termes encore en vigueur comme « force » et « masse » ou « élément » et « composé » fonctionnaient différemment. La question de savoir si cette langue peut être traduite dans celle avec laquelle le traducteur a commencé est une question

---

1. [N.d.T.] Sur « gavagai », Quine et le problème de la traduction radicale, *cf.* par exemple Quine, *Le Mot et la chose*, *op. cit.*, chap. 2.

ouverte. Acquérir une nouvelle langue n'est pas la même chose que traduire celle-ci dans notre propre langue. La réussite dans le premier cas n'implique pas la réussite dans le second.

C'est précisément en rapport à ces problèmes que les exemples de Quine sont immanquablement trompeurs, car ils confondent interprétation et traduction. Pour interpréter l'énoncé « gavagaï », il n'est pas nécessaire que l'anthropologue imaginaire de Quine vienne d'une communauté linguistique qui ait connaissance des lapins et possède un mot qui s'y réfère. Au lieu de trouver un terme correspondant à « gavagaï », l'interprète/anthropologue pourrait acquérir le terme indigène en grande partie de la même façon qu'il a acquis, dans une période antérieure, certains termes de sa propre langue[1]. L'anthropologue ou interprète, en d'autres termes, peut apprendre et apprend souvent à reconnaître les créatures qui font dire « gavagaï » aux indigènes. Au lieu de traduire, l'interprète peut simplement apprendre à connaître l'animal et se servir du terme des indigènes pour le désigner.

La possibilité de suivre cette autre voie n'exclut pas, bien entendu, la traduction. L'interprète ne se contentera pas, pour les raisons précédemment avancées, d'introduire le terme « gavagaï » dans sa propre langue, par exemple l'anglais. Ce serait altérer l'anglais, et le résultat ne serait pas une traduction. Mais l'interprète peut essayer de décrire en anglais les référents du terme « gavagaï » – ils ont des poils, de longues oreilles, une queue touffue, et autres choses semblables. Si la description réussit, si elle convient à toutes les créatures qui provoquent des énoncés impliquant « gavagaï » et seulement à celles-ci, alors « créature poilue, à longues oreilles, et avec une queue touffue… » est la traduction que

---

1. Quine (*Word and Object*, p. 47 et note p. 70; trad. fr. p. 84 et p. 115) remarque que son traducteur radical pourrait choisir la solution « coûteuse » et « apprendre la langue directement comme un enfant ». Mais il considère ce procédé comme une simple voie détournée pour la même fin que celles qui sont atteintes par ses moyens standard, cette fin étant un manuel de traduction.

l'on recherche, et « gavagaï » peut par voie de conséquence être introduit en anglais comme une abréviation de cette description[1]. Dans ces circonstances, aucun problème d'incommensurabilité ne se pose.

Mais ces circonstances ne sont pas nécessaires. Il n'est pas nécessaire qu'il y ait une description anglaise coréférentielle au terme indigène « gavagaï ». En apprenant à reconnaître des gavagaïs, l'interprète peut avoir appris à reconnaître des aspects distinctifs inconnus des anglophones et pour lesquels l'anglais ne fournit aucune terminologie descriptive. Autrement dit, peut-être les indigènes structurent-ils le monde animal différemment des anglophones, en effectuant des discriminations différentes. Dans ces circonstances, « gavagaï » reste un terme irréductiblement indigène, non traduisible en anglais. Bien que les anglophones puissent apprendre à se servir du terme, ils parlent la langue indigène lorsqu'ils le font. Telles sont les circonstances pour lesquelles je réserverais le terme « incommensurabilité ».

DÉTERMINATION DE LA RÉFÉRENCE CONTRE TRADUCTION

J'ai affirmé, donc, que c'est à des circonstances de cette sorte, même si elles ne sont pas toujours reconnues, que sont généralement confrontés les historiens des sciences qui tâchent de comprendre les textes scientifiques périmés. La théorie du phlogistique a constitué l'un de mes exemples types, et Philip Kitcher s'en est servi comme d'une base pour une critique

---

1. Certains objecteront qu'une séquence comme « créature poilue, avec de longues oreilles, une queue touffue… » est trop longue et trop complexe pour valoir comme traduction d'un seul terme dans une autre langue. Mais je tends à croire que tout terme pouvant être introduit par une séquence peut être assimilé de façon à ce que, avec la pratique, ses référents puissent être reconnus directement. Dans tous les cas, je m'intéresse à une version plus forte de l'intraductibilité, selon laquelle on ne dispose pas même de longues séquences.

pénétrante de la notion d'incommensurabilité dans son ensemble. Ce qui est en jeu à présent s'en trouvera considérablement clarifié si j'expose d'abord le nerf de cette critique et si j'indique ensuite le point où elle s'égare, à mon avis.

Kitcher avance, à juste titre selon moi, que le langage de la chimie du vingtième siècle peut être employé pour identifier les référents de termes et d'expressions de la chimie du dix-huitième siècle, au moins dans la mesure où ces termes et ces expressions réfèrent vraiment. À la lecture d'un texte, disons, de Priestley et en considérant les expériences qu'il décrit dans des termes modernes, on peut s'apercevoir que « l'air déphlogistiqué » réfère parfois à l'oxygène lui-même, d'autres fois à une atmosphère enrichie d'oxygène. « Air phlogistiqué » est en général de l'air dont on a retiré de l'oxygène. L'expression « (est plus riche en phlogistique que) » est co-référentielle avec « (a une plus grande affinité avec l'oxygène que) ». Dans certains contextes – par exemple, dans l'expression « le phlo-gistique est émis durant la combustion » – le terme « phlogis-tique » ne réfère à rien, mais il y a d'autres contextes dans lesquels il réfère à l'hydrogène [1].

Il ne fait pour moi aucun doute que les historiens qui ont affaire à des textes scientifiques anciens peuvent et doivent employer le langage moderne pour identifier les référents de termes désuets. Comme l'indigène qui pointe le doigt vers des gavagaïs, ces déterminations de la référence procurent souvent les exemples concrets à partir desquels les historiens peuvent espérer apprendre ce que les expressions problématiques signifient dans leurs textes. En outre, l'introduction d'une terminologie moderne permet d'expliquer pourquoi et dans quels domaines des théories plus anciennes ont réussi [2].

---

1. Kitcher, « Theories, Theorists, and Theoretical Change », p. 531-536.

2. Kitcher suppose que ses techniques de traduction lui permettent de spécifier quels énoncés de l'ancienne théorie sont vrais et lesquels sont faux. Par conséquent, les énoncés sur la substance dégagée par la combustion étaient faux mais les énoncés sur l'effet de l'air déphlogistiqué sur les activités vitales

Kitcher, cependant, décrit ce procédé de détermination de la référence comme une traduction, et suggère que sa possibilité doit mettre fin au discours sur l'incommensurabilité. Il me semble qu'il fait erreur sur ces deux points.

Songez un instant à l'allure qu'aurait un texte traduit selon les techniques de Kitcher. Comment rendrait-on, par exemple, les occurrences de « phlogistique » qui ne réfèrent pas ? Une possibilité – suggérée à la fois par le silence de Kitcher sur le sujet et par son souci de conserver les valeurs de vérité, qui sont problématiques dans ces occurrences – serait de laisser un blanc pour les espaces correspondants. Laisser des blancs, cependant, c'est échouer en tant que traducteur. Si seules les expressions qui réfèrent ont une traduction, alors absolument aucun ouvrage de fiction ne pourrait être traduit, et pour ce qui nous concerne, les anciens textes scientifiques doivent être traités avec au moins le même égard que celui qui est normalement accordé aux ouvrages de fiction. Ils rapportent ce que les scientifiques du passé ont cru, indépendamment de

étaient vrais parce que dans ces énoncés « air déphlogistiqué » référait à l'oxygène. Je pense, cependant, que Kitcher se sert seulement de la théorie moderne pour expliquer pourquoi certains énoncés produits par des praticiens de l'ancienne théorie étaient confirmés par l'expérience et d'autres non. La capacité à expliquer de tels succès et de tels échecs est fondamentale pour l'interprétation des textes par l'historien des sciences. (Si une interprétation attribue à l'auteur d'un texte des affirmations répétées que des observations facilement disponibles auraient infirmées, alors l'interprétation est presque à coup sûr erronée, et l'historien doit se remettre au travail. Pour un exemple de ce qui peut alors être requis, voyez mon article « A Function for Thought Experiments », *in Mélanges Alexandre Koyré*, vol. 2, *L'aventure de la science*, I. B. Cohen et R. Taton (eds.), Paris, Hermann, 1964, p. 307-34 ; reproduit *in The Essential Tension : Selected Studies in Scientific Tradition and Change*, Chicago, University of Chicago Press, 1977, p. 240-65, trad. fr. « La Fonction des expériences par la pensée », *in La Tension essentielle. Tradition et changement dans les sciences*, Paris, Gallimard, 1990, p. 323-335). Mais ni l'interprétation de Kitcher ni ses techniques de traduction n'autorisent à déclarer vraies ou fausses des phrases isolées contenant des termes de l'ancienne théorie. Les théories sont, selon moi, des structures qui doivent être évaluées comme des touts.

leur valeur de vérité, et c'est ce qu'une traduction doit communiquer.

Une autre possibilité serait que Kitcher puisse se servir de la même stratégie de dépendance contextuelle qu'il a développée pour des termes qui réfèrent comme « air déphlogistiqué ». « Phlogistique » serait alors parfois rendu par « substance dégagée par la combustion des corps », parfois par « principe [métallisant] », et parfois par d'autres locutions encore. Cette stratégie, cependant, conduit aussi au désastre, non seulement avec des termes tels que « phlogistique » mais aussi bien avec des expressions qui réfèrent. L'usage d'un seul mot, « phlogistique », associé à des composés comme « air phlogistiqué » qui en sont dérivés, est un des moyens par lesquels le texte original communiquait les croyances de son auteur. En substituant des expressions sans relation ou différemment reliées aux termes reliés, parfois identiques, de l'original, on doit pour le moins supprimer ces croyances, ce qui rend le texte qui en résulte incohérent. En examinant une traduction de Kitcher on se trouverait régulièrement dans l'embarras pour comprendre pourquoi ces phrases étaient juxtaposées dans un texte unique[1].

Pour voir plus clairement ce qui est impliqué dans l'approche de textes désuets, considérez le modèle suivant de certains aspects centraux de la théorie du phlogistique. Par souci de clarté et de concision, je l'ai construit moi-même, mais il aurait pu, mis à part le style, être extrait d'un manuel de chimie du dix-huitième siècle :

> Tous les corps physiques sont composés d'éléments chimiques et de principes chimiques, ceux-ci dotant ceux-là de propriétés particulières. Parmi les éléments se trouvent les terres et les airs, et parmi les principes se trouve le phlogistique. Un

---

1. Kitcher, bien sûr, explique bien ces juxtapositions en se référant aux croyances de l'auteur du texte et à la théorie moderne. Mais les passages dans lesquels il le fait sont des commentaires, et aucunement des parties de sa traduction.

ensemble de terres, par exemple le charbon et le soufre, est, dans un état normal, particulièrement riche en phlogistique et laisse un résidu d'acide quand il en est privé. Dans un autre ensemble, les oxydes de calcium ou minerais sont normalement pauvres en phlogistique, et ils deviennent brillants, malléables et bons conducteurs de chaleur – donc métalliques – quand ils en sont imprégnés. Le transfert de phlogistique à l'air se produit pendant la combustion et des processus liés comme la respiration et la calcination. L'air dont le contenu en phlogistique a ainsi été augmenté (air phlogistiqué) a une élasticité et une capacité à alimenter la vie qui sont réduites. L'air dont une partie du composant phlogistique normal a été retranché (air déphlogistiqué) alimente la vie en particulier au niveau énergétique.

Le manuel se poursuit à partir de là, mais cet extrait servira pour la totalité.

Ce modèle que j'ai construit consiste en phrases de la chimie du phlogistique. La plupart des mots dans ces phrases figurent à la fois dans les textes de chimie du dix-huitième siècle et dans ceux du vingtième siècle, et ils fonctionnent de la même manière dans les deux cas. Quelques autres termes dans des textes de ce genre, en particulier « phlogistication », « déphlogistication », et ceux qui s'y rapportent, peuvent être remplacés par des expressions dans lesquelles seul le terme « phlogistique » est étranger à la chimie moderne. Mais après que tous ces remplacements ont été achevés, il reste un petit groupe de termes pour lesquels le vocabulaire de la chimie moderne n'offre pas d'équivalent. Certains ont entièrement disparu du langage de la chimie, « phlogistique » étant ici l'exemple le plus évident. D'autres, comme le terme « principe », ont perdu toute signification purement chimique. (L'impératif « Purifiez vos réactifs. » est un principe chimique en un sens très différent de celui dans lequel le phlogistique en était un). D'autres termes encore, par exemple « élément », restent centraux pour le vocabulaire de la chimie, et ils héritent de certaines fonctions de leurs anciens homonymes. Mais les termes comme « principe », antérieurement appris avec eux, ont disparu des textes modernes, et avec eux la généralisation constitutive selon laquelle les qualités comme la couleur et l'élasticité fournissent un témoignage direct de la composition chimique. Il en résulte que les référents de ces termes qui subsistent, aussi bien que les critères pour les identifier, sont maintenant fortement et systématiquement altérés. Sur ces deux points, le terme « élément » fonctionnait au dix-huitième siècle aussi bien comme l'expression moderne « état d'agrégation » que comme le terme moderne « élément ».

Que ces termes de la chimie du dix-huitième siècle réfèrent ou non – des termes comme « phlogistique », « principe » et « élément » – ils ne peuvent être éliminés d'aucun texte qui se présente comme la traduction d'un original de la théorie du phlogistique. Au minimum, ils doivent servir de substituts [*placeholders*] pour les ensembles reliés de propriétés qui permettent l'identification des référents supposés de ces termes reliés. Pour être cohérent, un texte qui développe la théorie du phlogistique doit représenter la matière issue de la combustion comme un principe chimique, le même qui rend l'air impropre à la respiration, et aussi qui, quand il est extrait d'un matériau approprié, laisse un résidu d'acide. Mais si ces termes ne peuvent être éliminés, ils semblent aussi ne pas être remplaçables individuellement par un ensemble de mots ou d'expressions modernes. Et si c'est le cas – un point qui doit être considéré maintenant – alors le passage construit dans lequel ces termes apparaissaient ci-dessus ne peut pas être une traduction, en tous les cas pas au sens que ce terme a couramment dans la philosophie récente.

L'HISTORIEN COMME INTERPRÈTE ET COMME ENSEIGNANT
D'UNE LANGUE

Peut-il être correct, toutefois, d'affirmer que les termes de la chimie du dix-huitième siècle comme « phlogistique » sont intraduisibles ? J'ai déjà décrit, après tout, dans le langage moderne, un certain nombre de façons selon lesquelles l'ancien terme « phlogistique » réfère. Le phlogistique est, par exemple, dégagé par la combustion ; il réduit l'élasticité de l'air ainsi que ses propriétés favorables à la vie ; et ainsi de suite. Il semble que des expressions du langage moderne comme celles-ci pourraient être assemblées pour produire une traduction dans le langage moderne de « phlogistique ». Mais ce n'est pas possible. Parmi les expressions qui décrivent comment les référents du terme « phlogistique » sont sélectionnés, un certain nombre incluent d'autres termes intraduisibles comme « principe » et « élément ». Avec « phlogistique », elles constituent un ensemble d'interrelations ou de définitions réciproques qui doivent être acquises ensemble, comme un tout, avant que l'on puisse utiliser aucune d'entre elles et l'appliquer à des phénomènes naturels[1]. Ce n'est qu'après leur acquisition que l'on peut reconnaître la chimie du dix-huitième siècle pour ce qu'elle a été, une discipline qui différait de celle qui lui a succédé au vingtième siècle non seulement en ce qu'elle avait à dire sur les substances et les processus individuels, mais dans la manière dont elle structurait et distribuait une grande partie du monde chimique.

Un exemple plus spécifique clarifiera mon propos. Dans l'apprentissage de la mécanique newtonienne, les termes « masse » et « force » doivent être acquis ensemble, et la deuxième loi de Newton doit jouer un rôle dans leur

---

1. Peut-être « élément » et « principe » sont-ils les seuls à devoir être appris ensemble. Une fois qu'ils ont été appris, mais seulement alors, « phlogistique » pourrait être introduit comme un principe qui se conduit selon certaines façons que l'on spécifie.

acquisition. Cela veut dire qu'on ne peut pas apprendre « masse » et « force » indépendamment et ensuite découvrir empiriquement que la force est égale au produit de la masse par l'accélération. On ne peut pas non plus apprendre d'abord « masse » (ou « force ») et ensuite s'en servir pour définir « force » (ou « masse ») à l'aide de la deuxième loi. Au lieu de cela, il faut apprendre les trois ensemble, comme des parties d'une façon tout entière et nouvelle (bien que pas entièrement nouvelle) de faire de la mécanique. Ce point est malheureusement obscurci par les formalisations standard. En formalisant la mécanique on peut choisir soit « masse », soit « force » comme terme primitif et ensuite introduire l'autre comme un terme défini. Mais cette formalisation ne fournit aucun renseignement sur la façon dont soit les termes primitifs soit les termes définis se rattachent à la nature, sur la manière dont les forces et les masses sont repérées dans les situations physiques réelles. Bien que « force », disons, puisse être un terme primitif dans une formalisation particulière de la mécanique, on ne peut pas apprendre à reconnaître des forces sans en même temps apprendre à repérer des masses et sans recourir à la deuxième loi. C'est pourquoi la « force » et la « masse » newtoniennes ne sont pas traduisibles dans le langage d'une théorie physique (aristotélicienne ou einsteinienne, par exemple) dans laquelle la version newtonienne de la deuxième loi ne s'applique pas. Pour apprendre l'une de ces trois manières de faire de la mécanique, les termes reliés dans une région du réseau du langage doivent être appris ou réappris ensemble et ensuite appliqués à la nature tout entière. Ils ne peuvent pas être simplement rendus isolément par traduction.

Comment, dès lors, un historien qui enseigne ou écrit sur la théorie du phlogistique peut-il communiquer ses résultats ? Que se passe-t-il quand l'historien présente à des lecteurs un groupe de phrases comme celles sur le phlogistique dans le modèle ci-dessus ? La réponse à cette question varie selon le public, et je commence par celui qui nous concerne ici en premier. Il est formé de personnes qui n'ont en aucune façon été confrontées à la théorie du phlogistique préalablement. Pour elles l'historien décrit le monde auquel croyait le chimiste du phlogistique au dix-huitième siècle. En même temps, il ou elle enseigne le langage qu'employaient les chimistes du dix-huitième siècle en décrivant, en expliquant, et en explorant ce monde. La plupart des mots dans cet ancien langage sont identiques à la fois dans la forme et dans la fonction à des mots dans le langage de l'historien et de son public. Mais d'autres sont nouveaux et doivent être appris ou réappris. Tels sont les termes intraduisibles pour lesquels l'historien ou un prédécesseur a dû découvrir ou inventer des significations afin de rendre intelligibles les textes sur lesquels il travaille. L'interprétation est le processus par lequel l'usage de ces termes est découvert, et on en a amplement débattu récemment sous la rubrique de l'herméneutique[1]. Une fois qu'elle est achevée et que les mots ont été acquis, l'historien s'en sert dans son propre travail et les enseigne aux autres. La question de la traduction ne se pose tout simplement pas.

Je suggère que tout cela est valable lorsque des passages comme celui qui a été mis en avant ci-dessus sont présentés à un public qui ne sait rien de la théorie du phlogistique. Pour ce public ces passages sont des commentaires portant sur des textes concernant le phlogistique, commentaires destinés à leur enseigner le langage dans lequel de tels textes sont écrits

---

1. Pour le sens d'«herméneutique» que j'ai en tête (il y en a d'autres) l'introduction la plus utile est C. Taylor, «Interpretation and the Sciences of Man», *Review of Metaphysics* 25, 1971, p. 3-51; reproduit *in* F. A. Dallmayr et T. A. McCarthy (eds.), *Understanding and Social Enquiry*, Notre Dame, Indiana, University of Notre Dame Press, 1977, p. 101-31. Taylor, cependant, tient pour admis que le langage descriptif des sciences naturelles (et le langage comportemental des sciences sociales) est fixe et neutre. Une correction utile qui vient de l'intérieur de la tradition herméneutique est fournie par Karl-Otto Apel dans «The A Priori of Communication and the Foundation of the Humanities», *Man and World*, 5, 1972, p. 3-37, reproduit *in* Dallmayr et McCarthy (eds.), *Understanding and Social Enquiry*, p. 292-315.

et comment il faut les lire. Mais de tels textes sont également abordés par des gens qui ont déjà appris à les lire, des gens pour lesquels ils sont simplement un exemple de plus d'un genre déjà familier. C'est pour ces gens que ces textes passeront pour de simples traductions, ou peut-être pour de simples textes, car ils ont oublié qu'ils ont eu à apprendre un langage particulier avant de pouvoir les lire. L'erreur est facile à commettre. Le langage qu'ils ont appris recouvrait largement le langage maternel qu'ils avaient appris auparavant. Mais il différait de leur langage maternel en partie parce qu'il était plus riche – voir, par exemple, l'introduction de termes comme « phlogistique » – et en partie en raison de l'introduction d'usages systématiquement transformés de termes comme « principe » et « élément ». Dans leur langage maternel non révisé, on n'aurait pas pu rendre ces textes.

Bien que ce point requière une discussion beaucoup plus longue que celle qu'on pourra tenter de mener ici, une grande part de ce que j'ai dit est soigneusement reproduite dans la forme des phrases de Ramsey. Les variables à quantification existentielle par lesquelles de telles phrases commencent peuvent être considérées comme ce que j'ai antérieurement appelé des « substituts » [« *placeholders* »] pour des termes exigeant une interprétation, par exemple « phlogistique », « principe », et « élément ». Prise avec ses conséquences logiques, la phrase de Ramsey elle-même est dès lors un condensé des indices accessibles à l'interprète, indices qu'il ou elle aurait pour tâche de découvrir, dans la pratique, par une longue exploration des textes. Tel est, me semble-t-il, le moyen adéquat de comprendre la plausibilité de la technique introduite par David Lewis pour définir des termes théoriques à l'aide de phrases de Ramsey[1]. À l'instar des définitions contextuelles, auxquelles elles ressemblent beaucoup, et à

1. D. Lewis, « How to Define Theoretical Terms », *Journal of Philosophy*, 67, 1970, p. 427-46; Lewis, « Psychophysical and Theoretical Identifications », *Australasian Journal of Philosophy* 50, 1972, p. 249-58.

l'instar des définitions ostensives également, les définitions de Ramsey que donne Lewis figurent un mode important (peut-être essentiel) d'apprentissage du langage. Mais le sens impliqué de « définition » est dans les trois cas métaphorique, ou du moins élargi. Aucune de ces trois sortes de « définitions » ne tolèrera la substitution : on ne peut utiliser les phrases de Ramsey pour la traduction.

Lewis, bien sûr, est en désaccord sur ce dernier point. Ce n'est pas l'endroit pour répondre aux détails de son argument, techniques pour nombre d'entre eux, mais on peut indiquer au moins deux lignes de critique. Les définitions de Ramsey chez Lewis ne déterminent la référence qu'à la condition que la phrase de Ramsey correspondante soit réalisable univoquement. Il est douteux que cette condition se présente même une fois et peu probable qu'elle se présente en général. En outre, quand elle le fait, et si elle le fait, les définitions qu'elle rend possibles ne nous apprennent rien. S'il y a une et une seule réalisation référentielle d'une phrase de Ramsey donnée, quelqu'un peut bien sûr espérer tomber sur elle simplement par essai et erreur. Mais le fait d'être tombé sur le référent d'un terme défini à la manière de Ramsey dans le passage d'un texte ne serait d'aucun secours pour trouver le référent de ce terme dans son occurrence suivante. La force de l'argument de Lewis dépend donc de son autre affirmation, que les définitions de Ramsey déterminent non seulement la référence mais aussi le sens, et cette partie de son argument rencontre des difficultés étroitement liées à celles qui viennent d'être mentionnées, mais encore plus graves.

Même si les définitions de Ramsey échappaient à ces difficultés, un autre ensemble majeur de difficultés demeurerait. J'ai indiqué précédemment que les lois d'une théorie scientifique, à la différence des axiomes d'un système mathématique, sont seulement des ébauches de loi en ce que leurs formalisations symboliques dépendent du problème auquel elles sont appliquées[1]. Ce propos a depuis lors été considérablement élargi par Joseph Sneed et Wolfgang Stegmüller, qui prennent en considération les phrases de Ramsey et montrent que leur formulation en phrases [*sentential*] standard varie d'un domaine d'applications à l'autre[2]. La plupart des occurrences de termes nouveaux ou problématiques dans un texte de science sont, cependant, internes aux applications, et les phrases de Ramsey correspondantes ne sont tout simplement pas une source suffisamment riche d'indices pour saisir une multitude d'interprétations triviales. Pour permettre l'interprétation raisonnable d'un texte fixé par des définitions de Ramsey, les lecteurs auraient d'abord à recenser divers domaines d'application. Et après cela, il leur faudrait encore faire ce que l'historien/interprète tâche de faire dans la même situation. Autrement dit, il leur faudrait inventer et tester des hypothèses sur le sens des termes introduits par des définitions de Ramsey.

LE MANUEL DE TRADUCTION QUINIEN

La plupart des difficultés que j'ai examinées dérivent plus ou moins directement d'une tradition qui estime que la traduction peut être analysée en termes purement référentiels. J'ai insisté sur le fait que c'est impossible, et mes arguments impliquent pour le moins que l'on doit aussi invoquer quelque chose relevant du domaine des significations, des intensionalités, des concepts. Pour établir cela, j'ai examiné un exemple

---

1. *The Structure of Scientific Revolutions*, 2e éd., p. 188 *sq.*; trad. fr. p. 248 *sq.*

2. J. D. Sneed, *The Logical Structure of Mathematical Physics*, Dordrecht, Boston, D. Reidel, 1971; W. Stegmüller, *Probleme und Resultate der Wissenschaftstheorie und analytischen Philosophie*, vol. 2, *Theorie und Erfahrung*, deuxième partie, *Theorienstrukturen und Theoriendynamik*, Berlin, Springer-Verlag, 1973; reproduit sous le titre *The Structure and Dynamics of Theories*, trad. anglaise W. Wohlhueter, New York, Springer-Verlag, 1976.

d'histoire des sciences, ce genre d'exemple qui m'a amené au problème de l'incommensurabilité et de là à la traduction au premier chef. On peut cependant faire apparaître des idées du même type directement à partir des débats récents en sémantique de la référence et de débats apparentés concernant la traduction. J'étudierai ici ce seul exemple auquel j'ai fait allusion au début : la conception du manuel de traduction de Quine. Un tel manuel – le produit fini des efforts d'un traducteur radical – consiste en listes parallèles de mots et d'expressions, l'une dans la langue propre du traducteur radical, l'autre dans la langue de la tribu sur laquelle il enquête. Chaque point de chaque liste est lié à un ou souvent plusieurs points de l'autre, et chaque liaison spécifie un mot ou une expression dans l'une des langues, que l'on peut substituer, c'est ce que le traducteur suppose, dans des contextes appropriés au mot ou à l'expression reliés dans l'autre langue. Quand les correspondances sont plurivoques, le manuel contient la spécification des contextes où l'on doit préférer chacun des différents liens [1].

Le réseau de difficultés que je veux isoler concerne le dernier de ces composants du manuel : les spécificateurs contextuels. Prenez le mot français « pompe ». Dans certains contextes (typiquement ceux qui impliquent des cérémonies), son équivalent anglais est « *pomp* » ; dans d'autres contextes (typiquement hydrauliques) son équivalent est « *pump* ». Ce sont deux équivalents précis. « Pompe » fournit ainsi un exemple typique d'ambiguïté, comme l'exemple standard en anglais, « *bank* » : tantôt le bord d'une rivière, et tantôt une institution financière.

Maintenant, comparez le cas de « pompe » à celui de mots français comme « esprit » ou « doux/douce ». « Esprit » peut être remplacé, selon le contexte, par des termes anglais tels que « *spirit* », « *aptitude* », « *mind* », « *intelligence* », « *judgement* », « *wit* », ou « *attitude* ». Le second, un adjectif, peut être

---

1. Quine, *Word and Object*, p. 27 et p. 68-82, trad. fr. p. 58 et p. 111-126.

appliqué, entre autres, au miel (« *sweet* »), à la laine (« *soft* »), à une soupe qui manque d'assaisonnement (« *bland* »), à un souvenir (« *tender* »), ou à une pente ou un vent (« *gentle* »). Ce ne sont pas des cas d'ambiguïté, mais de disparité conceptuelle entre le français et l'anglais. « Esprit » et « doux/douce » sont des concepts unitaires pour des francophones, et les anglophones en tant que groupe ne possèdent pas d'équivalent. Par conséquent, bien que les diverses traductions présentées ci-dessus conservent la valeur de vérité dans les contextes appropriés, nulle n'est intensionnellement précise dans aucun contexte. « Esprit » et « doux/douce » sont ainsi des exemples de termes qui peuvent être traduits seulement en partie et par compromis. Le choix par le traducteur d'une expression ou d'un mot anglais particuliers pour l'un d'entre eux est *ipso facto* le choix de certains aspects de l'intension du terme français, au dépens des autres. En même temps, cela introduit des associations intensionnelles caractéristiques de l'anglais, mais étrangères à l'œuvre traduite[1]. L'analyse de la traduction par Quine souffre gravement, je pense, de son incapacité à faire la distinction entre des cas de ce genre et la simple ambiguïté, les cas de termes comme « pompe ».

La difficulté est la même que celle rencontrée par la traduction de « phlogistique » que donne Kitcher. Sa source doit être à présent manifeste : une théorie de la traduction fondée sur une sémantique extensionnelle et par conséquent restreinte à la conservation de la valeur de vérité, ou un équi-

---

1. Des commentaires décrivant comment les Français considèrent le monde psychique (ou sensoriel) peuvent être d'une grande aide pour ce problème, et les manuels de français comprennent en général des éléments sur de telles questions culturelles. Mais les commentaires décrivant la culture ne font pas partie de la traduction elle-même. De longues paraphrases anglaises pour les termes français ne fournissent pas de substitut, en partie à cause de leur gaucherie, mais surtout parce que des termes comme « esprit » ou « doux/douce » sont les éléments d'un vocabulaire dont certaines parties doivent être apprises ensemble. L'argument est le même que celui qu'on a donné précédemment pour « élément » et « principe » ou « force » et « masse ».

valent, comme critère d'adéquation. Comme « phlogistique », « élément », etc., « doux/douce » et « esprit » appartiennent tous deux à des faisceaux de termes reliés entre eux, dont un certain nombre doit être appris ensemble et qui, lorsqu'ils sont appris, donnent une structure à une portion du monde de l'expérience qui diffère de celle qui est familière aux anglophones contemporains. De tels mots illustrent l'incommensurabilité entre langues naturelles. Dans le cas de « doux/douce », le faisceau comprend, par exemple, « mou/molle », un mot plus proche que « doux/douce » de l'anglais « *soft* », mais qui s'applique aussi au temps chaud et humide. Ou encore, dans le faisceau d'« esprit », considérez le terme « disposition ». Celui-ci empiète sur « esprit » dans le domaine des attitudes et des aptitudes, mais s'applique aussi à l'état de santé ou à l'ordre des mots dans une phrase. Ces intensionalités sont ce qu'une traduction parfaite conserverait, et c'est la raison pour laquelle il ne peut pas y avoir de traductions parfaites. Mais l'approximation de l'idéal demeure une contrainte sur les traductions réelles, et si cette contrainte était prise en compte, les arguments pour l'indétermination de la traduction exigeraient une forme toute différente de celle qui prévaut actuellement.

En traitant les correspondances plurivoques dans les manuels de traduction comme des cas d'ambiguïté, Quine écarte les contraintes intensionnelles pour une traduction adéquate. En même temps, il écarte la clef fondamentale pour découvrir comment les mots et expressions réfèrent dans d'autres langues. Bien que les correspondances plurivoques soient parfois causées par l'ambiguïté, elles procurent bien plus souvent la marque patente des objets et des situations qui se ressemblent et de ceux qui sont différents pour les locuteurs de l'autre langue ; autrement dit, elles montrent comment l'autre langue structure le monde. Leur fonction ressemble par conséquent grandement à celle que jouent de multiples observations dans l'apprentissage d'une première langue. De même que l'on doit montrer à l'enfant apprenant « chien » de nombreux chiens différents et probablement aussi quelques chats, de même l'anglophone apprenant « doux/douce » doit observer ce terme dans plusieurs contextes et doit aussi prendre note des contextes où le français emploie « mou/molle » à la place. Tels sont les moyens, ou quelques-uns des moyens, par lesquels on apprend les techniques pour joindre les mots et les expressions à la nature, tout d'abord ceux de notre propre langue et ensuite, peut-être, les autres, différents, qui sont contenus dans d'autres langues. En les délaissant, Quine élimine la possibilité même de l'interprétation, et l'interprétation est, comme je l'ai affirmé dès le début, ce que son traducteur radical doit faire avant de commencer la traduction. Est-il dès lors étonnant que Quine découvre des difficultés jusque-là insoupçonnées sur la « traduction » ?

LES INVARIANTS DE LA TRADUCTION

Je me tourne finalement vers un problème qui a été maintenu à distance depuis le début de cet article : qu'est-ce que la traduction doit conserver ? Pas simplement la référence, ai-je affirmé, car les traductions qui conservent la référence peuvent être incohérentes, impossibles à comprendre tant que les termes qu'elles emploient sont pris dans leur sens habituel. La description de cette difficulté suggère une solution évidente : les traductions doivent conserver non seulement la référence mais aussi le sens ou intension. C'est la position que j'ai adoptée par le passé, sous la rubrique « invariance de la signification », et que j'ai choisie *faute de mieux*[1] dans l'introduction de cet article. On ne peut pas dire qu'elle soit purement et simplement fausse, mais elle n'est pas tout à fait correcte non plus ; c'est une équivoque symptomatique, je crois, d'une

---

1. [N.d.T.] En français dans le texte.

profonde dualité dans le concept de signification. Dans un autre contexte il sera essentiel d'affronter cette dualité directement. Ici, je la contournerai, en évitant absolument de parler de «signification». Au lieu de cela, j'examinerai, bien qu'encore en termes tout à fait généraux, quasi-métaphoriques, comment les membres d'une communauté linguistique sélectionnent les référents des termes qu'ils emploient.

Considérez l'expérience de pensée suivante, que certains d'entre vous auront déjà rencontrée sous la forme d'une histoire drôle. Une mère raconte à sa fille l'histoire d'Adam et Eve, puis montre à l'enfant une image du couple dans le Jardin d'Eden. L'enfant regarde, fronce les sourcils avec perplexité, et dit : «Maman, dis-moi qui est qui. Je le saurais s'ils étaient habillés». Même ainsi résumée, cette histoire met en évidence deux caractéristiques manifestes du langage. En appariant des termes et leurs référents, il se peut que l'on fasse légitimement usage de tout ce que l'on sait ou croit à propos de ces référents. Deux personnes peuvent, en outre, parler la même langue et cependant employer des critères différents pour repérer les référents des termes de cette langue. Un observateur informé de leurs différences conclurait simplement que ces deux personnes diffèrent par ce qu'elles savent des objets en question. Que différentes personnes emploient des critères différents pour identifier les référents de termes qu'elles partagent, c'est quelque chose que l'on peut, je crois, prendre sans risque pour acquis. J'établirai de plus la thèse maintenant largement partagée qu'aucun des critères employés dans la détermination de la référence n'est purement conventionnel, ni associé simplement par définition aux termes qu'il permet de caractériser[1].

---

1. Deux points doivent être soulignés. Premièrement, je n'assimile pas la signification à un ensemble de critères. Deuxièmement, «critère» doit être compris en un sens très large, qui embrasse toutes les techniques employées pour fixer les mots au monde, dont toutes ne sont pas nécessairement conscientes. En particulier, tel qu'on l'emploie ici, «critères» peut certainement

Comment est-il possible, cependant, que des gens dont les critères sont différents repèrent régulièrement les mêmes référents pour leurs termes? Il y a une première réponse directe à cela. Leur langage est adapté au monde social et naturel dans lequel ils vivent, et ce monde ne présente pas les genres d'objets et de situations qui les conduiraient, en exploitant leurs différences de critères, à faire des identifications différentes. Cette réponse soulève à son tour une autre question plus difficile : qu'est-ce qui détermine l'adéquation de l'ensemble de critères qu'un locuteur emploie quand il applique le langage au monde que ce langage décrit? Qu'est-ce que des locuteurs dont les critères pour déterminer la référence sont différents, doivent partager pour être des locuteurs du même langage, des membres de la même communauté linguistique [1]?

Les membres de la même communauté linguistique sont les membres d'une culture commune, et chacun peut donc s'attendre à être confronté au même domaine d'objets et de situations. S'ils doivent co-référer, il faut que chacun associe chaque terme individuel à un ensemble de critères suffisant pour faire la distinction entre les référents de ce terme et d'autres sortes d'objets ou de situations que le monde de la communauté présente réellement, mais non pour les distinguer d'autres objets encore, que l'on pourrait simplement imaginer. La capacité à identifier correctement les membres d'un ensemble requiert donc souvent de connaître aussi des

inclure la ressemblance à des exemples paradigmatiques (mais il faut alors que la relation de ressemblance adéquate soit connue) ou le recours à des experts (mais alors les locuteurs doivent savoir comment trouver les experts adéquats).

1. Je n'ai trouvé aucun raccourci pour débattre de ce sujet sans avoir l'air de supposer que les critères sont en quelque sorte logiquement et psychologiquement antérieurs aux objets et aux situations dont ils sont les critères. Mais, en fait, je pense qu'il faut apprendre les uns et les autres (critères et objets ou situations) et qu'ils sont souvent appris ensemble. Par exemple, la présence de masses et de forces est un critère pour ce que l'on pourrait appeler la « situation-mécanique-newtonienne », une situation à laquelle la deuxième loi de Newton s'applique. Mais on ne peut apprendre à reconnaître la masse et la force que dans une situation-mécanique-newtonienne, et vice-versa.

ensembles opposés. Il y a quelques années, par exemple, j'ai suggéré qu'apprendre à identifier des oies pouvait requérir de connaître aussi des créatures telles que les canards et les cygnes[1]. Le faisceau de critères adéquats pour l'identification des oies dépend, ai-je indiqué, non seulement des caractéristiques partagées par les oies réelles, mais aussi des caractéristiques de certaines autres créatures dans le monde habité par les oies et ceux qui en parlent. Peu de termes ou d'expressions référentiels sont appris indépendamment du monde ou indépendamment les uns des autres.

Ce modèle très partiel de la manière dont les locuteurs font coïncider le langage et le monde est destiné à réintroduire deux thèmes étroitement liés qui ont surgi à maintes reprises dans cet article. Le premier, bien sûr, est le rôle essentiel des ensembles de termes qui doivent être appris ensemble par ceux qui ont été élevés dans une même culture, scientifique ou autre, et que des étrangers rencontrant cette culture doivent appréhender ensemble lors de l'interprétation. C'est l'élément holistique qui s'est immiscé dès le départ dans cet article, avec l'incommensurabilité locale, et le fondement de cela devrait à présent être clair. Si différents locuteurs employant différents critères réussissent à sélectionner les mêmes référents pour les mêmes termes, les ensembles d'opposés doivent avoir joué un rôle dans la détermination des critères que chacun associe à des termes individuels. Du moins ils le doivent quand, comme c'est souvent le cas, ces critères ne constituent pas eux-mêmes des conditions nécessaires et suffisantes pour la référence. Dans ces circonstances, une sorte de holisme local doit être un trait essentiel du langage.

---

1. T. S. Kuhn, « Second Thoughts on Paradigms », *in* F. Suppe (éd.), *The Structure of Scientific Theories*, Urbana, University of Illinois Press, 1974, p. 459-82, reproduit *in The Essential Tension*, p. 293-319 ; trad. fr. « En repensant aux paradigmes », *in La Tension essentielle. Tradition et changement dans les sciences*, 1990, p. 391-423.

Ces remarques peuvent aussi fournir une base pour mon deuxième thème récurrent : l'affirmation répétée que différents langages imposent différentes structures sur le monde. Imaginons, pour un moment, que pour chaque individu un terme référentiel soit un nœud dans un réseau lexical, dont proviennent des étiquettes pour les critères qu'il ou elle utilise en identifiant les référents du terme nodal. Ces critères lieront certains termes ensemble et les sépareront d'autres termes, construisant ainsi une structure multi-dimensionnelle dans le lexique. Cette structure reflète des aspects de la structure du monde pour la description duquel on peut utiliser le lexique, et elle limite en même temps les phénomènes qui peuvent être décrits à l'aide du lexique. Si toutefois des phénomènes anormaux se produisent, leur description (peut-être même leur reconnaissance) exigera qu'on altère certaines parties du langage, qu'on modifie les correspondances jusqu'alors constitutives entre les termes.

Remarquons, à présent, que des structures homologues, des structures qui reflètent le même monde, peuvent être façonnées en employant différents ensembles de correspondances critérielles. Ce que de telles structures homologues conservent, une fois dépouillées de leurs étiquettes critérielles, ce sont les catégories taxonomiques du monde et les relations de similarité/dissimilarité entre elles. Bien que je frise ici la métaphore, ce que je veux dire devrait être clair. Ce que les membres d'une communauté linguistique partagent, c'est l'homologie d'une structure lexicale. Il n'est pas nécessaire que leurs critères soient les mêmes, car ces derniers, ils peuvent les apprendre les uns des autres dans la mesure de leurs besoins. Mais leurs structures taxonomiques doivent concorder, car là où la structure est différente, le monde est différent, le langage est privé, et la communication cesse jusqu'à ce que l'une des parties acquière le langage de l'autre.

À présent, vous devez voir clairement où il faut rechercher, selon ma conception, les invariants de la traduction. À la différence de deux membres de la même communauté linguistique, les locuteurs de langues mutuellement traduisibles n'ont pas besoin de partager les mêmes termes : «*Rad*» n'est pas «roue»[1]. Mais les expressions d'une langue qui réfèrent doivent être susceptibles de concorder avec des expressions coréférentielles dans l'autre, et les structures lexicales employées par les locuteurs des deux langues doivent être les mêmes, non seulement au sein de chaque langue, mais aussi d'une langue à l'autre. La taxonomie doit, en bref, être conservée pour fournir à la fois les catégories partagées et les relations partagées entre les locuteurs. Là où ce n'est pas le cas, la traduction est impossible, une conséquence précisément illustrée par la tentative courageuse de Kitcher de faire rentrer la théorie du phlogistique dans la taxonomie de la chimie moderne.

La traduction est, bien sûr, seulement le premier recours de ceux qui cherchent à comprendre. La communication peut être établie en son absence. Mais où la traduction est irréalisable, les procédés très différents de l'interprétation et de l'acquisition d'une langue sont requis. Ces procédés n'ont rien de mystérieux. Les historiens, les anthropologues, et peut-être les jeunes enfants s'y livrent tous les jours. Mais on ne les a pas correctement compris, et leur compréhension pourrait bien exiger l'attention d'un cercle philosophique plus large que celui qui s'en occupe actuellement. C'est de cet élargissement de l'attention que dépend l'intelligence, non seulement de la traduction et de ses limites, mais aussi du changement conceptuel. Ce n'est nullement un hasard si l'analyse synchronique de Quine dans *Word and Object* est introduite par l'épigraphe diachronique du bateau de Neurath.

---

1. [N.d.T.] «Wheel» en anglais dans le texte, pour «roue».

POSTFACE : RÉPONSE AUX COMMENTAIRES

Je suis reconnaissant à mes commentateurs de leur patience à l'égard de mes retards, de la pertinence de leurs critiques ainsi que de m'avoir proposé de donner une réponse écrite. Je suis entièrement d'accord avec une grande partie de ce qu'ils ont à dire, mais pas avec la totalité. Une partie de notre désaccord résiduel repose sur un malentendu, et c'est par là que je commence.

Kitcher m'attribue la pensée que sa « procédure d'interprétation », sa « stratégie interprétative », s'effondre lorsqu'elle est confrontée aux parties incommensurables d'un vocabulaire scientifique plus ancien[1]. Je suppose que par « stratégie interprétative » il entend sa procédure pour identifier dans le langage moderne les référents des termes anciens. Mais je ne prétends pas avoir donné à entendre que cette stratégie doive jamais s'effondrer. Au contraire, j'ai suggéré qu'il s'agit d'un outil essentiel de l'historien/interprète. Si elle s'effondre nécessairement quelque part, ce dont je doute, alors en cet endroit l'interprétation est impossible.

Il se peut que Kitcher lise l'énoncé qui précède comme une tautologie, car il semble considérer sa procédure de détermination de la référence comme étant elle-même une interprétation, plutôt que comme une simple condition préalable de l'interprétation. Mary Hesse voit ce qui manque quand elle dit que pour l'interprétation, « nous ne devons pas seulement *dire* que le phlogistique réfère quelquefois à l'hydrogène et quelquefois à l'absorption d'oxygène, mais nous devons transmettre l'ontologie tout entière du phlogistique pour rendre plausible la raison pour laquelle il était pris pour une espèce naturelle

1. P. Kitcher, « Implications of Incommensurability », *in* P. D. Asquith et T. Nickles (eds.), *PSA 1982 : Proceedings of the 1982 Biennal Meeting of the Philosophy of Science Association*, vol. 2, East Lansing, Michigan, Philosophy of Science Association, 1983, p. 692-693.

unique »[1]. Les procédés auxquels elle réfère sont indépendants, et l'ancienne littérature en histoire des sciences fournit d'innombrables exemples de la facilité avec laquelle on pourrait achever le premier sans même faire un pas vers le second. Le résultat est un ingrédient essentiel de l'histoire Whig[2].

Jusque là, je n'ai traité que du malentendu. Dans ce qui suit à présent, il se peut qu'une sorte plus substantielle de désaccord commence à se faire jour. (Dans ce domaine aucune frontière claire ne démarque le malentendu du désaccord substantiel). Kitcher suppose que l'interprétation rend possible « la communication à part entière au-delà de la ligne de partage révolutionnaire » et que le procédé par lequel elle le fait « élargit les ressources du langage familier », par exemple, en ajoutant des termes comme « phlogistique » et ses proches (p. 691). Concernant au moins le second de ces deux points, Kitcher, je pense, se fourvoie sérieusement. Bien que l'on puisse enrichir des langages, on ne peut le faire que dans des directions déterminées. Le langage de la chimie du vingtième siècle a été enrichi, par exemple, par l'ajout des noms de nouveaux éléments comme le berkélium et le nobélium. Mais on ne peut ajouter le nom d'un principe se rapportant à une qualité de façon cohérente ou interprétable, sans altérer ce que c'est qu'être un élément et un bon nombre d'autres choses. De telles altérations ne sont pas de simples enrichissements ; elles modifient plutôt qu'elles n'ajoutent à ce qui était là auparavant ; et le langage qui en résulte ne peut plus rendre directement toutes les lois de la chimie moderne. En particulier, ces lois qui impliquent le terme « élément » y échappent.

---

1. M. Hesse, « Comment on Kuhn's "Commensurability, Comparability, Communicability" » *in* Asquith et Nickles, *ibid.*, p. 707-711 [les italiques sont dans le texte].
2. [N.d.T.] Par référence au livre de H. Butterfield, *The Whig Interpretation of History*, 1931, l'expression « Whig history » désigne, dans l'histoire politique comme en histoire des sciences, une forme d'histoire qui reconstruit le passé à partir des préoccupations et des questions du présent.

La « communication à part entière » est-elle néanmoins possible entre un chimiste du dix-huitième siècle et un chimiste du vingtième siècle, comme Kitcher le suppose ? Peut-être que oui, mais seulement si l'un des deux apprend le langage de l'autre, devenant, en ce sens, un des participants à la pratique scientifique de l'autre chimiste. Cette transformation peut être accomplie, mais c'est seulement en un sens pickwickien que les gens qui communiquent alors sont des chimistes de siècles différents. Une telle communication permet bien une comparaison significative (bien qu'incomplète) de l'efficacité de deux modes de pratique, mais pour moi, la question n'a jamais été celle là. Ce qui était et qui reste un problème, ce n'est pas la comparabilité significative, mais plutôt le façonnement de la connaissance par le langage, un point qui n'est aucunement inoffensif du point de vue épistémologique. J'ai affirmé que les énoncés-clefs d'une science du passé, y compris certains énoncés qui seraient ordinairement tenus pour simplement descriptifs, ne peuvent pas être rendus dans le langage d'une science ultérieure, et *vice versa*. Par le langage d'une science, j'entends ici non seulement les parties de ce langage dans l'usage réel, mais aussi tous les élargissements qui peuvent être incorporés à ce langage sans altérer les composants déjà en place.

Ce que j'ai en tête peut être clarifié si j'ébauche une réponse à l'invocation par Mary Hesse d'une nouvelle théorie de la signification. Je partage sa conviction que la théorie traditionnelle de la signification est en faillite et qu'une sorte de substitut, non purement extensionnel, est nécessaire. Je soupçonne également que Hesse et moi sommes proches dans nos conjectures sur ce dont ce substitut aura l'air. Mais elle manque d'une certaine façon l'esprit de ma conjecture aussi bien quand elle suppose que mes brèves remarques sur les taxonomies homologues ne s'adressent pas à une théorie de la signification, que quand elle décrit ma discussion de « doux/douce » et d'« esprit » comme portant sur une espèce de

« trope de la signification » plutôt que directement et littéralement sur la signification (p. 709).

Pour revenir à ma métaphore précédente, c'est tout ce que permet l'espace qui m'est imparti, permettez-moi de considérer « doux » comme un nœud dans un réseau lexical multidimensionnel, où sa position est spécifiée par sa distance à d'autres nœuds tels que « mou », « sucré », etc. Savoir ce que « doux » signifie, c'est posséder le réseau pertinent, ainsi qu'*un* ensemble *déterminé* de techniques, qui suffisent à attacher au nœud « doux » les mêmes expériences, les mêmes objets, ou les mêmes situations que ceux qui lui sont associés par d'autres locuteurs du français. Aussi longtemps qu'il relie les bons référents aux bons nœuds, l'ensemble particulier de techniques que l'on emploie ne fait aucune différence; la signification de « doux » consiste simplement en sa relation structurelle à d'autres termes du réseau. Puisque « doux » est lui-même réciproquement impliqué dans les significations de ces autres termes, aucun d'entre eux, pris en lui-même, n'a une signification que l'on puisse spécifier de façon indépendante.

Certaines des relations entre termes, qui sont constitutives de la signification, par exemple « doux »/« mou », ressemblent à des métaphores, mais ce ne sont pas des métaphores. Au contraire, ce qui a été jusqu'à présent en question, c'est l'établissement de significations littérales, sans lesquelles il ne pourrait y avoir ni métaphore ni autres tropes. Les tropes fonctionnent en suggérant des structures lexicales alternatives que l'on peut construire avec les mêmes nœuds, et leur possibilité même dépend de l'existence d'un premier réseau avec lequel l'alternative suggérée est en opposition ou en tension. Bien qu'il y ait des tropes dans la science, ou quelque chose qui y ressemble beaucoup, ils n'ont pas fait partie du sujet de mon article.

Remarquez maintenant que le terme anglais « *sweet* » est aussi un nœud dans un réseau lexical où sa position est spécifiée par la distance qui le sépare d'autres termes tels que

« *soft* » et « *sugary* ». Mais ces distances relatives ne sont pas les mêmes que celles du réseau du français, et les nœuds de l'anglais s'appliquent à certaines seulement des situations et propriétés semblables, tout comme les nœuds qui leur correspondent le plus étroitement dans le réseau du français. Cette absence d'homologie structurelle est ce qui rend ces portions des vocabulaires français et anglais incommensurables. Toute tentative pour supprimer cette incommensurabilité, mettons, en insérant un nœud pour « *sweet* » dans le réseau français, changerait les relations de distance préexistantes et altérerait ainsi, plutôt qu'elle n'élargirait simplement, la structure préexistante. Je ne suis pas sûr que Hesse accueillera avec sympathie ces aperçus encore à l'état d'ébauche ; mais ils devraient tout du moins indiquer la mesure dans laquelle mon discours sur la taxonomie s'adresse à une théorie de la signification.

Je me tourne finalement vers un problème soulevé, bien que de façon différente, par mes deux commentateurs. Hesse suggère que ma condition selon laquelle la taxonomie doit être partagée est probablement trop forte et que « le partage *approximatif* » ou « l'intersection *significative* » des taxonomies fera probablement l'affaire « dans les situations particulières où se trouvent des locuteurs de différentes langues » (p. 708, les italiques sont dans le texte). Kitcher pense que l'incommensurabilité est trop courante pour être un critère de changement révolutionnaire et soupçonne que mon propos n'est plus, de toute façon, de faire une nette distinction entre développement normal et développement révolutionnaire de la science (p. 697). J'admets la force de ces positions, car ma propre conception du changement révolutionnaire a été de plus en plus nuancée, comme Kitcher le suppose. Néanmoins, je pense que lui et Hesse poussent le pion pour la continuité du changement trop loin. Permettez-moi d'esquisser une position que j'ai l'intention de développer et de défendre ailleurs.

Le concept de révolution scientifique a pris sa source dans la découverte que pour comprendre toute partie de la science du passé l'historien doit d'abord apprendre le langage dans lequel ce passé était écrit. Les tentatives de traduction dans un langage postérieur sont vouées à l'échec, et le processus d'apprentissage du langage est par conséquent interprétatif et herméneutique. Puisque le succès dans l'interprétation est en général accompli par pans entiers («en forçant le cercle herméneutique»), la découverte du passé par l'historien implique de manière récurrente la soudaine reconnaissance de structures ou de formes [« *gestalts* »] nouvelles. Il s'ensuit que l'historien, au moins, fait vraiment l'expérience de révolutions. Ces thèses étaient au cœur de ma position initiale, et c'est sur elles que j'insisterais encore.

Que les scientifiques, qui évoluent au cours du temps dans une direction opposée à celle de l'historien, fassent également l'expérience de révolutions, c'est ce qui reste ouvert d'après ce que j'ai dit jusqu'à présent. Si c'est le cas, le déplacement d'aspect sera ordinairement chez eux moins important que chez l'historien, car ce dont celui-ci fait l'expérience comme d'un seul changement révolutionnaire se sera en général étendu sur un certain nombre de tels changements au cours du développement des sciences. Il n'est pas clair, en outre, que même ces changements mineurs aient dû prendre la forme de révolutions. N'est-il pas possible que les changements holistiques de langage, dont l'historien fait l'expérience comme de quelque chose de révolutionnaire, aient eu lieu initialement par un processus de glissement linguistique graduel?

Cela est en principe possible, et dans certains domaines du discours – la vie politique, par exemple – c'est vraisemblablement le cas, mais non, je pense, ordinairement dans les sciences développées. Là, les changements holistiques tendent à se produire tout d'un coup, comme dans les changements de forme [« *gestalt* »] auxquels j'ai comparé les révolutions auparavant. La preuve de cette position reste en partie empirique :

comptes-rendu d'expériences du type « Euréka! » [1], cas d'incompréhension mutuelle, et ainsi de suite. Mais il y a aussi un argument théorique qui pourrait accroître la compréhension de ce qui est impliqué selon moi.

Aussi longtemps que les membres d'une communauté linguistique sont d'accord sur un certain nombre d'exemples standard (paradigmes), l'utilité de termes comme « démocratie », « justice » ou « équité » n'est pas vraiment menacée par le fait que surviennent également des cas dans lesquels les membres de la communauté divergent sur l'applicabilité de ces termes. Il n'est pas nécessaire que les mots de ce type fonctionnent de manière univoque; on s'attend à du vague aux frontières, et c'est l'acceptation du vague qui permet le glissement, la déformation graduelle des significations d'un ensemble de termes reliés entre eux au cours du temps. Dans les sciences, en revanche, un désaccord persistant sur la question de savoir si la substance x est un élément ou un composé, si le corps céleste y est une planète ou une comète, ou si la particule z est un proton ou un neutron jetterait rapidement le doute sur l'intégrité des concepts correspondants. Dans les sciences, les cas-limites de cette sorte sont des sources de crise, et le glissement en est d'autant inhibé. Au lieu de cela, les pressions s'accumulent jusqu'à ce qu'un nouveau point de vue, incluant de nouveaux usages pour certaines parties du langage, soit introduit. Si je réécrivais maintenant la *Structure des révolutions scientifiques*, j'insisterais davantage sur le changement de langage et moins sur la distinction normal/révolutionnaire. Mais je continuerais à discuter des difficultés particulières dont les sciences font l'expérience avec le changement holistique de langage, et j'essaierais d'expliquer cette difficulté comme résultant du besoin qu'ont les sciences d'une précision particulière dans la détermination de la référence.

1. [N.d.T.] L'expression « "aha" experience », en anglais, sert à désigner ces moments exceptionnels où, au cours d'une recherche, les pièces du puzzle s'assemblent tout à coup et où, brusquement, tout devient clair.

ARTHUR FINE

L'ATTITUDE ONTOLOGIQUE NATURELLE

PRÉSENTATION
Adrien Barton

Au début des années quatre-vingt, les discussions concernant le réalisme scientifique étaient entrées dans une nouvelle phase de développement, comme en témoignent notamment par exemple les ouvrages de Bas Van Fraassen (1980)[1], Nancy Cartwright (1983) ou Ian Hacking (1983). Alors que ses travaux précédents concernaient principalement la philosophie de la mécanique quantique, Arthur Fine introduit, avec le texte *The natural ontological attitude* (1984), une nouvelle position dans ce débat : l'« attitude ontologique naturelle » (« Natural Ontological Attitude » ou « NOA »). Cette approche consiste à accepter les résultats scientifiques comme vrais, de la même manière que des vérités plus communes. Une telle acceptation, soutient Fine, est partagée par les réalistes et les anti-réalistes; mais la NOA se démarque radicalement de ces deux partis en refusant des ajouts tels que

---

1. Les références des textes qui ne sont pas données dans la bibliographie ci-dessous se trouvent dans la bibliographie qui suit la traduction de l'article de Fine.

l'engagement métaphysique des réalistes ou l'analyse épistémologique ou sémantique des divers anti-réalistes. Elle prétend
ainsi constituer une position minimale en philosophie des
sciences, et éviter grâce à cela les difficultés que rencontrent
les approches réalistes ou anti-réalistes.

Le texte « The natural ontological attitude » parut en
1984 dans le recueil *Scientific realism*, qui faisait suite à une
conférence sur le réalisme scientifique, tenue à Greensboro
(Caroline du Nord) en mars 1982; il est l'adaptation de l'un
des cinq essais présentés lors de cette conférence. Par la suite,
il fut réédité dans les première (1986) et deuxième (1996)
éditions de *The shaky game : Einstein realism and the quantum
theory*, dont il constitue le chapitre VII[1]. La position du texte
dans ce dernier ouvrage est révélatrice : les chapitres qui le
précèdent font apparaître l'intérêt de Fine pour le problème du
réalisme scientifique comme une conséquence logique de son
itinéraire intellectuel antérieur. Ce recueil rassemble en effet
des articles écrits entre 1976 et 1984; la majorité d'entre eux
concernent, comme l'indique le nom du recueil, les rapports
troubles entre Einstein et la théorie quantique, que celui-ci n'a
jamais vraiment acceptée. Fine analyse notamment les propos
dispersés d'Einstein sur le réalisme afin d'en tirer une vision
d'ensemble cohérente. Il s'oppose à l'opinion répandue selon
laquelle Einstein aurait professé un « réalisme métaphysique »
qui affirmerait l'existence d'un monde extérieur doté d'une
structure indépendante de l'observateur et dont nos théories
seraient des approximations. Selon Fine, Einstein considérait
plutôt le réalisme comme un programme de recherche dont
l'efficacité se manifesterait par la production de théories
empiriquement adéquates; un programme de recherche qui
dispose par ailleurs d'une remarquable force de motivation du

---

1. Le texte ayant subi quelques modifications lors de son intégration au
recueil *Scientific realism*, Fine l'a restauré sous sa version originale dans *The
shaky game*. C'est cette version qui a été traduite ci-dessous.

travail scientifique, ce qui le distingue de l'instrumentalisme. Fine a par conséquent baptisé cette position « réalisme motivationnel ». Mais il ne souhaite pas adhérer à cette approche qui s'éloigne de la pratique scientifique en restant trop indulgente envers le besoin de réalisme. L'« attitude ontologique naturelle » qu'il propose au chapitre VII apparaît alors comme une solution idéale à ses yeux : elle conserve la dimension antimétaphysique du « réalisme » d'Einstein tout en restant suffisamment proche de la vie scientifique.

Ce texte n'est cependant pas exclusivement consacré à l'exposé de la NOA : Fine y exprime également de virulentes critiques contre le réalisme, puis un refus moins féroce mais tout aussi déterminé des divers anti-réalismes; la NOA prétend tracer une troisième voie. « *The natural ontological attitude* » ne fut d'ailleurs, dans l'œuvre de Fine, que le premier membre d'une longue série de textes s'attaquant au réalisme et aux différentes formes d'anti-réalisme, la plupart s'achevant par une défense ou un raffinement de la NOA (Fine les nomme d'ailleurs « *NOA's papers* »[1]). Dans «*And not antirealism either*» (un article de 1984 repris dans le chapitre VIII de *The shaky game*), il oriente sa critique vers les conceptions pragmatistes de la vérité[2] et l'empirisme constructif de Van Fraassen. Le chapitre IX de *The shaky game* (inédit avant 1986) réexamine quant à lui les difficultés du réalisme avec la théorie quantique et conclut en faveur de la NOA. Dans « *Unnatural attitudes : Realist and instrumentalist attachments to science* » (1986), Fine s'en prend de nouveau au réalisme (et plus particulièrement à la variante défendue par Boyd) et à l'empirisme constructif, mais également au quasi-réalisme de

---

1. Fine n'a pas pour autant abandonné son thème de prédilection qu'est la philosophie de la mécanique quantique : parallèlement à ces «*NOA's papers*», il a écrit de nombreux articles sur ce sujet, en particulier concernant le problème de la violation des inégalités de Bell.

2. Cette critique a donné lieu à un débat entre Knezevich (1989) et Fine (1989), ce qui a permis à ce dernier de développer et de clarifier son argument.

Blackburn. L'article « *Piecemeal realism* » (1991) s'attaque à des formes plus modérées de réalisme : le réalisme des entités de Hacking et Cartwright (dont Fine avait déjà esquissé la critique dans « *Unnatural attitudes* »), et ce qu'il nomme le « réalisme contextuel » de McMullin, Miller et Newton-Smith. Un chapitre de conclusion (« *Afterword* »), ajouté à la fin de la seconde édition de *The shaky game* (1996), revient sur les principaux points qui sont abordés dans le recueil (en reprenant certains arguments développés dans les autres « *NOA's papers* »); c'est l'occasion pour Fine de clarifier la NOA et de la développer méthodiquement. Par ailleurs, il y affiche un intérêt de plus en plus prononcé pour la sociologie des sciences en s'exprimant sur le débat entre réalisme et constructivisme.

Remarquons que Fine ne s'est pas livré à ce long jeu de massacre gratuitement : c'est en mettant en évidence les défauts des programmes philosophiques globaux que sont le réalisme et l'anti-réalisme qu'il espère présenter la NOA comme l'approche rivale la plus prometteuse ; celle-ci prône en effet l'étude détaillée des cas particuliers de l'histoire des sciences, en restant proche de la vie scientifique et en refusant toute interprétation globale. Ce rejet de toute approche généralisante est manifeste dès la première apparition de la NOA (dans le texte ici traduit), lorsque Fine prétend se passer aussi bien de la métaphysique du réaliste que de l'analyse épistémologique des divers anti-réalismes. En d'autres occasions, il mettra plutôt en valeur l'attitude heuristique proposée par la NOA, qui nous permet d'aborder efficacement les questions concernant la science ; une attitude ouverte, qui autorise différentes approches concurrentes à condition qu'elles évitent l'écueil d'une interprétation globale imposée d'avance. Cette attitude, insiste-t-il, prône avant tout la confiance en la science. Cela ne nous empêche cependant pas d'utiliser tout notre bon sens afin de discuter de la validité des concepts et procédures scientifiques ; mais une telle évaluation réclame que nous nous plongions au plus près de la pratique scientifique, en évitant de prêter quelque essence que ce soit à l'entité fondamentalement historique et contingente qu'est la science. Les questions qui concernent le but de la science, sa ratio- nalité, sa vérité, et ainsi de suite, peuvent recevoir une réponse localement, dans le cadre d'un problème particulier; elles admettront peut-être même une généralisation, concède Fine; mais cela n'est pas assuré, et il faut absolument éviter de l'imposer à travers une lecture globale de la science. En parti- culier, la NOA refuse toute théorie de la vérité; elle se contente de prendre cette notion dans son sens référentiel usuel, ce qui implique, affirme Fine, que le partisan de la NOA acceptera de tout son cœur les entités posées par la science bien confirmée, sans pour autant adhérer à l'idée réaliste de correspondance avec le monde.

Bien qu'il s'en démarque dans des textes ultérieurs, Fine souligne certaines similarités entre la NOA et d'autres vues, notamment développées par Putnam, Rorty, Horwich, Lycan et Pitt (*cf.* la note 1 du texte ici traduit); il voit par ailleurs en Vaihinger et son fictionnalisme un précurseur (Fine, 1993). Afin d'éviter que la NOA ne soit confondue avec d'autres positions apparemment semblables, il a mis les choses au clair dans son «*Afterword*» de 1996. Il y explique que malgré les similitudes entre la NOA et les différentes formes de natu- ralisme que Quine a inspirées[1], cette position se démarque cependant totalement de tout naturalisme qui chercherait à cerner une hypothétique essence de la science en utilisant des moyens scientifiques. La NOA, fondamentalement anti- essentialiste, refuse une telle approche (Fine, 1996, p. 177). Fine insiste également sur la différence entre la NOA et l'idée de la «mort de la philosophie» (généralement associée à Rorty): il plaide simplement pour une *redirection* de la philo- sophie qui la mettrait fortement en relation avec la pratique

---

1. Comme l'ont remarqué nombre d'auteurs, elle partage également certains traits communs avec le «réalisme» de Quine.

scientifique, sur le modèle des travaux anthropologiques ou sociologiques (*ibid.*, p. 175). Enfin, même s'il admet éprouver une certaine sympathie pour les théories déflationnistes de la vérité comme celle de Horwich, il préfère se passer de toute théorie de la vérité (*ibid.* p. 184, note 14).

Les arguments que Fine a opposé au réalisme ont exercé ultérieurement une certaine influence (Van Fraassen, 1989, affirme ainsi s'en inspirer dans sa critique de l'inférence à la meilleure explication). Mais certains points posent problème dans la NOA, et ils ont été âprement débattus[1]. L'un des plus importants concerne le rapport entre la NOA et le réalisme, problème sur lequel Musgrave (1989) a développé une argumentation serrée. Fine affirme en effet que la NOA accepte la sémantique référentielle ordinaire; Musgrave n'y voit par conséquent qu'un réalisme déguisé. Par ailleurs, il s'oppose à Fine qui présente la NOA comme une position commune au réaliste et à l'anti-réaliste; selon Musgrave, les anti-réalistes refuseraient les affirmations d'existence qu'accepte la NOA. Papineau (1996, p. 2-6) a éclairé ce problème crucial en distinguant deux traditions d'anti-réalisme : la première, d'inspiration idéaliste, affirme que notre connaissance ne porte pas sur un monde indépendant de notre conscience de celui-ci, alors que la seconde (caractéristique de la philosophie des sciences nord-américaine), tout en acceptant le réalisme pour les objets à notre échelle, exprime cependant son scepticisme au sujet de l'existence des entités inobservables[2]. Selon l'analyse de Papineau, c'est à la première tradition que répond la NOA, alors que Musgrave est préoccupé par la seconde; ce qui expliquerait l'origine du désaccord.

---

1. Kukla (1994) a ainsi développé une analyse logique comparée du réalisme, de certains anti-réalismes et de la NOA, qui débouche sur quelques objections très intéressantes mais trop longues à détailler ici.

2. Van Fraassen effectue une distinction du même ordre dans la partie I de son article « Sauver les phénomènes » (1976), traduit dans ce recueil.

La NOA est ainsi susceptible d'être encore raffinée et discutée, dans un domaine de la philosophie des sciences qui réclame encore de nombreuses mises au point terminologiques afin de confronter efficacement les différentes approches. Mais on notera son intérêt potentiel dans au moins deux débats actuels de la philosophie des sciences. Tout d'abord, la NOA peut apparaître comme un précurseur des notions de « posture » et « d'attitude » qui intéressent de plus en plus les philosophes des sciences (le meilleur exemple étant la caractérisation de l'empirisme comme « posture » par Van Fraassen 2002). Par ailleurs, la NOA place sous un jour nouveau des discussions récentes qui concernent le domaine même d'où elle a tiré son origine : la théorie quantique (n'oublions pas que la NOA est la réponse de Fine au réalisme motivationnel qu'adoptait Einstein face à la théorie quantique). Les théories de la décohérence ont récemment relancé l'intérêt pour les interprétations dites « réalistes » de la mécanique quantique ; dans ce contexte, la NOA a le mérite de nous rappeler qu'une interprétation en langage réaliste n'implique pas nécessairement un engagement réaliste authentique. Et elle attire notre attention sur le problème suivant : la recherche d'une interprétation de la mécanique quantique en langage réaliste doit-elle coller au plus près de la pratique scientifique, comme le réclame la NOA, ou bien doit-elle admettre des concepts plus rigoureusement définis mais plus éloignés de la vie scientifique ?

Indications bibliographiques

Arthur FINE
« The natural ontological attitude », *in* Leplin (éd.), 1984, p. 83-107.
« Truthmongering : Less is true », *Canadian Journal of Philosophy* 19, 1989, p. 611-616.
« Piecemeal realism », *Philosophical Studies* 61, 1991, p. 79-96.
« Fictionalism », *Midwest Studies in Philosophy* 18, 1993, p. 1-18.

The shaky game : Einstein realism and the quantum theory, 2e éd.,
Chicago, University of Chicago Press, 1996.

Autres références

FRAASSEN Bas Van, « To save the phenomena », *Journal of
Philosophy* 73/18, 1976, p. 623-632 ; trad. fr. G. Garreta, « Sauver
les phénomènes », dans le présent volume, p. 147.

– *Laws and symmetry*, Oxford, Oxford University Press, 1989 ; trad. fr.
C. Chevalley, *Lois et symétrie*, Paris, Vrin, 1994.

– *The empirical stance*, New Haven, Yale University Press, 2002.

HACKING I., *Representing and intervening*, Cambridge, Cambridge
University Press, 1983 ; trad. fr. B. Ducrest *Concevoir et expérimenter*, Paris, Ch. Bourgeois, 1989.

KNEZEVICH L., « Truthmongering : An exercise », *Canadian Journal
of Philosophy* 19, 1989, p. 603-610.

KUKLA A., « Scientific realism, scientific practice, and the natural
ontological attitude », *Annal of Philosophy of Science* 45, 1994,
p. 955-975.

MUSGRAVE A., « NOA's Ark – Fine for realism », 1989, *in* Papineau
(éd.), 1996, p. 45-60.

PAPINEAU D. (éd.), *The philosophy of science*, Oxford, Oxford
University Press, 1996.

L'ATTITUDE ONTOLOGIQUE NATURELLE [*]

Fixons notre attention hors de nous-mêmes autant que possible ; hasardons notre imagination dans les cieux, ou jusqu'aux limites ultimes de l'univers : en réalité, nous n'avançons pas d'un degré au-delà de nous-mêmes et ne pouvons concevoir aucune sorte d'existence hormis les perceptions qui sont apparues dans ces étroites limites. C'est l'univers de l'imagination et nous n'avons d'autres idées que celles qui y sont produites [1].

Le réalisme est mort. Sa mort fut annoncée par les néo-positivistes lorsqu'ils réalisèrent qu'ils pouvaient accepter tous les résultats de la science – y compris tous les specimens du grand zoo de la science – en prétendant pourtant que les questions soulevées par les affirmations d'existence du

* Arthur Fine, « The Natural Ontological Attitude », in J. Leplin (éd.), Scientific realism, Berkeley, University of California Press, 1984, p. 83-107. La présente traduction, établie par Adrien Barton, est publiée avec l'aimable autorisation de l'auteur.

1. Hume, Traité de la nature humaine, Livre I, Deuxième partie, Section VI, trad. fr. Ph. Baranger et Ph. Saltel, 1995, Paris, Flammarion, p. 124 : « Let us fix our attention out of ourselves as much as possible ; let us chace our imagination to the heavens, or to the utmost limits of the universe ; we never really advance a step beyond ourselves, nor can conceive any kind of existence, but those perceptions, wich havec appear'd in that narrow compass. This is the universe of the imagination, nor have we any idea but what is there produced ».

réalisme n'étaient que des pseudo-questions. Sa mort fut accélérée par les débats sur l'interprétation de la mécanique quantique, qui virent triompher la philosophie non-réaliste de Bohr sur le réalisme passionné d'Einstein. Sa mort, enfin, a été certifiée depuis que les deux dernières générations de physiciens se sont détournées du réalisme et ont néanmoins rencontré des succès scientifiques manifestes. Il est vrai qu'une récente littérature philosophique a semblé insuffler une nouvelle vie à la carcasse fantomatique du réalisme. Mais je pense que ces efforts seront finalement considérés comme la première étape du deuil : celle du refus. Je pense qu'après avoir traversé cette étape, nous entrerons dans celle de l'acceptation; car le réalisme est bel et bien mort, et nous avons du travail devant nous pour lui trouver un successeur approprié. Dans cet essai, je voudrais apporter une triple contribution à ce travail. Je voudrais montrer tout d'abord que les arguments en faveur du réalisme ne sont pas solides, et qu'ils ne fournissent aucun appui rationnel à la croyance au réalisme. Je voudrais ensuite faire le point sur le rôle essentiel des attitudes non-réalistes dans le développement de la science durant ce siècle, et de cette façon, je l'espère, relâcher l'emprise de l'idée selon laquelle seul le réalisme fournit une philosophie progressiste de la science. Enfin, je voudrais esquisser ce qui me semble être une position non-réaliste viable, une position qui accumule lentement un certain soutien et qui me semble convenir à notre ère postréaliste [1].

---

1. Dans la section finale, je nomme ce postréalisme « NOA ». Certaines vues récentes s'apparentent à la NOA, tels le « réalisme interne » de Hilary Putnam, le « béhaviorisme épistémologique » de Richard Rorty, le « réalisme sémantique » adopté par Paul Horwich, certaines parties de l'histoire de « Mère Nature » racontée par William Lycan, et enfin la défense du sens commun qu'a menée à bien Joseph Pitt (afin de réconcilier « l'image manifeste » et « l'image scientifique » de W. Sellars). Pour les références voir Putnam (1981), Rorty (1979), Horwich (1982), Lycan (1985, 1988), et Pitt (1981).

1. ARGUMENTS EN FAVEUR DU RÉALISME

Des arguments philosophiques récents en faveur du réalisme tentent de passer des réussites de l'entreprise scientifique à la nécessité d'une analyse réaliste de sa pratique. Ces arguments me semblent appartenir à deux niveaux différents. Au premier niveau, on s'intéresse à certains succès particuliers tels que de nouvelles prédictions confirmées, d'impressionnantes unifications de phénomènes (ou de domaines) apparemment disparates, un modèle théorique qui rend compte d'un autre, et encore d'autres succès du même ordre. On nous met alors au défi d'expliquer de telles réussites et l'on nous affirme que la meilleure, et peut-être même, suggère-t-on sournoisement, la *seule* manière de les expliquer se fonde sur le réalisme. Le détail de ces arguments de premier niveau ne me semble pas du tout convaincant. Larry Laudan (1984) partage cet avis et, par bonheur, il a fourni une analyse vigoureuse et minutieuse qui montre que, même accompagné de gesticulations (pour masquer les lacunes de l'argument) et d'une bonne dose de charité (pour les excuser), le réalisme lui-même ne permet pas d'expliquer les succès sur lesquels il attire notre attention. Mais il existe par ailleurs un second niveau d'argumentation réaliste, le niveau méthodologique, qui provient de l'attaque de Popper (1972) contre l'instrumentalisme, insuffisant, selon lui, pour expliquer adéquatement le détail de sa propre méthodologie falsificationniste. Richard Boyd (1981, 1984) et l'un des Hilary Putnams antérieurs (1975) ont adroitement développé des arguments à ce niveau méthodologique. Ces arguments se concentrent sur les méthodes incluses dans la pratique scientifique, et les analysent d'une manière qui me semble aussi précise que perspicace s'agissant de la science en cours. On nous met alors au défi d'expliquer pourquoi ces méthodes conduisent à des succès scientifiques et on nous dit que la meilleure, voire (encore une fois) la seule

manière vraiment adéquate d'expliquer cela se fonde sur le
réalisme.

Je souhaite examiner en détail certains de ces arguments
méthodologiques afin d'exposer les défauts qui semblent leur
être inhérents. Mais tout d'abord, je voudrais souligner une
difficulté profonde, que je pense même insurmontable, dans la
stratégie globale de défense du réalisme présentée ci-dessus.
Afin d'exposer cette difficulté, il me faut rappeler les débats
sur les fondements des mathématiques qui eurent lieu au début
du siècle, à la suite de l'introduction de la théorie des ensembles
par Cantor. On se souciait alors principalement de deux choses.
On se demandait tout d'abord si la hiérarchie d'ensembles de
Cantor était douée de signification, dans la mesure où elle
dépassait ce que Kronecker (et d'autres) exigeait pour le
contenu de la théorie des nombres. Le second souci découlait
certainement en bonne partie du premier : il concernait la
cohérence ou l'incohérence de toute cette affaire. Dans ce
contexte, Hilbert imagina un programme assez brillant afin
d'essayer de montrer la cohérence d'une théorie mathématique en utilisant uniquement les moyens les plus sûrs et les plus
stricts. En particulier, si l'on s'inquiétait de la cohérence de la
théorie des ensembles, il est clair qu'une preuve de cohérence
utilisant la théorie des ensembles n'aurait été d'aucune utilité :
car si la théorie des ensembles était incohérente, alors une telle
preuve de cohérence aurait été possible mais dépourvue de
toute pertinence. Hilbert suggéra donc qu'en métamathématique, on devait utiliser des moyens constructivistes finis,
que même Kronecker (ou Brouwer) auraient trouvés satis-
faisants. Le programme de Hilbert fut bien sûr abandonné en
1931 lorsque Gödel montra qu'il était impossible d'obtenir
une preuve de cohérence aussi stricte. Mais je pense que l'idée
de Hilbert était correcte, même si l'on put prouver qu'elle était
irréalisable. Des arguments métathéoriques doivent satisfaire
des exigences plus strictes que celles auxquelles sont soumis
les arguments utilisés par la théorie en question ; autrement,

on perd tout simplement l'intérêt qu'il y a à raisonner sur la théorie. Je pense que cette maxime s'applique tout particulièrement aux discussions sur le réalisme.

De Osiander à Van Fraassen[1] et son « empirisme constructif », en passant par Poincaré et Duhem, tous ceux qui ont considéré le réalisme avec suspicion se sont inquiétés de la pertinence de l'appareil explicatif à l'œuvre dans les investigations scientifiques. Bien qu'ils apprécient la systématisation et la cohérence qu'apporte l'explication scientifique, ils se demandent si des explications acceptables sont nécessairement vraies et, par conséquent, s'il est nécessaire que les entités mentionnées dans les principes explicatifs existent[2]. Supposons qu'ils aient raison. Autrement dit, supposons que les dispositifs usuels qui permettent d'inférer une explication dans la pratique scientifique ne mènent pas à des principes dont la vérité (ou la quasi-vérité) soit assurée, ni à des entités dont l'existence (ou la quasi-existence) soit assurée. Dans ce cas, on ne peut compter sur les méthodes abductives usuelles qui mènent à de bonnes explications (et même à « la meilleure explication ») pour produire des résultats ne serait-ce qu'approximativement vrais. Mais la stratégie qui mène au réalisme, comme je l'ai déjà indiqué, n'est rien de plus qu'une inférence abductive de l'espèce ordinaire. Par conséquent, si le non-réaliste avait raison d'avoir des doutes, alors inférer le réalisme comme étant la meilleure explication (ou quelque chose de la sorte), quoique possible, serait dépourvu de toute pertinence – exactement comme dans le cas d'une preuve de cohérence qui utiliserait les méthodes d'un système incohérent. Il semble donc que la maxime de Hilbert s'applique au débat sur le

1. Van Fraassen (1980). Voir en particulier p. 97-101 pour une discussion du caractère véridique des théories explicatives. Pour constater que c'est bien ici que l'on rejoint les discussions récentes sur le réalisme, on peut mettre en contraste Van Fraassen et Newton-Smith (1981), en particulier le chap. 8.

2. Cartwright (1983) contient quelques merveilleux essais sur ces problèmes.

réalisme : pour plaider en faveur du réalisme, il faut employer des méthodes plus strictes que celles de la pratique scientifique ordinaire. En particulier, en ce qui concerne la pertinence des hypothèses explicatives, il faut éviter la pétition de principe qui supposerait que leur pouvoir explicatif est gage de vérité.

On peut voir le même résultat d'une autre manière. Remarquons tout d'abord que la question du réalisme est précisément de savoir si nous devons croire à la réalité des individus, propriétés, relations, processus, et ainsi de suite, qui sont utilisés dans les hypothèses explicatives bien étayées. Or *quelle est* l'hypothèse du réalisme qui prétend expliquer la pratique scientifique ? Ce n'est rien d'autre que l'hypothèse que les théories scientifiques que nous acceptons sont approximativement vraies, où l'on considère que l'expression « approximativement vrai » dénote une relation extrathéorique entre les théories et le monde. Ainsi, afin de répondre aux doutes sur la réalité des relations avancées par les hypothèses explicatives, le réaliste introduit une hypothèse explicative supplémentaire (le réalisme), qui avance elle-même une telle relation (la vérité approximative). Toute personne abordant sérieusement et sans parti pris la question du réalisme se conduirait de manière incohérente en admettant comme satisfaisante cette stratégie de défense du réalisme.

Ainsi, même en montrant que l'hypothèse du réalisme fournit une bonne explication de la pratique scientifique (que ce soit au « premier niveau » ou au niveau méthodologique), nous n'apporterions aucun appui au réalisme. Si nous abordons la question du réalisme sans parti pris, alors une telle démonstration, même réussie, se contente de répondre par une pétition de principe à la question que nous avions laissée ouverte, à savoir : « devons-nous considérer les hypothèses explicatives comme vraies ? ». La maxime de Hilbert s'applique donc : nous devons nous servir de modèles d'argumentation plus stricts que les modèles abductifs usuels. Quels pourraient-ils être ? Eh bien, les modèles d'induction qui mènent à des généralisations empiriques seraient des candidats évidents. Mais pour former des généralisations empiriques, nous devons tout d'abord obtenir certaines connexions entres les observables qui soient elles-mêmes observables. Dans le cas du réalisme, les connexions devraient relier les théories au monde par le moyen de la vérité approximative. Mais de telles connexions ne sont pas observables, et par conséquent elles ne conviennent pas comme base d'inférence inductive. Je ne souhaite pas m'étendre sur ces questions : elles reviennent à l'idée bien connue que le réalisme nous engage à admettre une relation de correspondance avec le monde, relation pourtant invérifiable. Autant que je sache, aucun défenseur contemporain du réalisme n'a tenté de plaider en sa faveur en se fondant sur la stratégie hilbertienne qui préconise d'utiliser des fondements suffisamment stricts; mais étant donnés les problèmes que pose la notion de correspondance avec le monde, c'est probablement tout aussi bien ainsi.

La stratégie argumentative qui présente le réalisme comme une bonne hypothèse explicative ne peut donc *pas* (logiquement parlant) être efficace pour qui ne croirait pas au réalisme et aborderait la question sans parti pris. Mais qu'en est-il de celui qui croit au réalisme? Ne pourrait-il pas au moins manifester une sorte de cohérence interne lorsqu'il considère le réalisme comme la philosophie des sciences première? Cela ne pourrait-il pas offrir une certaine consolation – au réaliste tout au moins?[1] Rappelons-nous

1. Certains réalistes pourraient rechercher un appui authentique – et non pas une simple consolation – dans ce type de raisonnement «cohérentiste». Ils pourraient voir leur réalisme comme la base d'une épistémologie générale, d'une philosophie du langage, et ainsi de suite (comme le fait Boyd, 1981, 1984). S'ils trouvent dans tout cela une vision du monde globale et cohérente, alors ils pourraient vouloir plaider pour leur philosophie de la même manière que Wilhelm Wien plaidait (en 1909) pour la relativité restreinte : «Ce qui témoigne avant tout en sa faveur, c'est sa cohérence interne qui permet de poser des fondements dépourvus de toute auto-contradiction, des fondements qui s'appliquent à la totalité des apparences physiques» (cité par Gerald Holton,

cependant l'analogie avec la preuve de cohérence pour les systèmes incohérents. Ce genre de concordance ne devrait

« Einstein's Scientific Program: Formative Years », *in* H. Woolf (1980), p. 58. « What speaks for it most of all is the inner consistency which makes it possible to lay a foundation having no self-contradictions, one that applies to the totality of physical appearances. »). Dans la mesure où le réaliste s'éloigne de la stratégie abductive de défense du réalisme et cherche plutôt un appui dans les qualités d'un système philosophique d'ensemble dont le noyau est réaliste, il doit considérer comme des échecs la plupart des défenses récentes du réalisme. Mais même ainsi, il n'évitera pas la critique développée dans le texte. Car bien que mon argument ci-dessus ait été dirigé en particulier contre la stratégie abductive, il est fondé sur une maxime plus générale, à savoir que la forme de l'argument utilisé pour soutenir le réalisme doit être plus stricte que la forme des arguments au cœur de la pratique scientifique que le réalisme est justement supposé lui-même fonder – sous peine de commettre une pétition de principe. La stratégie abductive échoue car elle viole cette maxime; si le réaliste s'en détourne et s'oriente vers la stratégie cohérentiste, cette dernière échouera précisément pour la même raison. Car comme nous pouvons le voir dans les propos de Wien, le raisonnement cohérentiste que le réaliste voudrait s'approprier pour soutenir sa conception fait partie intégrante de la pratique scientifique ordinaire, à savoir celle qui consiste à former des jugements sur les théories en compétition. Le réaliste ne peut donc pas suivre cette ligne de défense. Du reste, les réalistes s'opposent aux divers antiréalistes autant sur la question de la vérité de ce que l'on obtient par inférence cohérentiste que sur la question de la vérité de ce que l'on infère par abduction. Le réaliste qui se détourne de l'abduction vers un raisonnement cohérentiste commet donc encore une pétition de principe. Ainsi lorsque nous révélons le caractère des arguments *en faveur* du réalisme, nous voyons très nettement qu'ils ne fonctionnent pas. Voir Fine (1986b) pour une discussion plus détaillée.

À l'appui du réalisme, il ne semble y avoir que ces « raisons du cœur » que, comme le disait Pascal, la raison ne connaît pas. Je sens d'ailleurs depuis longtemps que la croyance au réalisme implique un acte de foi profond, qui n'est pas sans similarités avec la foi qui anime les convictions religieuses profondes. Je saluerai tout débat avec des réalistes qui seraient d'accord sur ce point, tout comme j'apprécie beaucoup la conversation sur des bases similaires avec mes amis croyants. Le dialogue avancera plus fructueusement, je pense, lorsque les réalistes arrêteront enfin de prétendre que leur foi bénéficie d'un appui rationnel qu'elle n'a pas. Nous pourrons alors apprécier leurs constructions philosophiques compliquées, et parfois très belles (qui concernent par exemple la connaissance, la référence, etc.), quand bien même pour nous autres, non-croyants, elles n'apparaîtraient que comme de miraculeux châteaux construits dans les airs.

offrir de consolation à personne. Mais en ce qui concerne le réalisme, j'ai bien peur que le verdict ne soit encore plus dur. Car pour autant que je puisse en juger, les arguments en question ne marchent tout simplement pas, pour des raisons non sans rapport avec le caractère fallacieux des pétitions de principe que j'ai identifiées plus haut. Un examen attentif de certains arguments méthodologiques permettra d'exposer les problèmes.

L'un des arguments réalistes typiques du niveau méthodologique traite de ce que j'appellerai le problème de la « petite poignée ». Voici en quoi il consiste. À toute époque, dans un domaine scientifique donné, seule une petite poignée de théories (ou hypothèses) alternatives sont en compétition. Elles seront les seules à être sérieusement considérées, soit comme des concurrentes en lice, soit comme les successeurs possibles d'une certaine théorie qu'il faut réviser. Par ailleurs, elles exhibent généralement une sorte d'air de famille : aucune de ces options disponibles ne s'éloignera trop des théories préalablement acceptées dans le domaine, car chacune préservera les caractéristiques bien confirmées des théories antérieures et n'en déviera qu'en ce qui concerne d'autres aspects moins confirmés. Pourquoi en est-il ainsi ? Pourquoi la restriction de notre choix à une si petite poignée de théories, toutes cousines de celles que nous avions précédemment acceptées, permet-elle de produire de bonne théories pour succéder à ces dernières ?

Le réaliste répond à cette question de la manière suivante. Supposez que les théories qui existent déjà sont elles-mêmes des descriptions approximativement vraies du domaine considéré. Lorsque nous cherchons une théorie pour leur succéder, il est alors assurément raisonnable de nous restreindre aux théories dont les ontologies et les lois ressemblent à celles que nous avons déjà, en particulier lorsque ces dernières sont bien confirmées. Et si ces premières théories étaient approximativement vraies, alors celles qui leurs succèderont en conservant ces caractéristiques bien confirmées le seront également. De tels successeurs seront par conséquent de bons instruments prédictifs; c'est-à-dire qu'ils rencontreront eux-mêmes des succès manifestes.

Le problème de la petite poignée soulève trois questions distinctes : 1) pourquoi ne considérons-nous qu'une petite poignée de théories parmi le nombre (théoriquement) infini de possibilités? 2) pourquoi les membres de la poignée ont-ils hérités d'un air de famille? et 3) pourquoi la stratégie qui consiste à restreindre notre choix de cette manière fonctionne t-elle si bien? Il semble que la réponse réaliste n'aborde pas du tout le premier point, car même si, comme cela est suggéré, nous restreignons notre recherche de successeur aux seules théories qui ressemblent à celles qui leur ont donné naissance, il y en aura toujours – théoriquement – plus qu'une petite poignée. Pour répondre à la seconde question (à savoir : pourquoi conserver les caractéristiques bien confirmées des ontologies et des lois?), le réaliste doit supposer qu'une telle confirmation est le signe d'une ontologie approximativement correcte et de lois approximativement vraies. Mais comment le réaliste pourrait-il bien justifier une telle supposition? Il n'existe assurément aucune inférence valide de la forme : « la théorie T est bien confirmée; par conséquent, il existe des objets à peu près du même genre que ceux qui sont exigés par T et qui satisfont à des lois approximativement identiques à celles de T ». Chacun des spectaculaires changements d'ontologie qui ont eu lieu en science montre l'invalidité de ce schéma. Par exemple, la disparition de l'éther dans les théories électro-dynamiques au tournant du siècle le démontre au niveau de l'ontologie, et la comparaison de la dynamique de l'atome de Rutherford-Bohr avec les principes classiques qui régissent l'énergie des systèmes en rotation le démontre au niveau des lois[1]. Bien sûr, le réaliste pourrait répondre qu'il n'est pas question d'inférer strictement la vérité approximative de certaines caractéristiques de la théorie à partir d'une bonne confirmation de ces mêmes caractéristiques, mais qu'il existe cependant une certaine sorte d'inférence probable. Mais de quelle sorte? Assurément, il n'y a ici aucune relation de probabilité qui repose sur une induction à partir des données. Car il n'existe aucune donnée indépendante qui soutienne la relation de vérité approximative elle-même; ou du moins, c'est au réaliste de nous présenter de telles données indépendantes des arguments examinés ici. Mais si les probabilités ne sont pas fondées de manière inductive, comment pourraient-elle l'être? Je pense que le réaliste pourrait bien tenter ici de retomber sur sa stratégie première en suggérant que la vérité approximative de certaines caractéristiques fournit la meilleure explication du fait qu'elles sont bien confirmées. Cette démarche nous renvoie aux arguments réalistes du premier niveau critiqués par Laudan (1984), arguments qui partent de succès spécifiques et arrivent à une description approximativement vraie de la réalité. Avant d'examiner la troisième question, il me faut souligner que si c'est bien cette dernière démarche que veut effectuer le réaliste, alors sa réussite au niveau méthodologique ne peut

---

1. [N.d.T.] Rutherford avait proposé en 1911 une représentation de l'atome comme système solaire miniature; des électrons chargés négativement tournant autour d'un noyau beaucoup plus massif de charge positive, sous l'action de la force électrostatique (de la même manière que les planètes tournent autour du Soleil sous l'action de la force de gravitation). Cependant, les lois de l'électrodynamique classique rendaient ce modèle instable; les électrons, en rotation autour du noyau, auraient dû perdre de l'énergie par rayonnement pour finalement s'écraser sur le noyau. Bohr proposa donc un modèle corrigé dans lequel seules certaines orbites, dont les énergies étaient déterminées par la constante de Planck, restaient possibles pour les électrons; ces lois de « quantification de l'énergie » pour ces électrons en rotation s'opposaient radicalement à celles de la physique classique.

être meilleure que sa réussite au premier niveau. S'il échoue à ce premier niveau, son échec est total.

C'est à la troisième question, je pense, que le réaliste donne le plus de poids : pourquoi la stratégie de la petite poignée fonctionne-t-elle si bien ? Il pense que l'instrumentaliste, par exemple, n'a aucune réponse et doit se contenter de remarquer l'efficacité de cette stratégie. Le réaliste, en revanche, peut expliquer pourquoi elle fonctionne en invoquant le transfert de la vérité approximative, des théories antérieures vers celles qui leur succèdent. Mais qu'explique-t-il ainsi ? Au mieux, il explique pourquoi ces dernières sont efficaces sur le même terrain que leurs prédécesseurs, car cela est assuré par la stratégie conservatrice ici considérée. Mais remarquez que l'instrumentaliste peut offrir la même explication : si nous insistons pour que les composantes bien confirmées des théories précédentes soient conservées dans les théories ultérieures, alors bien sûr ces dernières seront efficaces sur le terrain bien confirmé. La difficulté n'est cependant pas du tout là, mais bien plutôt dans l'explication du succès des théories ultérieures sur un nouveau terrain, ou bien eu égard à de nouvelles prédictions, ou encore du fait qu'elles surmontent les anomalies des théories précédentes. Et que peut bien dire le réaliste dans ce domaine, sinon que le théoricien a proposé une nouvelle théorie et qu'il est bien tombé ? Car rien dans la vérité approximative de l'ancienne théorie ne peut garantir (ou même rendre vraisemblable) qu'une modification de ses parties les moins confirmées produira un changement qui soit un progrès. L'histoire des sciences montre suffisamment bien que de tels bricolages ne réussissent que de temps à autres et que la plupart échouent. L'histoire de ces échecs peut difficilement être invoquée pour expliquer les succès occasionnels. L'idée qu'en étendant ce qui est approximativement vrai nous parviendrons vraisemblablement à de nouvelles vérités approximatives est une chimère. Elle ne trouve d'appui ni dans la logique de la vérité approximative, ni dans l'histoire des sciences. Le problème qui se pose au réaliste est d'expliquer les *succès occasionnels* d'une stratégie qui *échoue généralement*[1]. Je pense qu'il ne dispose d'aucune ressource spéciale pour cela. En particulier, la notion de vérité approximative vers laquelle il se replie habituellement ne lui fournit rien de plus qu'un doux oreiller. Il peut s'y reposer confortablement, mais elle ne l'aide pas vraiment à faire avancer sa cause.

Le problème de la petite poignée lance trois défis : pourquoi la poignée de théories est-elle petite ? Pourquoi ses membres sont-ils étroitement apparentés ? Et pourquoi cette stratégie fonctionne-t-elle ? Le réaliste n'apporte aucune réponse à la première de ces questions ; pour répondre à la seconde, il commet une pétition de principe en supposant que les hypothèses explicatives sont vraies ; et il n'a aucune ressource pour aborder la troisième. Par souci de comparaison, il pourrait être utile de voir comment s'en sort son ennemi de toujours, l'instrumentaliste, sur le même terrain. Je pense que l'instrumentaliste dispose d'une base solide pour aborder les deux premières questions ; car il peut faire valoir qu'il est extrêmement difficile de proposer des théories concurrentes qui satisfassent les nombreuses contraintes empiriques imposées par le succès instrumental des théories déjà en compétition. Souvent, il est déjà suffisamment difficile de dégager ne

---

1. J'espère que tous les lecteurs de cet essai prendront cette idée à cœur. Car lorsque le réaliste demande qu'on lui explique pourquoi les méthodes de la science conduisent au succès instrumental, il énonce l'*explanandum* de manière gravement incorrecte. Dans leur écrasante majorité, les résultats des investigations scientifiques consciencieuses sont des échecs : des théories qui échouent, des hypothèses qui échouent, des conjectures qui échouent, des mesures imprécises, des estimations de paramètres incorrectes, des inférences causales fallacieuses, et ainsi de suite. S'il faut expliquer quelque chose ici, c'est ceci : pourquoi les mêmes méthodes produisent-elles aussi bien un arrière-fond massif d'échecs que, de temps en temps, quelques succès qui en ressortent ? La littérature réaliste n'a pas encore commencé à aborder cette question, et elle est encore plus loin d'avoir proposé ne serait-ce qu'un indice de réponse.

serait-ce qu'une seule théorie concurrente. En outre, l'apprentissage commun des scientifiques qui travaillent dans le même domaine a certainement pour effet de rétrécir l'étendue des possibilités en canalisant la pensée dans des catégories communément admises. Si l'on ajoute à cela la règle instrumentalement justifiée : « réessayer ce qui a bien fonctionné dans le passé », on obtient, je pense, une assez bonne explication des raisons pour lesquelles le choix se réduit habituellement à une petite poignée dont les membres sont étroitement apparentés. Quant à la question de l'efficacité de cette stratégie à produire des succès scientifiques instrumentaux, nous avons déjà remarqué que pour la plus grande part, elle n'est pas efficace. Cette stratégie produit la plupart du temps des échecs. Que ce fait soit laissé dans l'ombre est une bizarrerie de la mémoire scientifique ; cela se passe comme pour nos mauvais souvenirs au moment où nous racontons les péripéties de nos « merveilleuses » vacances à un ami. Arrivés à cette étape, les instrumentalistes qui sont enclins à présenter la connaissance en général comme une construction sociale peuvent aller plus loin et s'appuyer sur la sociologie des sciences pour expliquer comment la communauté scientifique « crée » sa connaissance. Ici, je ne m'avance pas et je me contente de remarquer que sur le problème de la petite poignée, l'instrumentaliste marque au moins deux points sur trois, alors que le réaliste, laissé à lui-même, est mis hors course [1].

Je pense que la source de l'échec du réaliste est endémique au niveau méthodologique, et infecte tous les arguments du réaliste à ce niveau. Elle réside en premier lieu dans ses pétitions de principe répétées lorsqu'il infère la vérité des hypothèses explicatives à partir de leur efficacité explicative. En second lieu, elle réside dans son traitement doublement

---

1. Bien sûr le réaliste peut s'approprier les moyens et les réponses de l'instrumentaliste, mais cela reviendrait à tricher, et de toutes façons, cela ne fournirait pas le soutien désiré au réalisme *per se*.

défectueux du concept de vérité approximative : premièrement, le réaliste essaie à tort de *projeter* de nouvelles vérités approximatives à partir de ce qu'il suppose être un corps de vérités approximatives ; et deuxièmement, le réaliste a besoin d'un accès authentique à la relation de correspondance. Mais premièrement, il n'existe pas de connexions générales cautionnées par la logique de la vérité approximative qui permettraient de projeter ces nouvelles vérités approximatives ; et deuxièmement, il n'existe également aucun accès garanti à la relation de correspondance. Cependant, le réaliste doit prétendre que de telles connexions générales et un tel accès à la relation de correspondance existent, s'il veut affirmer que son réalisme a un pouvoir explicatif. Avec le problème de la petite poignée, nous venons de voir les deux agents infecter la voie réaliste. Je vais maintenant les montrer à l'œuvre dans un autre argument méthodologique favori du réaliste, le « problème des conjonctions ».

Voici en quoi consiste le problème des conjonctions. Si T et T' sont des théories explicatives bien confirmées indépendamment l'une de l'autre, et si aucun terme commun à ces deux théories n'est ambigu, alors nous nous attendons à ce que la conjonction de T et T' soit un instrument prédictif fiable (pourvu, bien sûr, que les théories ne soient pas mutuellement incompatibles). Pourquoi ? Le réaliste pose cette question comme un défi et il répond comme suit. Faisons d'une part la supposition réaliste que T et T', étant bien confirmées, énoncent des vérités approximatives au sujet des entités (etc.) auxquelles elles font référence ; considérons d'autre part, comme le ferait un réaliste, que l'exigence de non-ambiguïté implique que les deux théories partagent un domaine de référence commun ; alors la conjonction des deux théories sera également approximativement vraie, et par conséquent elle produira des prédictions d'observation fiables. CQFD.

Mais observez nos agents infectieux à l'œuvre. Le réaliste commet tout d'abord une pétition de principe en passant des explications à leur vérité approximative, et ensuite il maltraite la notion de vérité approximative. Car rien dans la logique de la vérité approximative ne cautionne l'inférence de «T est approximativement vraie» et « T' est approximativement vraie» à la conclusion que la conjonction « T.T' » est approximativement vraie. Bien plutôt, la précision d'une approximation se dégrade généralement au fur et à mesure que nous enchaînons les approximations. Si T estime la valeur d'un certain paramètre à ε près et si T' l'estime également à ε près, alors la seule chose générale que nous pouvons dire est que la conjonction estimera le paramètre à 2 ε près. Ainsi la logique de la vérité approximative devrait nous mener ici à la conclusion opposée, à savoir que la conjonction de deux théories est en général *moins* fiable que chacune d'entre elles (sur leur domaine commun). Mais ce n'est ni ce à quoi nous nous attendons, ni ce que nous trouvons. Il semble ainsi totalement invraisemblable que nos attentes effectives au sujet de la fiabilité des conjonctions repose sur le stock de vérités approximatives du réaliste.

Bien sûr, le réaliste pourrait tenter ici de faire retraite et exiger qu'une certaine sorte d'uniformité caractérise les approximations (elle pourrait caractériser, par exemple, l'écart entre T et T' [1]). Il est cependant difficile de voir comment le réaliste pourrait y parvenir sans faire référence à la distance entre les approximations et « la vérité ». Car quel type d'exigence internaliste pourrait bien assurer la diminution de cette distance ? Mais le réaliste n'est pas du tout en position d'imposer de telles exigences, car ni lui ni qui que ce soit d'autre ne dispose de l'accès requis à « la vérité ». Ainsi, quelle que soit la condition d'uniformité qu'impose le réaliste aux approximations, nous pourrons toujours exiger de lui qu'il nous montre que cette condition nous rapproche de la vérité, et qu'elle ne nous en éloigne pas. Le réaliste n'aura d'autre démonstration que de

---

1. Paul Teller m'a suggéré cela dans une conversation.

nous faire remarquer que cela fonctionne (parfois!). Mais c'était là l'énigme d'origine [1]. En fait, je ne pense pas que cette énigme soit si difficile. Car si nous ne nous empêtrons pas dans l'écheveau des questions que pose la notion d'approximation, il n'y a aucun mystère profond dans le fait que nous nous attendions à ce que la conjonction de deux théories compatibles riches en succès rencontre elle aussi des succès. Car en formant la conjonction, nous ne faisons qu'ajouter les prédictions fiables de l'une aux prédictions fiables de l'autre, une fois que nous avons exclu toute possibilité de conflit entre elles.

Nous pourrions en dire plus à ce sujet. En particulier, il nous faudrait nous demander pourquoi nous nous attendons à ce que les engrenages logiques des deux théories s'imbriquent ensemble. Cependant, je pense qu'une discussion de la position réaliste ne ferait qu'amener ici les mêmes problèmes méthodologiques et logiques que nous avons déjà dévoilés au cœur de l'argumentation réaliste.

De fait, la structure de ces difficultés se retrouve dans toute l'argumentation réaliste et contamine tous les arguments du niveau méthodologique. Ainsi ma conclusion sera réellement sévère : les arguments méthodologiques du réalisme échouent, et même s'ils n'échouaient pas, ils ne soutiendraient pas le réalisme pour autant ; car la stratégie générale qui les sous-tend n'est tout simplement pas suffisamment stricte pour fournir un appui rationnel au réalisme. Dans les deux prochaines sections, je vais tenter de montrer que les choses sont aussi bien ainsi, car le réalisme n'a pas toujours été un facteur de progrès dans le développement de la science ; et de toutes

---

1. Niiniluoto (1982) contient d'intéressantes constructions formelles de « degrés de similitude avec la vérité », et de vraisemblances du même genre. Comme je l'ai conjecturé ci-dessus, elles reposent sur une relation de correspondance non spécifiée avec la vérité et sur des mesures de « distance » par rapport à la vérité. De plus, elles ne parviennent pas à légitimer la projection de nouvelles vérités à partir de certaines vérités approximatives, ce qui repose pourtant au cœur des « rationalisations » réalistes.

façons, il existe une autre position plus séduisante que le réalisme.

2. LE RÉALISME ET LE PROGRÈS

L'examen des deux géants de la physique théorique du vingtième siècle, à savoir la relativité et la théorie quantique, nous présente une réfutation vivante du réaliste lorsqu'il affirme que seule sa propre vue de la science explique le progrès scientifique ; nous y découvrons également des formes de réalisme qui ont subi de curieuses inflexions et qui contrastent singulièrement les unes avec les autres. Les théories de la relativité sont pratiquement l'œuvre d'un seul homme : Albert Einstein. Le positivisme du jeune Einstein et sa dette méthodologique envers Mach (et Hume) jaillissent littéralement des pages de son article de 1905 sur la relativité restreinte[1]. La même tendance positiviste est manifeste dans son papier de 1916 sur la relativité générale, dans lequel Einstein tente de justifier (à la section 3) son exigence de covariance générale par le moyen d'arguments vérificationnistes d'apparence suspecte, arguments qui, dit-il, « ôtent de l'espace et du temps les derniers vestiges d'objectivité physique » (Einstein et al. 1952, p. 117). Une étude du chemin torturé qui l'a mené jusqu'à la relativité générale[2] montre l'usage répété de ce raisonnement machien, sans cesse employé afin de nier tout référent réel à tel ou tel concept. Quelles qu'aient été les autres tendances en compétition dans l'orientation philosophique d'Einstein (et assurément il y en eût d'autres), il serait difficile de nier

1. Voir G. Holton, « Mach, Einstein and the Search for Reality », *in* Holton (1973), p. 219-259. J'ai essayé de dégager le rôle précis de cette méthodologie positiviste dans Fine (1986a), chap. 2. Voir aussi Fine (1981).

2. Earman et Glymour (1978). Le chemin tortueux qu'a détaillé Earman est esquissé par B. Hoffmann (1972), p. 116-128. John Stachel (1979) en donne un exposé éclairant dépourvu de technicité.

l'importance qu'a eue cette attitude instrumentaliste/positiviste pour libérer Einstein de ses divers engagements réalistes. Bien plus, en d'autres circonstances, j'aurais défendu en détail la thèse suivante : si sa vénération de jeunesse pour Mach ne lui avait pas permis de se « libérer de la réalité », un verrou central bloquant le secret de la relativité restreinte n'aurait jamais été ouvert[1]. Cependant, quelques années après ses travaux sur la relativité générale, aux environs de 1920, Einstein subit une conversion philosophique : il se détourna de son positivisme de jeunesse (il avait quarante et un ans en 1920) et devint un réaliste profondément engagé (voir Fine (1986a), chapitre 6). À la suite de sa conversion, Einstein entendait en particulier affirmer la réalité authentique des entités théoriques centrales de la relativité générale, à savoir la variété spatio-temporelle à quatre dimensions et les champs tensoriels qui lui sont associés. C'était là une affaire sérieuse, car si nous accédions à sa demande, alors non seulement l'espace et le temps, mais également la quasi-totalité des quantités dynamiques usuelles auraient cessé d'être réelles[2]; et ainsi le mouvement – tel que nous le comprenons – aurait lui-même cessé d'être réel. La génération actuelle de philosophes de l'espace et du temps (menée par Howard Stein et John Earman) a suivi la voie tracée par Einstein sur ce point. Mais il est intéressant de remarquer que ces idées, non contentes de décontenancer l'homme de la rue (comme vous et moi), décontenancent également la plupart des scientifiques

---

1. J'ai à l'esprit le rôle qu'a joué l'analyse de la simultanéité dans le chemin qu'a suivi Einstein vers la relativité restreinte. Malgré l'importante étude d'Arthur Miller (1981) et une œuvre pionnière et pleine d'imagination due à John Earman *et al.* (1983), je pense que nous n'avons pas encore bien compris le rôle de l'analyse positiviste dans l'article de 1905.

2. Roger Jones explique très bien dans « Realism about what ? » (à paraître) certaines difficultés qui se posent ici. [N.d.T. L'article de Jones est paru par la suite : R. Jones, « Realism about what ? », *Philosophy of Science* 58, 1991, p. 185-202.].

contemporains[1]. Autrement dit, je crois que la majorité des
scientifiques en activité et bien informés pensent que la relativité générale fournit un magnifique outil d'organisation pour
traiter certains problèmes gravitationnels en astrophysique
et en cosmologie; mais peu d'entre eux, je crois, prêteraient
foi au genre d'affirmation réaliste d'existence ou de non-
existence que j'ai mentionné ci-dessus. En ce qui concerne
la physique relativiste, il ressort donc qu'une attitude non-
réaliste a été importante pour son développement, que son
fondateur a néanmoins embrassé une attitude réaliste envers la
théorie achevée, mais que la plupart de ceux qui l'utilisent
actuellement considèrent cette théorie comme un instrument
puissant plutôt que comme l'expression d'une « grande
vérité ».

Cette succession d'attitudes a connu une inflexion avec
la théorie quantique. Annonçant de fait son point de vue
philosophique, Heisenberg préfaça son étude séminale de
1925 par le résumé suivant : « Dans cet article je vais tenter
d'obtenir les bases d'une mécanique quantique fondée exclusivement sur les relations entre des quantités observables en
principe » (Heisenberg 1925, p. 879). Dans le corps de l'article,
Heisenberg ne se contente pas de rejeter toute référence aux
inobservables, mais il se détache aussi de l'idée même selon
laquelle on devrait tenter de se former une quelconque image
de la réalité sous-jacente à sa mécanique. Il est vrai que
Schrödinger, le second père de la théorie quantique, semblait
avoir à l'origine une vague image d'une réalité ondulatoire
sous-jacente à sa propre équation. Mais il s'aperçut rapidement des difficultés qui s'y opposaient, et tout aussi rapidement – quoique à contrecœur – il abandonna toute tentative
d'interpoler une quelconque référence à la réalité[2]. Ces

---

1. Je pense que l'attitude déflationniste ordinaire des scientifiques en
activité est très similaire à celle de Steven Weinberg (1972).

2. Voir Wessels (1979), et Fine (1986a), chap. 5.

démarches instrumentalistes qui s'éloignaient d'une interprétation réaliste de la théorie quantique émergente furent
particulièrement renforcées par ce que l'on appelait la «philosophie de la complémentarité» développée par Bohr. Cette
position non-réaliste fut consolidée à l'époque par le célèbre
congrès Solvay en octobre 1927, et elle est aujourd'hui fer-
mement établie. De nos jours, un tel non-réalisme quantique
fait partie intégrante de ce que tout diplômé en physique
apprend et met en pratique. Il a été l'arrière-plan conceptuel de
tous les brillants succès des cinquante dernières années en
physique atomique, en physique nucléaire et en physique des
particules. Les physiciens ont appris à réfléchir sur leur théorie
d'une manière hautement non-réaliste, et c'est précisément ce
qui a entraîné les plus merveilleux succès prédictifs dont
l'histoire des sciences a été témoin.

La guerre au sujet de l'interprétation de la théorie quantique à laquelle se sont livrés Einstein, le réaliste, et Bohr, le
non-réaliste, ne fut, je crois, ni un spectacle secondaire en
physique, ni un exercice intellectuel oiseux. Elle constituait un
effort important qu'avait entrepris Bohr au nom de la physique
comme science destinée à progresser. Car Bohr croyait (et
cette crainte était partagée par Heisenberg, Sommerfeld, Pauli,
Born – et toutes les autres grandes figures) que le réalisme
d'Einstein, s'il était pris au sérieux, bloquerait la consolidation
et l'articulation de la nouvelle physique, et stopperait de ce fait
le progrès de la science. Ils craignaient en particulier que le
réalisme d'Einstein ne mène les membres les plus brillants de
la génération d'étudiants suivante dans des impasses scientifiques. Alfred Landé, par exemple, alors étudiant en thèse,
s'était intéressé aux idées d'Einstein et avait passé quelque
temps à Berlin pour les approfondir. Sommerfeld était alors
son directeur d'étude, et Landé écrit en se rappelant cette
époque (1974, p. 460):

Sommerfeld, plus pragmatique [...] conseillait à ses étudiants, dont je faisais partie, de ne pas consacrer trop de temps à la tâche sans espoir « d'expliquer » la mécanique quantique mais plutôt de l'admettre comme quelque chose de fondamental et de contribuer à dégager ses conséquences.

La tâche « d'expliquer » la mécanique quantique n'était autre, bien entendu, que le programme réaliste visant à identifier une réalité sous-jacente aux formules de la théorie, ce qui aurait permis d'expliquer les succès prédictifs des formules en les considérant comme des descriptions approximativement vraies de cette réalité. C'est ce programme que j'ai critiqué dans la première partie de cet article, et c'est ce même programme que les architectes de la théorie quantique voyaient comme une impasse scientifique. Einstein comprenait parfaitement que c'était bien cela qui posait problème. Durant l'été 1935, il écrivit à Schrödinger

Le vrai problème, c'est que la physique est un genre de métaphysique ; la physique décrit la « réalité ». Mais nous ne savons pas ce qu'est la « réalité ». Nous ne la connaissons que par sa description physique. [...] Mais le philosophe talmudique dédaigne la « réalité » car il la considère comme une créature effrayante surgie de l'esprit naïf[1].

En évitant le spectre de la réalité sous-jacente, les fondateurs « talmudiques » de la théorie quantique semblent avoir mis les générations suivantes précisément sur le bon chemin. Ceux qui s'inspirèrent des ambitions réalistes n'ont pas produit de physique riche en succès prédictifs. Ni la conception d'un champ unifié qu'a proposée Einstein, ni les idées du groupe de Louis de Broglie sur les ondes pilotes, ni l'intérêt inspiré par Bohm pour les variables cachées, n'ont permis de progrès scientifiques. Certes, quelques philosophes de la physique, dont un autre Hilary Putnam et moi-même, ont bataillé

---

1. Lettre à Schrödinger, du 19 juin 1935.

durant la dernière décennie afin de montrer que la théorie quantique est au moins compatible avec un certain genre de réalité sous-jacente. Je crois que Hilary a abandonné le combat, peut-être en partie à cause de l'exposé récent du problème de violation des inégalités de Bell dans les expériences de corrélation[1], un problème que Van Fraassen (1982) appelle « la Charybde du réalisme ». Mes propres travaux récents dans le domaine suggèrent que nous pouvons cependant encore maintenir le réalisme à flot au sein de ce maelström[2]. Mais la possibilité (qui existe toujours à mes yeux) d'une explication réaliste des phénomènes quantiques ne doit pas nous conduire à négliger les faits historiques en la matière.

On peut difficilement douter de l'importance qu'a eue l'attitude non-réaliste dans le développement et le succès pour ainsi dire infini de la théorie quantique. Les contre-factuels historiques sont toujours délicats, mais la stérilité des programmes réalistes actuels dans ce domaine peut au moins suggérer que Bohr et compagnie avaient raison de croire que les routes du progrès scientifique auraient ici été bloquées par le réalisme. Les fondateurs de la théorie quantique ne s'en sont jamais pris à l'attitude non-réaliste qui les servait si bien. Peut-être est-ce dû au dispositif théorique central à la base de la théorie quantique, une fonction d'onde à valeur complexe et de dimension infinie, qui nous fournit des densités de proba-

---

1. [N.d.T.] Pendant longtemps (et cela était encore vrai lorsque cet article fut écrit), les « théories à variables cachées » étaient les principales approches de la mécanique quantique qui tentaient de rétablir l'image d'une réalité sous-jacente. J. Bell établit en 1964 des inégalités automatiquement respectées par toute théorie à variables cachées *locale* (c'est-à-dire une théorie décrivant des propriétés physiques qui ne s'influencent pas instantanément à distance). Mais en 1981, les expériences d'Alain Aspect mirent en évidence la violation de ces inégalités : les théories à variables cachées locales étaient donc invalidées. Toute théorie à variables cachées acceptable devait donc être *non-locale* (c'est-à-dire que les propriétés physiques qu'elle décrit peuvent s'influencer instantanément à distance). Ce type de théories a alors perdu de sa crédibilité.

2. Voir Fine (1982) pour une partie de la discussion, ainsi que le chap. 9 de Fine (1986a).

bilité encore plus difficiles à prendre au sérieux que la variété à quatre dimensions de la relativité. Mais cette attitude a connu par la suite un bien curieux virage. Car alors que les praticiens de la relativité, comme je l'ai suggéré, ignorent l'interprétation *réaliste* en faveur d'une attitude plus pragmatique envers la structure espace/temps, la physique quantique semble commettre un revirement similaire et oublier son histoire et son allégeance au non-réalisme lorsque vient l'heure de discuter des nouvelles découvertes.

Ainsi, n'importe qui dans le métier vous parlera de l'époque excitante de l'automne 1974, lorsque le groupe de physique des particules de Brookhaven, mené par Samuel Ting, découvrit la particule J, en même temps que l'équipe du Stanford Linear Accelerator Center, sous la direction de Burton Richter, découvrit indépendamment une nouvelle particule qu'ils nommèrent Ψ. Ces deux particules s'avérèrent être la même ; elle fut nommée « particule J/Ψ » (masse 3.098 MeV, Spin 1, Résonance 67 keV, Étrangeté 0). Afin d'expliquer cette nouvelle entité, les théoriciens furent amenés à introduire un nouveau genre de quark qu'ils nommèrent quark « charmé ». On fit alors la proposition que la particule J/Ψ était composée d'un quark charmé et de son antiquark, de spins respectifs alignés. Mais si cela était correct, alors il aurait dû y avoir d'autres paires dont les spins auraient été soit antialignés, soit d'alignements variables ; et elles auraient dû former des particules observables totalement nouvelles. De telles prédictions découlant du modèle du quark charmé ont par la suite été confirmées par diverses expériences.

Je me suis un peu engagé dans cette histoire afin de donner une idée du sentiment réaliste qui anime le discours des scientifiques dans ce domaine. Car je souhaiterais examiner si c'est là un retour du réalisme ou si l'on ne pourrait pas plutôt, d'une manière ou d'une autre, réconcilier cela avec une attitude fondamentalement non-réaliste.[1] Je crois que c'est cette deuxième option qui est correcte.

3. NON-RÉALISME

Même si le réaliste se trouve être un philosophe de talent, je ne crois pas qu'en son for intérieur il s'en remette à la sorte d'argument abductif plutôt sophistiquée que j'ai examinée et rejetée dans la première section de cet article, argument dont la physique du vingtième siècle a montré le caractère fallacieux. S'il est du même tempérament que moi, je suggèrerais plutôt que c'est un genre d'argument plus humble et plus simple qui lui tient à cœur. Je vais maintenant exposer cet argument en le formulant à la première personne. Il est certain que je me fie dans l'ensemble au témoignage de mes sens sur l'existence et les caractéristiques des objets de tous les jours. J'accorde par ailleurs une confiance similaire aux garde-fous édifiés dans les institutions scientifiques, et en particulier au système de vérification de l'enquête scientifique (« vérifiez, revérifiez, vérifiez, revérifiez encore… »). Par conséquent, si les scientifiques me disent qu'il y a réellement des molécules, des atomes, des particules J/Ψ et, qui sait, peut-être même des quarks, et bien soit! Puisque je leur fais confiance, je dois admettre l'existence de toutes ces choses, avec les propriétés et les relations qui les accompagnent. En outre, si un instrumentaliste (ou tout autre spécimen de l'espèce *nonrealistica*) vient me dire que ces entités et tout ce qui les accompagne ne

---

1. Le non-réalisme que j'attribue aux étudiants et aux praticiens de la théorie quantique requiert plus de discussions et de distinctions de cas ou de types que je ne puis le faire ici dans la place dont je dispose. Ce n'est certainement pas une affaire de tout ou rien, contrairement à ce qui ressort de mon texte. Je traite certaines des discussions nécessaires dans le chap. 9 de Fine (1986a). Je remercie Paul Teller et James Cushing qui perçurent tous deux ici le besoin de discussions supplémentaires.

sont en fait que des fictions (ou autres choses du même genre), alors je ne vois pas plus de raisons de le croire que de croire qu'il est *lui-même* une fiction, façonnée (d'une manière ou d'une autre) pour faire effet sur moi ; or ce n'est pas là ce que je crois. Il semble donc bien qu'il me faille être réaliste. On peut résumer ainsi ce raisonnement humble mais puissant : seul un réaliste peut accepter le témoignage de nos sens et, *de la même manière*, les résultats confirmés de la science ; en conséquence, je dois devenir réaliste (et vous aussi, par la même occasion !).

Mais qu'est-ce qu'accepter le témoignage de nos sens et les théories scientifiques confirmées *de la même manière* ? Cela consiste à vivre avec leur vérité, avec tout ce que cela implique à l'égard de l'ajustement de notre comportement, aussi bien pratique que théorique, pour les intégrer. Mais il y a bien sûr vérités et vérités. Certaines occuperont une place plus centrale dans notre vie que d'autres. Je peux me tromper sur tout et n'importe quoi, mais si je me trompais au sujet de l'endroit où je me trouve en ce moment précis, cela m'affecterait probablement plus que mon éventuelle croyance erronée à l'existence des quarks charmés. « L'humble raisonnement » évoqué ci-dessus est donc compatible avec le fait que certaines de mes croyances scientifiques sont moins centrales que, par exemple, certaines de mes croyances perceptuelles. Bien sûr, si j'étais profondément impliqué dans toutes les affaires qui concernent le quark charmé, je pourrais bien avoir plus de difficultés à abandonner ma croyance à l'existence de cette particule qu'à abandonner, par exemple, certaines de mes croyances perceptuelles (et nous retrouvons là un phénomène que connaissent bien tous les penseurs profonds : on voit ce que l'on croit). Ainsi, lorsque « l'humble raisonnement » nous demande d'accepter les résultats scientifiques « de la même manière » que nous acceptons le témoignage de nos sens, j'entends par là que nous devons les accepter tous deux comme vrais. Je veux dire que l'on nous demande de ne pas établir de distinction entre différentes sortes de vérité ou différents modes d'existence, etc.; on nous demande de n'établir de distinctions qu'entre les vérités elles-mêmes, en termes de centralité, de degrés de croyance, etc.

Considérons cela comme clarifié; pensez-vous alors que Bohr, l'ennemi de toujours du réalisme, aurait pu adopter « l'humble raisonnement » ? Dans son combat pour le bien de la science (contre le réalisme d'Einstein), Bohr aurait-il pu se sentir obligé d'abandonner les résultats de la science ou bien d'attribuer les « vérités » scientifiques et celles de la vie quotidienne à des catégories différentes ? Cela semble peu probable. Et donc à moins de considérer peu charitablement que Bohr était incohérent sur ce point fondamental, nous pourrions bien remettre en question l'existence d'une connexion nécessaire entre l'acceptation des résultats de la science comme vrais et l'adoption du réalisme [1].

J'utiliserai par la suite le terme « antiréaliste » pour désigner n'importe lequel des nombreux ennemis spécifiques du réalisme : l'idéaliste, l'instrumentaliste, le phénoménaliste, l'empiriste (constructif ou non), le conventionnaliste, le constructiviste, le pragmatiste, etc. Alors il me semble que le réaliste et l'antiréaliste doivent tous deux adopter ce que j'ai appelé « l'humble raisonnement ». Autrement dit, ils doivent tous deux accepter comme allant de pair les résultats attestés de la science et les affirmations étayées de manière plus familière et ordinaire. Cela ne veut pas dire que ces deux partis ne peuvent établir de distinction entre des affirmations

1. Je devrais être un petit peu plus prudent avec le Bohr historique que je ne le suis dans le texte. Car Bohr lui-même semblerait avoir voulu limiter l'application de « l'humble raisonnement » quelque part entre le domaine des chaises, des tables et des atomes, dont il admettait totalement l'existence, et celui des électrons, pour lesquels il semble avoir pensé que la question de leur existence (et plus généralement du réalisme) n'était plus correctement définie. Paul Teller (1981) fournit une discussion provocante et éclairante de l'attitude de Bohr envers le réalisme. Merci encore une fois à Paul de m'aider à rester consciencieux.

(scientifiques ou ordinaires) plus ou moins bien confirmées. Cela ne veut pas dire non plus que l'on ne peut pas sélectionner un mode d'inférence particulier, comme l'inférence à la meilleure explication, et s'interroger sur sa fiabilité, que ce mode d'inférence soit à l'œuvre en science ou dans la vie quotidienne. Cela veut simplement dire qu'il faut maintenir la parité. Disons donc que le réaliste comme l'antiréaliste acceptent les résultats des investigations scientifiques comme « vrais », sur le même plan que des vérités plus ordinaires (je me rends compte que certains antiréalistes emploieraient plutôt un terme différent de « vrai », mais peu importe). Et appelons « position centrale » une telle manière d'accepter les vérités scientifiques [1]. Les réalistes et les antiréalistes se distinguent alors par ce que chacun d'entre eux ajoute à cette position centrale.

1. Dans ce contexte, par exemple, « l'empirisme constructif » de Van Fraassen préférerait le concept « d'adéquation empirique »; il réserverait celui de « vérité » à une interprétation littérale (non spécifiée) et ne croirait à cette vérité que dans le domaine des observables. Je pourrais ici mentionner que d'après cette classification, le réalisme interne de Putnam s'avère être un antiréalisme. Car Putnam accepte la position centrale, mais il y ajouterait une analyse peircéenne de la vérité comme acceptation rationnelle idéale. C'est une erreur; j'espère que Putnam s'en rendra compte et qu'il la corrigera dans ses futurs écrits. Horwich (1982) le critique sur ce point, et propose son « réalisme sémantique » qui s'avère n'être ni réaliste ni antiréaliste, selon ma classification. De fait, les vues de Horwich sont très similaires à ce qui est appelé « NOA » ci-dessous, et pourraient facilement être lues comme l'esquisse d'une philosophie du langage compatible avec la NOA. Enfin, le « béhaviorisme épistémologique » embrassé par Rorty (1979) est une forme d'antiréalisme qui me semble très similaire à la position de Putnam, quoiqu'elle parvienne à la parité (caractéristique de la position centrale) entre la science et le sens commun par le moyen d'une notion d'acceptation qui n'est ni idéale, ni particulièrement rationnelle, du moins dans le sens normatif. (J'implore l'indulgence du lecteur pour ce traitement sommaire de positions si complexes et importantes. J'ai répondu ici à Nancy Cartwright qui me demandait de différencier de la NOA ces vues récentes). Voir le chap. 8 de Fine (1986a) pour une discussion de ces divers antiréalismes.

L'antiréaliste peut ajouter à la position centrale une analyse particulière du concept de vérité, telle une conception pragmatiste, instrumentaliste ou conventionnaliste de la vérité. Ou bien il peut lui ajouter une analyse particulière des concepts ; c'est ce que font les idéalistes, les constructivistes, les phénoménalistes ou encore certains types d'empiristes. Ces addenda impliqueront alors une signification bien particulière pour certains types d'énoncés, tels par exemple les énoncés d'existence. Mais l'antiréaliste peut aussi ajouter à la position centrale certaines restrictions méthodologiques, en jetant un œil circonspect sur un outil inférentiel particulier, ou bien en construisant sa propre analyse d'un aspect particulier de la science (par exemple, les explications ou les lois). Les antiréalistes feront typiquement plusieurs ajouts de cette sorte à la position centrale.

Mais qu'en est-il du réaliste ? Qu'ajoute-t-il à la position centrale, qui l'enjoint d'accepter les résultats de la science comme réellement vrais ? Mon collègue Charles Chastain m'a suggéré ce que j'estime être le moyen le plus pittoresque d'exposer la réponse – à savoir que ce que le réaliste ajoute, c'est un tonitruant « Réellement ! » ponctué d'un coup de poing sur son bureau et accompagné de moult piétinements. Ainsi, lorsque le réaliste et l'antiréaliste tombent d'accord pour dire, par exemple, qu'il y a réellement des électrons, qu'ils sont réellement dotés d'une charge négative unitaire, et qu'ils ont réellement une faible masse (environ 9.1×10^{-28} grammes) ce que le réaliste tient à souligner, c'est que tout cela est réellement ainsi : « Il y a réellement des électrons ! Réellement ! », insiste-t-il. Cette insistance typiquement réaliste remplit deux fonctions, l'une négative et l'autre positive. Négativement tout d'abord, elle entend refuser les ajouts que l'antiréaliste souhaiterait apporter à la position centrale que partagent les deux partis. Par exemple, le réaliste exprime ainsi son refus de la réduction phénoménaliste des concepts ou bien la conception pragmatiste de la vérité. Il pense que de tels addenda privent de leur substance les affirmations de vérité ou d'existence qu'il accepte. « Non, proteste-t-il, ils existent *réellement*, et pas seulement dans votre sens antiréaliste affaibli ». Positivement ensuite, le réaliste veut expliquer le sens robuste dans lequel *il* prend ces affirmations de vérité ou d'existence ; à savoir qu'il les prend comme des affirmations qui concernent la réalité – ce qui est réellement, réellement ainsi. Une fois menée à son terme, cette version entraîne une conception de la vérité comme correspondance avec le monde, et l'emploi de son substitut, la vérité approximative, comme une correspondance approchée. Nous avons déjà vu comment ces idées de correspondance et de vérité approximative sont censées expliquer ce qui *rend* la vérité *vraie*, alors qu'elles n'ont en fait qu'une fonction d'apparat, de décoration superficielle qui peut certes attirer notre attention, mais n'exerce cependant aucune contrainte sur la croyance rationnelle. Telles le « réellement » supplémentaire ponctué de piétinements, elles peuvent arrêter l'attention, mais sont tout aussi faibles d'un point de vue logique.

Il me semble que lorsque nous mettons en contraste le réaliste et l'antiréaliste en montrant ce que chacun souhaite ajouter à la position centrale, nous faisons émerger une troisième position possible – et attrayante qui plus est. C'est la position centrale elle-même – *et rien qu'elle*. Si je ne me trompe pas en pensant que le cœur du réalisme, celui qui en fait sa force, se résume à « l'humble connexion » que propose le réalisme entre les vérités scientifiques et les vérités de tous les jours, et que par ailleurs le bon sens nous dicte d'accepter les unes et les autres sur les mêmes bases, alors « l'humble raisonnement » rend irrésistible la position centrale, et rien qu'elle ; il en fait une position que nous devons prendre à cœur. Essayons donc de l'adopter et examinons si elle peut constituer une philosophie, et une attitude envers la science, avec laquelle nous pouvons vivre.

La position centrale n'est ni réaliste, ni antiréaliste; elle forme un lien entre les deux. Nous aimerions avoir un nom pour cette position, mais il serait dommage de s'approprier un autre « -isme » en son nom, car elle apparaîtrait alors seulement comme l'un des nombreux concurrents de l'allégeance à l'ontologie. Or je ne pense pas qu'elle fasse vraiment partie de toute cette foule; elle est bien plutôt, comme le suggère « l'humble raisonnement » qui la sous-tend, l'attitude ontologique naturelle pour l'épistémologie du sens commun. Permettez-moi donc d'introduire l'acronyme *NOA* (à prononcer comme « Noah ») pour désigner *l'attitude ontologique naturelle* [NdT : en anglais : « Natural Ontological Attitude »]; je désignerai désormais la position centrale par ce nom.

Montrons comment la NOA peut constituer une position philosophique adéquate à l'égard de la science en commençant par examiner ce qu'elle a à nous dire au sujet de l'ontologie. Lorsque je dis que la NOA nous conseille d'accepter les résultats de la science comme vrais, j'entends ici une vérité que nous devons traiter de la manière référentielle usuelle : une phrase (ou un énoncé) est vraie si et seulement si les entités auxquelles elle fait référence sont dans les relations auxquelles elle fait référence. Ainsi la NOA sanctionne la sémantique référentielle ordinaire et nous engage, via la vérité, à l'existence des individus, propriétés, relations, processus, et ainsi de suite, auxquels il est fait référence dans les énoncés scientifiques que nous acceptons comme vrais. Notre croyance à leur existence sera donc précisément aussi forte (ou aussi faible) que notre croyance à la vérité de la portion de science ici en jeu, et les degrés de croyance concernés seront vraisemblablement gouvernés par les relations ordinaires de confirmation et de soutien par les données, relations elles-mêmes soumises aux règles scientifiques usuelles. En adoptant cette position référentielle, la NOA ne s'engage pas envers le progressivisme qui semble inhérent au réalisme. Le réaliste admet en effet comme un article de foi que le succès scientifique nous rapproche à long terme de la vérité. Toute son entreprise explicative, qui utilise la notion de vérité approximative, lui force la main en ce sens. Mais un partisan de la NOA (à prononcer comme « knower »[1]) n'est pas soumis à un tel engagement. En tant que scientifique qui travaille dans le contexte d'une certaine tradition de recherche, le partisan de la NOA croira bien entendu à l'existence des entités auxquelles ses théories font référence. Mais si la tradition changeait, disons, à la manière de ces révolutions conceptuelles que Kuhn a baptisées « changements de paradigme », alors rien dans la NOA ne nous imposerait d'assimiler ce changement comme étant source de progrès, c'est-à-dire comme un changement par lequel nous acquierrions une connaissance plus précise *des mêmes choses*. La NOA est parfaitement compatible avec une autre conception, celle de Kuhn, qui tient de tels changements pour des changements massifs de référence. Contrairement aux réalistes, les partisans de la NOA sont libres d'examiner les faits lors d'un changement de paradigme afin de déterminer si, oui ou non, on peut se convaincre de la stabilité de la référence d'un paradigme à l'autre, sans pour autant surimposer aux faits une superstructure réaliste-progressiviste. J'ai soutenu ailleurs (Fine 1975) que si l'on se libère d'une telle superstructure, comme nous le permet la NOA, alors les faits concernés ne permettront généralement pas de trancher la question ; et que c'est une bonne raison de penser que les cas de ce qu'on appelle « l'incommensurabilité » sont, en fait, authentiquement des cas où la question de la stabilité de la référence est indéterminée. La NOA me semble être la position philosophique adéquate pour de telles conclusions : elle sanctionne les affirmations de référence et d'existence, sans pour autant faire entrer de force l'histoire des sciences dans des moules pré-ajustés.

---

1. [N.d.T.] Jeu de mot intraduisible. Le mot « *NOAer* » (partisan de la NOA) se prononce comme le mot « *knower* » (littéralement : celui qui connaît).

Je suis parvenu jusqu'ici à éviter ce qui est, pour le réaliste, la question essentielle : qu'en est-il du « monde extérieur » ? Comment puis-je parler d'affirmations de référence ou d'existence sinon en admettant que certaines affirmations font référence à des choses du monde extérieur ? Et ici, bien entendu, le pied du réaliste le démange à nouveau [1]. Je pense que le problème qui donne envie au réaliste de frapper du pied en criant « Réellement ! » (et en invoquant le monde extérieur) n'est pas sans rapport avec la position qu'il tente d'adopter à l'égard du jeu de la science. Le réaliste tente pour ainsi dire de regarder le jeu se dérouler en restant hors de l'arène ; il tente ensuite de juger (à partir de son point de vue extérieur) ce dont il y est question. Cela porte, dit-il, *sur* un certain domaine extérieur au jeu. Je pense que le réaliste se fait ici des illusions ; car il ne peut pas (réellement pas !) se tenir hors de l'arène ; et il ne peut pas non plus repérer un certain domaine hors du terrain de jeu et décider que celui-ci constitue l'objet du jeu.

Permettez-moi de tenter d'aborder ces deux questions. Comment pouvons-nous en arriver au jugement qu'en plus d'avoir, disons, une assez faible masse, les électrons sont des objets qui se trouvent « dehors, dans le monde extérieur » ? Nous pouvons certes prendre de la hauteur vis-à-vis du jeu qu'on a joué avec l'électron et inspecter les affirmations de ce jeu, ses méthodes, ses succès prédictifs, et ainsi de suite. Mais quelle position nous permettrait de juger de ce *sur quoi* porte la théorie des électrons, sans que cela revienne à tomber d'accord pour dire qu'elle porte sur les électrons ? La situation n'est pas comparable à la mise en correspondance d'un plan avec une maison en construction, ou d'une carte routière avec une route de campagne. Car nous sommes *dans* le monde, tout autant

1. Parmi ses remarques lors de la conférence de Greensboro, mon commentateur, John King, a suggéré une raison irrésistible de préférer la NOA au réalisme ; à savoir que la NOA est beaucoup moins tapageuse ! Merci à John pour cette jolie idée, ainsi que pour d'autres commentaires.

physiquement que conceptuellement[1]. C'est-à-dire que nous
faisons *nous aussi* partie des objets dont traite la science, et les
concepts et procédures que nous utilisons pour établir des
jugements et faire des applications correctes font eux-mêmes
partie de ce même monde scientifique. D'un point de vue épistémologique, la situation est très similaire à celle qui concerne
la justification de l'induction. Car le problème du (prétendu)
monde extérieur est le suivant : comment pourrions-nous
satisfaire l'exigence du réaliste lorsqu'il demande que les
affirmations d'existence cautionnées par la science (et donc
également par la NOA) soient légitimées par l'existence
d'entités « extérieures » qu'elles concerneraient ? Dans le cas
de l'induction, il est clair que seule une justification inductive ferait l'affaire, et il est tout aussi clair qu'aucune justification inductive ne serait de la moindre utilité. La situation
est similaire dans le cas du monde extérieur : le seul moyen
serait d'inférer l'existence par des inférences scientifiques
ordinaires, et pourtant aucune d'elles ne suffit à montrer,
comme on le demande, que ce qui existe est réellement
« à l'extérieur ». Je pense que nous devrions transposer au

---

1. « Il n'existe, me semble-t-il, aucune possibilité d'expliciter le sens d'une
expression comme "ce qui s'y trouve réellement", en dehors d'une théorie
particulière ; la notion d'une adéquation entre l'ontologie d'une théorie et sa
contrepartie "réelle" dans la nature me semble par principe une illusion »,
Kuhn, 1970, p. 206, trad. fr. L. Meyer, *La structure des révolutions scientifiques*, Paris, Flammarion, 1983, p. 279-280. (« There is, I think, no theory-
independent way to reconstruct phrases like "really there"; the notion of a
match between the ontology of a theory and its "real" counterpart in nature now
seems to me illusive in principle »). Newton-Smith (1981) cite le même passage
afin de le réfuter. Mais la « réfutation » qu'il esquisse dans les sections 4 et 5
de son chap. 8 est touchée de plein fouet par les objections que j'ai exposées
ci-dessus dans ma première section, et de plus elle ne parvient pas à se placer en
dehors de toute théorie particulière, comme cela est exigé. Car Newton-Smith,
lorsqu'il explique sa notion de vérisimilitude (p. 204), fait explicitement référence à une certaine théorie d'arrière-plan non spécifiée. (Il propose comme
candidats soit la science actuelle, soit la limite peircéenne). Mais par là, il ne
réfute pas le défi que Kuhn (et moi-même) avons lancé ; il en admet la force.

problème du monde extérieur la prescription de Hume concernant l'induction. Il est totalement impossible de justifier le genre d'externalité qu'exige le réalisme, et pourtant il se pourrait bien que nous ne puissions nous empêcher de désirer ardemment une telle emprise réconfortante sur la réalité.

Si je ne me trompe pas, alors le réaliste pourchasse en fait un fantôme, et nous ne pouvons réellement rien faire de plus que suivre les affirmations d'existence de la pratique scientifique ; or c'est justement ce que propose la NOA. Mais qu'en est-il des autres défis lancés par le réalisme ? Pouvons-nous trouver dans la NOA les ressources permettant de comprendre la pratique scientifique ? En particulier, puisque tel était le sujet de la première partie de cet article, la NOA nous aide-t-elle à comprendre la méthode scientifique, comme par exemple le problème de la petite poignée ou le problème des conjonctions ? Le problème de la petite poignée nous mettait au défi d'expliquer pourquoi les quelques alternatives apparentées que nous pouvions proposer aboutissaient, entre autres réussites, à des prédictions nouvelles ultérieurement confirmées ; il fallait en effet ne pas oublier que la plupart des possibilités offertes par ce type d'alternatives ne sont pas couronnées de succès. Je pense que la NOA ne peut dire que ceci : si vous croyez que des estimations fondées sur quelques vérités ont plus de chances de succès que des estimations purement gratuites, en supposant que nos premières théories étaient vraies en grande partie et que les raffinements que nous leur avions apportés préservaient cette partie vraie, alors une estimation qui se fonde sur de tels raffinements a une certaine chance de succès. Ce compte-rendu me paraît faible, mais je pense que le phénomène ici en jeu ne permet pas quoi que ce soit de plus fort, puisque ce type d'estimation échoue généralement. La NOA peut nous aider de la même manière dans le problème des conjonctions (et, plus généralement, dans tous les problèmes de combinaisons logiques). Car si c'est un fait que deux théories cohérentes ont des domaines qui se chevauchent (un fait qui, comme je viens de le suggérer, n'est pas si souvent décidable), et si les théories ont des choses vraies à dire sur les membres de la partie commune, alors la conjonction des théories ne diffère de chacune d'entre elles que par les vérités qu'elle lui adjoint, et peut ainsi *éventuellement* produire de nouvelles vérités par conjonction. En ce qui concerne les autres règles méthodologiques que l'on peut appliquer avec succès, je pense que l'emprise de la NOA sur la notion de vérité sera suffisante pour expliquer leur utilité.

Contrairement au réaliste, cependant, je ne voudrais pas trop vanter les mérites de la NOA à rendre la science assez intelligible et les présenter comme un argument en sa faveur vis-à-vis du réalisme ou des divers antiréalismes. Car les explications que propose la NOA sont également disponibles au réaliste et à l'antiréaliste, pourvu que ce qu'ils ajoutent à la NOA ne s'oppose pas à son exploitation de la notion de vérité (par exemple, un exposé vérificationniste de la notion de vérité ou bien la notion de vérité approximative tant désirée par le réaliste remplissent cette condition). Du reste, comme je l'ai suffisamment fait comprendre dans la première section de cet article, je suis sensible à la possibilité que des hypothèses explicatives soient efficaces sans être vraies pour autant. La NOA pourrait tout à fait rendre la science assez intelligible et même rationnelle en apparence, tout en demeurant une vision de la science complètement erronée. Mais si nous imposons à toute philosophie des sciences la contrainte de ne pas y faire apparaître l'entreprise scientifique trop inintelligible ou trop irrationnelle, alors peut-être pouvons-nous dire que la NOA nous offre un standard minimal que doit remplir toute philosophie des sciences.

Et de fait, la plus grande vertu de la NOA est peut-être de signaler à quel point une philosophie des sciences adéquate peut être minimale (à cet égard, on pourrait comparer la NOA au mouvement minimaliste en art). Par exemple, la NOA nous aide à voir en quoi le réalisme diffère des diverses formes d'antiréalisme. Le réalisme ajoute ainsi une direction extérieure à la NOA, à savoir : le monde extérieur et la relation de correspondance avec le monde qu'est la vérité approximative ; les divers antiréalismes, au contraire, lui ajoutent typiquement une direction intérieure : ils opèrent une réduction anthropocentrée de la notion de vérité, des concepts ou encore des explications (comme Hume le propose dans la citation que j'ai mise en épigraphe). La NOA suggère que ce qui est légitime dans ces ajouts se résume au fait d'accorder un statut égal aux vérités scientifiques et aux vérités de tous les jours, et au fait que nous acceptions aussi bien les unes que les autres comme des *vérités*. Aucun autre ajout n'est légitime, et aucun autre n'est requis.

Il devrait maintenant être manifeste que la NOA possède une caractéristique qui la distingue d'autres vues similaires dans l'air du temps, à savoir son refus obstiné d'amplifier le concept de vérité en lui adjoignant une théorie ou analyse, ou même une simple image métaphorique. La NOA reconnaît plutôt en la « vérité » un concept déjà en usage et accepte de se conformer à ses règles standard d'utilisation. Ces règles impliquent une sémantique référentielle tarskienne-davidsonienne, et soutiennent une logique de l'inférence tout à fait classique. Ainsi la NOA respecte la « grammaire » usuelle de la « vérité » (et de ses congénères). De même, la NOA respecte l'épistémologie usuelle qui fonde les jugements d'attribution de vérité dans les jugements de perception et les diverses relations de confirmation. Tout comme cela peut se produire lorsque nous utilisons d'autres concepts, des désaccords émergent fatalement au sujet de ce qui est vrai (par exemple, lorsqu'on demande si l'inférence à la meilleure explication suffit à garantir la vérité de ce qui est inféré). La NOA ne prétend pas disposer de quelque ressource que ce soit pour régler ces controverses, car elle prend à cœur la grande leçon des philosophies analytique et continentale du vingtième siècle, à savoir qu'il n'y a *pas* de ressources générales méthodologiques ou philosophiques permettant de trancher de telles questions. Le réalisme et toutes les formes d'antiréalisme commettent l'erreur commune de supposer que de telles ressources existent ; or ce n'est pas le cas. Si l'on presse la NOA de bien vouloir alors nous expliquer ce que cela *signifie* de dire que quelque chose est vrai (ou bien d'exposer ce à quoi nous engage la vérité de telle ou telle chose), la NOA répondra en attirant notre attention sur les relations logiques engendrées par cette affirmation particulière, et en se concentrant ensuite sur les circonstances historiques concrètes qui fondent ce jugement d'attribution de vérité particulier. Car après tout, il n'y a *rien* de plus à dire [1].

Cette position minimaliste que constitue la NOA marque par sa parcimonie, je pense, une approche révolutionnaire dans notre compréhension de la science. Je voudrais suggérer que cette révolution est aussi profonde à sa manière que l'a été la révolution dans notre conception de la moralité, lorsque nous nous sommes aperçu que fonder la moralité en Dieu et l'ordre divin n'était là *non plus* ni légitime, ni nécessaire. Le moraliste théologien ordinaire du dix-huitième siècle a dû se sentir dépossédé en lisant, par exemple, les pages de l'*Éthique ;* je pense que le réaliste doit ressentir la même chose lorsque la NOA lui ôte la « correspondance avec le monde extérieur » qu'il désire tant. Moi aussi, je regrette ce paradis perdu, et trop souvent mon imagination s'égare dans l'illusion réaliste.

---

1. Je suis sans nul doute optimiste, car on peut toujours penser à quelque chose de plus à dire. En particulier, on pourrait essayer de développer un cadre descriptif général afin de codifier et de classer de telles réponses. Peut-être pourrait-on apprendre quelque chose d'un tel cadre descriptif sémantique. Mais j'ai peur que cette entreprise, une fois lancée, ne mène à une prolifération de cadres qui ne soient pas aussi prudemment descriptifs. Chacun d'entre eux réclamerait une vie entière à lui tout seul, car chacun prétendrait disposer de certains moyens (meilleurs que ceux de ses rivaux) pour trancher les débats sur les attributions de vérité ou sur leur portée. Cependant, tout ce dont nous avons besoin, c'est une philosophie moins mauvaise, rien de plus. Et donc je crois que l'on peut bel et bien dire ici que le silence est d'or.

J'utilise alors ma compréhension de la physique du vingtième siècle pour m'aider à affirmer mes convictions relatives à la NOA, et je me rappelle quelques mots de Mach, que je propose comme consolation et comme conclusion. En se référant au réalisme, Mach écrit :

> Il s'est formé sans que l'homme y contribue de manière délibérée, dans un intervalle de temps incommensurablement long ; c'est, à ce titre, un *produit de la nature*, et un produit que la nature a préservé. Tout ce que la philosophie a inventé [...] n'est, par rapport à lui, qu'un *produit artificiel éphémère*, et insignifiant. Et de fait, nous voyons que tout penseur, et même tout philosophe, adopte [le réalisme] dès qu'une obligation pratique le force à quitter le domaine borné de son occupation intellectuelle.
> Ces « remarques préliminaires » ne visent d'ailleurs en aucun cas à discréditer l'opinion [réaliste]. Elles se fixent pour seule tâche de montrer *pourquoi*, et dans quel *but*, nous partageons ce point de vue pendant la plus grande partie de notre vie, – *pourquoi*, dans quel *but*, nous devons [...] y renoncer.

Ces lignes sont extraites de l'*Analyse des sensations* de Mach (chapitre 1, section 15)[1]. Je recommande cet ouvrage à qui voudrait se soigner efficacement du réalisme ; cette thérapie fonctionne mieux (comme Mach le suggère) lorsqu'elle s'accompagne d'investigations historico-physiques (voir dans ma seconde section, des versions réelles de l'Histoire – à donner le tournis). Pour une meilleure philosophie, cependant, je recommande la NOA[2].

---

1. Trad. fr. F. Eggers et J.-M. Monnoyer, Paris, J. Chambon, 1996.
2. Je remercie Charles Chastain, Gerald Dworkin et Paul Teller pour d'utiles conversations préliminaires sur le réalisme et ses rivaux, mais mes remerciements s'adressent en particulier à Charles – car il était alors le seul à tomber d'accord avec moi (la plupart du temps), et cela mérite sans doute une mention spéciale. C'est moi qui ai écrit cet article, mais son contenu a été élaboré en collaboration avec Micky Forbes. Je ne sais plus qui a développé quelles idées. Ceci veut dire que Micky est responsable d'au moins la moitié des erreurs et confusions (et elle est responsable, pour deux tiers, de la « NOA »). Enfin, je

Indications bibliographiques

ASQUITH P., GIERE R. (eds.)., 1981. *PSA : 1980, Volume II*, East Lansing, Mich., Philosophy of Science Association.

BOYD R., « Scientific realism and naturalistic epistemology », *in* Asquith et Giere (eds.), 1981, p. 613-662.

– « The current status of scientific realism », *in* Leplin (éd.), 1984, p. 41-82.

CARTWRIGHT N., *How the laws of physics lie*, New York, Clarendon Press, 1983.

EARMAN J., C. GLYMOUR., « Lost in the tensors », *Studies in History and Philosophy of Science* 9, 1978, p. 251-278.

EARMAN J., al., « On writing the history of special relativity », *in PSA : 1982, Volume II*, P. Asquith et T. Nickels (éd.), East Lansing, Mich., Philosophy of Science Association, 1983, p. 403-416.

EINSTEIN A. et al., *The principles of relativity,* trad. angl. W. Perrett et G. B. Jeffrey, New York, Dover, 1952.

FINE A., « How to compare theories : Reference and change. », *Nous* 9, 1975, p. 17-32.

– « Conceptual change in mathematics and science : Lakatos' stretching refined », *in PSA : 1978, Volume II*, P. Asquith et I. Hacking (éd.), East Lansing, Mich., Philosophy of Science Association, 1981, p. 328-341.

– « Antinomies of entanglement : The puzzling case of the tangled statistics », *Journal of Philosophy* 79, 1982, p. 733-747.

– *The Shaky Game*, Chicago, University of Chicago Press, 1986a.

– « Unnatural attitudes : Realist and instrumentalist attachments to science », *Mind* 95, 1986b, p. 149-179.

HEISENBERG W., « Über quantentheoretische Umdeutung kinematischer une mechanischer Beziehungen », *Zeitschrift für Physik* 33, 1925, p. 879-893.

suis reconnaissant aux nombreuses personnes qui m'ont fait part de leurs commentaires et critiques lors de la conférence sur le réalisme parrainée par le département de philosophie de l'université de Caroline du nord, qui eut lieu en mars 1982 à Greensboro et lors de laquelle j'ai pu présenter une première version de cet article sous le titre « Pluralism and Scientific Progress ». Je suis également reconnaissant à la National Science Foundation de m'avoir accordé une subvention pour cette recherche.

HOFFMANN B., *Albert Einstein, creator and rebel*, New York, Viking Press, 1972. Trad. fr. M. Manly, *Albert Einstein : créateur et rebelle*, Paris, Seuil, 1979.

HOLTON G., *Thematic origins of scientific thought*, Cambridge, Harvard University Press, 1973.

HORWICH P., « Three forms of realism », *Synthese* 51, 1982, p. 181-201.

KUHN T. S., *The structure of scientific revolutions*, 2ᵉ éd., Chicago, University of Chicago Press, 1970. Trad. fr. L. Meyer, *La structure des révolutions scientifiques*, Paris, Flammarion, 1983.

LANDÉ A., « Albert Einstein and the quantum riddle », *American Journal of Physics* 42, 1974, p. 459-464.

LAUDAN L., « A confutation of convergent realism », *in* Leplin (éd.) 1984, p. 218-249.

LEPLIN J. (éd.), *Scientific realism*, Berkeley, University of California Press, 1984.

LYCAN W., « Epistemic value », *Synthese* 64, 1985, p. 137-164.

– *Judgment and justification*, New York, Cambridge University Press, 1988.

MILLER A., *Albert Einstein's special theory of relativity*, Reading, Mass, Addisons-Wesley, 1981.

NEWTON-SMITH W. H., *The rationality of science*, Londres, Routledge and Kegan Paul, 1981.

NIINILUOTO I., « What shall we do with verisimilitude ? », *Philosophy of Science* 49, 1982, p. 181-197.

PITT J., *Pictures, images and conceptual change*, Dordrecht, Reidel, 1981.

POPPER K., *Conjectures and refutations*, Londres, Routledge and Kegal Paul, 1972. Trad. fr. M. B. de Launay, *Conjectures et réfutations*, Paris, Payot, 1985.

PUTNAM H., « The meaning of « Meaning » », *in Language, mind and knowledge*, K. Gunderson (éd.), Minneapolis, University of Minnesota Press, 1975, p. 131-193.

– *Reason, truth and history*, Cambridge, Cambridge University Press, 1981. Trad. fr. A. Gerschenfeld, *Raison, vérité et histoire*, Paris, Minuit, 1984.

RORTY R., *Philosophy and the mirror of nature*, Princeton, Princeton University Press, 1979.

STACHEL J., « The genesis of general relativity », *in Einstein symposium Berlin*, H. Nelkowski (éd.), Berlin, Springer-Verlag, 1979, p. 428-442.

TELLER P., « The projection postulate and Bohr's interpretation of quantum mechanics », *in* Asquith et Giere (eds.), 1981, p. 201-223.

Van FRAASSEN B., *The scientific image*, Oxford, Clarendon Press, 1980.

– « The Charybdis of realism : Epistemological implications of Bell's inequality », *Synthese* 52, 1982, p. 25-38.

WEINBERG S., *Gravitation and cosmology : Principles and applications of the general theory of relativity*, New York, Wiley, 1972.

WESSELS L., « Schrödinger's route to wave mechanics », *Studies in History and Philosophy of Science* 10, 1979, p. 311-340.

WOOLF H. (éd.), *Some strangeness in the proportion*, Reading, Mass, Addison-Wesley, 1980.

ELIE ZAHAR

ATOMISME ET RÉALISME STRUCTURAL

PRÉSENTATION

Matteo Morganti et Vincent Guillin

Né à Beyrouth en 1937, Elie Zahar a étudié les mathématiques à l'université de Cambridge et la philosophie des sciences à la *London School of Economics*, dans le département où exerçaient Karl Popper et Imre Lakatos (qui dirigea sa thèse sur l'histoire et les bases théoriques de la relativité). Il a finalement intégré ce même département, où il a enseigné – de 1968 à 1995 – la logique et la philosophie des sciences. Il est maintenant chercheur associé au département d'histoire et de philosophie des sciences de l'université de Cambridge.

Le propos de Zahar dans « Atomisme et réalisme structural » est double. D'une part, Zahar s'appuie sur le critère poppérien de démarcation entre science et métaphysique pour examiner le rôle joué par la conception atomiste – selon laquelle tout ce qui existe est constitué de particules microscopiques indivisibles – dans quelques épisodes de l'histoire des sciences. D'autre part, il suggère la manière dont les idées centrales de cette forme de réalisme connue aujourd'hui sous le nom de réalisme structural sont apparues au début du XXe

siècle. Ce qui est intéressant ici est que cette « intuition »
structuraliste semble bien être présente chez des scientifiques/
philosophes qui ont étudié de façon critique la conception
atomiste, en particulier Duhem et Poincaré. L'évaluation rai-
sonnée de cette conception a conduit ces auteurs à une description plus sophistiquée de l'activité scientifique qui a par la
suite permis, entre autres choses, de préciser le rôle spécifique
des structures dans les théories physiques et de donner par
conséquent une conception plus plausible de la science.

L'atomisme illustre parfaitement, nous dit Zahar, le fait
que la frontière entre la science et la métaphysique n'est ni fixe
ni hermétique. Il est bien sûr possible que des énoncés métaphysiques aient une valeur de vérité indéterminée[1], mais ils
peuvent devenir des énoncés empiriques dans la mesure où le
progrès scientifique et technologique les rend réfutables. Tel a
été le cas de l'atomisme à la fin du XIXe et au début du XXe
siècle, quand ses présupposés métaphysiques ont été soumis
à de nombreuses mises à l'épreuve empiriques, avec des
fortunes diverses.

Zahar montre, en des termes repris à Lakatos, que l'hypothèse de la nature granulaire et discrète de la matière a toujours
constitué un élément de l'heuristique positive du programme
de recherche de la physique, et ce bien après Newton, dont
l'œuvre a véritablement été l'apogée de cette conception
atomiste du monde. Même si la théorie pouvait fonctionner
sans elle, cette conception métaphysique a influencé indirectement les scientifiques dans l'interprétation de leurs théories
et a fonctionné comme un méta-principe conduisant à des
modifications, des améliorations et des découvertes.

S'aidant d'exemples concrets, Zahar expose les succès et
les échecs rencontrés par la conception atomiste à l'occasion

---

1. Parce qu'ils ne sont pas réfutables, dirait Popper.

de réfutations empiriques plus ou moins directes[1], et offre une présentation d'ensemble des réflexions qu'elles ont suscitées chez certains philosophes et méthodologues. Il passe ainsi en revue le phénoménisme de Mach, qui rejette la métaphysique atomiste parce que les atomes sont par principe inobservables, le réalisme radical d'Ostwald, qui suggère d'abandonner l'atomisme au profit de l'énergétisme, la tentative de réduction de la thermodynamique à la mécanique statistique par Boltzmann, et le réalisme de Poincaré à l'égard des atomes, en dépit de la « preuve » qu'il a pu apporter du fait que la seconde loi de la thermodynamique n'est pas objectivement vraie en mécanique classique.

C'est pourtant à la philosophie des sciences de Duhem que Zahar réserve son analyse la plus détaillée, expliquant comment ses intuitions ont pu préparer la voie au critère de démarcation poppérien et la manière dont, en plus d'une solide critique de l'induction, l'œuvre de l'épistémologue français nous fournit une formulation particulièrement claire du classique problème de la sous-détermination de la théorie par les faits.

On se concentrera néanmoins ici sur la distinction opérée par Duhem entre les parties *représentative* et *explicative* d'une théorie scientifique. Alors que celle-là consiste en un

---

1. La « confirmation » la plus marquante de l'hypothèse atomiste a probablement été due au travail de Einstein sur le mouvement brownien. Quant aux « réfutations », Zahar s'attache particulièrement à la « résistance » de la seconde loi de la thermodynamique, qui s'est révélé être un problème sérieux pour l'atomisme. Cette loi, qui établit que la quantité d'entropie dans l'univers doit augmenter (ou, du moins, ne pas décroître) avec le temps ou, en d'autres termes, que l'énergie se dégrade avec le temps, est une loi phénoménologique bien confirmée. Mais on s'est rendu compte qu'elle ne pouvait pas être « rendue » dans le vocabulaire classique de la mécanique des particules, parce que la mécanique newtonienne (avec ses présupposés atomistes) est symétrique eu égard au temps. Zahar se réfère en particulier ici au résultat de Poincaré qui montre qu'étant donné l'état initial W d'un système physique S, S reviendra nécessairement, dans un intervalle de temps extrêmement long mais fini, à un état proche de W.

ensemble de relations formelles qui classifient notre connaissance du monde en établissant logiquement la liaison avec les données empiriques, celle-ci tente de relier la partie représentative et la réalité sous-jacente.

La partie explicative, selon Duhem, peut bien satisfaire notre besoin plus ou moins intuitif d'une « description de la réalité », mais elle n'accomplit en soi aucun travail empirique. En fait, elle correspond à un système métaphysique arbitraire qui est plus en phase avec notre besoin de description intuitive qu'avec la réalité sous-jacente elle-même. À ce titre, si nous y cherchons une quelconque continuité ontologique, nous n'y trouverons, nous dit Zahar, qu'une « suite chaotique de révolutions éliminatoires ». Mais il est aussi possible de s'en dispenser et, avec elle, de se dispenser des éléments ontologiques et interprétatifs qui lui sont attachés; nous pouvons alors nous reposer uniquement sur la partie représentative de nos théories, qui seule renferme le contenu empirique.

Il s'ensuit que si l'on reconnaît que la physique peut « imiter » les mathématiques et que l'on peut repérer une continuité de structure basée sur le principe de correspondance[1], alors il est possible d'identifier un certain contenu, préservé et accumulé au niveau représentatif[2]. Se trouve ainsi réfutée la conception de l'histoire de la science comme série de ruptures brutales.

Sous l'influence de ses croyances religieuses, Duhem s'attache à l'idée que le niveau représentatif est purement formel et que, par conséquent, une telle continuité à ce niveau n'a aucun poids ontologique. Plus généralement, il soutient que la science ne nous permet jamais d'accéder directement à la « Réalité », et qu'une telle mission revient à la foi. Tel n'est

---

1. Quand une théorie en remplace une autre, celle-là doit rendre compte de tout ce dont celle-ci rendait compte (et donc la contenir comme un cas limite) et de un ou plusieurs phénomènes non-encore expliqués.

2. Qui consiste en un ensemble de relations et qui est donc, à ce titre, intrinsèquement structural.

pas l'avis de Zahar et c'est là que se fait jour le concept qui est au cœur de sa réflexion dans cet article.

La « picturabilité », c'est-à-dire l'exigence d'une visualisation intuitive de la réalité prétendument décrite par la partie explicative de la théorie, est présentée par Duhem comme un besoin réaliste fondamental. Et il a parfaitement raison, nous dit Zahar, d'insister sur l'inaccessibilité de l'objet de la connaissance conçu de cette manière, si l'on tient compte de l'impossibilité de réduire une réalité transcendante à une entité intentionnelle. Mais il se trompe en supposant qu'il n'existe pas d'autre moyen de satisfaire ce besoin réaliste. La picturabilité est en effet une exigence anthropocentriste, idéaliste, mise en avant par les formes les plus naïves de réalisme. Un réaliste raisonnable et sophistiqué n'y recourra pas et donnera une valeur sémantique, et non purement syntaxique, à la partie représentative de nos théories. Le noyau de la théorie physique, sa structure formelle, est donc elle-même, dans une certaine mesure, explicative [1].

Telle est l'idée capitale qui sous-tend le réalisme structural (RS). Ce qui est préservé n'est pas affecté par les changements inter-théoriques parce que cet élément s'est saisi de quelque chose de réel. Selon Worrall [1989] et [1994], le RS permet de « gagner sur deux tableaux » à la fois. D'une part, il résiste à la méta-induction pessimiste de Laudan [1981], qui soutient qu'étant donné le fait que les théories couronnées de succès dans le passé ont finalement été reconnues comme se référant à des entités qui n'existaient pas, nous devons reconnaître que l'explication du succès de la science ne peut être basée sur une interprétation réaliste des engagements ontologiques de nos théories (particulièrement en ce qui concerne la référence des termes théoriques). Cette induction est réfutée en établissant

1. Étant accordé que par « explicatif » nous entendons « capable de lier la théorie à la réalité sous-jacente », comme précédemment. Cela signifie que les relations formelles apparaissant dans la partie représentative ont en fait une signification ontologique.

simplement que, s'il y a bien discontinuité au niveau métaphysique compris de façon traditionnelle (c'est-à-dire au
niveau explicatif au sens duhémien), cela ne prouve pas qu'il
n'y ait rien dans les théories (passées ou présentes) qui reflète
le monde. En fait, l'argument de Laudan, loin d'être concluant
contre le réalisme convergent (*convergent realism*), insiste à
juste titre – et, à cet égard, sert le réaliste – sur le fait que ce
n'est pas dans les présupposés métaphysiques explicites des
théories que nous devons chercher un contenu ontologique.
D'autre part, le RS donne un sens à l'argument réaliste dit de
« l'absence de miracle » (*no miracle argument*), selon lequel
les étonnants résultats de la science ne relèvent pas de la pure
coïncidence, comme ce serait le cas si nos théories décrivaient
en fait un monde fictif sans rapport avec la réalité. Les succès
de la science sont obtenus par l'identification correcte de
certaines portions de la réalité, qui sont représentées par la
structure des théories ; et la structure est ce qui se conserve au
cours de l'histoire de la science. Aucun miracle n'a lieu à
aucun moment de ce processus.

Cette interprétation réaliste de la structure des théories
et de leurs relations avec le monde qu'elles représentent
est généralement donnée en terme d'isomorphisme entre le
formalisme de la théorie et la structure des propriétés du
monde.

Zahar souscrit à la variante « épistémique » du RS, une
position aussi partagée par Worrall et qui poursuit dans la voie
ouverte par Poincaré, en soutenant que les *relata* existent mais
ne peuvent être connus. Il est aussi possible de tenir le RS
« épistémique » comme agnostique relativement à l'existence
des entités inobservables qui sont censées entretenir ces relations. D'autres auteurs, en particulier Steven French et James
Ladyman[1], ont récemment suggéré qu'une plus grande audace
était de mise et que le RS « ontique » soutient que la structure

---

1. Voir Ladyman [1998] pour une définition claire de cette version du RS.

n'est pas seulement tout ce dont nous pouvons avoir connaissance, mais qu'elle est, en fait, tout ce qui existe. En d'autres termes, tout l'appareil ontologique appartenant au niveau explicatif de Duhem n'est pas seulement non-testable : il ne se réfère à rien de réel[1].

Historiquement, le RS « épistémique » remonte, par l'intermédiaire de Grover Maxwell, à Russell. La célèbre distinction entre « connaissance directe » (*knowledge by acquaintance*) et « connaissance par description » (*knowledge by description*) a permis à Russell de soutenir que nous ne connaissons certaines choses qu'indirectement, au travers de leurs effets observables (ou, plus largement, perceptibles). Dans les années soixante-dix, Maxwell a développé cette distinction et l'a associée au traitement opéré par Ramsey (par le biais de la quantification existentielle) sur les énoncés théoriques[2], pour finalement obtenir une conception réaliste inédite, simple mais saisissante. Dès que l'on traite de l'inobservable, nous dit-il, nous pouvons en prendre connaissance indirectement, à l'aide de l'ensemble des propriétés qu'il manifeste. Par conséquent, nous pouvons seulement dire que « quelque chose existe avec telle ou telle propriété » et nous pouvons être sûrs que nous nous référons bien là à quelque chose. De la même manière, le traitement de Ramsey (*Ramsification*) appliqué à une théorie, conçue en termes linguistiques comme l'ensemble

1. Il faut souligner que French et Ladyman défendent le RS « ontique » sur la base d'arguments concernant la mécanique quantique, en soutenant que l'ontologie des particules individuelles est sur un pied d'égalité, dans le monde microscopique, avec une ontologie rivale qui se dispense totalement du concept classique d'individualité. La sous-détermination de la métaphysique par la physique, avancent-ils, peut être surmontée en indiquant ce qu'ont en commun ces deux métaphysiques, à savoir la structure. Néanmoins, le fait même que la sous-détermination doive impliquer que le choix ne soit pas seulement épistémiquement impossible mais aussi ontologiquement vide de sens, reste obscur. En tout cas, le RS « ontique » demeure possible.

2. C'est-à-dire portant sur des entités inobservables ou non-encore observées.

des assertions $T(t_1, \ldots, t_n)(O^1, \ldots, O^m)$[1], la transforme simplement en un énoncé existentiellement quantifié $\exists(u_1, \ldots, u_n)[(u_1, \ldots, u_n)(O_1, \ldots, O_m)]$. C'est, globalement, à une telle formulation du RS que souscrit Zahar.

Pour résumer, c'est la structure qui est conservée au cours du développement historique de la science. Elle est préservée (du moins avons-nous de bonnes raisons de le supposer) parce qu'elle représente quelque chose de réel. Par sa nature, la structure représente des relations entre les choses. Gnoséologiquement, cela signifie que nous ne connaissons pas les *relata*[2], mais que nous connaissons certaines de leurs propriétés et que nous pouvons par conséquent nous y référer à l'aide des théories « ramsifiées ».

Pourtant une difficulté bien connue se dresse ici, celle dite de « l'objection de Newman »[3] :

1. Le RS réduit le contenu cognitif d'une théorie à son énoncé de Ramsey.

2. L'énoncé de Ramsey d'une théorie peut être satisfait de manière triviale, sans imposer rien de plus que des contraintes de cardinalité.

3. Les théories scientifiques ne se contentent pas de nous dire à combien d'objets nous avons affaire.

4. Par conséquent, le RS est trivial[et/ou] non-informatif.

Dans l'appendice IV de [2001], écrit avec John Worrall, Zahar précise quelle est la manière correcte et significative de comprendre la version « ramsifiée » d'une théorie. En rappelant qu'elle doit se lire $\exists(u_1, \ldots, u_n)[(u_1, \ldots, u_n)(O_1, \ldots, O_m)]$, *en y incluant les énoncés observables*, Zahar et Worrall soutiennent que l'objection de Newman peut être réfutée avec succès.

---

1. Où les *O* représentent des assertions observationnelles et les *t* des assertions théoriques.

2. Le RS « ontique » dirait qu'ils n'existent pas.

3. Newman [1928] l'a d'abord formulée à l'égard du « structuralisme » russellien. Elle a été reprise plus récemment par Demopoulos et Friedman [1985].

Une traduction à la fois empirique et structurale de la théorie ramsifiée est encore réfutable et évite par conséquent les accusations de trivialité, d'absence d'informativité, $^{et}/_{ou}$ de représentation incorrecte de la nature des théories scientifiques dirigées à l'encontre du RS. Mais le débat reste ouvert encore aujourd'hui.

Pour conclure, on avancera que les points suivants devront aussi être pris en considération pour qu'une formulation à venir du réalisme puisse être jugée satisfaisante :

a. Une définition claire de la structure au sujet de laquelle nous devrions être réalistes (est-ce une structure abstraite construite à partir des éléments partagés par tous les modèles théoriques alternatifs, ou est-elle directement isomorphe à la réalité ?).

b. Une explication du fait que le structuralisme est censé impliquer le réalisme (si ce qui est observable est ce qui est réellement informatif, qu'est-ce qui distingue, par exemple, le RS de l'empirisme constructif de Van Fraassen ?).

c. Une clarification quant à la viabilité de la version la plus radicalement « ontique » du RS (que signifie être réaliste à propos d'une structure entendue comme ensemble de relations, tout en disant ignorer les relata ?).

Malgré tout, et au vu de la situation actuelle du débat en philosophie des sciences, le RS se présente comme une forme tout à fait intéressante, si ce n'est la plus prometteuse, de réalisme et mérite donc qu'on lui prête attention.

Indications bibliographiques

DEMOPOULOS W., FRIEDMAN M., « Critical Notice : Bertrand Russell's "The Analysis of Matter" : Its Historical Context and Contemporary Interest », *Philosophy of Science*, 52, 1985, p. 621-663.

DUHEM P., *La théorie physique : son objet, sa structure*, 1906, 2e éd., 4e tirage, Paris, Vrin, 1997.

KETLAND J., « Empirical Adequacy and Ramsification », *British Journal for the Philosophy of Science*, 55, 2004, p. 287-300.

LADYMAN J., « What is Structural Realism ? », *Studies in the History and Philosophy of Science*, 29, 3, 1998, p. 409-424.

LAUDAN L., « A Confutation of Convergent Realism », *Philosophy of Science*, 48, 1981, p. 19-49.

NEWMAN M. H. A., « Mr. Russell's "Causal Theory of Perception" », *Mind*, 37, 1928, p. 137-148.

POINCARÉ H., *La Science et l'hypothèse*, Paris, Flammarion, 1902.

PSILLOS S., « Is Structural Realism the Best of Both Worlds ? », *Dialectica*, 49, 1995, p. 15-46.

– *Scientific Realism : How Science Tracks Truth*, Londres, Routledge, 1999.

WORRALL J., « Structural Realism : the Best of Both Worlds ? », *Dialectica*, 43, 1989, p. 99-124.

– « How to Remain (Reasonably) Optimistic : Scientific Realism and the "Luminiferous Ether" », 1994, *in* D. Hull, M. Forbes and M. Burian (eds.), *PSA 1994*, Philosophy of Science Association, p. 334-342.

ZAHAR E., *Poincaré's Philosophy : From Conventionalism to Phenomenology*, Chicago et LaSalle, Open Court Publishing Company, 2001.

ATOMISME ET RÉALISME STRUCTURAL

1. INTRODUCTION

Les Grecs proposèrent la théorie atomique comme solution d'un problème purement philosophique ; celui de concilier la thèse parménidienne de l'immutabilité de l'Être avec l'existence indéniable du changement dans le monde des phénomènes. C'est pour cette raison que Démocrite postula un espace quasi-vide contenant une multitude de particules insécables, ou atomes, dont chacune pouvait être assimilée à une sphère parménidienne. Le vide et les atomes étaient supposés être intrinsèquement inaltérables. Quant au flux des apparences, les philosophes étaient mis en demeure d'en rendre compte en fonction des différentes configurations de particules immuables au sein d'un même espace absolu. La seule forme de changement admise par les atomistes était donc le mouvement, c'est-à-dire la variation de la position spatiale avec le temps. Au départ, cette hypothèse était empiriquement infalsifiable et donc métaphysique, puisqu'on pouvait impunément prétendre que tout état de choses avait son origine dans un mouvement d'atomes qu'on n'était pas encore tenu de décrire d'une manière précise. À la suite de la Révolution scientifique et surtout grâce aux travaux de chimistes tels que

Boyle et Dalton, l'atomisme se transforma en une conjecture testable. Prise en conjonction avec d'autres prémisses, par exemple des descriptions de conditions aux limites, la théorie atomique pouvait, à partir de ce moment-là, être confrontée à l'expérience sensible; et elle s'avéra en l'occurrence être une hypothèse d'une très grande valeur explicative.

Au cours de la seconde moitié du XIXe siècle, l'atomisme dut néanmoins faire face à un défi lancé par un programme rival, celui de la thermodynamique classique. Ce dernier se fondait sur deux principes, à savoir ceux de la conservation et de la dégradation de l'énergie. Ces lois seront dénotées par [A] et [B] respectivement. Le sens de [A] est clair : aucune forme d'énergie ne peut être créée *ex nihilo*, c'est-à-dire à partir de rien; de sorte que l'énergie totale d'un système isolé reste constante à travers le temps. Quant à la proposition [B], elle équivaut à la loi suivante : aucun processus n'est possible dont le seul effet est l'extraction, à partir d'un seul réservoir ayant une température bien définie, d'une quantité de chaleur Q qui est intégralement transformée en une quantité équivalente de travail W. Grâce à [B], Clausius put déterminer une fonction S de l'état d'un système physique Ω telle que S ne décroît jamais par rapport au temps. En fait, au cours de tout processus non pas idéalisé mais réel, S est strictement croissante. S pourrait donc en principe rendre compte du caractère unidirectionnel du temps. D'un point de vue intuitif, S est une mesure du désordre régnant dans le domaine Ω; et c'est du fait de la monotonie croissante de S qu'aucune quantité de chaleur ne peut être intégralement convertie en travail mécanique (notons en passant que la chaleur représente une forme d'énergie désordonnée ou dégradée).

Bien qu'au niveau des faits la thermodynamique fût une grande réussite scientifique, ses capacités heuristiques restèrent limitées; car elle devait faire appel à des lois purement empiriques et donc inexpliquées, avant de fournir des prévisions vérifiables. Par exemple, elle accepta, comme de simples données, le principe de la transformation de la chaleur en énergie mécanique et aussi certaines équations d'état comme celles de Boyle et de Van der Waals. Cette méthode de construction des lois, qui est toujours à la remorque des résultats d'expérience, fut pourtant élevée par Duhem au rang d'un principe heuristique universel : au moyen des deux méthodes d'abstraction et de généralisation, qui sont toutefois imprégnées de présuppositions théoriques, le scientifique induit des lois subsumant un ensemble de faits observables ; ceux-ci, étant à leur tour dépendants de certaines conjectures, sont faillibles. Ensuite, à partir de principes tels que [A] et [B], le savant construit des hypothèses qui, tout en n'ayant aucun contenu informatif, sont censées impliquer logiquement des lois expérimentales prédonnées. Tout au long de ce processus de création scientifique, ce n'est pas la métaphysique spéculative mais l'ingéniosité mathématique guidée par des analogies formelles, qui joue le rôle heuristique principal.

L'ontologie atomiste se trouva confrontée à une tâche très ardue, celle de réduire les propositions [A] et [B] à ses propres principes ; c'est-à-dire de démontrer que [A] et [B] constituent des cas limites des lois de la dynamique gouvernant le mouvement des particules. [A] ne présente pas de difficulté majeure puisque, selon l'atomisme, la chaleur n'est que de la matière en mouvement. En principe, [A] doit donc pouvoir se déduire des lois de conservation des énergies mécanique et électromagnétique. Comme celles-ci découlent des hypothèses de Newton et de Maxwell, l'atomisme devrait être à même d'expliquer – plutôt que de simplement postuler – la manière dont la chaleur peut être transmuée en travail ; en d'autres termes : de rendre compte de la possibilité d'une transformation d'une forme d'énergie mécanique en une autre. Par contre, [B] apparut comme opposant un obstacle insurmontable à l'atomisme. Rappelons que celui-ci se fondait non seulement sur la thèse générale de la nature granulaire de la matière, mais aussi sur les lois – très précises – de la dynamique classique. Or nous savons que la mécanique est déterministe et qu'elle traite la prédiction et la rétrodiction sur le même pied. Considérons un intervalle de temps quelconque [a, b]. Les conditions initiales à l'instant a non seulement déterminent les conditions finales en b mais sont à leur tour uniquement cernées par celles-ci. En outre, la mécanique newtonienne est réversible par rapport au temps. En effet, soit $\{P_1, ..., P_n\}$ un système isolé de particules parcourant une trajectoire (en un intervalle de temps [0, b]. Si les vecteurs-vitesses étaient inversés à l'instant b, alors $\{P_1, ..., P_n\}$ décrirait, entre b et 2b, l'image Γ^* symétrique de Γ par rapport à t=b; et toutes les vitesses seraient inversées aux points homologues de Γ^* et de Γ. Tout se passerait comme si $\{P_1, ..., P_n\}$ reparcourait Γ, mais en sens inverse. Il semble dès lors impossible que l'entropie S puisse être définie en termes strictement mécanistes; car si S était uniquement déterminée en fonction des positions et des (modules de) vitesses de $\{P_1, ..., P_n\}$, alors toute augmentation de S le long de Γ impliquerait sa diminution le long de Γ^*. Il s'ensuivrait que l'entropie pourrait en principe décroître, ce qui contredit la deuxième loi de la thermodynamique. Dès le départ, la théorie cinétique parut donc vouée à l'échec.

Nous terminerons cette introduction en mentionnant quelques succès, mais aussi des échecs empiriques majeurs du programme atomique. Pour commencer, celui-ci ne rendit pas seulement compte de la façon dont la chaleur pouvait se transformer en travail, il permit aussi aux savants de déterminer théoriquement des équations d'état qui n'étaient jusqu'alors connues qu'expérimentalement; par exemple celles de Boyle et de Van der Waals. En outre, s'appuyant sur la théorie atomique, Maxwell prédit une loi tout à fait inattendue, à savoir que la viscosité d'un gaz ne dépend pas de sa densité mais uniquement de sa température. Cette conséquence contre-intuitive fut par la suite corroborée par les faits. L'atomisme parut néanmoins empiriquement réfuté dès qu'il s'agit de calculer les chaleurs spécifiques relatives de certains corps. Soient c_p et c_v les chaleurs spécifiques d'une substance mesurées respectivement à pression et à volume constant; c'est-à-dire que $c_p =_{Def} (\delta q/\delta T)_p$ et $c_v = (\delta q/\delta T)_v$ où : δT et δq dénotent respectivement les variations de la température absolue et de la quantité de chaleur correspondante; les suf-fixes p et v dans $(\delta q/\delta T)_p$ et $(\delta q/\delta T)_v$ indiquant que le rapport $(\delta q/\delta T)$ est mesuré respectivement à pression et à volume constant. Posons : $\gamma = (c_p/c_v)$. En vertu de la loi de l'équipartition de l'énergie, les hypothèses cinétiques classiques entraînent : $\gamma = (f+2)/f$, f étant le nombre de degrés de liberté, c'est-à-dire le nombre de paramètres indépendants requis pour déterminer l'énergie d'une molécule de la substance considérée (voir Sears & Salinger, ch. 9). Pour une molécule monoatomique : f = 3, ce qui correspond à l'énergie cinétique de translation $(m/2)(v_x{}^2 + v_y{}^2 + v_z{}^2)$ définie par les trois composantes (v_x, v_y, v_z) du vecteur-vitesse; d'où : $\gamma = ((3+2)/3) \approx 1{,}66$, un résultat qui s'avère compatible avec les données de l'expérience. Mais en comparaison avec la physique quantique, la mécanique newtonienne attribue une valeur trop élevée à f; par exemple : f=7 pour le cas des molécules biatomiques dont : 3 paramètres pour l'énergie cinétique globale; 2 pour la rotation de la molé-cule définie par les composantes de la vitesse angulaire le long d'un axe perpendiculaire à celui joignant les deux atomes (l'énergie issue d'une rotation autour de ce dernier étant tenue pour négligeable); enfin 2 degrés de liberté pour une énergie vibratoire déterminée à la fois par la distance entre les 2 atomes et par leur vitesse relative. Il s'ensuit que $\gamma = ((7+2)/7) \approx 1{,}29$, une valeur qui diffère sensiblement de celle obtenue expérimentalement, celle-ci étant égale à 1,4. Tout se passe comme si la molécule ne disposait que de cinq degrés de liberté. Pour éviter que leur hypothèse ne fût contredite par l'expérience, les atomistes supposèrent que f=5, ce qui revenait à ignorer l'une ou l'autre des deux énergies, rotationnelle ou vibratoire, dont l'existence était pourtant attestée à la fois par

les faits et par des arguments théoriques. Le programme cinétique risquait ainsi de succomber à ses contradictions internes.
Les physiciens de l'époque ne pouvaient naturellement pas
savoir que l'erreur était due non pas à l'hypothèse atomique en
tant que telle, mais aux lois classiques du mouvement. De nos
jours, il est bien entendu que celles-ci, étant inapplicables aux
phénomènes microscopiques, doivent être remplacées par les
équations de la mécanique ondulatoire.

En eux-mêmes, c'est-à-dire en l'absence de la thèse
philosophique qu'ils illustrent, ces détails techniques auraient
eu peu d'intérêt ; mais ils montrent qu'à la fin du XIXe siècle, le
débat strictement méthodologique n'était pas encore tranché.
L'atomisme possédait une puissante « logique de la découverte » ouvrant de nouvelles voies à la recherche scientifique ;
mais après des succès véritablement spectaculaires, il se
trouva confronté à des difficultés en apparence insurmon-
tables. Quant à la thermodynamique pure, bien qu'elle semblât
être sans faille sur le plan de l'expérience, elle n'offrait au
savant qu'une heuristique faible parce que dépendante de
résultats factuels prédonnés. Rappelons que le noyau dur d'un
programme est nécessairement métaphysique, c'est-à-dire
qu'en l'absence d'hypothèses auxiliaires, il est infalsifiable :
sans cela, il nous serait impossible de le défendre en toute
circonstance puisque aucun diktat ne saurait protéger une
proposition scientifique contre toute réfutation expérimentale.
Le noyau peut néanmoins être soit indirectement infirmé par
les échecs, soit soutenu par les succès empiriques du programme qu'il sous-tend. Mais la situation reste ambiguë tant
que celui-ci peut, comme ce fut le cas pour l'atomisme (ou
même pour la thermodynamique pure), être crédité de percées
éclatantes tout autant que d'échecs inattendus. Prise isolément,
aucune méthodologie interne ne peut alors expliquer les choix
et les préférences des scientifiques engagés dans le débat. Afin
de rendre compte des décisions prises par les savants,
l'historien et l'épistémologue doivent recourir à des critères

extérieurs à la science et qui peuvent bien être d'ordre éthique ou religieux, voire politique. Ceux-ci pourraient éclairer la manière dont les savants procèdent à une pondération parmi les faits fournis par l'expérience, extrapolant à la fois les réussites de leurs programmes d'élection et les échecs de leurs rivaux.

Procédons maintenant à un examen des évaluations de l'atomisme faites par Mach, Duhem, Ostwald, Boltzmann et Zermelo (nous ferons une analyse séparée de l'attitude de Poincaré, qui s'avèrera beaucoup plus objective que celle des autres protagonistes).

2. LA CRITIQUE MACHIENNE DE L'ATOMISME

Ernst Mach (1838-1916) fut pour ainsi dire le chef de file des tenants de la thermodynamique pure dans leur lutte contre le programme atomique. Il exerça une influence profonde sur le néopositivisme moderne tout autant que sur la pensée d'auteurs tels que Russell, Husserl, Duhem et Poincaré, qui le citent souvent dans leurs œuvres.

Mach a dû être frappé par le fait qu'en dépit de leur discours concernant l'espace, le temps, les masses ponctuelles et les atomes, les scientifiques, dès qu'ils en viennent à tester leurs hypothèses, se fient exclusivement aux contenus de leurs perceptions et de leur pensée; c'est-à-dire qu'en tant que méthodologues, ils adoptent une attitude idéaliste, voire solipsiste. C'est d'ailleurs pour cela que Mach qualifia sa propre position de solipsisme méthodologique. Cela étant le cas, pourquoi postuler, au niveau de l'ontologie, autre chose que ces contenus de conscience, ou plutôt leurs composantes ultimes, appelés « éléments de sensation » ? Ceux-ci consistent en des couleurs, des sons, des odeurs, des formes géométriques, et aussi des pensées et émotions vécus par le scientifique. Nous pouvons décrire cette thèse en prenant comme point de départ, non pas

la position de Berkeley, mais, comme Mach l'avait lui-même
fait, le transcendantalisme kantien, selon lequel nous n'avons
de connaissance authentique que des apparences; quant à la
structure des noumènes ou choses-en-soi, elle est pour ainsi
dire ineffable, du moins pour notre esprit. Tout ce que nous
savons de ces entités cachées, c'est qu'elles existent et que,
d'une façon ou d'une autre, elles donnent naissance aux phénomènes; mais la manière dont elles fondent les apparences
constituera toujours un mystère insondable pour notre
entendement. Les noumènes ne jouant qu'un rôle négligeable
dans le système kantien – du moins selon Mach – celui-ci
décida de les abolir et de prendre comme ontologie de base un
réseau de phénomènes liés par des relations fonctionnelles.
Bien que souvent présenté comme un moniste neutre, Mach
souscrivait – peut-être contre son gré – à un idéalisme
outrancier, puisque solipsiste; ce qui ne devrait point nous
étonner puisqu'il avait débarrassé le système kantien de sa
seule composante réaliste, à savoir l'univers des noumènes.
N'oublions pas que Berkeley lui-même avait du recourir à
un Dieu transcendant pour fonder un monde intersubjectif
d'idées. Inutile d'ajouter qu'une telle « solution » n'aurait pas
été du goût d'un agnostique tel que Mach.

Mach tenta de résoudre le problème du rapport entre l'âme
et le corps en soutenant que celui-ci, tout autant que celle-là,
est constitué par des éléments de sensation relativement
stables; cette stabilité étant garantie par des liens mathématiques inaltérables entre les éléments. D'après Mach, soutenir
que les objets continuent d'exister même après avoir cessé
d'être perçus n'est ni vrai ni faux mais dépourvu de sens : tout
ce qu'il nous est permis d'asserter, c'est que nous éprouvons
toujours les mêmes sensations chaque fois que nous effectuons
une même série d'opérations, et ce dans des conditions
prescrites d'avance. Par conséquent, la science devrait se fixer
pour unique tâche de déterminer un système d'équations
indépendantes, de la forme : $f_j(x_1, x_2, ..., x_n) = 0$ $[j = 1, 2, ..., m]$,

x_1, x_2, ..., x_n étant des variables portant sur les intensités des éléments de sensation parmi lesquels se trouvent, entre autres, le corps de l'observateur et ses actes de conscience. Il y aura, en général moins d'équations que d'inconnues, c'est-à-dire que m<n. Nous pouvons donc considérer comme cause n'importe quel sous-ensemble C_{n-m} de (n − m) éléments de $\{x_1, x_2, ..., x_n\}$; une fois fixés théoriquement ou de façon expérimentale, ceux-ci déterminent, par le biais des m équations citées plus haut, l'ensemble E_m des m inconnues restantes. E_m pourrait alors être regardé, de manière nominale, comme l'effet de la cause C_{n-m}. Mach compte ainsi remplacer la notion asymétrique de cause et d'effet par celle, tout à fait symétrique, de relation fonctionnelle entre divers éléments de sensation. Par exemple, étant donné la loi de Mariotte pv = k, où p et v dénotent respectivement la pression et le volume, la température étant supposée constante, une variation de la valeur de p peut être tenue pour la cause de celle de v, et *vice versa*. Notons enfin que toutes les quantités x_1, x_2, ..., x_n, faisant référence à des éléments de sensation, doivent signifier des entités perceptibles. Il s'ensuit que toute cause, tout autant que ses effets, doit être observable (Mach 1886, chapitre 1).

Les objections faites par Mach à l'encontre de l'atomisme se comprennent à partir de sa position phénoméniste : étant inobservables, les atomes et les molécules sont de pures constructions de l'esprit ; et pourtant les physiciens matérialistes attribuent à ces fictions des propriétés tactiles et spatiales qui ne nous sont connues que comme qualités sensibles. Par exemple : une table étant appréhendée comme dure et étalée dans l'espace visuel, nous attribuons, par analogie, l'impénétrabilité et l'extension aux atomes qui sont censés la composer. Qui plus est : au-delà de cette extension paradoxale de propriétés observables à des entités cachées, les mécanistes ont la prétention d'exiger une explication de tous les attributs directement perçus tels que les couleurs, les sons et les odeurs à partir de processus atomiques inaccessibles à nos sens. Selon

Mach, ces réquisits injustifiés découlent tous d'un préjugé cartésien, celui de vouloir forcer toute la science dans le carcan de la physique mathématique. Son absurdité intrinsèque mise à part, ce programme mène tout droit à un problème insoluble, celui de la relation de l'âme et du corps que l'approche machienne était dès le départ censée éliminer une fois pour toutes.

Mach formule une autre critique – d'ordre strictement méthodologique – à l'encontre du projet atomiste : la décision d'expliquer tous les phénomènes en fonction de processus atomiques réduit considérablement le nombre des paramètres dont dispose le savant ; puisqu'il serait alors astreint à ne faire usage que des notions de masse (m), de charge (e), de coordonnées spatio-temporelles $\langle x, y, z \rangle$ et de composantes $\langle v_x, v_y, v_z \rangle$ des vitesses ; il n'aurait, par exemple, plus le droit d'user de la température T comme d'une variable indépendante, puisque T serait alors définie comme l'énergie cinétique moyenne d'un ensemble de molécules. Mach donne l'exemple suivant. Supposons-nous tenus de décrire toutes les propriétés des atomes en fonction de leurs relations spatiales au sein d'un espace tridimensionnel. Étant donné trois particules non-collinéaires Q_1, Q_2, Q_3, la position d'un point arbitraire P est déterminée (à une symétrie par rapport au plan $Q_1Q_2Q_3$ près) par les distances PQ_1, PQ_2, PQ_3. Tout rapport entre P et un autre point B sera donc entièrement fixé par 6 nombres réels, à savoir : PQ_j et BQ_j (j=1,2, 3) ; ce qui, selon Mach, démontre que le projet de rendre compte de l'état d'un gaz exclusivement en fonction des propriétés spatiales de ses composantes atomiques représente une contrainte inadmissible sur le nombre des paramètres indépendants (Mach 1872, chap. 3).

Comparons maintenant la position de Mach avec celle, quasi-poppérienne, que nous nous sommes toujours efforcés de défendre. Premièrement, ce sont les états de choses et non pas les choses elles-mêmes qui peuvent constituer des causes et des effets; et ce ne sont pas les concepts mais les propositions que l'on peut qualifier de scientifiques ou de métaphysiques. Une théorie H sera dite scientifique si et seulement si elle est réfutable par l'expérience; c'est-à-dire s'il existe deux énoncés empiriquement décidables p et q tels que: p décrit des conditions aux limites, q exprime une prédiction et $(H \& p) \Rightarrow q$.p est alors appelée la cause de l'effet q. Vu que $(H \& p) \Rightarrow q$ n'entraîne pas nécessairement $(H \& q) \Rightarrow p$, la dissymétrie entre la cause et l'effet se trouve, du moins en partie, restaurée. Notons ensuite que toute contrainte réduisant le nombre des paramètres disponibles – et que Mach déplore – possède, de notre point de vue, le mérite de restreindre la manière dont une hypothèse peut être fabriquée de façon à subsumer des résultats factuels donnés d'avance. Ces restrictions mettent le scientifique en demeure de construire des lois hautement testables et sont, de ce fait, d'un très grand secours. Reprenant le schème $f_j(x_1, x_2, ..., x_n) = 0$ [j=1,2, ..., m], il nous semble donc souhaitable qu'il y ait plus d'équations que d'inconnues à calculer; c'est-à-dire que nous devrions avoir n<m. Les paramètres $x_1, x_2, ..., x_n$ devront donc être surdéterminés; car c'est seulement alors que se posera le problème de la cohérence de notre hypothèse – appelons-la H – et, de ce fait, celui de sa falsification ou de sa corroboration. En d'autres termes: des m équations citées ci-dessus, n détermineront les valeurs des variables $x_1, x_2, ..., x_n$, et les (m-n) relations restantes serviront, si elles sont satisfaites, à confirmer H; si, par contre, l'une d'entre elles se révélait fausse, H serait alors expérimentalement réfutée (pour le rapport entre la confirmation et la surdétermination, voir Zahar 2001, chap. 1).

Avant d'examiner la philosophie des sciences de Duhem, il nous faut mentionner une concession importante faite par Mach à l'égard de l'atomisme, ou plutôt à l'égard du langage atomique. Celui-ci pourrait, selon Mach, être légitimement utilisé comme moyen de classification de certains phénomènes et donc, en dernière analyse, de mettre de l'ordre dans

les éléments de nos sensations. À l'opposé des concepts dits
« monstrueux » *d'espace et de temps absolus*, ceux d'*atome*
et d'*électron* pourraient s'avérer utiles dès lors qu'il s'agit
d'organiser, de manière cohérente, certains domaines de
nos connaissances; à condition que de tels concepts soient
dépourvus de toute connotation réaliste (Mach 1883, chap. 4).

3. OSTWALD ET DUHEM

L'épistémologie d'Ostwald vaut la peine d'être décrite ne
serait-ce qu'en raison du fait que, dans le camp de la thermodynamique pure, elle présente l'image négative de la position
de Duhem. À l'opposé de ce dernier, Ostwald adhérait à un
réductionnisme physique pur et dur, à un réalisme déterministe tout autant qu'à un inductivisme naïf, pour ne pas dire
primaire. Jugeant les atomes intrinsèquement inobservables et
considérant l'atomisme comme un tissu d'hypothèses arbitraires, il prétendait avoir directement induit l'*énergétique* à
partir de données indubitables; l'énergétique étant la supposition que l'univers est constitué, non pas par les atomes,
mais par plusieurs formes d'énergie, toutes interconvertibles.
Ostwald considérait ces formes comme étant « évidemment »
irréductibles les unes aux autres puisqu'elles sont différemment appréhendées par nos sens (Ostwald 1937, chap. 7).
Nous ne nous attarderons pas sur les paralogismes infirmant
les arguments d'Ostwald; car ceux-ci ont de toute façon le
mérite de démontrer que l'atomisme se trouvait confronté aux
objections non seulement des philosophes phénoménistes,
mais aussi de certains savants réalistes, et non pas des
moindres; puisqu'il ne faut pas oublier qu'Ostwald fut l'un
des créateurs de la chimie moderne (il reçut le prix Nobel de
chimie en 1909). Notons toutefois qu'à la suite de la *confirmation expérimentale* de l'hypothèse atomique, celle-ci finit
par être acceptée par Ostwald; ce qui montre que le processus

de la corroboration, et non celui de l'inférence dite inductive, joue un rôle décisif dans le progrès des sciences.

Tournons-nous maintenant vers Duhem dont nous partageons le point de vue épistémologique, du moins en grande partie. C'est d'ailleurs pour cela que nous ferons de sa philosophie des sciences un exposé quelque peu détaillé. Duhem se fixa pour but de désengager la science de la métaphysique; et ce non pas parce qu'il regardait celle-ci comme dénuée de sens; mais, en tant que catholique pratiquant, il s'en tenait à une seule ontologie, celle *révélée* par les Écritures et cernée par les Pères de l'Église. En lisant *La Théorie physique*, nous avons l'impression que son auteur a voulu introduire le faillibilisme à tous les niveaux de l'activité scientifique, limitant ainsi les prétentions de cette dernière afin de laisser plus de place à la foi. Il présenta toutefois sa méthodologie comme une stratégie que l'incroyant, tout autant que le croyant, pouvait accepter en bonne conscience. Comme tout scientifique, il fut en outre impressionné par le caractère cumulatif du développement des mathématiques. Par contre, la physique semblait progresser d'une manière chaotique et imprévisible. Tout *réalisme* doit en effet faire face au problème posé par la fréquence des révolutions scientifiques. Bien qu'il puisse y avoir, entre deux hypothèses consécutives, une continuité syntaxique garantie par le Principe de Correspondance, le niveau sémantique semble présenter une suite de cassures brutales. Les référents d'une nouvelle théorie évincent ceux de l'ancienne avec lesquels ils paraissent n'avoir rien en commun. C'est pour cela que Duhem se demanda si une conception continuiste de l'évolution de la physique était possible. Le réalisme étant la thèse métaphysique la plus courante, une séparation stricte entre la science et la métaphysique lui apparut comme la précondition d'une approche gradualiste du développement des sciences.

Duhem ne proposa pas de critère formel pour démarquer la science de la métaphysique. Mais il en dit assez pour que la

définition poppérienne s'avère serrer de très près l'idée intuitive que Duhem se faisait de l'ontologie. Il considérait la métaphysique comme étant trop faible pour pouvoir entraîner une
théorie scientifique, mais aussi comme assez forte pour exclure
certaines lois empiriques. Soient M et S deux propositions
respectivement métaphysique et scientifique. Selon Popper, S
doit être falsifiable, c'est-à-dire qu'il existe un énoncé e tel que
$S \Rightarrow e$, e pouvant en principe être vérifié ou falsifié par l'expérience. Il s'ensuit que Non $(M \Rightarrow S)$; sinon $M \Rightarrow S \Rightarrow e$, de sorte
que M pourrait alors être falsifiée par $\neg e$, et ce contrairement à
notre supposition que M est métaphysique. Par contre, il est
tout à fait possible que $M \Rightarrow \neg S$, c'est-à-dire que M exclue
une hypothèse scientifique S. Par exemple, le cartésianisme
nie la possibilité de toute action à distance, entraînant ainsi
la négation de la gravitation newtonienne. La métaphysique
n'est donc pas trop faible, ou trop imprécise, pour bloquer
certaines lois qui s'accordent bien avec l'expérience. Les deux
conceptions, duhémienne et poppérienne, de la métaphysique
sont donc similaires (Popper 1934, chap. 1, § 4).

Selon Duhem, une continuité de structure fondée sur le
Principe de Correspondance constitue le seul point d'analogie
entre les mathématiques et les sciences empiriques. Les différences entre ces deux disciplines restent néanmoins profondes.
Les théorèmes mathématiques sont des propositions synthétiques dont la certitude est due à deux facteurs. Premièrement,
les axiomes sont d'une simplicité telle qu'ils en deviennent
accessibles à une intuition directe. Deuxièmement, les règles
d'inférence, étant strictement déductives, transmettent infailliblement la vérité des prémisses aux conclusions. Il s'ensuit
que les propositions mathématiques sont établies une fois pour
toutes et ne font qu'augmenter en nombre. Quant aux hypothèses physiques, elles ont un contenu synthétique extrêmement complexe et sont donc loin d'être évidemment vraies.
Galilée soutenait, à juste titre, que le savant doit aller à
l'encontre de l'évidence de ses sens; et selon Planck, plus la

science avance, moins elle est anthropomorphe et donc plus elle est inintelligible. Ne pourrait-on néanmoins pas prétendre que les lois de la nature, quelque contre-intuitives qu'elles puissent paraître, nous sont imposées par les faits ? Après tout, Newton n'affirmait-il pas simultanément ne pas comprendre la loi de la gravitation et l'avoir inductivement tirée des phénomènes ? Sur ce point, l'opinion de Duhem est catégorique et, nous semble-t-il, tout à fait juste : le physicien chercherait en vain à imiter, par le biais de l'induction, la méthode de démonstration directe du mathématicien, et par celui de la réfutation, sa preuve par réduction à l'absurde.

a) *La faillibilité de l'induction.* Le point de départ d'une démonstration mathématique directe est un ensemble d'axiomes évidents dont nous déduisons des théorèmes nécessaires. En induction physique, nous sommes de même supposés accepter des propositions factuelles reconnues infailliblement comme vraies ; nous en tirerions ensuite une hypothèse universelle tenue pour certaine.

Procédons maintenant à une reconstruction rationnelle de la position de Duhem à propos de l'induction. Il existe deux raisons pour lesquelles toute tentative visant à induire une loi générale exclusivement à partir des phénomènes doit nécessairement échouer. La première est la transcendance dite verticale de tout énoncé scientifique par rapport à l'observation. Soient p'_1, …, p'_n des propositions strictement phénoménologiques, c'est-à-dire ayant trait aux vécus d'un expérimentateur. Étant de simples rapports autopsychologiques, p'_1, …, p'_n ne peuvent pas servir de base à une induction censée mener à une loi portant sur des faits objectifs. Il nous faut donc faire correspondre à p'_1, …, p'_n des propositions p_1, …, p_n décrivant des faits transcendants. Il s'ensuit que même si tout p'_j était vraie et reconnue comme telle, p_j dépendra d'une présupposition théorique et restera donc conjecturale ; et pourtant, l'induction doit s'appuyer sur les p_j et non pas sur les p'_j. La loi ainsi induite sera donc déjà faillible, et ce indépendamment du caractère suspect de toute généralisation.

Notons que cette critique ne touche que l'inductivisme : dans la mesure où un processus de *généralisation* à partir de données factuelles est tenu pour possible, il ne peut que reposer sur une suite p_1, ..., p_n de propositions faillibles. Le falsificationnisme, avec son schème strictement hypothético-déductif, n'est pas confronté à de telles difficultés : au lieu de prendre p_1, ..., p_n comme point de départ, il pourrait tenter d'expliquer, au moyen d'une hypothèse H, les énoncés autopsychologiques p'_1, ..., p'_n en passant *déductivement* par p_1, ..., $p_{n:}$ $\neg p'_1$, $\neg p'_2$, ..., et $\neg p'_n$ constitueraient alors des falsificateurs potentiels de H dont la valeur de vérité serait connue avec certitude.

Il y a une seconde sorte de transcendance, déjà notée par Hume et qui peut à son tour assumer deux formes. La première a trait à l'existence d'une infinité de manières de généraliser un nombre fini de données expérimentales. Il existe une autre source de sous-détermination sur laquelle Duhem attire notre attention. Nous supposons souvent, comme allant de soi, que nos résultats empiriques peuvent être représentés par un nombre fini de points, qu'il s'agirait ensuite de relier par une courbe continue ; et nous savons qu'une infinité de trajectoires satisfait à cette condition. En fait, nous avons affaire non pas à des points isolés, mais à des régions rectangulaires dont la surface est d'autant plus grande que nos instruments sont moins précis. Par conséquent nos courbes sont assujetties à la très faible contrainte de devoir intersecter un nombre fini de rectangles ; de sorte que dans la plupart des cas, seule une théorie de haut niveau nous permet de sélectionner un graphe parmi d'autres, tous possibles.

b) *La faillibilité de la réfutation empirique*. Duhem nous fait remarquer qu'un test ne condamne jamais une hypothèse unique mais tout un ensemble théorique dont l'hypothèse fait partie. L'expérience nous informe que toute une conjonction de prémisses est erronée, mais elle ne nous indique pas où gît l'erreur. Soit $H_1 \& \ldots \& H_n$ cette conjonction. Posons $H_1 \equiv A$, $(H_2 \& \ldots \& H_n) \equiv B$ et supposons que $A \& B$ est empiriquement réfutée. Le problème de Duhem, appelé aussi problème de Duhem-Quine, se réduit à la question : pouvons-nous en principe avoir une raison objective, bien que révisable, de supposer que A, plutôt que B, est faux (ou l'inverse)? En d'autres termes : $A \& B$ ayant été falsifié par l'expérience, dans quel cas serait-il rationnel de modifier A plutôt que B ?

Supposons que $(A \& B) \Rightarrow e$ mais que, au lieu de e, e' ait été vérifié, e et e' étant empiriquement décidables tout en s'excluant mutuellement, c'est-à-dire que $(e' \Rightarrow \neg e)$. $A \& B$ se trouverait alors réfutée. Supposons en outre que A est une loi fondamentale ayant, par le passé, joué un rôle essentiel dans plusieurs systèmes fortement corroborés par les faits. Nous pourrions alors – mais ce n'est pas obligatoire – décider de changer B en B_1. Si $A \& B_1$ se trouvait falsifiée et que $A \& B_2$ était, à son tour, mise en défaut, et ainsi de suite, nous aurions alors une série de conjonctions : $A \& B$, $A \& B_1$, …, $A \& B_n$ dont chacune peut être considérée comme fausse. Selon Duhem et Popper, il serait alors raisonnable de regarder A plutôt que B comme ayant été effectivement réfutée. Ni l'un ni l'autre de ces deux auteurs n'explique cependant ce qu'il entend au juste par «raisonnable». Essayons néanmoins de donner de la solution de Duhem-Popper une reconstruction qui, tout en étant quelque peu simpliste, n'en est pas moins instructive.

Considérons la suite des $n+2$ propositions $(A, B, B_1, \ldots, B_n)$. $A \& B_j$ ayant été réfutée pour tout j, pour que A puisse être vraie, nous devons supposer chacune des propositions $B, B_1, \ldots, B_n$ fausse; ce qui détermine une seule séquence de valeurs de vérité pour $(A, B, B_1, \ldots, B_n)$, à savoir $(1, 0, 0, \ldots, 0)$. Si, par contre, nous étions disposés à tenir A pour fausse, nous aurions alors 2^{n+1} suites $(0, 0$ ou $1, 0$ ou $1, \ldots, 0$ ou $1)$ compatibles avec les résultats de l'expérience. Les chances que A soit fausse sont donc de l'ordre de 2 n+1 contre 1. Notons que notre approche de ce problème présuppose l'indépendance mutuelle des hypothèses A, B, B_1, …, B_n. Sinon, il se pourrait que B, B_1, …, B_n aient toutes un noyau N en commun et que A & N soit la proposition effectivement réfutée par la série des énoncés e', e'_1, …, e'_n. N aurait alors autant de chances que A d'être fausse. Mais quoi qu'il en soit, notre raisonnement fournit un soutien objectif, c'est-à-dire un *rationale*, à la stratégie de Duhem-Popper; de celle-ci découle aussi la nécessité de répéter, autant que faire se peut, les tests empiriques afin que la réfutation ou la confirmation ne soit pas due à des effets aléatoires.

c) *Représentation et explication.* Revenons maintenant à la question de savoir si malgré la faillibilité de l'induction et de la réfutation empiriques, la science pourrait éventuellement suivre une évolution quasi-cumulative. Vu l'instabilité de la métaphysique, Duhem fut amené à distinguer la partie représentative d'une hypothèse, c'est-à-dire une composante symbolique qu'il voulait à tout prix retenir, d'une partie explicative dépendant d'un système métaphysique, qu'il rejetait totalement. La partie représentative, que nous désignerons par « REP », consiste en certaines relations formelles dont le seul rôle est de classifier, c'est-à-dire d'impliquer logiquement, les lois expérimentales confirmées par les faits. Quant à la composante explicative, dénotée par « EXP », elle est censée fournir une interprétation réaliste des notions théoriques intervenant dans REP. EXP prétend ancrer la partie représentative dans une réalité sous-jacente dont l'existence n'est garantie, selon Duhem, que par un système métaphysique arbitrairement choisi.

EXP souffre de deux inconvénients. Loin d'entraîner de nouvelles conséquences testables, elle s'avère difficilement compatible avec la partie représentative qui fait la totalité du travail empirique. En outre, du fait de ses prétentions séman-tiques, EXP nous oblige à voir dans le développement de la science une suite chaotique de révolutions éliminatoires.

L'abolition d'EXP représente donc un double gain. Il en résulte, d'une part, une augmentation de ce que Mach appelait l'économie de la pensée, et ce sans perte de contenu empirique. D'autre part, le développement des sciences peut dorénavant être adéquatement conçu comme un processus continu au cours duquel, en vertu du Principe de Correspondance, la forme mathématique des lois est préservée, d'une manière exacte ou approximative. Nous nous trouvons ainsi confortés dans notre désir de voir l'ensemble de nos connaissances tendre asymptotiquement vers une classification naturelle; c'est-à-dire vers un système unifié dont la structure interne reflèterait l'ordre ontologique sans pour autant en signifier les éléments terme par terme. Selon Duhem, nous avons une bonne raison de croire nous rapprocher d'une telle classification dès lors que nous disposons d'une théorie compacte dont les prédictions empiriques devancent l'expérience. Il est évident que cette thèse repose sur l'argument anti-conspirationniste («*no miracles argument*») avancé par Poincaré pour étayer son réalisme structural. Malgré la justesse de son point de vue global, il nous semble que Duhem se trompe lorsqu'il qualifie la composante EXP *d'interprétative*. Il accuse ainsi le réalisme de prétendre nous fournir, au-delà de toute hypothèse, un accès supplémentaire aux objets transcendants dénotés par les termes théoriques de H. Selon Duhem:

> Expliquer, *explicare*, c'est dépouiller la réalité des apparences qui l'enveloppent comme des voiles, afin de voir cette réalité nue et face à face (Duhem 1906, p. 2).

Nous devons admettre qu'il existe un domaine – celui de l'observation – dans lequel un accès direct aux référents de nos expressions linguistiques est possible. En testant une hypothèse, nous opérons, le plus souvent implicitement, une réduction phénoménologique; puis nous comparons une proposition ainsi réduite, que celle-ci porte sur nos sensations, sur nos états psychiques ou sur des objets intentionnels, avec un état de choses directement appréhendé (*connu par accointance*). Dans ces cas épistémologiquement privilégiés nous sommes en état de mettre une proposition face à face avec son référent présumé, donc de déterminer sa valeur de vérité au moyen d'une correspondance directement constatée. Quant au monde extérieur, il est saisi non pas par une appréhension directe, mais par une description théorique. Cela ne signifie nullement que la notion de correspondance entre une hypothèse de haut niveau et un état de choses transcendant soit dénuée de sens; mais qu'une telle correspondance ne peut être ni réfutée ni vérifiée par une simple constatation; car il n'existe qu'une seule voie d'accès au référent de la proposition en question, à savoir la voie théorique.

Duhem affirme, à tort, qu'un réaliste conséquent sera toujours tenté de doter ses théories d'une composante *interprétative*; qu'il doit donc succomber à l'une ou à l'autre des deux erreurs suivantes: le réquisit que toute entité physique puisse être visualisée ou que toute hypothèse soit en principe réductible à une théorie présumée intelligible, par exemple à la mécanique classique. Ce que les Anglo-Saxons appellent l'exigence de « picturabilité » découle de notre désir de ne postuler en physique que des objets similaires aux entités intentionnelles dont nous avons une appréhension immédiate; c'est-à-dire qui sont connues «*par accointance*» et non par description. Que celles-ci nous soient directement accessibles n'a rien d'étonnant puisqu'elles sont engendrées par nos propres actes de conscience. À ce stade, il est commode d'introduire la distinction suivante: nous dirons d'une entité physique qu'elle est *détectable* si son existence peut être reliée, au moyen d'une théorie et d'une chaîne de causes et d'effets, à notre expérience perceptive; elle sera dite *observable* si ses propriétés transcendantes sont en outre similaires à celles qui sont vécues par l'expérimentateur.

Rappelons que selon Brentano et Husserl, la conscience à la fois crée et se fixe sur des objets qualifiés d'intentionnels. Ceux-ci habitent la conscience et, tout en restant distincts de la noèse, ne présupposent ni n'excluent la présence de corrélats physiques rééls. Par opposition à la simple détection, l'observation d'un processus physique a donc lieu lorsque ce dernier existe et ressemble à l'entité intentionnelle correspondante. Nous soutenons qu'aucun objet physique ne peut en principe être authentiquement *observé*. D'après la mécanique moderne, les particules élémentaires possèdent des propriétés qui sont non seulement absentes de tout acte de conscience, mais en outre incompatibles avec les qualités attribuées par la perception à l'objet intentionnel. Celui-ci est saisi comme ayant une surface continue et continûment colorée, comme localisé d'une manière bien déterminée dans l'espace-temps, etc. Or la mécanique quantique dénie tous ces attributs aux composantes ultimes de l'objet macroscopique. Il s'ensuit qu'aucune entité transcendante ne peut être *observée* mais seulement *détectée* au moyen de ses corrélats intentionnels; c'est-à-dire par l'intermédiaire d'actes de conscience qui, sans représenter les processus physiques, y renvoient de manière purement causale. Enfin, les entités intentionnelles exhibent des *qualités secondaires* présumées absentes de leurs causes extérieures. L'objet perçu est donc loin d'être une copie conforme de la chose-en-soi. Tout ce qu'on est en droit d'affirmer, c'est que les qualités dites primaires des phénomènes «ressemblent» – vaguement – à certaines propriétés de leurs corrélats réels. Et même si la mécanique classique avait été rigoureusement vérifiée, on aurait pu légitimement parler non pas de l'*observation*, mais de la simple *détection* de certains processus physiques. Bien que présentée comme une exigence réaliste, la « picturabilité » est donc un réquisit anthropomorphique, voire idéaliste, qui tente d'assimiler l'objet transcendant à une entité intentionnelle et donc à un percept.

Il existe une autre erreur dans laquelle le réaliste pourrait être induit. Il s'agit de l'illusion que nous pouvons directement appréhender les objets postulés par des hypothèses soi-disant intelligibles. Celles-ci nous sont tellement familières que nous nous imaginons être à même de toucher du doigt les entités qu'elles décrivent. C'est pour cela, selon Duhem, que nous nous arrogeons le droit d'exiger de toute nouvelle théorie qu'elle soit en principe interprétable en fonction d'entités tenues pour concrètes. Cette analyse nous paraît erronée. Bien qu'ayant l'air d'user de la notion *sémantique* d'interprétabilité, nous entendons par là le réquisit que nos hypothèses puissent en principe être *réduites* à une théorie présumée intelligible et confirmée par d'innombrables faits d'expérience ; par exemple, à la mécanique classique. Mais quelque familiers qu'ils puissent nous paraître, les processus mécaniques n'en sont pas moins transcendants et donc connus exclusivement par description. Ce n'est pas l'intuition immédiate mais une théorie de haut niveau qui nous permet de définir les objets de la mécanique. Quant à l'illusion que nous pouvons appréhender directement des entités extérieures à la pensée, elle découle – en partie – d'une terminologie employée dans certaines disciplines mathématiques, par exemple dans la théorie des modèles. En interprétant une théorie du premier ordre, nous croyons pouvoir associer à des symboles vides de sens, par exemple à des constantes ou à des lettres munies d'arguments, des objets concrets, à savoir : les éléments d'un domaine D ou certains sous-ensembles des produits cartésiens D^n. Nous avons l'impression d'aller d'un système abstrait vers quelque chose de tangible que nous pouvons, pour ainsi dire, saisir de nos mains. En réalité, nous ne faisons qu'utiliser une théorie formelle, à savoir celle des ensembles, pour en réduire une autre, tout aussi formelle. En aucun point de cette « interprétation » nous n'abandonnons le point de vue syntaxique, sauf peut-être au niveau du métalangage. Mais celui-ci porte sur la syntaxe de deux systèmes formels et non pas sur des objets concrets; ce qui n'exclut pas que nous ayons besoin de l'intuition pour cerner un système d'axiomes adéquat pour la théorie des ensembles. Mais une fois choisis, ces postulats deviennent *axiomatiques;* c'est-à-dire qu'ils opèrent *formellement* au niveau de la syntaxe. Quoi qu'en dise Duhem, la partie explicative d'une hypothèse *H* ne consiste donc pas en une interprétation des termes de *H* en fonction d'entités visualisables mais en une tentative de réduction de *H* à une théorie de fond *N*, dont l'intelligibilité est jugée exemplaire. Il serait sans doute déraisonnable, comme le souligne Duhem, de considérer une telle réductibilité comme une condition essentielle que toute hypothèse scientifique devrait remplir. Mais chaque fois qu'une telle réduction peut être menée à bien – par le biais de la traduction d'une théorie dans une autre – il nous semble qu'elle marque un progrès; car elle ne diminue pas le contenu empirique de la théorie réduite pourvu que le vocabulaire observationnel de celle-ci ne soit pas modifié par la traduction en question. De toute façon, cette condition d'invariance devient un réquisit évident dès lors que l'on décide de ne tenir pour observationnels que les concepts phénoménologiques; car ceux-ci ont des significations fixées une fois pour toutes. Il s'ensuit que le contenu empirique d'une ancienne loi pourrait même s'accroître si la théorie *N* – c'est-à-dire celle qui opère la réduction – n'est pas une extension conservative de l'hypothèse réduite.

Bien qu'étant au courant de toutes les tentatives de réduction de la physique aux lois de la mécanique, Duhem choisit fréquemment de confondre « interprétation » et « réduction ». Il lui fut ainsi facile de démontrer que la composante explicative EXP d'un système scientifique – auquel il donna souvent le sens *sémantique* d'une *interprétation* – n'apporte rien de nouveau au contenu empirique d'une hypothèse : l'implication logique pouvant être tenue pour une notion purement *syntaxique*, il s'ensuit que l'interprétation sémantique d'une hypothèse ne modifie nullement la

classe de ses conséquences logiques; quant aux conséquences
empiriquement décidables, nous venons de voir que leur signification est – de toute façon – fixée d'avance. L'interprétation
des théories de haut niveau pourrait donc être considérée
comme un exercice futile accolé «comme un parasite» à la
science propre. Duhem en inféra qu'EXP, *même lorsqu'elle
est conçue comme la partie réductive d'un système*, est
empiriquement tout aussi inutile qu'une interprétation *stricto
sensu*. Cette inférence nous semble logiquement invalide.

Ce que nous venons de dire constitue, il faut bien
l'admettre, une reconstitution rationnelle plutôt qu'un simple
exposé de la position de Duhem. Celui-ci était évidemment
conscient de l'existence de nombreux programmes entrepris
dans le seul but de *réduire* la thermodynamique à la théorie
atomique; et il essaya par tous les moyens de montrer que
de telles réductions, loin d'être simplement inutiles, avaient
en fait nui à la science. Il affirma que les deux hypothèses,
celle qui «explique» et celle qui est censée être «réduite»,
s'avèrent souvent n'être compatibles que grâce à des strata-
gèmes *ad hoc*. Par exemple : la loi cartésienne de la réfraction
de la lumière contredit la philosophie mécaniste de Descartes;
les équations maxwelliennes du champ électromagnétique
sont incompatibles avec l'existence de l'éther postulée par
Maxwell, etc. Notons tout de même que Duhem ne s'oppose
pas au réalisme en tant que tel – par exemple sous sa variante
aristotélicienne – mais au mécanisme réductionniste qui représente à ses yeux une menace pour le dogme catholique. Ses
objections sont cependant si globales qu'elles touchent sans
discrimination toutes les explications réductives; et son anti-
pathie à l'égard de toute forme de dynamisme rend compte
de son évaluation erronée de toutes les hypothèses qui allaient
dominer la science du vingtième siècle; à savoir : la théorie de
Maxwell, la relativité d'Einstein, l'atomisme et le darwinisme.
Dans son article de 1992, Alain Boyer a d'ailleurs analysé la
différence, à la fois cruciale et très subtile, qui sépare les deux

notions d'*explication* et de *classification naturelle*. Il montre que l'idéal d'une classification naturelle, même renforcé dans un sens réaliste, nous conduirait à regarder la thermodynamique pure, plutôt que l'atomisme ou la théorie des champs, comme paradigmatique pour toutes les sciences. Il est donc peu surprenant que Duhem ait rejeté l'œuvre de Maxwell, de Boltzmann et d'Einstein au profit de celle de Mach ou d'Ostwald.

En bref : selon Duhem, lorsque *certaines* explications sont conçues comme des *interprétations,* elles s'avèrent superflues ; lorsque *d'autres* sont tenues pour d'authentiques réductions, elles *peuvent* devenir nuisibles. Il en déduit – d'une manière à notre sens illégitime – que la science devrait renoncer à toute tentative d'explication. Nous avons déjà concédé qu'une interprétation des concepts de la science en termes extra-linguistiques ne peut être effectuée qu'en fonction d'entités visualisables ; et que le développement de la physique a progressivement discrédité ce réquisit, du moins pour les notions théoriques. Il en va tout autrement des explications réductives, car il nous semble qu'aucune tentative de réduction ne peut être nuisible : ou elle échoue, et alors nous pouvons toujours revenir à notre hypothèse de départ ; ou elle réussit, auquel cas elle ne peut certainement pas diminuer, mais pourrait au contraire accroître le contenu empirique des lois réduites. Il se peut qu'une nouvelle prédiction nous conduise soit à une réfutation empirique, soit à de nouvelles confirmations de la théorie, normalement sous forme de corrections d'anciens résultats expérimentaux. Répétons que, dans le premier cas, nous pouvons nous rabattre sur notre hypothèse initiale, c'est-à-dire non réduite. Mais des doutes devraient alors surgir concernant l'hypothèse explicative qui, étant censée opérer la réduction, aurait été infirmée par le biais de celle-ci. C'est ce qui est en fait arrivé à la mécanique classique en tant que théorie réductrice de l'électromagnétisme et de la thermodynamique, donnant ainsi naissance à la physique relativiste et à la mécanique ondulatoire. Nous ne devons enfin jamais perdre de vue le fait que la traduction d'un système dans un autre est presque toujours approximative; d'où la possibilité d'une expérience cruciale entre une hypothèse et son homologue réduit. Comme exemples, citons les lois de Kepler telles que modifiées par l'astronomie newtonienne, et l'atomisme classique tel que corrigé par la physique quantique.

4. BOLTZMANN ET LA DÉFENSE DE L'HYPOTHÈSE ATOMIQUE

La position philosophique de Boltzmann ne peut être présentée sous une forme cohérente que si sa métaphysique est strictement démarquée de sa méthodologie. Pour ce qui est de l'ontologie, Boltzmann adhérait à une version réaliste de l'atomisme et à un réductionnisme darwinien. Il tenait nos valeurs morales et esthétiques tout autant que la logique et tous les principes prétendument *a priori* pour des croyances génétiquement encodées et qui, vu leur valeur de survie, sont transmises d'une génération à l'autre. Par contre, son épistémologie se trouve tempérée par son hypothético-déductivisme faillibiliste : Boltzmann reconnut qu'en formulant ses lois, le savant va immanquablement au-delà des faits bruts et que ceux-ci sous-déterminent donc ses conjectures. Il accusa, à juste titre, les inductivistes tout autant que les idéalistes machiens de ne pas tenir compte des limites auxquelles la certitude scientifique est sujette. Le fait d'être acculé au solipsisme mis à part, en essayant d'établir des relations entre les éléments de ses sensations, le phénoméniste doit se fier à ses vécus passés, donc remémorés; ceux-ci sont donc connus aussi imparfaitement que les objets du monde extérieur ou que les actes de conscience d'autres *ego*. Ceci étant le cas, ne vaudrait-il pas mieux postuler l'existence d'entités transcendantes plutôt que de tenter – vainement – de s'en tenir à la description de vécus véritablement immanents, c'est-à-dire instantanés? (Boltzmann 1979, p. 26-46).

Un peu à la manière de Kant, Boltzmann essaya de transformer toutes les questions ontologiques en des problèmes purement méthodologiques. Par exemple : il n'objectait pas à la thermodynamique en tant qu'hypothèse mais la regardait comme n'ayant qu'un pouvoir heuristique faible. En conséquence, il conseilla à tous les chercheurs, même à ceux qui avaient du mal à croire à l'atomisme, de travailler sur le programme atomiste ; car celui-ci avait mené, de manière tout à fait inattendue, à la détermination de lois jusque-là inexpliquées, par exemple l'indépendance de la viscosité par rapport à la densité, les équations d'état de certaines substances, etc.

Boltzmann mit donc en avant une méthodologie pluraliste, voire anti-essentialiste, et il semblait souscrire, du moins intuitivement, à la notion de la nouveauté des faits que nous avons toujours défendue (Zahar 2000, chap. 2). Pour parer aux objections qui auraient pu lui être faites par l'Église tout autant que par ses adversaires dans le domaine scientifique, il proposa de regarder toutes les hypothèses comme n'étant que des images mentales qui auraient pour seul but de subsumer nos expériences. Sa sincérité peut néanmoins être mise en doute ; car il soutint en même temps qu'une théorie unifiée et qui prédirait des résultats empiriques inattendus devait être considérée comme reflétant l'ordre des choses-en-soi ; ce qui fait de lui un réaliste au moins au sens structural (Voir Zahar 2001, chap. 2). Les réticences de Boltzmann n'en soulignent pas moins un principe méthodologique important ; à savoir que la valeur d'une conjecture empirique ne réside pas dans sa plausibilité au niveau psychologique mais dans sa cohérence interne alliée à sa capacité à entraîner des conséquences vérifiables (Boltzmann 1979, p. 170-189).

La philosophie des sciences de Boltzmann n'est pas seulement étonnamment moderne, elle est en outre inattaquable. Les problèmes auxquels il dut faire face ne découlaient malheureusement pas de sa méthodologie mais des difficultés, à la fois logiques et expérimentales, auxquelles l'atomisme se trouva confronté. Dans l'introduction ci-dessus nous avons mentionné les problèmes ayant trait aux chaleurs spécifiques de certaines substances et qui ne furent résolus que lorsque la physique quantique supplanta la mécanique classique. Or le développement de celle-là n'eut lieu qu'après la mort de Boltzmann en 1906. Il n'en demeure pas moins que pendant la première décennie du XXe siècle, l'atomisme avait déjà été fortement soutenu par les résultats des travaux d'Einstein, de Smoluchowski et de Perrin : tenant compte des fluctuations prévues par la théorie atomique, Einstein était parvenu à expliquer le mouvement brownien, celui-ci étant dû aux collisions que font subir à une particule les molécules avoisinantes. Einstein en dériva une formule qui fut par la suite corroborée par Perrin.

L'atomisme semblait cependant incapable de répondre à une question théorique fondamentale, à savoir celle posée par l'irréversibilité de la plupart des processus naturels. Nous avons déjà décrit la difficulté qu'il y a à donner une définition mécaniste de l'entropie de façon que celle-ci ne diminue jamais, c'est-à-dire que la deuxième loi de la thermodynamique soit satisfaite. Boltzmann mit en avant la relation : $S(q) = k \cdot L(W_q)$, où k est une constante, $S(q)$ dénote l'entropie d'un macro-état q, et W_q une quantité proportionnelle au nombre de micro-états donnant naissance à q. À un facteur près, W_q exprime donc la probabilité thermodynamique de q. Au départ, Boltzmann conjectura qu'aucun processus physique ne pouvait entraîner une diminution de W_q; mais il s'agissait aussi de savoir si une telle proposition pouvait être tirée des lois de la mécanique prises en conjonction avec certaines conditions aux limites. Or, dans la Section 1 ci-dessus, nous avons établi une bijection entre Δ et Δ^*; où Δ et Δ^* dénotent respectivement les conditions initiales qui donnent lieu à une augmentation, et celles qui causent une diminution de l'entropie S(q). Cela amena Boltzmann à admettre qu'une décroissance de S(q), tout en étant fort improbable, n'en était pas moins possible. Mais au lieu d'étayer cette thèse, il se contenta d'affirmer que la démonstration du contraire, à savoir que la diminution de S(q) est au moins aussi probable que sa croissance, incombait à ses adversaires (Brush 1966, article 4). Il avait déplacé le fardeau de la preuve, exigeant en somme que ses critiques établissent $\mu(\Delta)=\mu(\Delta^*)$, $\mu(X)$ désignant la mesure d'un ensemble (mesurable) quelconque X. (Notons qu'une bijection entre les deux ensembles Δ et Δ^* établit l'égalité de leurs cardinaux, mais non pas celles de leurs mesures. Or celles-ci sont les seules à être proportionnelles à leurs probabilités).

Il nous semble que la réaction de Boltzmann est tout à fait injustifiée. En tant que défenseur de l'atomisme, c'était à lui de démontrer la déductibilité de $\mu(\Delta^*)<\mu(\Delta)$ à partir des lois de la mécanique ; au lieu de quoi, il s'était contenté de noter que ses adversaires n'avaient pas établi l'incompatibilité de la thermodynamique avec l'atomisme. Quoi qu'il en fût, les objections faites par Zermelo à la thèse atomiste s'avérèrent beaucoup plus difficiles à contrer que celles mentionnées jusqu'ici (Brush 1966, p. 229-237). En prouvant l'impossibilité d'une réduction de la thermodynamique à la mécanique, Zermelo s'appuya sur le théorème « d'éternel retour » de Poincaré. Avant d'examiner la preuve de Poincaré, passons en revue les principes fondamentaux de la philosophie de ce dernier, principes que nous partageons d'ailleurs entièrement (voir Zahar 1989, chap. 5) :

a) Poincaré n'avait aucune arrière-pensée apologétique. À l'opposé de Duhem qui craignait que le mécanisme n'entraînât un déterminisme physique incompatible avec le dogme du libre arbitre, Poincaré savait, pour des raisons « quasi-grammaticales », que l'éthique n'avait rien à craindre de la science ; c'est que, en tant que kantien convaincu, il adhérait à une séparation stricte entre les jugements de valeur et les jugements de fait (Poincaré 1913, chapitre 8).

b) En conséquence, il ne rejetait pas *a priori* le réductionnisme mécaniste; mais encore fallait-il que celui-ci réussît, c'est-à-dire qu'il aboutît à une théorie unifiée et prédictive de faits bruts inattendus; car le réalisme structural de Poincaré voulait que le seul but de la science fût, non pas le mécanisme en tant que tel, mais l'unité (Zahar 2001, chapitre 2). Or non seulement le mécanisme n'avait pas encore fait (toutes) ses preuves, il semblait déjà contredit par le théorème de l'éternel retour.

c) Après le travail de Lorentz sur la théorie des électrons et la confirmation, par Perrin, des prévisions d'Einstein, Poincaré conclut que les atomes existaient et qu'on pouvait, pour ainsi dire, les compter. Mais cela n'implique pas nécessairement la possibilité d'une réduction mécaniste de la deuxième loi (Poincaré 1913, chap. 7).

Il est maintenant temps que nous formulions le théorème établi par Poincaré. Considérons un système Ω de particules P_1, …, P_n, dont les positions et les vitesses sont bornées et sur lesquelles agissent des forces dépendant exclusivement de la configuration spatiale de Ω. Soit (un espace euclidien à 6 dimensions. Chaque P_i donne naissance à 6 coordonnées $\langle x_i y_i z_i v_{xi} v_{yi} v_{zi} \rangle$, où $\langle x_i y_i z_i \rangle$ désigne la position, et $\langle v_{xi} v_{yi} v_{zi} \rangle$ le vecteur-vitesse de P_i. Tout point q de Φ représente donc un (micro)-état possible de Ω. Fixons un instant initial t_0. Pour tout q dans Φ, dénotons par Γ_q la trajectoire de Ω à partir des conditions aux limites décrites par q. Soit G *n'importe* quelle région bornée et fermée de Z. Poincaré peut être considéré comme ayant démontré le lemme suivant: il existe un sous-ensemble X de G tel que X est de mesure 0 et que pour tout q dans G\X et pour tout $t \geq t_0$, Γ_q repasse par G à un instant t'>t; il est donc impossible que l'entropie S(q) puisse être monotone et croissante tout au long de Γ_q, et ce pour presque tous les points q de G. Du point de vue de la possibilité d'une réduction de la thermodynamique au mécanisme, ce théorème représente donc un résultat hautement paradoxal ; et il provoqua, de la part de Boltzmann, une réaction qui ne laisse pas de nous étonner. Ce dernier avança la thèse qu'une fois données des conditions aux limites *très improbables*, nous étions en droit de supposer que l'entropie croîtrait pendant un long intervalle de temps après lequel, celle-ci ayant graduellement *diminué*, l'univers reviendrait – ou presque – à son point de départ. Grâce à cette démarche *ad hoc*, la compatibilité de la Seconde Loi avec l'hypothèse atomique a peut-être pu être restaurée ; mais il ne pouvait plus être question d'une *réduction* de celle-là à celle-ci. En 1905, l'atomisme n'avait donc pas, ou pas encore, annexé la thermodynamique.

5. CONCLUSION

Vu sa puissance explicative et certains de ses succès au niveau de l'expérience, l'atomisme fut accepté par la plupart des physiciens modernes. Pourrions-nous peut-être en conclure que la cohérence interne d'une théorie scientifique joue un rôle secondaire par rapport à sa capacité à prédire des résultats empiriques inattendus ?

Indications bibliographiques

BOLTZMANN L., *Vorlesungen über Gastheorie,* Leipzig, J. Barth, 1896.
– *Populäre Schriften* (trad. angl. *Popular Essays*) Braunschweig/Wiesbaden, Vieweg, 1979.
BOYER A., « Physique de croyant ? Duhem et l'autonomie de la science », *Revue internationale de philosophie,* 92, vol. 46, n° 182, 1992.
BRUSH S. J., *Kinetic Theory 2,* Oxford et Londres, Pergamon, 1966.

DUHEM P., *La Théorie physique : son objet, sa structure*, Paris, Rivière, 1906, rééd. Vrin.

MACH E., *Die Geschichte und die Wurzel des Satzes von der Erhaltung der Arbeit*, Leipzig, G. Fischer, 1872.

– *Die Mechanik in ihrer Entwicklung historisch-kritisch dargestellt*, Leipzig, G. Fischer, 1883.

– *Die Analyse der Empfindungen,* Leipzig, G. Fischer, 1886.

OSTWALD W., *L'Énergie,* Paris, Flammarion, 1937.

POINCARÉ H., *Dernières Pensées*, Paris, Flammarion, 1913.

POPPER K., *Logik der Forschung,* Springer, Vienne, 1934.

SEARS F. W., SALINGER G. L., *Thermodynamics, Kinetic Theory and Statistical Thermodynamics,* Reading, Mass., Addison-Wesley, 1975.

ZAHAR E., *Einstein's Revolution. A Study in Heuristic*, La Salle, Ill., Open Court, 1989.

– *Essai d'épistémologie réaliste*, Paris, Vrin, 2000.

– *Poincaré's Philosophy,* La Salle, Ill., Open Court, 2001.

ZERMELO E., « On the Mechanical Explanation of Irreversible Processes », *in* S. G. Brush (éd.), 1966.

INDEX DES NOMS

Achevé d'imprimer en septembre 2021 par *La Manufacture - Imprimeur* – 52200 Langres
Imprimé en France – N° d'imprimeur : 210853 – Dépôt légal : octobre 2004

TABLE DES MATIÈRES